조선후기 역사소설과 민족 정체성의 재구성

■ 송하준宋河俊

고려대학교 문과대학 국어국문학과 졸업
동 대학원 국어국문학과 문학석사, 문학박사
고려대학교, 충북대학교, 순천향대학교 강사
고려대학교 초빙전임강사
선문대학교 중한번역문헌연구소 연구교수
고려대학교 초빙교수(현)

조선후기 역사소설과 민족정체성의 재구성

2015년 4월 25일 초판 1쇄 인쇄
2015년 4월 30일 초판 1쇄 발행

저 자 : 송하준
펴낸이 : 김병환
펴낸곳 : 학자원
주 소 : 134-814 서울시 강동구 천호대로 1121
전 화 : 02) 6403-1000
팩 스 : 02) 6338-1001
E-mail : hakjaone@daum.net
등 록 : 2011년 3월 24일 제2011-14호

HAKJAONE Publishing Co.
1121 Cheonho-Daero Kangdong-Gu Seoul

ISBN : 979-11-85395-91-3 93810

값 26,000원

조선후기 역사소설과 민족 정체성의 재구성

송하준

학자원

책머리에

역사를 좋아했다. 한국사도 세계사도 다 흥미로웠다. 머릿속으로 역사의 현장을 떠올려 보고, 선인(先人)들이 살다간 발자취를 더듬어 보는 건 꽤나 재미난 일이었다. 그 시절 대학생이라면 한 번쯤은 읽었을 <임꺽정>·<객주>·<장길산>·<태백산맥> 등을 보면서도 이렇게 역사소설을 공부하게 될 거라곤 생각하지 않았다. 우연히 헌책방에서 산 『국역 북정일기(北征日記)』를 읽기 전까지 그랬다. 그 책의 원 텍스트는 나선정벌(羅禪征伐, 1658)에 출정했던 신유(申瀏, 1619~1680)가 쓴 『북정록(北征錄)』이었는데, 훗날 <배시황전>이라는 고소설의 원천이 됐다. 사실을 바탕으로 소설화한 작품에 관심을 갖게 된 계기였다.

이 책은 2005년에 필자가 박사학위논문으로 제출했던 『조선후기 歷史小說의 변모양상과 주제의식』을 고쳐 쓰고 보완한 것이다. 잘 아는 어떤 사람이 자기 책 서문에 이렇게 썼다. '다 바꾸려고 했다'고, 그런데 '그렇게 안 됐다'고. 필자도 마찬가지다. 전체적인 틀도 바꾸고 논증도 촘촘히 해서 완전히 뜯어고칠 요량이었다. 결국, 뜻대로 되지 않았다. 일일이 다 고치자면 손대야 할 곳이 너무 많았기 때문이다.

책 제목이 참 거창하다. 깜냥도 안 되면서 이렇게 붙이느니, 솔직하고 무난하게 가는 게 낫겠다는 생각도 안 해본 건 아니다. 그래도 꼭 밝혀보고 싶은 주제라 욕심을 부려봤다. 오래 묵혀뒀던 원고를 끄집어낸 건 더러 필자의 생각을 묻는 이들에게 대답할 말이 궁해서다. 여전히 허술한 구석이 너무 많아 '그게 그거' 같지만, 앞으로 필자의 글을 보실 분들은 이 책을 참고해 주시면 좋겠다.

공부하는 사람의 자세를 늘 몸소 보여주시고, 부족한 제자를 항상 보살펴 주시는 인권환(印權煥) 선생님께 옷깃 여며 예를 올린다. 엉성하기 짝이 없는 논문을 꼼꼼히 지도해주신 서대석 선생님, 조희웅 선생님, 장효현 선생님, 윤재민 선생님께도 깊이 감사드린다. 좋은 글로 필자가 놓친 부분을 일깨워 주신 분들께도 많은 도움을 받았다.

늘 기도해 주시는 양가 부모님과 항상 힘이 돼주는 형제들에게 감사드리며, 배움의 길을 계속 갈 수 있게 뒷바라지 해주는 아내에게 고마움을 전하고, 잘 자라고 있는 두 아들에게 사랑한다는 말을 건넨다.

이 책의 출판을 흔쾌히 맡아주신 학자원 김병환 사장님의 후의에도 감사드린다.

2015년 3월

송하준

차례

Ⅰ. 서론

1. 연구 목적

역사소설은 혼돈의 시기에 흔들리는 가치관을 재정립하고 변화한 환경에 맞는 새로운 정체성을 구성하려 한 그 시대 사람들의 고뇌의 산물이다. 당면한 현실의 위기를 극복하기 위해 과거를 되돌아보며 해결책을 모색하고, 미래 전망을 찾으려는 역사의식이 활성화되면서 역사담론이 형성되고 교환됐다. 조선후기 역사소설은 임진왜란・병자호란이라는 큰 시련을 겪은 후 17세기부터 18세기까지 집중적으로 형성됐고, 드물기는 해도 19세기 후반에도 작품이 창작됐다. 아픈 과거를 되돌아보며 현실을 반성적으로 인식하고, 민족의 활로를 개척하려는 의지와 염원을 담아내는 것이 이 시기 역사소설의 주된 관심사였다. 여기에 극심한 당쟁 속에 부침한 인물들을 재평가하고, 혼란스런 정치상황을 마주한 지배층의 이해와 민중의 현실인식을 투영한 작품이 더해졌다.

일정한 틀을 갖춘 사회라면 어느 시대에나 역사를 정리하고 서술하는 데 관심을 기울인다. 하지만 한 사회에서 역사에 대한 관심이 유난히 커지는 때가 분명히 있다.[1] 역사를 새롭게 쓰려는 움직임이 증가하고 대중의 관심이 많아진다는 건 그 사회가 그만큼 위기에 직면했다는 반증이다.[2]

현재 안고 있는 문제가 심각할수록 그것을 '과거'라는 거울에 비추어볼 필요성이 커지기 때문이다.

사회적으로 이런 움직임이 일어나는 것은 단순히 옛것에 관심을 갖는 호고(好古) 취미 때문이 아니며, 그렇다고 과거사에 대한 기존의 인식을 재확인하거나, 반대로 이미 내린 판단을 뒤집어 재평가하려는 데만 목적이 있는 게 아니다. 그 궁극적인 목적은, 그게 개인이든 집단이든, 해당 주체가 생각하는 바람직한 '미래'를 만들어 가려는 데 있다. 지금의 상황을 초래한 지난 시기를 성찰하면서 현재의 문제를 진단하고, 앞으로 만들어갈 미래의 바람직한 방향을 모색하려는 것이다. 과거를 돌아본다 해도 눈앞의 현실이 달라지진 않는다. 현재는 지나온 과정에 의해 이미 결정된 상태이고, 비록 만족스럽지 않고 힘겹다 해도 받아들이지 않을 수 없다. 다만 그렇게 된 원인을 규명하고, 주체가 처한 상황과 비슷하다고 판단한 '과거'를 돌아보며 현재 마주한 문제를 해결할 수 있는 실마리를 찾아, '지금' 어떻게 할지를 결정하고, 그래서 바람직한 '미래'를 향해 나아가려는 것이다.

역사에 대한 사회적 관심을 반영하듯 역사적 사건과 인물을 다룬 문학도 다양한 장르에 걸쳐, 다채로운 양상으로 전개됐다. 역사소설이 역사에 대한 작가와 독자의 관심에서 비롯됐다는 건 너무나 당연한 얘기다. 하지만 작품을 창작・향유하는 과정에서는 역사와 소설을 혼동하는 경우가 많았다. 또한 피상적 역사인식에 머물거나 통속적인 독서물로 떨어질 가능성도 안고 있었다. 이러한 굴절과 왜곡, 오해의 소지를 안고 있음에도

---

1) 이를 테면 애국계몽기 출판물 중에서 역사와 사회과학 분야 서적이 압도적인 비중을 차지한 것 같은 현상이다. 채백, 「근대 민족주의의 형성과 개화기 출판」, 『한국언론정보학보』 41, 한국언론정보학회, 2008, 21쪽.

2) 최효순, 「독일의 역사소설 이론과 한국의 역사소설 연구에 나타난 그 수용의 문제」, 『인문과학』 29, 성균관대 인문과학연구소, 1999, 253~264쪽; 김기봉, 「포스트모던 시대의 역사로서 史劇」, 『역사와 문화』 5, 푸른역사, 2002, 199쪽.

불구하고, 역사소설은 현실의 문제와 결부시켜 과거를 되돌아보면서 문제를 제기하고 해답을 구함으로써 역사를 재인식하는 기제였다는 점에서, 또한 상처받은 자존심을 회복하고, 흔들리는 가치관을 재정립하며, 혼란스런 정체성을 재구성하려 노력한 자취를 보여준다는 점에서 의의가 있다. 우리 문학사에서 역사문학에 대한 관심과 창작이 활발했던 시기가 17~18세기, 애국계몽기 등에 집중된 것도 같은 맥락으로 이해할 수 있다.

전란의 기억이 채 아물지 않은 아픈 상처로 남아 있던 17세기에 형성된 작품과 체험을 허구화할 수 있는 시간적 거리와 정서적 여유를 가질 수 있었던 18세기 이후에 산출된 작품의 서사세계는 분명히 다르다. 따라서 기존의 논의처럼 역사소설에 속하는 작품을 몇 가지 유형으로 분류하여 '위정자들의 무능에 대한 신랄한 비판', '이민족에 대한 적개심의 표출', '충의(忠義)의 영웅상 부각', '정신적인 승리의 문학', '지배이데올로기의 재정립' 등으로 그 의미를 찾아서는 역사소설의 실상을 잘 드러내기 어렵다. 이런 접근 방식으로는 역사와 역사소설, 실기와 소설의 차이를 뚜렷하게 보여줄 수 없다. 또 같은 유형으로 분류한 작품 사이의 공통점을 추출하는 데 머물러 시기별로 변화하는 양상을 포착하지 못할 경우, 몰역사적인 이해에 머물 우려도 크다. '역사'가 사상(捨象)된 역사소설 논의는 작품이 형성된 요인과 그걸 설명하는 방식이 서로 어긋나기 때문이다.

애국계몽기의 역사・전기물,[3] 1930년대와 1970~1980년대의 역사소설은 그런 작품이 집중적으로 쏟아져 나온 계기가 각각 달랐고, 소재를 구체화해 작품을 창작한 방식도 서로 달랐다. 조선후기 역사소설을 고찰할 때도 문학적 형상화 방식이 변해간 양상을 추적해야 함은 물론이고 향유

3) '역사・전기류'라는 용어는 '역사'와 '문학'을 구별해서 인식한 애국계몽기 이후에나 쓸 수 있는 말이라는 점에서 이 시기에 나온 작품들을 지칭하기에 합당치 않다고 보기도 한다(김찬기, 『한국 근대소설의 형성과 전』, 소명출판, 2004, 136쪽). 타당한 지적이라고 생각하지만, 이 책에서는 이런 작품을 직접 다루지 않는 데다, 연구자들이 이미 널리 써온 말이기 때문에 혼동을 피하기 위해 잠정적으로 그대로 쓰기로 한다.

층의 의식이 달라지게 한 사회적 배경과 문학적 환경의 변화, 그 진폭을 섬세하게 드러내는 작업이 필요하다.

이 책은, 비록 제약이 있긴 해도, 조선후기 역사소설을 통시적으로 고찰하는 데 목적을 둔다. 작품을 유형별로 나누어 고찰하는 것도 의의가 있겠지만, 형성시기와 역사적 맥락을 살피지 않고서는 개별 작품의 의미를 포착하기 어렵기 때문이다. 역사는 사실(史實)의 나열이나 객관적 실재가 아닌 재해석이다. 기존의 해석과 다른 문제의식을 가지고 역사적 사건과 인물을 재해석하는 행위야말로 역사소설을 형성케 한 중요한 요소다. 따라서 역사소설과 그 속에 담긴 역사의식도 시대상황의 변동, 향유층의 가치관 변화 등 여러 요인에 따라 달라지기 마련이다. 역사소설은 이렇게 변화하는 역사와 끊임없이 긴장관계를 형성하는[4] 한편, 앞선 작품에 대해서도 계속해서 문제를 제기해 왔다. 역사소설 각 작품은 형성과정에서, 또한 형상화 방식 면에서 서로 적잖은 영향을 주고받았다. 그런 점에서 역사소설 작품 사이의 콘텍스트 양상을 살피는 것도 이 책에서 중요하게 다룰 부분 중 하나다.

이 책에서는 조선후기 역사소설의 다양한 면모를 확인하고, 시대 환경의 변화에 따라 달라진 역사의식의 다양성과 차별성을 밝히는 데 중점을 둘 것이다. 한 시기를 특징짓는 시대이념처럼 어떤 사회에서 지배적 위상을 차지한 관점이 있다 해도, 역사를 이해하는 방식은 균질적이거나 통일된 어떤 게 아니다. 재해석의 가능성이 열려 있다는 말은 서로 다른 여러 시각을 제시할 수 있다는, 다시 말해 다양성을 전제한 것이기 때문이다.

이 책에서 대상으로 삼은 개별 작품에 대한 연구 성과, 또는 몇몇 관련 작품을 함께 다룬 선행연구는 일일이 열거할 수 없을 만큼 많이 축적됐다.

4) 공임순, 「한국 근대 역사소설의 장르론적 연구」, 박사학위논문, 서강대 대학원, 2000, 2쪽.

그러나 이들을 역사소설로 묶어서 논의한 예는 그다지 많지 않다. 여기에는 이들 작품이 소재적 관점에서의 동질성 외에는 공통분모를 추출하기 어렵다는 점이 작용한 걸로 보인다. 즉 전란이나 당쟁과 같은 역사적 사건을 소재로 공유하면서 사회 현실에 대한 문제의식을 드러낸 작품이라는 점 때문에 이들을 하나로 묶었을 뿐이라는 것이다. 더욱이 이들 작품은 매우 다채로운 양상이라 구조적인 차원에서의 일반화가 쉽지 않다.[5] 그런 점에서 작품이 성립된 과정과 거기에 투영된 역사의식의 차이를 살펴 작가와 독자가 당대 현실을 어떻게 인식했고, 그들의 정체성을 어떤 요소로 재구성했는지에 주목하는 게 바람직하다.

2. 조선후기 역사소설의 개념

역사적 인물과 사건을 주된 제재로 하여 소설화한 작품을 흔히 '역사소설'이라고 부른다. 조선후기 역사소설로 분류하는 작품은 어느 정도 윤곽이 잡혀가고 있지만, 그렇다고 해서 이들이 모두 공통된 유형구조를 갖는 건 아니다. 개별 작품은 각각 다른 인접 장르와 영향을 주고받으며 형성됐기에 다양한 모습을 보이는 데다, 개념을 어떻게 규정하든 소재적 관점에서 완전히 자유로울 수는 없기 때문이다. 이 용어가 역사와 소설의 교섭과 긴장 관계를 충분히 드러내기에는 적실하지 않은 면이 있지만, 앞선 논의를 존중하여 '역사소설'로 부르기로 한다.

현대문학 연구자들 사이에서는 루카치의 이론[6]을 원용해 역사소설의

5) 조선후기 역사소설의 구조적 일반화를 시도하기도 했지만, 예외에 속하는 게 너무 많아 실효성은 그리 크지 않았다. 권혁래, 『조선후기 역사소설의 성격』, 박이정, 2000, 188~197쪽 참조.

개념을 규정하려는 시도가 많았다. 하지만 엄격하게 루카치의 이론을 적용하려 들면, 현대소설 중에서도 이에 부합하는 경우를 찾기 어려운 것이 현실이다.[7] 홍명희의 <임꺽정>이나 김주영의 <객주>, 황석영의 <장길산>, 조정래의 <태백산맥> 정도가 겨우 이 기준에 부합하는 것으로 평가될 뿐이며, 그마저도 여러 단서 조항을 달고 있다.

루카치의 이론은 역사소설을 이해하는 데 큰 도움이 되지만, 고소설에 그대로 적용하기에는 문제가 있다. 특히 중도적 인물이 주인공이 되어야 사회를 총체적으로 드러낼 수 있다고 한 것은 이 책에서 대상으로 삼은 작품의 대부분이 공적 인물을 중심에 놓았다는 점에서 수용하기 어렵다. 루카치가 중도적 인물의 중요성을 강조한 것은 노동계급이나 민중적 환경에 의해서만 시대의 문제를 묘사할 수 있다고 봤기 때문이다. 이는 그가 계급갈등을 전면에 부각시킨 작품을 선호해서였다.[8]

다양한 예술 형태는 역사적으로 많은 변화를 겪었고, 인접 장르와의 관계, 나아가 종교·철학·역사 등 문화 일반과의 관계에서도 위상이 달

---

6) 루카치의 역사소설에 대한 논의는 대략 다음과 같이 정리할 수 있다. 역사소설은 당시의 사회를 총체적으로 나타내야 한다. 그러기 위해서는 역사상 주요 인물이 주인공이 되어서는 안 되고, 주인공은 역사상 사소한 인물, 곧 중도적 인물이 돼야 한다. 그것이 주인공의 행동 폭을 넓혀서 당시 사회를 총체적으로 이해하는 데 기여하기 때문이다. 역사소설은 역사적 사건을 되풀이하여 말하려는 게 아니라 시적(詩的) 깨달음을 주려는 것이므로 역사를 정확히 판단하는 역사의식을 가지고 작품을 써야 한다. 그러려면 역사의 교훈을 민중에게서 배워야 한다. 역사적 위기에서 역사를 이끌고 발전시킨 원동력은 잠재해 있던 민중의 힘에 있기 때문이다. 소설의 리얼리티를 위해서는 역사적 대사건보다는 사소한 사건이나 지방적 특색을 세밀히 표현함으로써 당시의 풍속이나 습관을 재현할 수 있어야 한다. 또한 인물의 성격이나 행동을 배경에 밀착된 상태에서 나타내야 한다. 루카치, 이영욱 역, 『역사소설론』, 거름, 1987 참조.

7) 김치홍, 「한국 근대역사소설의 사적 연구」, 박사학위논문, 명지대 대학원, 1986; 강영주, 『한국 역사소설의 재인식』, 창작과비평사, 1991; 김희숙, 「역사소설의 유형 고찰」, 석사학위논문, 부산대 대학원, 1991; 공임순, 앞의 논문 참조.

8) Aldrig, A. Dwen, 서강목 역, 「루카치 이후의 역사소설」, 『외국문학』 21, 열음사, 1989 겨울 참조.

라져왔다. 당시의 특정한 사회적 · 문화적 조건을 반영하고 있기 때문이다.[9] 조선후기까지 동양에서 역사와 소설의 관계를 이해한 방식도 현대와는 전혀 달랐다.[10] 따라서 조선후기 역사소설의 개념도 서구의 역사소설이나 우리 근 · 현대소설과는 다른 방식으로 접근하고 규정해야 한다.

역사소설을 과거의 역사적 사건을 소재로 하여 소설화한 것으로 이해하는 광의의 개념[11]과 이런 소재적 요건에 몇 가지 조건을 추가해서 규정하는 협의의 개념이 있다. 광의의 개념에 따르면 소재의 범위가 너무 넓어지고, 형상화 방식과 창작성, 역사의식 같은 소설론적 측면에서의 성과가 사상(捨象)되고 만다. 동어반복이라는 점에서, 개념으로서의 규정력을 잃었다는 건 더욱 문제다. 따라서 역사소설의 개념을 정의할 때는 다른 기준에 따라 제한하는 게 불가피하다.

국문학 연구의 초창기에 김태준(金台俊)은 실기문학에 속하는 <징비록> · <일본왕환록> · <강도일기>와 함께 <임진록> · <임경업전> · <곽재우전>을 '군담소설'로 묶었다.[12] 정주동은 "지나간 역사 중에서 두드러진 인물이나 사건을 소재로 한 작품"을 '역사소설'로 규정하고, 내용에 따라 전기류(戰記類)와 전기류(傳記類)로 나누었다. 그는 '전기류(戰記類)'로 국내 창작소설인 <임진록> · <이순신전> · <권율장군전> · <곽재우전> · <사명당전> · <병자록> · <임경업전> · <박씨부인전>과 중국 소설을 번안한 <화용도실기> · <설인귀전> 등을 거론했다. '전기류(傳記類)'는 실존인물의 행적을 전기체로 쓴 소설을 말하는데, 영웅이나

9) 박성봉, 『대중예술의 미학』, 동연, 1995, 74쪽.

10) 송은영, 「근대 소설의 역사성과 허구성: 역사와 문학의 동일성과 타자성」, 상허학회 편, 『한국근대문학 양식의 형성과 전개』, 깊은샘, 2003, 90~93쪽; 조현우, 『고전서사의 허구성과 유가적 사유』, 보고사, 2007 참조.

11) 실재 인물을 포함하고 공적 과거가 시대 배경으로 상당한 비중으로 원용되면서 허구적 요소가 융합된 소설이라는 것이다. 이재선, 「역사적 경험의 미적형태: 역사에의 숙고와 역사소설」, 『현대한국소설사』, 민음사, 1991, 335쪽.

12) 김태준, 『조선소설사』, 학예사, 1939, 68~69쪽.

위인의 일대기를 과장해서 흥미 본위로 서술한, <김유신전>·<강감찬전>·<박문수전>·<삼한습유>·<강태공전> 같은 작품을 언급했다.[13]

이들의 논의는 실기문학과 소설을 구별하지 않았기 때문에 <병자록>·<징비록>·<일본왕환록>·<강도일기> 등을 포함했고, 중국 소설을 번역하거나 번안한 <화용도실기>·<설인귀전>을 국내 창작물과 나누지 않아 혼란을 주었다. 또 조선후기 작품과 애국계몽기의 작품을 구분하지 않아서 <이순신전>·<권율장군전>·<사명당전>·<강감찬전>·<박문수전>처럼 20세기 초에 연활자본으로 간행된 것까지 함께 다뤘다.[14] 작품의 창작성이나 형성 시기의 차이를 고려하지 않았다는 말이다.

김기동은 "歷史小說이란 歷史上의 人物이나 事件을 素材로 한 作品"[15]이라고 간략하게 정의한 후, <홍길동전>·<임진록>·<최척전>·<임경업전>·<박씨전>·<박태보전>·<배시황전> 등을 대상으로 논의했다. 그가 언급한 작품 중에는 흔히 '역사영웅소설'로 분류되는 게 많은데, "歷史小說이라는 小說의 한 類型은 取材面에서 붙인 名稱"[16]이라는 말에 보이듯이, 소재론적인 관점에서 벗어나지 못했다.

소재영은 <임진록>·<기우록>(최척전)·<남윤전>·<박씨전>·<임경업전>·<달천몽유록>·<간양록>·<월봉해상록>·<산성일기>와 같은 작품을 임병양란을 겪으면서 일어난 의식의 변모를 확인할 수 있는 자료로 접근했다.[17] 그러나 민족의식과 문학의식을 확인하는 데 초점을 맞추다 보니, 대상 작품을 소설로만 한정하지 않았다. 이런 문제는

---

13) 정주동, 『고대소설론』, 형설출판사, 1966, 292~295쪽.
14) 이 책에서는 임진왜란 이후부터 대한제국이 성립된 1897년 이전까지로 대상 시기를 한정한다. 그 이유는 뒤에서 언급하겠다.
15) 김기동, 『한국고전소설연구』, 교학사, 1981, 226쪽.
16) 김기동, 같은 곳.
17) 소재영, 『임병양란과 문학의식』, 한국연구원, 1980.

<계축일기>·<계해반정록>을 <최척전>·<최충전>·<민중전덕행록>과 함께 다룬 민영대의 논의에서도 나타난다.[18] 이들 작품이 사실에 기반을 둔 건 분명하지만, 같은 개념을 적용할 수는 없다. 그 역시 소설과 비소설을 구분하지 않은 것이다.

김장동은 앞선 논의의 바탕이 된 소재론적 관점에 작가의식, 달리 말해 역사의식이라는 조건을 더했다.[19] 그는 <최고운전>·<한씨보응록>·<임경업전>·<윤지경전>·<임진록>·<박씨전>·<배시황전>·<최척전>·<신미록>·<달천몽유록>·<강도몽유록>을 검토했는데, 역사적 인물을 소설화한 경우, 역사적 사건을 소설화한 경우, 역사적 배경을 소설화한 작품, 몽유세계를 소설화한 작품으로 유형을 나누었다. 그러나 역사의식을 요건으로 삼은 마당에 특별한 역사의식을 엿볼 수 없는 <한씨보응록> 같은 작품을 포함한 것은 적절치 못했다. 또 몽유록을 다른 소설과 함께 다뤘으나, 양식적 차이를 고려하지 않은 탓에 동질성을 확인하기 어려웠다.

임철호는 역사소설을 "작품 속에 한 사람 이상의 역사적 인물이 등장해야 하고, 한 세대 이전의 역사적 사실을 무대로 해야 하며, 과거와 현재에 공통되는 보편적 특성 속에서 과거를 재현하는 소설"[20]로 규정했다. 소재로 삼은 사건과 작품 사이의 시간적 거리, 과거와 현재와의 관련 양상에 주목해야 한다고 말한 것은 매우 의미 있는 지적이었다. 하지만 "역사소설이 다루는 역사적 과거와 일반적인 소설이 다루는 당대적 과거의 경계가 무엇인지는 불확실"[21]했고, 논의가 <임진록>에만 한정되어 다른 작품

---

18) 민영대, 『사실계소설연구』, 한남대 출판부, 1991.
19) 김장동, 「조선조 역사소설 연구」, 박사학위논문, 한양대 대학원, 1986.
20) 임철호, 「역사군담론」, 한국고전소설 편찬위원회 편, 『한국고전소설론』, 새문사, 1990, 198쪽.
21) 송은영, 「소설의 허구적 가치와 역사소설」, 『동서문학』 252, 동서문학사, 2004 봄, 374쪽.

으로 확대 적용되지 못한 점은 한계였다.

김용덕은 전기소설(傳記小說)을 역사의 본질인 사실성을 강조하는 전통적 문학 양식인 전(傳)과 허구성을 지향하는 소설(小說)을 조화시킨 미적 양식이라고 정의했다.[22] 그는 전기소설이 역사소설의 하위유형에 속한다고 보고, 이를 다시 실기형 전기소설, 설화형 전기소설, 복합형 전기소설로 나누어 고찰했다. 이에 따를 경우, '전기(傳記)'라는 개념에서부터 이미 허구적 인물이 등장하는 작품은 논의에서 제외될 수밖에 없다. 이렇게 실존인물을 다룬 작품만 대상으로 하면, <윤지경전>처럼 여러 인물의 성격을 조합해 창조한 인물을 주인공으로 내세운 작품은 배제되기 마련이다. 그러므로 허구적 인물인가 그렇지 않은가가 역사소설의 개념을 설정하는 기준이 돼선 곤란하다. <박씨전>·<배시황전>도 이런 경우에 해당한다.

권혁래는 앞선 연구자들[23]이 기준으로 제시한 소재론적 관점과 역사의식에 작품의 구조와 서사성이란 요건을 추가해서 역사소설의 개념을 설명했다.[24] 그가 첫 번째 조건으로 제시한 '역사적 사건'이란 역사의 흐름에서 뚜렷한 사회 변동을 가져온 사건을 말한다. 지배구조의 변동, 국가적 위기, 흥망성쇠에 관한 문제, 이데올로기 및 문화의 발생과 유전(流轉) 같은 사건이 여기에 해당한다. 두 번째로 제시한 '구조적 요건'은 역사적 사건으로 인한 갈등이 서사 전개의 중심축이 돼야 한다는 뜻이다. 역사적 사건 때문에 서사세계 내에서 갈등이 시작되어 전개되고, 그 해결을 통해 작품의 갈등이 끝맺어져야 한다는 말이다. 세 번째로 제시한 '작가의식'은

22) 김용덕, 『한국전기문학론』, 민족문화사, 1987, 117~120쪽.

23) 김동렬, 「고전작가의 역사의식」, 『교육논총』 1, 동국대 교육대학원, 1981; 김장동, 앞의 논문; 홍성암, 「역사소설 연구방법론 서설」, 『한국학논집』 9, 한양대 한국학연구소, 1986; 홍성암, 「한국근대역사소설연구」, 박사학위논문, 한양대 대학원, 1988; 임철호, 앞의 논문 참조.

24) 권혁래, 앞의 책, 10~15쪽.

역사의식과 같은 뜻으로 썼는데, 사건의 역사적 의미를 묻고 탐구하려는 문제의식을 말한다. 이러한 역사의식이 작품에 드러나야 한다는 것이다. 네 번째는 '서사적 요건'인데, 사실적 수법에 따라 서사화해야 한다는 의미다. 현실의 법칙과 개연성을 전제로 해야 하며, 초월적 세계의 개입이나 우연의 남발처럼 비현실적 수법이 빈번하게 나타나면 안 된다는 얘기다. 더불어 소설로서의 문예성과 예술성을 갖춰야 한다는 뜻도 내포돼 있다. 여기서 강조한 '서사성'이란 요건은 소설과 비소설을 구분하는 잣대로는 의미가 있지만, 역사소설이 추구하는 문학적 진실이 환상적 수법 같은 서사 방식에 의해 무화(無化)될 수도 있다는 견해[25]에는 동의하기 어렵다. 이와 관련해서 '환상적 역사소설'을 하나의 유형으로 정립하려는 시도를 참고할 필요가 있다.[26]

역사소설의 유형을 기록적 역사소설, 가장적 역사소설, 창안적 역사소설, 환상적 역사소설로 나누기도 하는데,[27] 사실을 담은 기록과의 거리에 따라 분류한 것이다. 이런 논의를 수용한다면, 조선후기 역사소설에서 설화성 짙게 인물을 형상화한 걸 부정적으로만 평가할 일은 아니다. 역사소설에서 작가의 몫은 묘사나 발화를 통해 이미 있는 기록의 여백을 채우는 정도에 그치지 않고, 탄탄한 구성과 생동하는 인물 형상화를 통해 역사적 진실을 드러내는 데 있다. 어떤 인물을 중심으로 어떻게 사건을 조직하느냐에 따라 작품은 전혀 다른 양상으로 전개되며, 이를 통해 작가의 역사의식도 드러난다. 이러한 점은 동일한 인물과 사건을 다룬 작품, 이를테면 이광수의 <단종애사>와 김동인의 <대수양>의 예에서도 확인할 수 있다.

---

25) 권혁래, 앞의 책, 12쪽.
26) 우한용, 「허구적 상상력으로 역사 읽기」, 『문학정신』 70, 열음사, 1992; 공임순, 『우리 역사소설은 이론과 논쟁이 필요하다』, 책세상, 2000; 공임순, 앞의 논문; 공임순, 「역사소설의 개념과 장르적 유형론」, 대중서사학회 편, 『역사소설이란 무엇인가』, 예림기획, 2003 참조.
27) 공임순, 「한국 근대 역사소설의 장르론적 연구」, 46~53쪽.

작가의 창의에 따라 인물을 창조함으로써 역사적 인물이나 사건의 틀을 벗어날 수 있고, 거기에 작가와 독자의 원망(願望)을 투사한다는 점을 고려해야 마땅하다.

역사소설은 골격만 남아 있는 역사적 기록이나 구비전승을 원천으로 하여 문학적으로 변용하는 경우가 많다. 따라서 역사소설의 창작에는 역사에 대한 깊은 이해와 통찰력, 상상력과 구성력이 반드시 필요하다. 지나친 왜곡이나 강변이라면 곤란하겠지만, 상상력은 역사 이해에 새로운 활력을 불어넣는 요소다. 역사소설을 쓸 때 과거 상황을 재현하려면 사실확인이 필요한 게 틀림없지만, 정확한 고증이 가장 핵심적인 요소는 아니라는 지적[28]도 이런 맥락에서 나온 말이다. 고증을 치밀하게 하는 것도 물론 중요하지만, 보다 중요한 것은 역사를 올바로 이해하려는 태도다. 그렇게 보면 제재의 현실성이나 등장인물과 실존인물의 일체화가 곧 작품의 현실성과 진실성을 보장해주는 것은 아니며, 높은 수준의 역사의식을 드러내주는 것도 아니다.[29]

엄밀히 말하자면, 어떤 사람이 스스로의 모습이라고 생각하는 게 모두 자신의 현(現) 상태인 건 아니다. 거기에는 현재 자신의 모습과 앞으로 그렇게 되길 바라는 주체의 꿈과 희망이 뒤섞여 있기 마련이다. 상상을 통해 부족한 부분을 채워 넣음으로써 긍정적 자아정체성을 유지하려 하기 때문이다. 꿈과 환상, 상상은 질적으로 다르지만, 모두 관념 속에서 만들어낸 이야기라는 점, 다시 말해 주체의 욕망을 담은 서사(敍事)라는

28) '歷史小說'이라면 오직 사실에만 立脚하는 것인줄 아는 것이 普通의 개념인 듯합니다. 歷史小說인 以上 될 수 있는 대로 史實에 忠實하는 것이 옳을 것이야 다시 擧論할 여지가 없지 않습니까. 그러나 史實에 忠實하다고 해서 小說로써 主題와 結構를 돌아보지 않는다면 그것은 實記나 實錄이 될른지도 모르지만 도저히 小說이라 할 수는 없는것 아닙니까. 小說이란 두字가 붙은以上 徹頭徹尾 創作임을 요구합니다. 현진건, 「역사소설문제」, 『문장』 1권 11호, 문장사, 1939.12, 127쪽.

29) 곽차섭, 「역사, 소설, 미시사의 글쓰기」, 『역사와 문화』 6, 푸른역사, 2003, 222~223쪽.

점에서 서로 비슷한 면이 많다. 환상적 요소가 있고 없고를 기준으로 역사소설의 범주를 제한한다거나, 작가의 역사의식을 평가하는 건 그런 이유에서 온당하지 않다.

역사는 공동체의 구성원에게 자신들이 몸담고 있는 집단의 과거·현재·미래상을 이해하는 공통의 인식틀을 제공하고, 모두가 같은 목표를 향해 나아가는 존재라는 일체감을 조성하는 데 중요한 기능을 한다. 그렇기 때문에 집단 구성원들을 하나로 묶을 수 있는 기억을 되살리는 게 매우 중요하다. 함께 체험한 사람이 많은 사건일수록 집단기억으로 자리 잡을 가능성이 커진다. 전 국민이 경험하게 되는, 그래서 누구도 그 기억에서 자유로울 수 없는 전쟁이나 정치적 격변 같은 사건이 그런 예다. 전란 체험담이 개인사면서도 그 일을 함께 경험한 사람들의 보편적 이야기가 되고, 개인과 집단의 정체성을 재정립하려고 할 때 주된 소재가 되는 이유다.[30] 몇몇 개인에 국한된 경험이 역사의 장에서 큰 의미를 갖지 못하는 것도, 역사적 사건이라 할 때 그 범위가 제한적일 수밖에 없는 것도 그래서다. 그리고 그것이 자국의 역사여야 하는 까닭도 분명해진다. 그 역사를 자신들의 것으로 인식하고 공유하는 집단에 한해서만 의미가 있기 때문이다.

과거사를 인식하는 데는 현재의 상황이 영향을 미친다. 생존 자체가 절박한 사회에서는 고통스런 현실을 심리적으로나마 보상해줄 수 있는 영광스런 과거에 관심을 쏟는 경향이 상대적으로 강한데, 삶의 조건이 안정된 사회에서는 그럴 필요가 덜하다.[31] 아픈 역사를 곱씹으면서 교훈을 얻거나 의지를 다질 수도 있고, 찬란한 역사에서 어려운 현실을 극복할

30) 집단적 기억과 역사적 기억은 역사의식의 핵심요소가 될 뿐 아니라 집단적 정체성을 형성하고 미래 전망을 구성하는 데도 큰 영향을 끼친다. 김영범, 「집합기억의 역사적 지평과 사회·정치적 동학」, 『민중의 귀환, 기억의 호출』, 한국학술정보, 2010, 236쪽.
31) 김영범, 「알박스(Maurice Halbwachs)의 기억사회학」, 앞의 책, 315쪽.

수 있다는 꿈과 희망을 발견하기도 한다. 물론 기쁨을 나누는 것보다는 피해자로서의 아픔을 공유하는 게 더 많은 사람들을 하나로 묶을 수 있고, 거기서 느끼는 일체감도 훨씬 강하다.[32] 민족의 수난사가 거듭 환기되는 까닭이다.

개인이나 집단이 역사에 관심을 기울이는 시기 사이에는 일정한 공통성이 있는데, 그것은 바로 현실이 위기에 부닥쳤을 때라는 점이다. 가족이나 공동체가 해체될 위기에 직면했거나, 사회를 지탱해왔던 신념체계가 심각한 도전을 받거나, 기존의 가치관이 흔들리는 시기가 그런 대표적인 경우다.[33] 이런 위기상황에서는 도전받는 자신들의 정당성을 입증해야 하고, 무너진 기존의 신념체계를 재건함으로써 흔들리는 가치관을 재정립해야 하며, 혼란스런 정체성을 재구성해야 하기 때문이다. 17세기 이후, 국가에서 공식적으로 편찬한 역사서 외에 각 당파별로 자신들의 입장을 대변하는 사서(史書)를 편찬하는 데 몰두했던 것도 이와 관련된다.[34]

역사는 시간을 분절하여 의미 있는 순간과 그렇지 않은 때를 구분하고, 중요한 사건과 그렇지 않은 일을 구별하며, 주목할 만한 인물과 제외할 사람을 나누어 써나간 이야기다. 과거 사실을 단순히 나열한 게 아니라, 서술 주체의 필요에 따라 선택한 특정한 사건과 인물에 의미를 부여하며 구성하는, 가장 스케일이 큰 '서사(敍事)'라는 말이다. 그런 접근 과정에는 당연하게도 주체의 의도가 개입될 수밖에 없고, 의미를 축소하거나 아예 배제하는 부분도 생긴다. 정체성도 역사 서술과 마찬가지로, 주체에게 필요한 부분을 선택하고 그렇지 않은 부분을 배제하며 부족한 부분을 채워 넣는 과정을 거쳐 만들어낸, '이야기'로 구성된다. 역사소설이 서사이

32) 에르네스트 르낭, 신행선 역, 『민족이란 무엇인가』, 책세상, 2002, 81쪽.
33) R. 코헨·P. 케네디, 박지선 역, 『글로벌 사회학』, 인간사랑, 2012, 661~665쪽.
34) 이 시기에 편찬된 사서에 대해서는 한영우, 『조선후기 사학사 연구』, 일지사, 1989 참조.

며, 작가의 의도에 따라 인물을 형상화하고 사건을 구성한다는 건 새삼 언급할 필요가 없는 문제다.

이렇게 보면 역사와 역사소설, 정체성은 모두 '이야기'로 '구성'된다는 점에서 공통적이다. 또한 역사에 관심이 쏠리고, 정체성을 재구성할 필요성이 대두되는 때와 역사소설이 나온 시기 사이에는 밀접한 상관성이 있다. 17세기 조선 사회는 본격적인 소설의 시대로 접어들었다. 여러 유형의 소설이 선을 보였고, 이를 수용할 독자도 확대되고 있었다. 다양한 소재를 제공할 역사적 경험도 쌓였다. 역사소설은 이런 사회적 배경에 문학적 환경이 갖춰지면서 형성됐다. 이런 이유에서 이 책에서는 조선후기 역사소설을 "위기의 현실을 맞아 흔들리는 정체성을 재구성하기 위해 우리 민족사에서 선택한 사건과 인물을 중심 제재로 삼아 역사의식을 바탕으로 형상화한 소설"로 규정한다.

3. 연구 범위와 서술 방향

이 책에서는 임진왜란 이후부터 대한제국이 성립된 1897년 이전까지로 대상 시기를 제한해 조선후기 역사소설을 검토하기로 한다. 임진왜란은 조선전기와 조선후기를 나누는 큰 사건이었으며, 대한제국기는 그 이전과 구별되는 질적 변화를 보인 시기였기 때문이다.[35] 임진왜란을 시대

35) 이민원, 「칭제논의의 전개와 대한제국의 성립」, 『청계사학』 5, 한국정신문화연구원, 1988; 이민원, 「대한제국의 성립과정과 열강의 관계」, 『한국사연구』 64, 한국사연구회, 1989; 이민원, 「대한제국의 역사적 위치」, 『충북사학』 11·12합집, 2000; 도면회, 「황제권 중심 국민국가체제의 수립과 좌절(1895~1904)」, 『역사와 현실』 50, 한국역사연구회, 2003 참조.

구분의 기준으로 삼는 건 외적 요인을 지나치게 확대해석하는 게 아니냐는 반론도 있을 수 있다. 그러나 사회 전반에 미친 영향이나 현실인식, 역사의식에 변화를 가져온 계기임에 틀림없기 때문에 기준으로 삼기에 큰 문제가 없다고 본다. 1897년을 하한선으로 잡은 데 대해서는, 대한제국이 성립됐다고 해서 사회 전반에 얼마나 큰 변화가 일어났느냐는 의문을 제기할 수 있다. 하지만 엄연히 다른 국호와 정치 체제 아래서 사회 전반의 변화를 꾀하며 각종 제도를 개혁하고 다양한 조치를 시행했다는 점에서, 여전히 '조선'이 지속됐다거나, 그저 겉모습만 바꾼 것으로 그 의미를 제한해선 안 된다. 따라서 애국계몽기에 형성된 역사·전기물이나 역사영웅소설, 신문 연재물[36] 등은 조선후기와 질적으로 다른 시기에 창작된 작품이라는 점에서 논의 대상에서 제외한다.

역사소설에서 다루는 역사적 사건의 범위는 제한해야 마땅하다. 역사적 변화와 흐름을 보여주는 사건이어야 하므로, 사적 영역에만 머문 것은 해당하지 않는다.[37] 역사적 사건을 먼 배경으로 제시하고 만 작품도 역사소설에 포함할 수 없다. <남윤전>은 18~19세기에 나온 걸로 추정하는데, 이 작품에서 임진왜란이라는 민족적 사건은 미리 정해진 연분을 실현하는 계기 정도에 불과해, 큰 의미를 갖지 않는다. 따라서 임진왜란을 배경으로 했다 해도 역사소설로 다루지 않는다.

역사소설에서는 역사적 사건이나 인물을 중심으로 민족사를 재해석해 서사를 구성하고 역사의식을 드러낸다. 따라서 서사세계 내의 인물이 역

---

36) 이와 관련된 논의는 대략 다음과 같다. 김장동, 「조선조 역사소설 연구」, 박사학위논문, 한양대 대학원, 1986; 조광국, 「역사영웅소설 연구: 구활자본 고전소설을 중심으로」, 석사학위논문, 서울대 대학원, 1988; 김지연, 「구활자본 역사영웅소설 연구」, 박사학위논문, 숙명여대 대학원, 2002; 송백헌, 『한국근대역사소설연구』, 삼지원, 1985; 강영주, 『한국 역사소설의 재인식』, 창작과비평사, 1991; 김찬기, 앞의 책.

37) 중대한 역사적 사건이 되려면 성공, 실패 등과 같은 개인사보다 훨씬 큰 역사적 움직임의 일부로 파악돼야 한다. 백낙청, 「역사소설과 역사의식」, 『창작과 비평』 제2권 1호, 창작과비평사, 1967.봄, 25~26쪽.

사적 사건을 경험해야 한다. 그러자면 인물이 놓인 시・공간과 역사적 사건이 발생해서 진행되고 종결되는 시・공간이 같아야 한다. 그런데 몽유록에서 역사적 사건과 인물은 우의(寓意)를 위한 장치일 뿐이다. 몽유록은 역사적 사건이나 인물을 재구하는 것보다 거기에 빗대서 드러내려 한 또 다른 의미에 무게가 실려 있다. 다시 말해 역사적 사건이나 인물을 통해 하려는 얘기가 따로 있다는 것이다. 더욱이 몽유록에서는 역사적 사건이 갈등의 원인으로 작용하지도 않고, 갈등의 해결이 곧 작품의 종결을 뜻하지도 않는다. 현재 하고 싶은 이야기를 끌어내기 위한 유도장치로 과거의 사건이나 인물을 빌려온 데 지나지 않는다는 말이다. 역사소설과 몽유록은 이런 이유로 구별해서 논의하는 게 마땅하다. 따라서 몽유록은 필요에 따라 부분적으로 언급하는 걸 제외하고는 이 책에서 다루지 않기로 한다.

한편 환상적 요소가 다분한 작품을 역사소설에서 제외하기도 하는데,[38] 지나치게 '현실성'이라는 문제에 긴박돼 있는 것 같다. 현실적 제재를 다루고 등장인물의 형상을 실존인물과 일치시킨다고 해서 꼭 역사의식의 수준이 높아지는 건 아니다. 역사적 상상력을 통해 상황을 재구하고 그 의미를 추구한다는 점에서 역사소설에서 사건과 인물의 변용은 매우 중요한 의미를 갖는다. 그러한 변용은 여러 차원에서 이루어질 수 있는데, 환상성도 허구성 못지않게 중요한 부분이다.

사람들은 현재 확보한 근거를 가지고 장래의 모습을 그려보곤 한다. 이렇게 해서 마련한 미래의 전망이 지금 해야 할 일을 역으로 규정하게 되는데, 이때 현재에 도움이 될 만한 사례를 과거에서 찾기 마련이다. 그런 점에서 현재를 진단하고 미래를 전망하는 행위는 과거를 재인식하게 하는 출발점이 된다. 과거・현재・미래가 인식론적으로 연계돼 있는

38) 권혁래, 앞의 책, 12쪽.

것이다. 또한 그런 과정을 통해서 구성한 정체성에는 개인이나 집단의 희망이 투사되어 있다. 그렇기에 정체성 서사를 구성할 때 상상, 또는 환상에 속하는 부분은 매우 중요한 요소가 된다. 서사에서 중요한 것은 사실이 아니라 어떻게 사실로 보이게 만드는가, 독자가 무엇을 진실로 받아들이는가이다. 따라서 역사소설을 논의할 때도 환상적 요소를 전적으로 배제해서는 곤란하다. 요는 환상적 요소를 통해 드러내려한 게 무엇인가이며, 환상적 요소가 있다고 해서 딱히 문제될 건 없다는 말이다. 이런 관점에서 이 책에서는 <박씨전>을 논의에 포함하기로 한다.[39]

역사적 사건을 다루거나 역사적 인물을 중심으로 서사를 구성한 작품은 소설뿐만 아니라 전(傳)·실기(實記)·야담(野談) 등 다양한 장르에 걸쳐 많이 나왔다. 인접 장르와의 관계를 살피는 건 매우 중요한 과제임에 틀림없지만, 이들을 함께 묶어 논의하다 보면 역사소설의 특성을 살피는 데 혼란을 초래한다. 소재영·김용덕·민영대[40]가 실기문학까지 한 데 뒤섞어 논의한 것도 역사적 사건과 인물을 소재로 해서 역사의식을 드러낸 작품을 모두 아우르려 했기 이 때문이다. 이 책에서는 <인현왕후전>을 논의 대상에서 제외한다. <계축일기>·<한중록>과 함께 궁정소설로 다루기도 하지만,[41] 이 세 작품은 소설인지 아닌지, 논자들의 의견이 여전히 대립하고 있다. 이 책에서 대상으로 삼는 작품은 명백히 소설인 것으로 한정한다. <계해반정록>도 같은 이유에서 다루지 않는다.

전(傳) 중에는 더러 소설적으로 경사된 것, 또는 소설로 평가되는 것도 있지만,[42] 해당 작품이 소설인지 아닌지 확실치 않은 게 많다. 또한 실존

---

39) <최고운전>은 16세기에 형성된 게 확인됐으므로 조선후기 작품을 대상으로 한 이 책의 연구범위가 아니고(김현룡, 「<최고운전>의 형성시기와 출생담고」, 『고소설연구』 4, 한국고소설학회, 1998), <전우치전>은 구체적인 역사적 사건을 다뤘다고 보기 어렵기 때문에 논의 대상에서 제외했다.

40) 소재영, 앞의 책; 김용덕, 앞의 책; 민영대, 앞의 책 참조.

41) 민영대, 『조선시대 궁중소설 연구』, 역락, 2004.

인물의 행적을 그리면서 사회의 문제를 암시하거나 공론화한 작품도 더러 있지만, 대개는 개인의 행적을 포폄(褒貶)하는 데 머물렀다. 이런 이유로 이 책에서는 전(傳)을 따로 논의하지 않는다. <김영철전>은 그간 홍세태가 축약한 걸 대상으로 검토하면서 소설성을 입증해야 하는 부담이 있었지만, 최근 들어 원작에 가까운 이본과 새로운 한글본이 발견되어 소설성에 대한 시비에서 자유로워졌기 때문에 논의 대상으로 삼기에 충분하다.[43]

1861년에 경판 방각본이 간행된 <신미록>은 19세기의 역사소설로 거론되고 있다.[44] 이 작품은 관군의 기록인 『순무영등록(巡撫營謄錄)』 등을 기초로 해서 홍경래의 난이 일어나서 진압되기까지의 과정을 그렸다. 그러나 작품의 대부분을 공적인 기록이 차지하고, 허구적 서사 형식은 제대로 자리를 잡지 못했다. 역사 기록과 소설의 경계에서 맴돌고 있을 뿐이다. 방우정(方禹鼎)의 『서정일기(西征日記)』를 바탕으로 한 <홍경래실기>와 현인복(玄仁福)의 『진중일기(陣中日記)』에 기초한 한문본 <홍경래>도 <신미록>과 마찬가지로 실기류에 소설의 의장을 덧씌운 정도에 불과하다. 이 가운데 <홍경래실기>는 기존의 <신미록>이 관군의 기록에만 의지하여 홍경래를 정당하게 평가하지 않았다고 개탄하면서, 어려운 현실에 홍경래 같은 영웅이 출현하기를 바라는 개작자의 염원을 담았다. 하지만 작품의 서두와 결말을 다소 변개했을 뿐, 전체적으로는 <신미록>과 큰 차이를 보이지 않는다. 개작자의 의도가 작품에 충실하게 구현되지

---

42) 박희병, 『조선후기 전의 소설적 성향 연구』, 성균관대 대동문화연구원, 1993 참조.

43) 권혁래, 「나손본 <김철전>의 사실성과 여성적 시각의 면모」, 『고전문학연구』 15, 한국고전문학회, 1999; 양승민 · 박재연, 「원작계열 <김영철전>의 발견과 그 자료적 가치」, 『고소설연구』 18, 한국고소설학회, 2004; 서인석, 「국문본 <김영텰뎐>의 이본적 위상과 특징」, 『국어국문학』 157, 국어국문학회, 2011; 송하준, 「새로 발견된 한문 필사본 <김영철전>의 자료적 가치」, 『고소설연구』 35, 한국고소설학회, 2013 참조.

44) 김장동, 앞의 논문, 136~146쪽; 권혁래, 앞의 책, 103~106쪽.

도 않았고, 전·후반의 인물 묘사가 서로 어긋나기도 하는 등 소설적 형상화에 이르지 못했다고 판단하여 논의에서 제외한다.[45)]

19세기에 나온 작품이 빈약하다는 사실은 조선후기 역사소설의 사적 흐름을 짚어보려는 이 책의 논지 전개에 큰 걸림돌이 된다. 이러한 난점을 해결하기 위해 <포의교집(布衣交集)> 같은 작품을 생각해볼 수도 있다.[46)] 그러나 병인양요 등 역사적 사건을 배경으로 삼았다고는 해도, 유부녀와 한미한 서생 사이의 사랑 이야기에 불과해 역사의식을 엿보기 어렵다는 점에서, 이 시기 역사소설로 다루기에는 적절치 않다.[47)] 이 책에서 19세기 역사소설로 다룰 작품은 <흥무왕연의(興武王演義)>다. 작가인 이정규(李鼎均, 1852~1899)은 『삼국사기』 「열전」에 실린 「김유신」 등 문헌 자료를 바탕으로 여러 설화를 수용하여 1887년에 이 작품을 지었다.

---

45) <신미록> 이본으로는 연활자본 <홍경래실기>와 현상윤(玄相允)이 『동아일보』에 연재한 현토본, 『이조한문단편집』에 실린 한문본이 있다. <홍경래실기>는 <신미록>과 비교해 보면, 가감한 곳이 조금 있을 뿐 큰 차이는 없어 소설성을 논하기 어렵다. 현토본과 한문본은 현토본에 장 구분과 부연 설명이 몇 군데 있는 걸 빼면 동일한 것으로 보이는데, 1930년대에 나왔으므로 이 책에서는 대상으로 삼지 않는다. 윤재근, 「조선시대 저항적 인물전승 연구」, 박사학위논문, 고려대 대학원, 1988; 정영훈, 「<신미록> 연구」, 석사학위논문, 이화여대 대학원, 1993; 노성미, 「홍경래전승의 양상과 변이연구」, 박사학위논문, 경남대 대학원, 1993 참조.

46) 이승복, 「한문소설 <포의교집>의 인물형상과 소설사적 의의」, 『규장각』 21, 서울대 규장각, 1998; 신상필, 「한문소설 <포의교집> 연구」, 『한문학보』 3, 우리한문학회, 2000; 김경미·조혜란, 『19세기 서울의 사랑: 절화기담, 포의교집』, 여이연, 2003 참조.

47) 17세기 후반 작품으로 추정하는 <최랑전(崔娘傳)>은 실존인물인 이여택이 등장하고, 노비추쇄령(1655~1778) 등 역사적 사건을 배경으로 한다. 그러나 이런 요소가 역사의식, 역사적 진실을 드러내기 위한 게 아니고, 남녀간의 애정을 그리기 위한 원경(遠景)일 뿐이므로 이 책에서는 거론하지 않겠다. 18세기 작품으로 추정하는 <빙허자방화록(憑虛子訪花錄)>, <백운선완춘결연록(白雲仙翫春結緣錄)>, <정생전(丁生傳)> 등도 역시 역사의식이 결여됐다는 점에서 제외한다. 권도경, 「빙허자방화록 연구」, 『민족문화연구』 36, 고려대 민족문화연구원, 2002; 송준호, 「실의의 미학: 미발표 한문소설 <丁生傳> 考」, 『연세어문학』 5, 연세대 국문과, 1974; 이신성, 「<정생전>에 나타난 애정과 효의 의미」, 『부산한문학』 3, 부산한문학회, 1988; 권도경, 「<정생전>의 서사구조적 특징과 18세기 전기소설적 의미」, 『민족문학사연구』 18, 민족문학사학회, 2001; 오윤선, 「<정생전>의 성격 재고」, 『우리문학연구』 14, 우리문학회, 2001 참조.

애국계몽기의 역사·전기물과 연활자본 역사영웅소설은 구국 영웅들의 활약상을 그렸다. 이들 작품은 과거의 역사적인 사건을 통해 당대의 역사적 조건을 확인하려는 작가정신이 뚜렷할 뿐더러,[48] 위기에 처한 현실을 헤쳐 나갈 영웅이 출현하기를 갈망하는 등 역사와 현실에 대한 치열한 문제의식을 보여준다. 그러나 주제의식에 치중하다보니 표현 형식에 등한하여 소설다운 구성이 부족하고, 묘사가 결여된 웅변적 서술로 일관했다. 역사소설은 열전 같은 경험적 서사체가 아니고, 상상력이 투사된 허구적 서사체로의 지향성을 가지면서 역사를 재구해야 한다.[49] 이런 이유로 애국계몽기의 역사·전기물과 연활자본 역사영웅소설은 이 책에서 다루기에 적합하지 않은 데다, 대상 시기에서도 벗어나므로 따로 살피지 않겠다.

이 책에서 조선후기 역사소설로 다룰 대상은 생각보다 많지 않지만, 한두 편을 빼고는 작품마다 이본이 다수 전한다. 이는 역사적 사건과 인물에 대한 관심이 지속됐다는 뜻이며, 시기별로 달라진 현실과 그에 대한 문제의식을 담은 이본이 계속 나왔다는 의미다. 여기서는 17세기에서 19세기 말 사이에 나온 것으로 밝혀졌거나, 이 시기에 형성된 걸로 추정하는 아래 작품으로 대상을 한정하여 논의하기로 한다.

17세기 : 〈최척전〉, 〈김영철전〉, 〈강로전〉
18세기 : 〈임경업전〉, 〈임진록〉, 〈박씨전〉, 〈배시황전〉, 〈윤지경전〉, 〈박태보전〉
19세기 : 〈홍무왕연의〉

이 글은 조선후기 역사소설이 시기에 따라 변모해간 양상을 확인하고,

48) 이재선, 「역사전기소설의 저항의식」, 『한국현대소설사』, 홍성사, 1979, 177쪽.
49) 이재선, 「장편소설과 역사주의의 현상」, 앞의 책, 391쪽.

거기에 담긴 역사의식을 검토함으로써 당대인들이 어떻게 흔들리는 정체성을 재구성했는지 살피는 게 목적이다. 그러자면 각 작품에 나타나는 역사의식과 그 시기별 추이를 파악해야 한다. 따라서 다음과 같은 순서로 서술해 나가겠다. Ⅱ장에서는 본격적인 논의에 앞서 먼저 조선후기 역사소설이 형성된 배경을 알아보고, Ⅲ~Ⅴ장에서는 대상 작품을 17세기·18세기·19세기로 나누어 그 양상을 확인하기로 한다. 이어 Ⅵ장에서는 조선후기 역사소설이 어떻게 변모했는지 그 양상을 총괄하는 한편 그렇게 된 원인을 짚어보고, Ⅶ장에서는 이를 바탕으로 조선후기 역사소설의 특성과 의의를 밝히겠다. 각 작품을 분석할 때는 소재적 원천이 무엇이며 형상화 과정에서 어떻게 변용했는지 살피고, 이본이 형성된 과정과 독자가 수용한 방식을 검토하겠으며, 그 속에 담긴 작가 및 향유층의 역사의식을 밝히는 데 중점을 두겠다. 아울러 작가와 사회적 배경 등에 대한 고찰도 병행할 것이다.

Ⅱ. 조선후기 역사소설의 형성 배경

1. 사회사적 배경

임진왜란과 병자호란이 조선 사회에 준 충격은 매우 컸다. 전쟁은 직접 체험한 세대에게 고통스런 기억으로 남았고, 이후의 문학에서 지워지지 않는 상처로 거듭 환기됐다. 여기서는 역사소설의 형성과 관련해서 임진왜란 이후 18세기 초반까지의 사회적 변화에 대해 간략하게 기술하기로 한다. 이런 격심한 변화를 경험한 세대가 그 의미를 추적하면서 역사소설을 내놓기 시작했기 때문이다.

임진왜란은 막대한 물질적 피해와 정신적 고통을 안겼고, 사회를 유지해온 가치체계를 뿌리째 흔들어 놓았다. 전쟁을 치르는 동안 통치체계는 제대로 작동하지 않았고, 무능하고 무책임한 지배층에 대한 피지배층의 원성은 커져만 갔다. 사대부들의 행태는 이제까지 그들이 강조했던 강상윤리(綱常倫理)라는 게 실상 말뿐이었다는 걸 자인하고 만 꼴이었다. 왜적을 물리칠 생각은 하지 않고 제 가족을 돌보는 일에만 급급해서 임금을 호종(扈從)하는 데도 소극적이었던 것이다. 사대부들에 대한 백성들의 불신과 불만은 임란 초기부터 대단히 심각한 수준이었고, 그 결과 기존의 가치질서를 유지하기도 힘든 상황이 되고 말았다. 임해군(臨海君)・순화군(順和君)을 왜적에게 넘겨준 사건을 비롯해서, 왜군이 점령한 지역에 부역자(附逆者)의 수가 적잖았던 것은 그 단적인 예다.[1]

당시 지배층도 조정과 사대부들에 대한 백성들의 신뢰가 땅에 떨어졌다는 것 정도는 알고 있었다. 그러나 그 근본적인 원인이 자신들에게 있다는 점은 인정하려 들지 않았다. 이런 위기국면에서 사대부들은 유교적 이념을 고수하며 사회를 전란 이전의 상태로 되돌리려고 노력했을 뿐이다. 통치체제를 안정시키기 위해 성리학적 사회윤리를 강화해야 한다는 필요성만 도출해낸 것이다.

통치이념에 충실한 민간의 사례를 발굴해서 포장(褒奬)한 것도 이런 맥락에서 행한 일이었다. 이런 사업에는 실추된 국가의 권위를 새삼 확인시키는 의미가 내포돼 있었다. 당연한 일이지만, 그런 사람들을 평가하고 포상하는 주체가 조정이었기 때문이다. 그런데 피지배층에게는 강상죄를 적용하여 극형에 처하는 경우도 적잖았음에 비해, 지배층을 처벌하는 건 시늉만 하는 정도에 불과했다. 공식적으로는 유교적 윤리의식을 강조한 조치였지만, 실제로는 피지배층을 겨냥한 데 지나지 않았다는 말이다.[2] 그러니 『동국신속삼강행실(東國新續三綱行實)』을 편찬하는 등 유교적 이념을 강조해도, 그 영향이 미치는 범위가 매우 제한적일 수밖에 없었다.[3]

사대부들의 생활은 임진왜란이 끝난 지 10년 안에 전란 이전 수준으로 회복됐다.[4] 그러나 양인(良人)과 상인층(常人層)은 복구과정에서 조세 부

1) 조선 지배층은 상민(常民)들이 왜군의 지배 아래 자발적으로 들어가거나 적의 작전을 지원하는 등 적대행위를 하는 데 큰 두려움을 느꼈다. 그러나 부왜자(附倭者)의 규모가 워낙 커서 이들 모두를 처벌하는 게 불가능한 지경이었다. 김성우, 「임진왜란 시기 상인층의 동향과 사족층의 대응」, 『한국사학보』 8, 고려사학회, 2000, 53쪽.

2) 정홍준, 「임진왜란 직후 통치체제의 정비과정: 성리학적 질서의 강화를 중심으로」, 『규장각』 11, 서울대 도서관, 1988, 37~38쪽.

3) 정홍준, 위의 논문, 44~46쪽.

4) 전란의 피해를 직접 입은 지역에서 전쟁의 상처를 씻어내는 데는 약 3~4년 정도 걸렸고, 그렇지 않은 지역에서는 곧 평상을 되찾았다고 한다. 김성우, 「임진왜란 이후 전후 복구사업의 전개와 양반층의 동향」, 『한국사학보』 3·4호, 고려사학회, 1998, 294쪽.

담이 커져서 몰락하고 있었다.[5] 따라서 외견상 피해가 복구된 것과는 달리, 조정과 사대부들에 대한 백성들의 반감과 불신의 골은 오히려 깊어졌다고 할 수 있다.

한편 청나라가 등장하고 명나라가 망하면서 17세기 동아시아에는 새로운 국제질서가 성립됐다. 심하전투(深河戰鬪, 1619)와 정묘호란(1627), 병자호란(1636)은 동아시아 국제질서가 새롭게 재편되는 과정이었다는 걸 알려주는 사건이다. 이런 일련의 사건은 국내 정치에도 중대한 변화를 가져왔고,[6] 임진왜란과는 다른 의미에서 조선후기 사회에 심대한 영향을 끼쳤다. 그 중에서도 병자호란은 그나마 기존의 국제관계가 유지됐던 임진왜란과는 비교할 수 없는 큰 충격을 주었다. 정묘호란 때 의외로 쉽게 강화한 것은 사태를 수습할 방도가 따로 없어서였지만, 후금과 형제관계를 맺는다고 해서 명나라 중심의 질서를 근본적으로 부정하는 건 아니었기 때문이기도 했다. 그러나 병자호란 후에 조선이 청나라와 군신관계를 맺은 것은 이제 기존의 국제질서가 완전히 무너졌다는 뜻이었다. 이후 조선은 공식적으로는 명나라와의 관계를 끊고 청나라의 힘을 인정하지 않을 수 없었지만, 내적으로는 숭명반청의식(崇明反淸意識)이 확산됐다.

앞서 살핀 것처럼, 임진왜란을 겪으면서 사회체제의 위기가 가시화됐고, 사대부들은 이런 국면을 타개할 방안을 성리학적 명분론을 한층 강화하는 데서 찾았다. 그러나 국제질서와 지배층의 정치적 역학관계, 사상적 조류에 따라 그 주안점은 시기마다 조금씩 달랐다.

광해군대에는 후금을 치는 데 조선 군사를 보내라는 명나라의 요구를 놓고 광해군과 조정 중신들의 주장이 대립했다. 논란 끝에 출병한 강홍립은 후금에 투항해 버렸는데, 서인(西人)들은 이 사건을 명나라와의 의리를

5) 김성우, 위의 논문, 310쪽.
6) 한명기, 「명청교체기 동북아 질서와 조선 지배층의 대응」, 『역사와 현실』 37, 한국역사연구회, 2000 참조.

저버린 행위로 규정하고, 이런 상황을 바로잡는 걸 반정의 주요 명분으로 삼았다. 그러나 반정세력은 국제정세를 제대로 읽지 못했고, 정묘호란과 병자호란을 맞아 맥없이 무너지고 말았다. 후금이 명나라와 일전을 벌이기 전에 그들의 배후에 있는 조선을 먼저 제압하려 든 건 필연적인 수순이었다는 점에서 조선이 이런 치욕을 자초했다고 말할 수는 없다. 그렇다고 해도 당대 집권세력이 효과적인 대책을 마련하지 못한 채 일방적으로 당하고 만 책임에서 자유로울 수는 없었다.

두 차례의 호란을 전후한 시기에는 주화파와 척화파가 격론을 벌였다. 호란의 뒷수습 과정에서 한때 주화파가 득세하기도 했지만, 효종이 즉위한 후 반청(反淸)의 목소리가 다시 높아졌다. 화이론(華夷論)에 기초한 효종대의 북벌론(北伐論)은 실현가능성이 거의 없는 주장이었다. 그럼에도 불구하고 청나라에 복수하고 명나라와의 의리를 지킨다는 명분을 내세운 건 패전의 상처를 지우고 사회를 통합하기 위한 논리가 필요했기 때문이었다.[7] 그러나 지배층인 사대부들 사이에서도 이런 명분론이 실현 불가능한 거라는 인식이 점점 확산되었다. 그러면서 한편으로는 상처받은 민족의 자존심을 회복하고 국가의 정체성을 유지하기 위한 노력이 계속됐다. 존주론과 조선중화주의는 조선후기 사상사를 관통하는 논리로, "무너진 동아문화 질서를 정신적으로나마 유지하려"[8] 한 몸부림이었다.

---

7) 북벌론에 대해서는, 상처받은 국민적 자부심을 회복하고 명·청 교체로 뒤바뀐 당시 국제질서에 주체적으로 대응한 결로 봐야 한다는 주장(정옥자, 「정조대 대명의리론의 정리작업」, 『한국학보』 69, 일지사, 1992), 실추된 국위를 회복하고 신권에 압도된 군주의 전제권을 강화하려고 추진했다는 견해(이경찬, 「조선 효종조의 북벌운동」, 『청계사학』 5, 1988), 민생 안정과 강상 원리의 재확인을 통해서 국력을 회복해보려는 집권층의 현상유지 논리였다는 입장(이이화, 「북벌론의 사상사적 검토」, 『창작과 비평』 38, 창작과 비평사, 1975; 우인수, 「조선 효종대 북벌정책과 산림」, 『역사교육논집』 15, 1990) 등으로 나뉜다. 그러나 북벌론과 대명 의리론은 일반 백성들의 삶과는 유리된 채 전개됐다. 따라서 사족의 의리와 명분을 구현했다는 점에서는 긍정적으로 볼 수 있겠지만, 백성의 삶을 안정시키고 향상시키는 데는 별로 도움이 되지 못했다고 할 수 있다.

한편 노론이 권력을 독점하기 전인 17세기 후반에서 18세기 초반까지는 서인과 남인, 노론과 소론간의 대립이 극심했고, 그 결과 환국(換局)이 거듭됐다.[9] 이 시기에는 기해예송(己亥禮訟, 1659), 갑인예송(甲寅禮訟, 1674), 경신환국(庚申換局, 1680), 기사환국(己巳換局, 1689), 갑술환국(甲戌換局, 1694), 신임환국(辛壬換局, 1721~1722) 등 일일이 열거하기 어려울 정도로 많은 정치적 파란이 일었다.

정치세력간의 대립과 갈등은 나름대로의 이념적 토대 위에서 전개됐다. 저마다 자신들의 논리를 강화하고 확산시킬 이론적 기반을 다지려고 부심했는데, 예서(禮書)와 사서(史書)를 다수 편찬한 것도 그 일환이었다. 16세기 말 이후 예학(禮學)이 발달하기 시작했고, 정교한 이론화 작업을 거쳐 17세기 초 인조대에는 남인과 서인이 각각 예서를 간행하기에 이르렀다. 이때 간행된 책으로는 정구(鄭逑, 1543~1620)의 『오선생예설분류(五先生禮說分類)』(1629), 김장생(金長生, 1548~1631)의 『가례집람(家禮輯覽)』(1685)·『의례문해(疑禮問解)』(1646), 유계(兪棨, 1607~1664)의 『가례원류(家禮源流)』(1711) 등이 있다.

이렇게 예학이 발달한 것은 전후(戰後) 사회체제를 재정비하는 길을 전통적 질서를 확립하는 데서 찾으려 했기 때문이다.[10] 그러나 사승관계

8) 정옥자, 『조선후기 조선중화사상 연구』, 일지사, 1998, 103쪽.

9) 이하 당쟁의 전개에 대한 서술은 다음 논저를 참고했다. 이성무·정만조 외, 『조선후기 당쟁의 종합적 검토』(재판), 한국정신문화연구원, 1994; 정석종, 『조선후기 사회변동연구』(중판), 일조각, 1997; 이이화, 「조선조 당론의 전개과정과 그 계보」, 『한국사학』 8, 한국정신문화연구원, 1986; 정옥자, 「17세기 사상계의 재편과 예론」, 『한국문화』 10, 서울대 한국문화연구소, 1989; 오수창, 「인조대 정치세력의 동향」, 『한국사론』 13, 서울대 국사학과, 1985; 정만조, 「17세기 중반 漢黨의 정치활동과 국정운영론」, 『한국문화』 23, 서울대 한국문화연구소, 1999; 홍순민, 「숙종초기의 정치구조와 환국」, 『한국사론』 12, 서울대 국사학과, 1986; 정경희, 「숙종대 탕평론과 '탕평'의 시도」, 『한국사론』 30, 서울대 국사학과, 1993; 노대환, 「숙종·영조대 대명의리론의 정치·사회적 기능」, 『한국문화』 32, 서울대 한국문화연구소, 2003; 정옥자, 「정조대 대명의리론의 정리작업」, 『한국학보』 69, 일지사, 1992.

10) 고영진, 「16세기말 四禮書의 성립과 예학의 발달」, 『한국문화』 12, 서울대 한국문화연

가 다른 데서 연유한 학풍의 차이와 현실인식이 상이한 데서 비롯된 정치적 입장의 차이 때문에 예(禮)를 서로 달리 이해했다. 이런 예론을 현실정치에 적용하면서 극심하게 대립했던 것은 종법질서를 확립한다는 명분을 내세워 정권을 장악하는 방법으로 이용했기 때문이다.[11)]

노·소론이 분당된 뒤로는 서인 내부의 학문적·정치적 입장 차이에서 비롯된 당쟁이 거듭됐다. 노론과 소론은 장희빈을 사사(賜死)하는 문제를 두고 격론을 벌였다. 소론은 세자를 보호하기 위해서라도 사약을 내려선 안 된다고 주장했고, 노론은 죽여야 마땅하다며 정면으로 맞선 것이다. 이어 훗날의 경종인 세자를 사이에 두고 두 세력은 다시 심한 갈등을 빚었다. 경종이 즉위한 후에도 그 정통성을 인정하지 않았던 노론은 왕세제 책봉과 대리청정을 밀어붙였는데, 이는 두고두고 충역시비(忠逆是非)의 대상이 됐다. 이어진 신임환국(辛壬換局)을 거치는 동안 중종~명종대의 사화(士禍)에 비할 수 없을 만큼 많은 희생자가 생겼다. 경종의 재위기간은 4년에 불과했고, 그 뒤를 이어 영조가 즉위한 후에는 노·소론이 충역론(忠逆論)과 의리론(義理論)을 내세워 계속해서 극심하게 대립했다. 17세기 후반부터 시작된 노·소론간의 대결 구도는 18세기 중엽까지 지속됐고, 이러한 논란은 노론의 명분상 우위를 인정한 대훈(大訓, 1741)이 반포되고, 그들의 승리를 공식 선언한 『천의소감(闡義昭鑑)』(1775)이 간행되고 나서야 종지부를 찍었다.[12)]

역사소설의 형성과 관련해서 특히 주목할 것은 사찬(私撰) 사서(史書)가 다수 편찬됐다는 점이다. 각 당파는 자신들의 현실인식과 정치적 입장을 담은 책을 경쟁적으로 내놓았다. 유계(兪棨, 1607~1664)가 편찬한 『여

구소, 1991, 463쪽.

11) 정옥자, 「17세기 사상계의 재편과 예론」, 『한국문화』 10, 서울대 한국문화연구소, 1989, 234쪽.

12) 이근호, 「영조대 중반 御製訓書의 간행 양상과 의의: 『御製大訓』과 『御製常訓』을 중심으로」, 『규장각』 26, 서울대 규장각, 2011 참조.

사제강(麗史提綱)』(1637~1640)에서는 대신(大臣)의 역할과 존화양이(尊華攘夷)의 입장을 강조했다. 그는 송시열·송준길 등과 함께 효종·현종대 서인의 핵심 인물 중 하나였다. 이 책은 남인과의 정치적·학문적 경쟁 관계 속에서 편찬됐는데, 1667년(현종 8)에 송시열의 서문이 붙은 채 간행되어 숙종조부터 영조대까지는 관찬(官撰) 사서와 비슷한 정도의 권위와 영향력을 행사했다.[13)]

소론측의 대표적인 사서로는 홍만종(洪萬宗, 1643~1725)이 편찬한 『동국역대총목(東國歷代總目)』(1705)을 꼽을 수 있다. 노론과의 경쟁을 의식해서 소론의 정치이념을 뒷받침하려고 기획한 책이었던 만큼 그 내용도 『여사제강』과는 차이가 있었다. 대신권(大臣權)보다는 왕권을 중심으로 서술했고, 우리나라 사서 가운데 처음으로 단군(檀君)을 기자(箕子)에 앞선 정통의 위치에 두었으며, 단군·기자에서 조선 현종대에 이르기까지의 사대관계를 간략하게 기술했다. 이는 이미 망한 명나라를 존숭하는 관념, 즉 숭명관념(崇明觀念)이 약했다는 뜻이다.[14)]

이 밖에도 남인 오운(吳澐, 1540~1617)의 『동사찬요(東史纂要)』(1607), 대북파(大北派)인 조정(趙挺, 1551~?)의 『동사보유(東史補遺)』, 근기남인(近畿南人) 허목(許穆, 1595~1682)의 『동사(東史)』(1672~1677), 영남남인 홍여하(洪汝河, 1621~1678)의 『동국통감제강(東國通鑑提綱)』(1672), 소론 임상덕(林象德, 1683~1719)의 『동사회강(東史會綱)』, 이익(李瀷, 1681~1764)의 『성호사설(星湖僿說)』, 안정복(安鼎福, 1712~1791)의 『동사강목(東史綱目)』(1759, 1778), 이종휘(李種徽, 1731~1797)의 『동사(東史)』, 이긍익(李肯翊, 1736~1806)의 『연려실기술(練藜室記述)』

13) 한영우, 「17세기 중엽 서인 兪棨의 역사서술: 『麗史提綱』」, 『조선후기 사학사 연구』, 일지사, 1989, 76쪽.

14) 한영우, 「17세기 후반~18세기 초 홍만종의 會通思想과 역사의식」, 『한국문화』 12, 서울대 한국문화연구소, 1991, 407쪽.

(1797) 등 많은 사찬 사서가 17~18세기에 편찬됐다.[15)]

사서 편찬이 이렇게 활기를 띠었다는 사실에 특별히 주목해야 하는 건 다음 두 가지 이유에서다. 첫째, 각 당파가 그걸 바탕으로 이념적 토대를 구축했고, 이를 현실정치에 적용하려 했기 때문이다. 현실 사회의 변화에 큰 영향을 준 요인이었다는 말이다. 둘째, 그런 과정에서 정립된 논리가 역사소설의 형상화에도 직·간접적으로 영향을 끼쳤기 때문이다.

이 시기 역사 서술의 가장 큰 특징은 강목법(綱目法)과 정통론(正統論)에 바탕을 두고 명분론에 입각한 도덕주의적 역사 해석을 시도했다는 점이다. 정통을 어디에 두느냐에 따라 역사인식은 전혀 달라진다. 정통론은 그 자체로 한족(漢族) 중심의 중화적(中華的) 국제질서를 염두에 두었다. 이는 명·청과의 관계를 보는 시각을 제한했을 뿐만 아니라 한국사 이해의 방향을 제시했다는 점에서도 특별히 관심을 기울여야 할 부분이다. 정통론은 일반적으로 왕가와 왕조의 정통성을 논하는 게 중심이지만, 사회적 지위의 정당성을 따지는 것이기도 하다는 점에서[16)] 정치적 문제로 비화될 소지가 많았다.

누군가를 정통의 위치에 올려놓으려 애쓰는 건 그 후광에 기대어 자신들의 현실적 지위를 정당화하기 위해서다.[17)] 다른 세력의 정통성에 시비를 건다거나 특정인을 폄하하는 건 그들과의 차별화를 시도하고 스스로의 도덕적 우위를 주장하고 싶어서다. 과거를 어떻게 기억하느냐에 따라 현재의 편이 갈리고, 역사 해석의 권위를 누가 차지하느냐에 따라 권력의 추가 기울기 때문이다.

이렇게 정통과 이단을 규정하려는 시도는 선인과 악인을 구분 지으려는 생각과 연결되고, 행위의 결과보다 목적을 중시하는 입장은 선한 패자

---

15) 이상 열거한 사서에 대해서는 한영우, 앞의 책 참조.
16) 루샤오펑, 조미원·박계화·손수영 옮김, 『역사에서 허구로』, 도서출판 길, 2001, 151쪽.
17) 올라프 라더, 김희상 역, 『사자(死者)와 권력』, 작가정신, 2004 참조.

를 동정하는 태도로 이어진다. 이런 생각과 태도는 역사적 사실을 평가하고 현실을 인식하는 기본 관점이 되었을 뿐만 아니라 소설에서 선악의 이분법, 또는 충신과 간신의 대결 구도가 일반화되는 데도 영향을 주었다. 이런 점에서 정통론이 확산됐다는 사실은 역사소설의 형성·전개와도 깊은 관련을 맺고 있었다.

앞서 살폈듯이, 여러 정치세력은 자신들의 정치 이념을 구축하는 과정에서 역사 연구에 몰두했고, 각종 사서를 간행함으로써 그들의 역사의식을 드러냈다. 그들이 자신들의 역사관과 현실 인식을 널리 확산시킴으로써 지지 기반을 넓히려 했으리라는 건 짐작하기 어렵지 않다. 그런데 이데올로기는 그것을 정당화하는 '서사'로 구성돼야 설득력을 얻을 수 있다. 또한 그렇게 구성한 서사가 대중적 영향력을 발휘하게 하려면 이를 확산시킬 '매체'를 찾아야 한다. 사대부들이 소설의 효용성에 주목했던 것도 그런 이유에서였다.

소설은 구체적 형상으로 제시하기 때문에 특정한 관념이나 이미지를 전달하는 데 매우 효과적인 수단이다. 더욱이 소설은 광범위한 독자에게 일상적으로, 또한 지속적으로 노출된다. 몰입과 동일시를 통해 독자가 특정한 가치관을 무의식적으로 내면화하도록 유도하는 데 매우 유력한 매체인 것이다.[18] 그런 까닭에 대중에게 역사를 인식하는 틀을 제시해야 할 필요성이 커질수록 역사소설에 대한 관심도 깊어졌다. 정치 집회나 역사 교육이 일상적, 보편적으로 이루어지지 않았던 조선후기에는 역사의식을 공유하게 할 수단인 대중적 매체가 드물었기 때문이다.

16세기 말부터 18세기 초반까지 일어난 일련의 사건은 개인과 사회의

18) 정체성 형성에 대중문화와 일상생활이 매우 중요한 역할을 한다는 건 팀 에덴서, 박성일 역, 『대중문화와 일상, 그리고 민족정체성』, 도서출판 이후, 2008; 전진성, 『역사가 기억을 말하다』, 휴머니스트, 2005; 홍태영, 『정체성의 정치학』, 서강대 출판부, 2011 참조.

정체성이 무엇인지 다시 묻게 한 계기가 되었고, 이런 일들이 역사소설의 주요 소재가 됐다. 임진왜란, 심하전투, 정묘·병자호란, 거듭된 환국 등이 그 대표적인 예다. 급박하게 돌아간 정치·사회적 상황은 현실에 대한 문제의식을 촉발시켰고, 그것이 한국사를 재조명하는 작업으로 이어졌으며, 그 결과 역사와 현실을 보는 다양한 관점이 형성됐고, 이렇게 구체화된 역사의식을 담아 전달할 매체로 역사소설이 주목받는 상황이 조성됐다.

2. 문학사적 배경

17세기에 들어서는 전기소설(傳奇小說)·몽유록(夢遊錄)·전(傳) 등 이미 있던 양식이 지속되거나 변모되는 가운데, 실기문학(實記文學)이 활발하게 창작됐다. 조선후기 역사소설은 사건 전개 방식이나 표현 기교 등 여러 측면에서 전기소설로부터 영향을 받았다. 몽유록은 당대 사회의 문제에 대한 비판의식을 꿈의 세계를 통해 표출한 양식인데, <강도몽유록>·<달천몽유록>·<피생명몽록> 등 역사소설과 문제의식을 공유하는 작품이 17세기에 여러 편 나왔다.[19] 이런 문학 양식 가운데 조선후기 역사소설의 형성과 관련해서 특히 주목할 것은 실기(實記)와 전(傳)이다.

임병양란을 소재로 한 실기류(實記類)는 직접 체험한 일을 후대에 남긴다는 기록정신과 후세 사람들이 거울로 삼게 하겠다는 의도[鑑戒]의 소산이다.[20] 실기는 사실의 기록인 역사나 사실의 상상적 대치물인 소설과는 서술방법이 다르다. 하지만 실기문학은 새로운 소재를 소설에 제공했고,

19) 신재홍, 『한국몽유소설연구』, 계명문화사, 1994; 신해진, 『조선중기 몽유록의 연구』, 박이정, 1998; 김정녀, 『조선후기 몽유록의 구도와 전개』, 보고사, 2005 참조.

20) 이채연, 『임진왜란 포로실기 연구』, 박이정, 1995, 52~59쪽.

구조와 표현방식에도 큰 영향을 주었다. 특히 포로체험의 기록인 포로실기류(捕虜實記類)는 17세기 역사소설의 형성과 밀접한 관련이 있었다.

포로실기류는 포로체험이 주된 내용으로, 대개 '피란[避亂, 방어(防禦)] - 피랍(被拉) - 포로생활(捕虜生活) - 탈출(脫出) - 고난(苦難) - 귀향(歸鄕)'이라는 공통된 서술구조로 짜여 있다.[21] 여기에 속하는 작품으로는 권두문(權斗文)의 <호구록(虎口錄)>, 노인(魯認)의 <금계일기(錦溪日記)>, 강항(姜沆)의 <간양록(看羊錄)>, 정경득(鄭慶得)의 <만사록(萬死錄)>, 정희득(鄭希得)의 <월봉해상록(月峯海上錄)>, 정호인(鄭好仁)의 <정유피란기(丁酉避亂記)> 등을 들 수 있다. 이들 작품은 <최척전>·<김영철전> 등과 소재와 서술구조 면에서 유사한 점이 많았다.

조선후기 역사소설의 상당수는 실기류와 관련을 맺은 채 형성됐다. 실기의 내용이 소설에 그대로 옮겨진 건 아니라 해도, 당대인들의 체험을 반영한다는 면에선 서로 공통점이 많았기 때문이다. 실제 체험한 시기와 작품을 창작한 시점 사이의 간격이 멀어질수록 윤색될 가능성이 커지는데, 이 시기 소설 가운데는 실기와 구분하기 어려울 정도로 현실을 사실적으로 담은 작품도 등장했다. 하지만 역사소설은 사실(事實) 그 자체가 아니라는 점에서 실기류와 구별된다.

임병양란과 관련된 인물의 행적을 담은 전(傳)이 활발하게 창작된 것도 역사소설과 관련해서 주목할 부분이다. 『문집소재전자료집(文集所在傳資料集)』에 수록된 작품을 기준으로 보면, 임진왜란 관련 인물의 전이 74편이고, 병자호란 관련 인물전은 43편이다.[22] 이 전들은 입전 대상 인물에 관련된 후대의 전승에 큰 영향을 주었다.

임진왜란 관련 인물전의 내용은 역전(力戰)·토적(討賊)·사의(死義)

---

21) 장경남, 「임진왜란 실기의 소설적 수용양상 연구」, 『국어국문학』 131, 국어국문학회, 2002, 378쪽.

22) 송철호, 「임병양란 인물전 연구」, 석사학위논문, 부산대 대학원, 1995, 5~22쪽.

· 불굴(不屈) · 동사(同死) 등으로 다양하지만, 나라를 위해 싸우다 순절한 충신 · 열사를 대상으로 입전한 게 대부분이다. 충신 · 열사 전 가운데서도 의병 활동을 한 인물을 다룬 작품이 가장 많은 수를 차지했는데, 74편 중 26편에 달한다.

임진왜란에서 왜적을 물리친 데는 명군(明軍)이 적잖은 역할을 했지만, 국난을 극복할 수 있었던 정신적 힘은 의병 활동에서 나왔다. 임금과 조정 신료들이 도성을 버리고 도망하자 하층민은 궁궐과 관아에 불을 지르고 노비문서를 불태우면서 지배층의 기만적 행태에 항의했다. 임란 초기에 조정의 모병(募兵)은 거의 효과를 거두지 못했고, 오히려 수령들에게 보복하는 일이 벌어지기도 했다. 그러나 농민들은 무책임한 지배층과 달랐다. 그들은 자신들의 터전을 지키기 위해 자발적으로 의병에 참여하여 적을 물리치는 데 힘을 보탰고, 이런 헌신이 전쟁을 승리로 이끈 원동력이 됐다.[23)]

이때 활약한 인물들에 관한 기억이 전(傳)으로만 전승된 것은 물론 아니다. 사대부들의 필기(筆記)나 야담, 민간의 구비전승으로도 이런 사람들의 행적이 전해졌지만, 문헌전승에서 가장 중요한 역할을 한 것은 그래도 전이었다. 전은 묻혀버릴지도 모르는 인물의 사적을 후세에 전하고, 그들의 잘잘못을 따져 포폄(褒貶)하려는 데 목적을 두었다. 이때 대상 인물을 선택하고 평가하는 데는 전을 짓는 사람의 현실인식과 역사의식이 개입되기 마련이다. 또 당대의 가치와 이념이 판단 기준이 되므로, 전을 짓는 시점에 사회가 요구하는 덕목에 충실한 인물로 그리기 십상이었다. 역사소설이 계층에 따라 다른 역사의식을 표출하면서도 보편적 가치와 주류

23) 의병의 활약이 전세를 뒤집는 데 결정적인 영향을 주었는지, 특히 물리력 면에서 얼마나 도움이 됐는지에 대해서는 이론(異論)이 있을 수 있다. 그러나 <임진록>에서 보는 것처럼, 민중의 자발적인 참여, 희생과 헌신이 사회를 지탱하고 역사를 발전시키는 원동력이라는 인식이 형성되게 한 계기였다는 점을 놓쳐선 안 된다.

적 담론에서 완전히 자유로울 수 없었던 것도 이런 전의 특성에 영향을 받았기 때문이다.

조선후기 역사소설은 대개 주인공의 일대기를 중심으로 구성했다. 이는 역사소설이 사건 중심이 아닌 인물 중심으로 역사를 이해하려 했다는 뜻이다. 이때 인물을 형상화하는 방식도 전에서 영향을 받았다. 허구적 상상력을 발휘하긴 하지만, 역사소설은 다른 소설 유형에 비해 사실에 밀착돼 있다. 객관적 사실에 근거한다는 믿음을 독자에게 심어주려 하고, 작품에서 제시한 해석과 평가가 정당하다는 것을 입증하려 하기 때문이다. 이런 점은 전의 작가가 독자에게 정서적 호응을 불러일으키고 교훈성을 강화하기 위해 때로는 사실을 허구화하면서도 공적인 역사의 수사학에 의존하는 것과 유사한 면이다.24)

한편 중국 연의소설(演義小說)의 영향을 받은 작품이 창작되기도 했다. 중국 연의소설은 상·하층을 가리지 않고 폭넓게 수용되어 이른 시기부터 많은 독자를 확보했다. 역사적 사실에 상상력을 가미하여 작품을 짜나간 연의류의 수법은 조선후기 역사소설을 창작하는 데도 많은 걸 시사해 주었는데, 형성기인 17세기보다는 18세기 이후에 나온 작품에 더 큰 영향을 주었다. <임진록>·<박씨전>·<배시황전>·<홍무왕연의>는 <삼국지연의>의 영향을 받은 게 분명하다. 작품 수로 보면 연의류의 영향이 두드러져 보이지만, 그렇다고 해서 연의류가 역사소설 창작에 가장 직접적이고 강한 영향을 주었다고 말할 수는 없다. 인물 형상화와 사건 구성, 그 속에 역사의식을 담아내는 방식에 영향을 주었다는 점, 다시 말해 기법적인 측면으로 제한할 수밖에 없다. 중국 연의소설과 조선후기 역사소설은 각각이 형성된 현실적 조건이 달랐으므로 그 대응방식이라 할 수 있는 작가의 역사의식도 서로 다를 수밖에 없었기 때문이다.

---

24) 루샤오펑, 앞의 책, 162쪽; 같은 책, 203쪽.

조선후기 역사소설의 형성에 끼친 구비설화와 문헌설화의 영향도 간과해선 안 된다. 역사적 사건에 관한 기억은 문자로 기록되기도 했지만, 많은 사람들의 입에서 입으로 전해지면서 공통의 기억을 형성해 나갔다. 대다수 피지배층은 자신들의 생각을 글로 표현할 길이 없었기 때문이다. 그들은 직접 겪었거나 전해 들어 알고 있는 일들로 역사를 이해했는데, 논리적인 서사를 구성하기도 했지만, 감정적이고 도덕적인 언어로 표현하는 경우가 많았다.[25] 그런 역사 이해가 객관적 사실에 합치하지 않을 수도 있지만, 사실로 포장한 관념이 진실을 가리는 경우도 적잖다는 점에서 그것이 꼭 잘못된 것만도 아니다. 구비전승이든 문헌에 정착한 것이든, 설화의 영향 아래 형성된 대표적인 작품으로 <임진록>을 들 수 있다. 물론 정도의 차이는 있지만, 다른 작품에도 설화적 상상력의 산물이라 할 만한 삽화가 들어 있다. 역사 문헌에 충실한 것으로 평가되는 <홍무왕연의>에서도 이런 면모를 발견할 수 있다.

조선후기 역사소설은 그 형성과 전개과정에서 구비문학과 기록문학의 다양한 장르에서 자양분을 흡수하고 변용하는 가운데 성립될 수 있었다. 또한 정형화된 인물 형상화 기법과 사건 구조화 방식을 고집하기보다는 독자에게 다가서고 공감대를 형성하기 위해 다양한 문학적 관습을 원용하여 끊임없이 새로운 시도를 계속해 나갔다

---

25) 한건수, 『종족정체성과 역사적 상상: 요루바 종족성과 기억의 공동체』, 김광억 외, 『종족과 민족: 그 단일과 보편의 신화를 넘어서』, 아카넷, 2005, 130쪽.

Ⅲ. 17세기 역사소설의 양상

이 시기에는 동아시아를 뒤덮은 전란의 소용돌이에 휩쓸려 고통 받았던 사람들의 삶의 자취를 담은 작품이 창작됐다. <최척전(崔陟傳)>·<김영철전(金英哲傳)>은 평범하기 그지없던 백성이 포로로 끌려갔다가 천신만고 끝에 탈출해 돌아온 기구한 운명을 다뤘고, <강로전(姜虜傳)>은 후금(後金)과의 전투에 출전했다가 투항한 강홍립(姜弘立)의 이야기를 부정적으로 그렸다. 임진왜란과 정묘호란·병자호란을 체험한 사람들이 느낀 문제의식이 세 작품의 창작으로 이어졌다. 특히 <최척전>·<김영철전>에서 주목한 가족 이산의 아픔은 전쟁을 겪은 사람이라면 누구나 공감할 수 있는 절박한 문제였기 때문에 많은 독자들의 관심을 끌었다.

<최척전>과 <김영철전>은 실제 경험담, 또는 있었음직한 이야기를 바탕으로 가족의 해체와 재결합의 문제를 다뤘다. 두 작품에는 주인공 일가의 파란만장한 이야기가 넓은 시·공간적 배경 속에 전개된다. 그런 만큼 이전 시기의 소설에 비해 서사의 편폭도 대폭 확장됐다. 그러나 가족의 이야기를 담았다고 해도 흔히 '가족사 연대기' 소설이라 부르는 작품과는 다르다. '가족사 연대기' 소설은 가족 내 몇 세대 간에 일어나는 가치관의 변화에 주목하는데 비해[1)] 이들 작품에는 세대 간의 갈등이 드러나지 않는다. 대신 주인공 세대의 힘겨운 여정을 따라가며, 그들이 역경에 맞서

싸우는 과정을 그려 놓았다. 생존마저도 위협받는 엄혹한 시대 환경을 뚫고 삶의 연속성을 지켜내려 한 당대인들의 고투를 섬세한 필치로 그린 것이다. 전쟁 통에 뿔뿔이 흩어졌다가 재결합한 가족의 이야기를 그리면서도, 그저 한 집안의 이야기에만 머물지 않고, 그 사회적 의미를 밝혔다는 점에 이들 작품의 의의가 있다.

한편 심하전투·정묘호란을 겪으면서 구체화된 후금에 대한 분노와 적개심은 <강로전>이 형성돼서 사람들의 입에 오르내리게 한 요인이었다. 이 작품에는 강홍립에 대한 끓어오르는 분노와 차가운 경멸의 시선이 교차한다. 그것은 강홍립을 공박(攻駁)함으로써 그와 구별되기를 바랐던 사람들이, 자신들의 정체성을 재구성하려는 노력의 일환으로, 당대 지배 이념을 바탕으로 사태를 바라보고 인물을 평가한 결과였다.

1. 전란 체험과 가족 이야기

1) 전후(戰後) 사회 재건의 염원과 가족이데올로기: 〈최척전〉

그간 <최척전> 연구는 작품 형성과정에 관한 문제[2]부터 장르론적인 관심,[3] 작품의 문예미학적인 분석[4]에 이르기까지 많은 성과를 얻었다.

---

1) 이혜령, 「1930년대 가족사연대기 소설의 형식과 이데올로기」, 상허학회 편, 『한국근대문학 양식의 형성과 전개』, 깊은샘, 2003.

2) 민영대, 『조위한과 최척전』, 아세아문화사, 1993; 양승민, 「<최척전>의 창작동인과 소통과정」, 『고소설연구』 9, 한국고소설학회, 2000.

3) 박일용, 「장르론적 관점에서 본 최척전의 특징과 소설사적 위상」, 『고전문학연구』 5, 고전문학연구회, 1990.

4) 강진옥, 「최척전에 나타난 고난과 구원의 문제」, 『이화어문논집』 8, 이화여대 한국어문학연구소, 1986; 박희병, 「최척전—16,7세기 동아시아의 전란과 가족이산」, 『한국고전소설작품론』, 집문당, 1990; 현혜경, 「<최척전>·<옥낭자전>을 통해서 본 대조적

이를 통해 새로운 이본도 발굴됐고,[5] 이본 연구도 진척되어 연구를 위한 토대는 충분히 마련되었다.[6]

<최척전>은 전기소설(傳奇小說)의 관습을 따르면서도 포로실기류와 내용 및 구조상 유사성[7]을 갖는 작품이다. 그러나 새로운 세계를 경험하고 이를 반영한 만큼 이전의 전기소설과는 비교할 수 없을 정도로 서사적 편폭이 확장됐다. 게다가 전기소설에서 청춘남녀의 고립적인 사랑을 다루던 방식에서 벗어나 가족애(家族愛)를 강조했다는 게 주목할 점이다.[8] 작품 전반부의 결연까지는 기존 애정 전기소설의 관습에 충실하지만, 전란으로 인해 가족이 해체되고 재결합하는 과정을 그리면서 가족애로 관심이 전환되는 측면이 뚜렷하기 때문이다. 여기서는 가족 관계 회복을 위해 개인이 기울인 노력을 어떻게 그렸는지, 또 그게 어떤 의미를 갖는지 살펴보기로 한다.

(1) 〈최척전〉의 가족 지향성

<최척전>의 등장인물은 모두 안주할 데 없는 불안한 처지다. 그 중에서도 여주인공인 옥영이 느끼는 불안감이 특히 심하다. 전시에는 직접 전투에 참가하는 군인들보다 민간인들이 입는 피해가 더 큰 경우가 많은

인 여성이미지」, 『이화어문논집』 14, 이화어문학회, 1996; 김문희, 「<최척전>의 가족 지향성 연구」, 『한국고전연구』 6, 한국고전연구회, 2000.

5) 간호윤, 『선현유음: 조선후기 필사본 한문소설』, 이회문화사, 2003; 권혁래, 「최척전의 이본 연구: 국문본의 성격을 중심으로」, 『고전문학연구』 18, 한국고전문학회, 2000; 양승민, 앞의 논문.

6) <최척전> 이본은 규장각본·고려대본·간호윤본이 속한 '원본계열'과 천리대본·김모본이 속한 '변이된 계열'로 크게 나눌 수 있는데, 이 중 규장각본이 가장 선본(善本)이라고 한다. 지연숙, 「<최척전> 이본의 두 계열과 善本」, 『고소설연구』 17, 한국고소설학회, 2004.

7) '피란-피랍-포로생활-탈출-고난-귀향'의 공통된 서술구조이며, 포로체험이 주된 내용이다. 장경남, 「임진왜란 실기의 소설적 수용양상 연구」, 『국어국문학』 131, 국어국문학회, 2002, 378쪽.

8) 김문희, 앞의 논문, 170~183쪽.

데, 특히 부녀자들은 이루 말할 수 없을 정도로 고통을 당하기 때문이다.[9] 옥영은 최척과 인연을 맺을 때부터 자신의 불안한 속내를 드러낸다. 그녀는 양갓집 규수로서, 조신하게 행동해야 한다는 걸 잘 알면서도, 사내에게 먼저 추파를 보낸 까닭을 다음과 같이 설명한다.

> 저는 서울에서 자랐기에 여자가 지켜야 할 정숙한 행실에 대해 조금은 압니다. 그런데 불행히도 부친을 일찍 여의었고, 난리 통에 홀어머니를 모시는데 형제도 없습니다. 남쪽 땅을 떠돌다가 일가에게 의지하고 있기에 시집갈 나이가 됐어도 아직 혼인하지 못했습니다. 늘 걱정인 건, 하루아침에 창칼을 들고 노략질하며 도적들이 횡행한다면 주옥이 떨어져 깨질지도 모르고, 강포한 놈들에게 더럽혀질지도 모른다는 것입니다. 이 때문에 노모께서 상심하시고 저 때문에 염려하십니다. 그러나 더 걱정스러운 건 넝쿨이 의지할 것은 반드시 큰 나무여야 한다는 겁니다. 백년 고락이 실로 타인에게서 말미암으니, 참으로 마땅한 사람이 아니라면 어찌 우러러보며 몸을 마칠 수 있겠습니까![10]

옥영은 친척집에 글을 배우러 오는 서생인 최척에게 먼저 자신의 마음을 담은 편지를 전했다. 이어 그렇게 할 수밖에 없었던 자신의 처지와 심경을 이렇게 얘기한다. 옥영에게 가족이라고는 홀어머니와 자신, 단 둘이다. 아버지는 일찍 여의었고, 오라비마저 세상을 떠났기 때문에 세상천지에 모녀가 믿고 의지할 사람이 없다. 난리 통에 서울의 집을 떠나 남원에 사는 친척집에 의탁하고 있는 것도 이 때문이다. 어려움과 고통을

---

9) 김현아, 『전쟁과 여성』, 여름언덕, 2004 참조.

10) 妾生長輦轂之下, 粗識貞靜之行, 而不幸早失嚴父, 生丁亂離, 獨奉偏慈, 終鮮兄弟. 漂淪南土, 僑寄宗黨. 年雖及笄, 尙未移天. 常恐一朝兵戈搶攘, 盜賊橫行, 則難保珠玉之沉碎, 不無强暴之所汚, 以此老母傷心, 以我爲念. 然而猶所患者, 絲蘿所托, 必在喬木. 百年苦樂, 實由他人, 苟非其人, 豈可仰望而終身! <최척전>, 『교감본 한국한문소설』 1, 고려대 민족문화연구원, 2007, 162~163쪽. 주 텍스트는 선본(善本)으로 알려진 규장각본이며, 필요한 경우 다른 이본을 참고하기로 한다. 다음부터 원문을 인용할 때는 끝에 교감본의 해당 쪽수만 밝히겠다. 밑줄은 필자가 넣었다. 이하 같다.

숱하게 겪어왔지만, 제 몸 하나 지키기도 쉽지 않은 엄혹한 시절인지라, 옥영은 늘 조마조마하다. 이렇듯 불안한 처지와 거기서 비롯된 절박함은 옥영으로 하여금 여성이 지켜야할 예의와 체모를 돌아볼 여유조차 없게 만들었다. 물론 거기에는 최척이 의지할 만한 사람이라는 믿음과 기대, 그런 사람을 놓쳐선 안 된다는 조급함도 한몫 했다.

최척의 형편도 옥영의 사정과 크게 다르지 않다. 최척은 홀아버지와 둘이서 산다. 좋은 짝을 찾아 가정을 꾸리는 것은 아들 하나만 바라보고 사는 늙은 아버지를 위해서라도 절실한 일이다. 편부모 슬하에서 자란 주인공 두 사람은 가정을 이루는 데 온 마음을 쏟는다. 단란한 가정과 안정된 삶을 간절히 바라기 때문이다.

두 사람만 그런 게 아니다. 최척의 아버지는 아들의 혼사에 직접 발 벗고 나선다. 옥영의 어머니 심씨도 마찬가지다. 딸을 좋은 자리에 시집보내고픈 마음이야 어떤 부모라도 마찬가지겠지만, 과부인 심씨에게 옥영은 달랑 하나뿐인 가족이니 더 말할 나위 없다. 처음에 심씨는 최척 집에서 들어온 혼담을 마다한다. 최척이 홀아버지의 외아들인 데다 형편도 넉넉지 않기 때문이다. 딸이 한사코 그와 혼인하겠다고 해서 마지못해 허락은 했지만, 심씨 마음에 흡족하지는 않았다. 그러던 차에 최척이 의병장의 서기로 종군하느라 혼례 날에 맞춰 올 수 없게 되자, 심씨는 당사자에게는 알리지도 않은 채, 딸을 다른 부잣집에 시집보내려는 무리수를 두기도 한다. 두 사람이 부부의 연을 맺게 된 것은 기어이 최척과 혼인하겠다고 마음먹은 옥영이 목을 맸다가 겨우 살아난 소동이 벌어진 뒤다.

최척과 옥영, 두 사람의 결연은 다른 전기소설(傳奇小說)에서와 같이 낭만적인 방식으로 이루어진다. 옥영은 편지에 <표유매(標有梅)> 시를 적어 보내 자신의 마음을 전하고, 이를 받아든 최척은 흥분을 감추지 못한다. 사랑에 빠진 청춘남녀들이 흔히 보이는 모습이다. 그렇다고 이전의 전기소설에서처럼 무작정 둘만의 내밀한 사랑만 키워간 건 아니다. 둘은 혼인을 서두른다. 정식으로 혼례를 치름으로써 두 사람, 나아가 두 집안의 관계를 공식화하고 싶어서다.

우여곡절을 겪긴 했지만, 두 사람은 결국 부부가 된다. 그들의 신혼생활은 누구 못지않게 달콤하다. 아들도 낳았고, 생활도 그런 대로 넉넉해졌다. 부부는 시를 읊고 퉁소를 불며 행복한 시간을 보내기도 한다. 비록 소강상태였다고는 해도, 이때가 임진왜란 중이라는 걸 염두에 두면, 마치 딴 세상 사람들의 얘기처럼 분에 넘치는 정경이다. 그러나 옥영의 마음 한구석에는 여전히 불안감이 자리하고 있다. 닥쳐올 시련에 대한 예감 때문인지, 지금 누리는 행복이 깨질지도 모른다는 생각이 때로 밀려든다. 불안한 예감은 빗나가지 않는 법, 흥진비래(興盡悲來)라는 말처럼 그들은 전쟁의 거센 소용돌이에 휩쓸리고 만다.

이제까지 임진왜란은 작품의 시간적 배경에 불과했고, 두 사람의 사랑이 쉽사리 결실을 맺지 못하게 하는 난관으로 작용한 정도였다.[11] 두 사람의 운명을 송두리째 뒤흔들어 놓을 정도로 심각한 영향을 주지는 않았다는 말이다. 하지만 전쟁은 본질적으로 파괴적이다. 소중한 모든 걸 순식간에 앗아가 버리기 때문이다. 그런 점에서 앞으로 겪게 될 일에 비하면 이때까지 전란이 그들에게 안긴 상처는 대단치 않았던 셈이다.

최척과 옥영 두 사람에게 가족은 무엇과도 바꿀 수 없을 만큼 소중하다. 결혼하자마자 불전에 치성을 드리면서 아들을 점지해달라고 간절히 기원했던 것도 그래서다.[12] 아들은 가족의 미래이자 희망이기 때문이다. 그런

---

11) 그들은 임진왜란 중 전황이 소강상태일 때 가정을 꾸렸다. 남원은 정유재란 때 왜적에게 함락되면서 큰 피해를 입었는데, 이때는 비교적 안전한 지역이었다. 최척 일가가 흩어진 것도 남원성이 함락되던 때의 일이다.

12) 최척이 처를 얻은 뒤부터 일이 뜻대로 되어 살림이 꽤 넉넉해졌다. 그러나 늘 대를 이을 자식이 늦어지는 걸 걱정하여 매달 초하루마다 부부가 만복사에 가서 기도했다. 갑오년 정월에 또 가서 빌었다. 陟娶婦之後, 所求如意, 家業稍足. 而常患繼嗣之尙遲, 每以月朔, 夫妻往禱於萬福寺. 明年甲午元月, 又往禱之. 172쪽.

데 하루아침에 가족 모두가 뿔뿔이 흩어지고, 서로 생사조차 확인할 수 없게 된다.

> 이날 왜적이 연곡에 들어가 온 산과 계곡에 퍼져 남김없이 약탈했는데, 최척은 길이 막혀 나아갈 수도 물러설 수도 없었다. 삼일이 지나 왜적이 물러간 후에야 연곡으로 돌아갔더니 보이는 것은 온통 쌓인 시체뿐이었고 흐르는 피가 내를 이루었다. …(중략)… 최척은 하늘을 향해 울부짖으며 통곡하고 땅을 두드리며 피를 토하다가 바로 섬진강으로 달려갔다. 몇 리도 채 못 가서 보니, 어지러이 흩어진 시체 사이에서 신음 소리가 끊어졌다 이어지며 들릴 듯 말 듯 했는데, 흐르는 피가 얼굴을 덮어 누군지 알 수 없었다. 저고리와 치마를 살펴보니 춘생이 입었던 것과 매우 비슷해서 큰 소리로 부르며 말했다. "넌 춘생이가 아니냐?" 춘생이 눈을 크게 뜨고 바라보다 목 안으로 기어드는 소리로 겨우 말했다. "주인님! 주인님! 주인댁은 모두 적병에게 붙들려 가셨고, 저는 몽석 도련님을 업고 있어서 빨리 갈 수 없다고 적병이 무기로 찍고 갔습니다. 저는 땅바닥에 쓰러져 죽어가다가 한 나절 만에 깨어난지라 등에 업었던 아이의 생사도, 어딜 갔는지도 모르겠습니다." …(중략)… <u>최척이 너무 서러워서 혼자만 살 마음이 없어져 스스로 목숨을 끊으려 했는데, 곁에 있던 사람들이 말리는 바람에 그만 두었다. 허정거리며 강가를 걸어본들 갈 곳이 없었다. 다시 귀로를 찾아 사흘 밤낮만에야 겨우 집에 도착하니, 무너진 담장과 부서진 기와에는 타다 남은 불씨가 꺼지지 않았고, 쌓인 해골이 언덕을 이루어 발 디딜 곳이 없었다.</u>[13)]

13) 是日, 賊入燕谷, 彌山遍谷, 搶掠無遺, 而陟路梗, 不得進退. 過三日, 賊退後, 還入燕谷, 則但見積屍遍橫, 流血成川. …(중략)… 陟號天痛哭, 擗地嘔血, 卽走蟾江. 未行數里許, 見於亂屍中, 呻吟斷續, 若存若無, 而流血被面, 不知其爲何人也. 察其衣裳, 甚似春生之所着, 大聲呼之曰: "爾莫是春生乎?" 春生張目視之, 喉中作語曰: "郎君! 郎君! 主家皆爲賊兵所掠而去, 吾負阿釋, 不能趁趁走, 賊引兵斫殺而去. 吾僵地卽死, 半日而甦, 不知背上之兒生死去留." …(중략)… <u>陟大慟, 無念獨全, 將欲自裁, 被傍人救止, 踽踽江頭, 而去無所之. 還尋歸路, 三晝夜, 堇達其□家, 頹垣破瓦, 餘燼未息, 積骸成丘, 無地着足</u>. 175~178쪽.

왜적에게 남원성이 함락되자 최척 일가는 구례 연곡사로 피신한다. 다른 장정들과 함께 적의 동정을 살피러 가느라 가족 곁을 잠시 떠났던 최척이 돌아왔을 때 식구들은 어디에도 보이지 않았다. 여기저기 시신만 널려 있다. 최척에게 가족의 행방도 생사도 확인할 길 없는 상황은 견딜 수 없는 고통이다. 이때 '어른들은 적에게 끌려갔고, 어린 아들은 생사도 모른다'고, 시비(侍婢)인 춘생이 말해준다. 가족들이 어딘가에 피신해 있을 거라는 일말의 기대마저 꺾어버리는, 안 들으니만 못한 소식이다.

온 가족이 왜적에게 몰살당했다고 생각하니 최척에겐 살아갈 의욕이 없다. 정을 붙일 사람 하나 없는데, 몸을 누일 집도 이미 불타버렸다. 다 부서진 집에 덩그러니 홀로 남겨진 현실을 감당하기가 너무나 버겁다. 그래서 최척은 고향을 떠나 중국으로 향한다. 그저 발길 닿는 대로 떠도는 신세가 된다. 최척은 중국에서 다시 결혼할 수도 있었지만 굳이 사양한다. 가족의 생사도 모르는 마당에 섣불리 새 인연을 맺어 혼자만 편안히 지낼 수는 없기 때문이다.[14] 고통스런 시간은 그렇게 더디게 흘러간다.

> 최척은 앉아서 아침을 기다리다가 동쪽이 뻔해지자 바로 배에서 내려 일본 배에 갔다. 최척이 조선말로 물었다. "밤에 시 읊는 걸 들으니 틀림없이 조선 사람이었소. 나도 조선인이니 한 번 만나게 해준다면, 월나라 떠돌이가 처지가 비슷한 사람을 보고 기뻐했다는 것만 못하겠소?" <u>옥영이 밤에 배 안에서 그 퉁소 소리를 들으니 분명히 조선 곡조였다. 지난날 귀에 익은 곡조와 꼭 같았으므로 속으로 '지아비가 혹시라도 그 배에 오지 않았나?' 의심스러워 그 시를 읊어 알아보려 한 것이었</u>

14) 이때 최척은 요흥에서 여공과 의형제를 맺었는데, 그 누이동생과 혼인시키려 하자 최척이 고사하며 말했다. "나는 온 가족이 왜적에게 떨어져 늙으신 아버지와 약한 아내는 지금까지 생사도 모릅니다. 비록 상을 치르지도, 상복을 입지도 못했지만, 어찌 감히 편안하게 처를 얻어 혼자만 살 길을 찾겠습니까?" 여공이 의롭다고 생각해서 그만두었다. 是時, 陟在姚興, 與余公, 結爲兄弟, 欲以其妹妻之, 陟固辭曰: "我以全家陷賊, 老父弱妻, 至今未知生死, 縱不得發喪服衰, 豈敢晏然娶妻, 以爲自逸之計乎?" 余公義而止之. 182쪽.

> 다. 이 말을 듣자, 황망하여 어찌할 바를 몰라 엎어지고 넘어지면서 배에서 내렸다. 두 사람은 마주 보고 놀라서 소리를 지르며 얼싸안고 모래밭에 뒹굴었다. 소리가 끊어지고 기운이 막혀 입으로는 말이 나오지 않았고, 눈물이 말라서 피가 흘러 눈에는 뵈는 게 없었다. 두 나라 뱃사람들이 모여서 둘러싸고 봤다. 처음에는 그들이 친척간인지 친구 사인지 몰랐다가 오래 지나서야 부부라는 걸 듣고 알았다. 모두 혀를 차며 서로 돌아보면서 얘기했다. "신기하지, 신기하구만! 이게 바로 천우신조라는 거니, 예로부터 없던 일이로세."[15)]

4년 후, 최척과 옥영은 우연히, 그야말로 천우신조로 재회한다. 끊긴 듯했던 두 사람의 인연을 다시 이어준 건 부부가 함께 했던 행복한 시절에 서로에게 들려주던 시와 퉁소가락이다. 뜻밖에 그 소리를 듣자 두 사람은 혹시나 하면서도 귀를 의심할 수밖에 없다. 먼 이역에서 둘만 아는 시와 곡조를 들을 리가 없기 때문이다. 전쟁 통에 고향에서 생이별한 부부가 만리타국인 안남 땅에서 상봉할 거라고는 누구도 생각 못할 일이다. 주위에 있던 사람들이 놀라고 신기해하는 것도 당연하다. 하지만 두 사람이 만났다고 해서 문제가 다 해결된 건 아니다.

> 최척이 그 아내를 만났으니 지원(至願)을 이뤘지만, 먼 타국에 몸을 부친 터라 사방을 둘러봐도 아는 사람 하나 없었다. 늘 늙은 아비와 어린 자식을 생각하여 눈물 마를 때가 없었고, 밤낮으로 속을 끓이며 생환하기를 조용히 기도했다. 하지만 만 리 먼 곳이라 쉽사리 작심하고 나설 수 없어 세월을 보내다가 또 아들을 낳았다. 아이를 낳기 전에

---

15) 陟坐而待朝, 東方作矣, 卽下岸, 至日本舡, 陟以鮮語, 問之曰: "夜聞詠詩者, 必是朝鮮人也. 吾亦鮮人, 倘一得見, 則奚啻越之流人見之相似者而有喜者也?" 玉英夜於舡中, 聞其簫聲, 乃是朝鮮之曲調, 而一似疇昔慣聆之調, 窃疑其夫之或來于其舡, 試詠其詩而探之. 及聞此言, 惶忙失措, 顚倒下舡. 二人相見, 驚呼抱持, 宛轉沙中. 聲絶氣塞, 口不能言, 淚盡繼血, 目無所覩. 兩國舡人, 聚觀如堵. 初, 不知其親戚歟交遊歟, 久然後聞知其爲夫妻也, 人人咋咋, 相顧而言曰: "異哉! 異哉! 此其天佑而神助, 古未嘗有也." 186~187쪽.

> 장육금불이 또 꿈에 나타나서 말했다. "아들을 낳으면 역시 사마귀가 있을 것이니라." 부부가 감격하여 몽석이가 다시 온 거라 생각하고 이름을 몽선이라고 지었다.[16]

천신만고 끝에 부부가 재회했으니 그 기쁨이야 이루 말할 수 없지만, 아는 이 하나 없는 타국 땅에 오직 부부만이 뚝 떨어져 있는 현실이 두 사람의 마음을 무겁게 짓누른다. 여전히 생사를 알 수 없는 가족에 대한 그리움이 사무쳐 눈물 마를 때가 없고, 안타까움에 밤낮으로 속을 끓이는 것도 이 때문이다. 고국에 살아서 돌아가길 빌고 또 빌어보지만, 바다 건너 고향에 돌아간다는 건 언감생심이다. 그렇게 일 년 정도를 보내다가[17] 둘째 아들 몽선을 낳게 된다. 새로 태어난 아이도 큰아들처럼 등에 사마귀가 있다. 부부는 첫째가 다시 온 거라 여긴다. 그만큼 잃어버린 자식 생각을 떨칠 수 없었던 것이다.

두 아들, 몽석과 몽선은 가족을 묶어주는 끈이다. 큰 아들 몽석은 최척과 옥영의 사랑의 결실이며, 그들이 어렵사리 일군 가정을 지켜갈 소중한 희망이다. 작은 아들 몽선은 최척 부부가 험한 세월을 애써 견뎌내야 할 이유고, 그러기 위해 없는 힘도 내게 하는 버팀목이다.

따지고 보면, 떠돌이 신세였던 최척이 고향 땅을 다시 밟게 된 것도 역시 몽석이 있었기에 가능했다. 이들 부자는 각각 명군(明軍)과 조선 원병(援兵)의 일원으로 심하전투에 참전했다가 모두 후금군(後金軍)에게 생포되고 만다. 최척은 포로로 붙잡히는 순간 몰래 옷을 바꿔 입고 조선 군졸 사이에 끼어든다. 그래서 아들인 몽석과 한 곳에서 포로생활을 하게

---

16) 陟旣逢其妻, 庶遂至願, 遠托異國, 四顧無親, 每念老父稚子, 淚未嘗乾, 日夜疚懷, 默禱生還. 萬里絶域, 猝難生意, 遷延歲月, 又生一子. 生兒前, 丈六金佛又現於夢曰: "生子亦有亦痣." 夫妻感, 以爲夢釋再來, 遂名之曰夢禪. 천리대본, 24면. 이 대목은 천리대본의 표현이 더 절절하다.

17) 일 년이 지나 또 아들 하나를 낳았다. 居一歲, 又生一子. 190쪽.

된다. 처음에 둘은 부자간이라는 걸 모른다. 누구도 믿을 수 없는 처지였기 때문에 오히려 서로를 경계하기까지 한다. 여러 날이 지나서야 같은 처지인 두 사람은 속사정을 얘기하게 되고, 그토록 그리던 아버지와 아들이라는 사실을 마침내 알게 된다. 우유부단하고 유약한 최척의 성격상 단신으로 탈출을 감행한다는 건 결코 쉬운 일이 아니었다. 최척 부자가 뜻밖에 상봉한 걸 신기하게 생각한 삭주 출신 토병의 도움이 없었다면 그들의 귀국은 아마도 불가능했을 것이다. 몽석이 무사히 성장해서 그 자리에 있었기에 부자가 상봉했고, 이에 감동한 감시병의 도움도 이끌어 낸 셈이다.

> 옥영이 불현듯이 말했다. "누르하치의 소굴은 조선 땅에서 겨우 사오 일 길이란다. 네 부친이 비록 살았다 해도 사세로 보아 틀림없이 본국으로 달아날 테지, 어찌 수만 리 길을 무릅쓰고 처자식을 찾아오겠느냐? 내 본국에서 찾아야 마땅하리라. 정녕 죽었다면, 직접 창성(昌城) 국경에 가서 떠도는 혼백을 초혼해다가 선영에 장사 지내서, 길이 사막 밖에서 배곯는 신세나 면하게 해준다면 내 책임은 다한 것일 게다. 하물며 월조(越鳥)는 남쪽에 둥지를 틀고, 호마(胡馬)는 북쪽에 기댄다 하지 않느냐. 이제 죽을 날도 멀지 않으니, 더욱 수구초심을 이기기 어렵구나. 홀시아버지와 홀어머니, 그리고 어린아이를 적에게 함락되던 날 잃었는데, 그 생사는 비록 들어 알지 못한다만, 저번에 상인들의 말을 들으니 조선인 포로는 연이어 풀려난다더구나. 이 말이 과연 믿을 만하니, 또한 어찌 생환한 사람이 하나도 없겠느냐? 네 부친과 네 조부는 비록 모두 이역에 뼈를 드러낸다 해도 선조의 묘소는 누가 다시 돌본단 말이냐? 내외 친척들도 난리에 다 죽기야 했겠느냐? 참으로 서로 볼 수만 있다면 이 또한 다행일 것이다. 너는 배를 구하고 양식을 찧어라. 여기서 조선까지는 수로로 겨우 이삼천 리이니, 하늘과 땅이 굽어 살피고 순풍을 만난다면 열흘에서 한 달 안에 저쪽 해안에 당도할 것이다. 내 뜻은 결정했다."[18]

가족이 재결합하는 과정에는 옥영의 강한 의지와 결단력, 추진력이 무엇보다 중요한 몫을 했다. 옥영은 종군했던 병사들이 모두 죽거나 포로가 됐다는 소식을 접한다. 절망에 빠져 죽고 싶던 옥영의 꿈에 장육불이 나타나, 좋은 일이 있을 테니 죽지 말라고 일러준다.[19] 이에 최척이 죽지 않고 탈출해서 고향에 돌아가 있을지도 모른다는 실낱같은 희망을 품고 옥영과 아들 부부는 수천 리 험한 바닷길을 건너기로 한다.

옥영은 연약한 여자가 아니라 강인한 어머니로서, 그 역할에 충실했다. 어엿한 장정인 몽선이 주저하며 반대해도 과감하게 결정하고, 철저히 준비한다. 그렇다 한들 귀국길이 그저 순탄하기만 할 리 만무하다. 도중에 해적을 만나 배를 뺏기고 외딴 섬에서 지레 죽을 위기를 맞는다. 그런 난관을 헤쳐 나갈 수 있었던 건 위기의 순간마다 앞장선 옥영이 있었기에 가능했다. 옥영은 아들과 며느리를 위해서라면 제 목숨마저 아낌없이 내놓을 기세다. 옥영의 모성애에, 고비마다 장육불이 현시해서 길을 인도해주고, 통제영의 물자조달선[統制使貿販舡]이 구조해 주는 등 우연적인 요소까지 더해져 이들 가족은 꿈에도 그리던 날을 맞는다.

---

18) 玉英幡然曰: "奴酋窟穴, 去朝鮮地界, 纔四五日. 汝父雖生, 其勢必走本國, 安能冒涉數萬里程, 來尋妻孥哉? 我當求於本國. 苟死矣, 親往昌州境上, 招得旅魂, 葬於先壟之側, 免使長餒於沙漠之外, 則吾責塞矣. 况越鳥巢南, 胡馬倚北, 今且死日將迫, 尤不堪首丘之戀. 獨舅偏母及弱孩, 俱失於陷賊之日, 其生其死, 雖莫聞知, 頃因賈人聞之, 則鮮人被擄者, 連續出送. 斯言果信, 亦豈無一人之生還乎? 汝父汝祖, 雖皆暴骨於異域, 而先祖丘墓, 誰復看護? 內外親屬, 亦豈盡歿於亂離? 苟得相見, 是亦一幸. <u>汝其雇舡舂粮! 此去朝鮮, 水路僅二三千里, 天地顧佑, 倘得便風, 不滿旬朔, 當到彼岸. 吾計決矣</u>." 202~204쪽.

19) 이때 옥영은 항주에서 군사들이 모두 죽었다는 소식을 듣고, 최척이 전장의 시신이 됐음에 틀림없다고 생각하여 밤낮으로 통곡하며 죽기로 결심하고, 음식을 입에 넣지 않았다. 홀연 어느 날 밤 꿈에 장육불이 나타나 머리를 쓰다듬으며 말했다. "삼가 죽지 말거라. 뒤에 좋은 일이 있을 것이니라." 當是時, 玉英在杭州, 聞官軍陷沒, 以爲陟橫屍戰場無疑也, 晝夜哭不絶聲, 期於必死, 水醬[漿]不入口. 忽於一夕, 夢見丈六佛, 撫頂而言曰: "愼無死! 後必有喜." 201쪽.

옥영이 아들과 며느리를 이끌고 고생고생하며 산 넘고 물을 건너 오륙 일 만에 막 남원에 도착했다. 온 집안이 모두 난리 통에 죽었을 거라 생각하고, 그저 지아비의 옛 집이나 찾아보려고 만복사를 찾아갔다. 금교에 이르러 바라보니 성곽은 완연하고 마을도 예전과 같았다. 몽선을 돌아보면서 손가락으로 가리키고 눈물지으며 말했다. "여기가 네 아버지의 집인데, 지금은 누가 들어가 사는지 모르겠구나. 그저 가서 하룻밤 묵으며 뒷일을 생각해 보자꾸나." 그 문 앞에 이르러 문밖에서 보니 최척이 객을 마주하여 버드나무 아래 앉아 있었다. 가까이 다가가 자세히 봤더니 분명히 그 지아비였다. 모자가 일시에 소리 내 슬피 울었다. 최척이 비로소 그 아내와 아들임을 알고 외마디로 크게 소리쳤다. "몽석 어멈이 왔어요! 이게 하늘의 뜻이냐, 사람의 장난이냐! 귀신이냐, 꿈이냐!" 몽석이 이 말을 듣고, 맨발로 엎어지며 나와 모자가 만나는 마당이니, 그 모습을 알 터이다. 서로 부축하여 방에 들어가자, 심씨는 오래 병중에 있다가 딸이 왔다는 말을 듣고 놀라 넘어져 기절해서 인사불성이었다. 옥영이 안고 구호해서야 소생하여 오래 지나서야 안정되었다. 최척이 진위경을 불러 말했다. "따님도 왔습니다." 홍도에게 명하여 그 일을 얘기하게 했다. 온 집안사람들이 각각 아들딸을 얼싸안았고, 죽었다가 살아나 다시 만났으므로 놀라 소리치며 서로 붙들고 울었다. 고금 천하에 다시 어찌 이렇듯 신이하고 기이하기 그지없는 일이 있겠는가. 그 소리가 사방을 울리니 구경꾼들이 담을 두르듯 에워싸고 신기하게 여겼다. 옥영과 홍도 일의 전말을 듣자 모두 무릎을 치며 탄식하고, 다투어 서로 이야기를 전했다.[20]

20) 玉英率子婦, 間關跋涉, 五六日, 方到南原. 意謂一家皆爲陷歿, 但欲求見夫家舊基, 尋萬福寺而去. 至金橋望見, 城郭宛然, 村閭依舊. 顧謂夢仙, 指點而泣曰: "此是汝父弊廬, 今不知誰人入居. 第往寄宿, 以圖後計." 到其門, 門外見陟方對客, 坐於柳樹之下, 近前熟視, 乃是其夫也. 母子一時號哭. 陟始知其妻與子, 一聲大號曰: "夢釋之母來矣! 此天耶人耶? 神耶夢耶?" 夢釋聞此, 跣足顚倒而出, 母子逢場, 景光可知. 相扶入室, 沈氏於病淹之中, 聞其女來, 驚仆氣塞, 已無人色. 玉英抱救得蘇, 久而獲安. 陟呼偉慶曰: "令亦至矣." 命紅桃, 語其事. 一家之人, 各抱子女, 生死重逢, 驚號相哭. 古今天下, 復豈有如此神異絶奇之事也? 動聲四隣, 觀者如堵, 且怪且異. 及聞玉英紅桃終始之事, 莫不隔絶歎嗟, 爭相傳說. 214~216쪽.

온가족이 다시 한 자리에 모이는 대목이다. 비록 천신만고 끝에 고향땅에 돌아왔다 해도, 옥영은 가족들이 그곳에 살고 있을 거라고는 전혀 기대하지 않았다. 정든 옛 집에는 으레 다른 사람이 살 거라고 생각한다. 중국에서 태어나 한 번도 부모의 옛 터전을 본 적 없는 둘째 내외와 함께 그저 옛 추억이나 더듬어볼 요량이다. 그런데 뜻밖에도, 평생 못 볼 줄 알았던 부모자식을 다시 만났으니, 죽은 줄 알았던 사람이 되살아온 거나 다름없다. 그 기쁨은 이루 말할 수 없을 정도로 벅차다. 누구랄 것도 없이 기쁨과 설움이 복받쳐 눈물범벅으로 얼싸안고 통곡한다. 생사의 고비를 넘나들며 애태웠던 그간의 일들이 주마등처럼 스쳐가기 때문이다.

이 장면은 독자에게도 깊은 인상을 남겼던 모양이다. 그래선지 『각가잡기(各家雜記)』에 수록된 축약본에는, 심씨가 딸을 잃은 슬픔에 눈이 멀 지경이었다가 다시 보이게 됐다는 식으로 표현했다.[21] 흩어졌던 가족이 재회하는 장면을 접한 독자들의 감동과 흥분도 등장인물들의 애틋함에 못지않았다는 얘기다.

<최척전>의 등장인물들이 바란 건 오로지 든든한 울타리가 돼줄 안정된 가정을 이루고 지키는 일이었다. 주인공인 최척과 옥영, 최척의 아버지와 옥영의 어머니, 최척의 두 아들 몽석과 몽선, 최척의 며느리인 홍도와 사돈인 진위경 등 모두가 한결같았다.[22] 모두 외롭고 힘겨운 상황을 겪었기 때문에 그 소망은 더욱 간절했다. 다른 무엇도 그들에겐 중요하지 않았고, 눈을 돌리지도 않았다.

어렵사리 일군 가정이 깨지는 건 순식간이었다. 그들에겐 격동의 시대

21) 옥영의 어머니가 사랑하는 딸을 보지 못해 슬피 울어서 눈이 퉁퉁 부었다가 딸이 왔다는 말을 듣고 눈이 마침내 환해졌다. 鄭之母, 以愛女不見, 悲泣目瘇, 聞女來, 目遂明矣. <최척전(崔陟傳)>, 『각가잡기(各家雜記)』, 한국학중앙연구원 소장본, 101면.

22) 최척의 둘째 며느리가 된, 한족 처녀 홍도가 느낀 상실감과 절박함도 최척 부부와 마찬가지였다. 그녀는 생사도 거처도 모르는 아비를 찾겠다는 일념으로 낯선 조선인과 결혼하기를 자청한다. 혈육에 대한 그리움이 사무쳐서다.

를 비껴갈 재간이 없었다. 거대한 역사의 물줄기에 휩쓸려 뿔뿔이 흩어진 채 정처 없이 떠돌 수밖에 없었다. 그러나 그들은 포기하지 않았다. 어떻게든 살아남아야 했고, 그래서 다시 가족의 품으로 돌아가야 했기 때문이다. 그것이 그들의 어깨에 얹힌 짐이었고, 그들이 풀어야할 숙제였다.

그들은 이십 년이 지나서야 비로소 한 자리에 모이게 된다. 한 사람도 빠짐없이, 정든 보금자리로 되돌아온다. 그 오랜 세월을 견딜 수 있었던 건 모두가 한맘으로 재회를 염원했기 때문이다. 때론 낙담하기도 했지만, 그들은 결코 희망의 끈을 놓지 않았다. 옥영과 아들 부부는, 반드시 살아 돌아간다는 보장도 없고 가족이 거기에 있으리란 확신도 없었지만, 험한 뱃길을 마다않고 고향으로 향했다. 두 노인은 최척과 옥영의 행방이 묘연한 가운데서도 어린 손자를 정성껏 키웠다. 바깥사돈과 안사돈이 서로를 의지하면서 세상에 하나 남은 피붙이를 돌본 것이다. 최척과 옥영이 돌아오기를 눈이 빠져라 기다렸지만, 핏덩어리였던 손자가 장성하도록 그 날은 오지 않았다. 몽석은 부모 없이도 잘 자랐고, 결국 꿈에도 그리던 아버지를 만나 함께 고향에 돌아왔다. 몽석이 없었다면 부자 상봉도 없었을 테고, 온 가족이 한 자리에 모이지도 못했을 것이다. 역시 가족이, 자식이 희망이다.

최척 일가의 이야기는 여기까지지만, 이 작품에는, 그 아들들은 부모 세대가 당한 아픔을 또 겪지 않을 거라는 기대와 희망이 담겨 있다. 아들 세대는 한 데 모인 가족의 힘을 모아 그들의 터전을 일구어갈 것이기 때문이다. 그들은 부모 세대가 그 힘겨운 여정을 감내하면서 버틴 이유이기에, 가족에게 남은 상처를 치유하고, 새로운 세상을 열어젖혀야만 한다.

이렇듯 가족 중심의 서사는, 어떤 고난이라도 진한 가족애로 이겨낼 수 있다는 믿음에 바탕을 두고 있다. 때론 근거 없는 낙관론으로 빠질 우려도 없지 않다. 하지만 그런 믿음은 현실의 질곡을 헤쳐 나갈 힘을 발견하고 싶었던 당대인들의 간절한 소망을 투영한 것이었다.

(2) 전란의 의미와 작가의 현실인식

최척 일가의 이산과 재결합은 모두 전란 때문에 벌어진 일이다. 심하(深河)에서의 전투도 거슬러 올라가 보면 임진왜란과 떼려야 뗄 수 없는 관계가 있지만, 등장인물들에게 두 전쟁의 의미는 사뭇 다르다. 임진왜란은 가족을 뿔뿔이 흩어놓았지만, 심하전투는 그들이 다시 모이는 계기를 마련해 주었다는 점에서 그렇다.

의병장은 난리 통에 혼례를 올리겠다는 말이 가당키나 하냐고 최척을 질책한다.[23] 그런 따가운 눈총을 받으면서도 최척은 기어이 옥영과 혼인하고 만다. 최척에게는 가정을 꾸리는 일이 국가 존망의 위기보다 중요했다. 가족이 뿔뿔이 흩어져 생사조차 모르는 상황이 닥쳤을 때에야 비로소 전란은 삶을 짓누르는 고통스런 현실로 다가온다.

한편 심하전투는 임진왜란과 다른 맥락에서 이 가족을 괴롭힌다. 남의 나라에서지만 어렵사리 안정을 찾은 가족은 최척이 종군하면서 다시 흩어진다. 최척이 명군(明軍)의 서기로 전쟁터에 나가게 된 것이다. 그는 무사히 돌아올 거라고 장담하며 가족들을 위로한다.[24] 하지만 그들이 다시 만날 때까지는 미처 상상도 못한 일들을 겪어야 했다. 종군과 포로생활, 이어진 탈출로 인해 최척 일가의 재결합이 오히려 앞당겨진 건 참으로

---

23) 의병장이 노하여 말했다. "지금이 어떤 때인데 너는 감히 혼인하겠다는 게냐? 임금께서 몽진하시어 초개처럼 떠도시니 신하라면 마땅히 창을 베고 잘 겨를도 없거늘. 하물며 너는 아직 장가들 나이도 안 됐으니, 왜적을 섬멸하고 혼인해도 늦지 않을 것이니라." 義將怒曰: "此何等時, 而敢求婚娶乎? 君父蒙塵, 越在草莽, 臣子當枕戈之不暇. 而況汝未及有室之年, 滅賊圖婚, 亦未晚也." 169쪽.

24) 조마한 누르하치가 감히 사마귀처럼 손을 들어 항거하기에 황제의 군대가 정벌하러 나서는 것이니 계란을 깨뜨리는 거와 같소. 종군하여 오간다 해도 그저 시간을 허비하는 수고나 하면 그만이니, 이렇듯 망령되이 걱정하지 말고, 내가 성공하고 돌아오길 기다렸다가 술을 놓고 서로 축하하는 게 마땅하오. 하물며 몽선이가 건장해서 의지할 만하니 부디 밥을 더 먹고 길 떠나는 사람에게 걱정을 끼치지 마시오. 蕞爾小酋, 敢拒螗臂, 王師濯征, 勢同壓卵. 從軍往來, 只費時月之勤苦, 無如是妄生煩惱, 待吾成功而還, 置酒相慶, 可也. 況仙兒壯健, 足以爲倚, 努力加飡, 勿貽行路之憂也. 193쪽.

역설적이다. 그들을 감시하던 삭주 출신 토병이 탈출을 도와주는 것도, 최척 부자의 운명이 너무 기구해서, 연민의 정을 느꼈기 때문이다. 그렇지 않았다면 최척 일가가 고향인 남원에서 재회한다는 건 쉽지 않았을 것이다.[25] 결국 새옹지마요, 전화위복인 셈이다.

<최척전>은 이렇듯 전란 때문에 일어난 일을 다뤘으면서도 전쟁의 참상을 직접 재현한 장면이 의외로 적다는 점이 특징적이다. 이는 전장을 벗어난 주인공들의 행로를 따라가다 보니 나타난 현상이다. 전투 장면을 묘사해야만 전쟁의 참상을 잘 드러낼 수 있는 건 아니다.[26] 전투 그 자체보다 전쟁 통에 희생된 사람들과 망가진 삶, 피폐해진 영혼을 그림으로써 오히려 그 참혹함을 일깨울 수도 있기 때문이다. 이 작품에서 전란의 소용돌이 속에서 몸부림친 민초들의 모습을 그린 것 자체로 공감을 불러일으키고 진한 감동을 줄 수 있었던 것도 그래서다.

최척 일가는 모두 전란의 직접적인 피해자들이다. 몽선의 아내가 된 홍도도 그렇고, 그 아버지인 진위경도 마찬가지다. 최척이 실제로 소설에서와 같은 경험을 했는지는 확언할 수 없지만,[27] 최척 일가의 모습에는 수많은 사람들의 경험이 녹아 있다. 많은 이들이 가족과 생이별하는 고통을 겪었고, 왜적에게 끌려간 사람들도 부지기수였다. 홍도의 아버지처럼 조선에 구원병으로 왔다가 이런저런 이유로 돌아가지 못한 명나라 군사도 적잖았다.[28] 이들은 모두 당대에 실제로 있었거나 있었음직한 인물들의 문학적 반영이다.

---

25) 최척과 옥영은 늘 고향에 돌아가고 싶어 했지만, 근 20년이 되도록 세월만 보냈다. 사는 데 쫓겨 선뜻 용기를 내지 못했던 것이다. 이제나 저제나 돌아갈 날을 손꼽아 기다렸건만, 중국에 정착할 때 태어난 몽선이 장가 들 때가 되도록 생심도 내지 못한 채 그들은 여전히 이방인 신세를 면치 못했다.

26) 정환국, 「17세기 실기류와 소설의 거리: 전후 소설사의 흐름과 관련하여」, 『한문학보』 7, 우리한문학회, 2002, 121~122쪽.

27) 양승민, 앞의 논문, 87~100쪽.

28) 한명기, 『임진왜란과 한중관계』, 역사비평사, 1999, 152~156쪽.

이 작품에 우연적 요소가 적잖게 들어 있는 건 그런 데 기대서라도 현실의 어려움을 이겨낼 힘을 얻고 싶었을 만큼 당대인들의 심정이 절박했기 때문이다. 그들에겐 뭐가 됐든 의지할 게 필요했다. 불교든 도교든 그건 중요하지 않았다. 최척이 중국 땅에서 방황할 때 잠시 도가에 눈을 돌렸던 것도 이 때문이다. 만복사 장육불도 마찬가지다. 장육불은 중요한 계기마다 현시해서 옥영이 갈 길을 알려준다. 삶의 목표를 잃고 방황할 때 더 이상 흔들리지 않게 붙들어주고, 이 고비를 넘으면 더 나은 앞날이 있을 거라는 희망을 심어준다. 옥영은 그때마다 마음을 다잡고 일어서는데, 그게 곧 서사의 전환점이 되곤 한다.

장육불은 이 작품을 전기적이고 환상적으로 보이게 하는 면도 있지만, 중요한 건 등장인물은 물론 독자들에게도 희망의 메신저 역할을 한다는 점이다. 훗날 유자들이 허황된 불도에 미혹된 거라고 비난했던 건[29] 쓰라린 고통을 직접 겪지 않은 이들이 내뱉은 푸념이요, 배부른 소리에 불과했다. 그것이 전기소설의 관습에서 비롯된 비합리적인 요소일지는 몰라도, 작가는 당대인들이 안고 있던 아픈 상처를 감싸주고, 고통과 절망으로 몸부림치는 사람들을 달래주고, 가슴에 맺힌 설움과 응어리를 풀어주려 했던 것이다.

---

29) 이제 최척 부자와 부부, 형제와 시아버지와 며느리는 세 나라에 흩어져 떠돌았으니, 거리로는 몇 천 리, 몇 만 리가 되고, 해가 또한 수십 번 바뀌었다. 스스로 이 세상에서는 다시 만날 기약이 없다고 생각했지만, 천행으로 죽다 살아나서 각자 목숨을 보전하고, 마침내는 꿈에도 생각하지 못했던 재회를 이루었으니, 이 또한 기이하지 않은가. 이는 이씨의 정숙함에서 비롯되어 하늘의 신령함에 힘입어 이룬 것이다. 만복사 부처의 묵우(默祐)로 인해 이렇게 되었다고 한 것은 이 세상을 몰아 이교(異教)로 들어가게 하려는 것이니, 참으로 개탄스럽다. 今崔陟父子夫妻, 兄弟舅媳, 流離奔走於三國, 相去幾千萬里, 星霜且數十翻矣. 自斷此世永無重逢之期, 天幸, 萬死一生, 各保性命, 畢竟團聚於千萬夢想之外, 此又非更奇者耶! 是盖出於李氏之一心貞淑, 賴天之灵而成者. 以爲万福佛默祐而能致此, 此直欲驅一世而入於異教, 良可慨惋也已. 김진항(金鎭恒), <최척전(崔陟傳)>, 『미산전서(糜山全書)』, 권지하(卷之下), 『여항문학총서』 7, 여강출판사, 57~58쪽.

작품은 등장인물의 겹겹된 욕망이 충족되면서 행복한 대단원을 맞는다. 작가는 최척 일가의 강인한 의지와 천지신명의 도움에 힘입어 가족이 재회하게 됐다고 설명한다.

> 아! 부모와 부부, 형과 아우, 시아버지와 장모가 네 나라에 흩어져서 30년을 슬퍼하며 소망했다. 적들의 소굴에서 살았고, 사지를 넘나들었으면서도 결국에는 다 모여 한 사람도 빠지지 않았으니, 이를 어찌 인력으로 할 바겠는가! <u>황천후토가 반드시 지성에 감동하여 이런 기이한 일을 능히 이루게 한 것이다. 평범한 아낙네의 정성도 하늘은 어기지 않으니, 정성을 감출 수 없음이 이와 같도다</u>!30)

전(傳)으로 치면 논찬부에 해당하는 이 대목에서 작가인 조위한은 최척에 대해서는 한 마디도 언급하지 않고 옥영의 정성만을 강조했다. 서사의 중심이 옥영이었고, 옥영의 모습이 작가가 독자에게 제시하려 한 바람직한 인물형이었다는 말이다. 옥영은 4년 동안 왜국 상선에 끌려가 일하면서도 남자 행세를 하며 정조를 잃지 않았고, 늘 가족을 위해 희생하고 헌신했다. 모두 여성들에게 요구했던 전통적인 덕목인데, 특히 여성으로서가 아니라 아내, 어머니로서 본분을 다하는 모습을 부각했다. 모성이 흩어진 가족들을 한 자리에 모이게 한 원동력이었음을 힘주어 강조한 것이다. 작가는 온 가족이, 그 어디도 아닌 고향땅에서 다시 시작하는 것으로 대미를 장식했다. 흩어져 떠도는 이들이 뿌리를 내릴 곳은 결국 이 땅이며, 그 출발점은 그들을 감싸줄 가족이라는 울타리를 회복하는 일이고, 상처받은 영혼들을 따뜻하게 보듬어줄 어머니의 품에서라야 그게 가능하다는 말이다.

30) 噫! 父母夫妻, 兄弟舅姑, 分離四國, 悵望三紀, 經營賊所, 出沒死地, 畢竟圖會, 無一零落, 此豈人力之所致! <u>皇天后土, 必感於至誠, 而能致此奇異之事. 匹婦有誠, 天且不違, 誠之不可掩, 如是夫</u>! 216~217쪽.

조위한은 오랜 세월 타국을 전전하며 고통을 받으면서도 희망을 잃지 않았던 백성들의 이야기를 전했다. 작가는 그들이 역경을 헤쳐 나갈 수 있었던 힘이 가족애에서 나왔음을 강조했는데, 모든 게 무너져버린 현실을 이겨낼 희망을 거기서 발견한 것이다. 여주인공인 옥영의 행로에 관심을 집중하고 모성애와 강한 의지로 난관을 극복해가는 모습을 부각한 것도 그래서였다.

그런데 후대인들이 이 작품을 읽고 남긴 기록은 대부분 최척 일가가 이산했다가 재회하게 된 게 믿기지 않는다며 찬탄하는 데서 크게 벗어나지 않았다. 다음에 살필 <김영철전>에서는 민중의 힘겨운 삶을 핍진하게 그리면서 당대 사회의 부조리를 날카롭게 비판했다. 사대부들은 그런 작품을 읽으면서도 고국으로 귀환하려 한 김영철의 의지가 대단하다고 감탄했을 뿐, 정작 작가가 당대 사회를 향해 제기한 문제는 외면했다. 그러니 <최척전>을 특이체험담 정도로 치부한 것도 무리는 아니었다.

두 작품을 그저 기담이사(奇談異事)로만 생각했던 건 작품 속 인물들의 아픔을 자신들의 일처럼 느끼지 못했기 때문이다. 그들의 앞 세대가 겪었던 고통은 이미 지난 시절의 이야기가 돼버렸다. 후대인들은, 작가의 문제의식에 공감하고 작중인물의 처지에 연민을 느끼기보다는, 멀찍이 거리를 둔 채, 이게 옳으니 저게 잘못 됐느니 하며 '바른말'하고 싶은 걸 참지 못했다. 그 만큼 고통에 둔감해졌다는 말이다. 그러다 보니 정작 작가가 당대 사회에 던진 문제의식을 역사적 맥락에서 살피려는 노력은 부족했다. 그건 체험을 공유하지 않은 사람들이 가진 한계였다.

(3) 가족의 의미망 확장과 사회 재건의 염원

<최척전>은 최척 일가가 뿔뿔이 흩어져 떠돌다가 옛터에 다시 정착하는 과정을 그렸다. 전쟁은 사람들에게서 삶의 터전을 빼앗았고, 꿈과 희망을 앗아갔다. 사람들은 고통스런 현실에서 도망칠 길이 없었고, 탈출구를

발견할 수도 없었다. 하지만 어떻게든 살아남아야 했다. 작가는 최척 일가의 이야기를 통해 당대인들의 강인한 생존의지를 담아냈다.

전쟁은 모든 것을 단번에 집어삼키는 괴물이다. 물질적 기반을 파괴하고, 사회적 관계를 단절시키며, 도덕과 가치관을 무너뜨린다. 사람들이 살아가는 데 필요한 모든 것을 한꺼번에 파괴하고, 순식간에 빼어가 버리는 것이다. 임진왜란으로 인한 물질적 피해는 엄청났지만, 그래도 시간이 지나면서 어느 정도 복구가 됐다.[31] 그러나 정신적 상처는 오래도록 남았다. 특히 마음 깊은 곳에 자리한 아픈 기억을 말끔히 지울 수는 없었다. 야만인 취급했던 왜적에게 짓밟혔다는 자괴감을 털어내기도 어려웠고, 치밀어 오르는 분노를 삭이기도 쉽지 않았다. 게다가 전쟁 통에 사회의 부조리가 적나라하게 드러났는데, 특히 지배층의 무능과 무책임, 도덕적 해이가 부른 참화였다는 사실은 숨길 수 없었다. 충격을 이겨내고 사회를 정상적인 상태로 되돌릴 길을 빨리 찾아야 했다.

현실의 모든 것이 무너져 내렸다는 절망감과 그것이 언제까지나 계속될지도 모른다는 불안감은 견디기 힘든 고통이다. 그렇듯 힘겨운 시기에 기댈 곳은 오로지 가족의 품밖에 없다. 위기의 순간일수록 따뜻하고 안정된 가정의 중요성을 강조하고, 그걸 지켜야 한다는 목소리가 더욱 커지는 것도 그래서다. 사실 어느 시대, 어떤 사회에서도 가족의 가치를 부정하진 않는다. 문제는 사회가 불안정하거나 기존의 가치체계가 흔들리는 시기에만 유독 가족의 중요성을 강조한다는 데 있다.[32] 평소에는 늘 우선순위에서 밀리던 가족이 갑자기 세상의 중심이라도 된 듯, 모든 가치가 집약된 곳인 양 떠들지만, 사회가 마땅히 져야 할 책임을 다하지 않고 개인에게 그 짐을 떠넘기는 것에 불과하다.

---

31) 김성우, 「임진왜란 이후 전후복구사업의 전개와 양반층의 동향」, 『한국사학보』 3·4호, 고려사학회, 1998, 294쪽.

32) 권명아, 『가족이야기는 어떻게 만들어지는가』, 책세상, 2000, 18쪽.

<최척전>과 <김영철전>에는 '위기-동원'의 담론[33]이 등장하지 않는다. 국가와 민족이 위기에 처했으니 구성원으로서 맡은 바 역할을 다해야 한다고 말하지 않는다. 개인의 안위나 가족의 안전을 돌보는 데만 급급해선 안 된다고 가르치려 들지도 않고, 다같이 떨쳐 일어나 나라를 지켜야 한다고 주장하지도 않는다. 최척과 김영철은 제 한 몸 건사하기도 쉽지 않고, 가족을 돌보기도 어려운 범상한 존재에 불과하다. 제 앞가림하기도 버거운 판에 민족이니 대의니 명분이니 목소리를 높일 수가 없다. 이 점에서 18세기 소설, 여성과 하층인을 내세웠으면서도 이념적이고 윤리적인 차원에서 현실을 바라보고 역사를 인식하는 <박씨전>·<배시황전> 같은 작품과는 아주 대조적이다.

그렇다고 이 작품에서 그린 최척 일가의 모습과 그들의 삶에 부여된 의미가 한 가족의 범위로만 국한되는 것은 아니다. 가족은 흔히 국가와 비유적으로 동일시된다. 그런 점에서 가족의 재회에서 작품을 매듭지은 것은 전란 후 무너진 가치체계를 회복하고, 파괴된 사회를 재건하기를 염원한 작가의 소망을 표현한 거라고 봐야 한다.

<최척전>에는 전란의 참상을 생생하게 그린다거나 책임 소재를 규명하려는 노력이 크게 두드러지지 않는다. 등장인물들은 서로를 비난하지 않고, 남 탓으로 돌리지도 않는다. 그저 천신만고 끝에 한자리에 모인 것만도 다행이라 여긴다. 힘겨운 시대를 살다 보니 서로를 돌볼 여력이 없었고, 원치 않는 선택을 할 수밖에 없었다는 걸 다들 알고 있기 때문이다. 마음속에 간직한 작지만 소중한 희망의 불씨 하나를 꺼뜨리지 않기 위해 노력했고, 그래서 함께 할 수 있게 됐으니, 앞으로는 좋은 날들을 오기만을 기원한다.

33) 이지명, 『넘쳐나는 민족 사라지는 주체: 민족 담론의 공존을 위해』, 책세상, 2004, 51~61쪽.

<최척전>에서 가족사의 연속성 문제에 주목한 것은 동요하는 사회를 안정시키고, 무너진 질서를 회복할 길을 거기서 찾았기 때문이다. 그렇게 해서 최척 일가의 이산과 재회는 가족사의 범위를 넘어서 사회적, 국가적 차원으로 그 의미가 확장된다. 하지만 흔들리는 가치관을 재정립하고 사회를 재건할 수 있으리라는 기대마저 채우기 쉽지 않다는 상황인식 또한 엿보인다. 누구보다 의지가 강한 옥영마저도 낙담해서 삶을 포기하려는 모습을 보이는 데서 알 수 있듯이, 현실은 그리 녹록지 않았다. 상처는 깊고, 치유될 가망은 별로 없어 보였다. 그래도 믿음과 희망의 끈을 놓을 수 없었는데, 이런 고뇌가 이 작품에 담겨 있다.

조위한은 흩어졌던 가족이 재결합하는 장면에서 작품을 끝맺었다. 최척 일가의 이야기를 통해 희망을 발견하려는 데 주안점을 두었기 때문이다. 이 작품은 역사의 격랑에 휩쓸려 갖은 고초를 겪은 이들에게 전한 위로와 격려이며, 이를 잘 이겨낸 사람들에게 보낸 찬사라고도 할 수 있다. 한편 가족이 해체되는 상황을 그림으로써 현실에 대한 문제제기를 했다는 점도 간과하면 안 된다. 백성을 보호하고 그들의 삶을 보장할 책임이 국가와 위정자들에게 있기 때문이다.

2) 가족 이산의 문제와 고통스런 민중의 삶: 〈김영철전〉

<김영철전>의 이본은 지금까지 한문본 2종, 한글본 2종, 홍세태(洪世泰, 1653~1725)・안석경(安錫儆, 1718~1774)・성해응(成海應, 1760~1839)의 축약본[34] 등이 확인됐다.[35] 이 중에서도 최근 들어 한문본 두

34) 홍세태, <김영철전>, 『유하집(柳下集)』 권9(『한국문집총간』 167, 민족문화추진회, 1995, 485~489쪽). 안석경, <후김영철(後金英哲傳)>, 동양문고본(이우성 편, 『삽교집(雪橋集)』 상, 아세아문화사, 1986, 230~237쪽); 성해응, <노인(魯認)・최척(崔陟)・김영철(金英哲)>, 『연경재전집(研經齋全集)』 권54(『한국문집총간』 275, 민족문화추

종과 한글본 두 종이 새로 발굴된 것은 값진 성과다.[36] 이를 통해 이전까지 텍스트로 삼았던 홍세태의 <김영철전>은 소설본을 축약한 거라는 사실이 드러났고,[37] 한글본의 변이양상이 해명됐으며,[38] 작가와 창작시기까지 밝혀졌다.[39]

<김영철전>의 작가는 김응원(金應元)이며, 창작시기는 1688년부터 1716년 사이이다. 대략 17세기 말에서 18세기 초에 해당하는데, 뒤에서 살필 18세기의 작품과는 작품세계와 작가의식 면에서 큰 차이가 있다. 따라서 이 작품을 17세기 말에 창작된 걸로 보고 논의하기로 한다.

(1) 김영철의 귀향 의지와 가족애

김영철이 부부의 인연을 맺는 과정은 일반적인 애정담이나 혼사 장애담과 거리가 한참 멀다. 김영철과 건주·등주, 두 곳 아내와의 사이에 불꽃 튀는 사랑이란 애초에 있을 수 없다. 김영철에게 그런 일은 허락되지

진회, 2001, 135~143쪽). 이 밖에 『필동록(必東錄)』에 수록된 내용은 홍세태본을 전재(轉載)한 데 불과하기 때문에 따로 고찰하지 않는다. 『필동록』에 홍세태본을 수록한 것은 임경업 관련 삽화가 있기 때문인데, <김영철전>의 수용과정에서 홍세태본의 영향력이 얼마나 컸는지 알려준다.

35) 이 작품을 논의한 대표적인 성과는 대략 다음과 같다. 박희병, 「17세기 동아시아의 전란과 민중의 삶: 김영철전 분석」, 『한국근대문학사의 쟁점』, 창작과 비평사, 1990; 정병호, 「홍세태의 전과 소설」, 『복현한문학』 9, 복현한문학회, 1993; 장준기, 「유하 홍세태의 傳 문학 연구」, 석사학위논문, 부산대 대학원, 1996; 김용남, 「유하 홍세태의 전 연구」, 『개신어문연구』 14, 개신어문학회, 1997; 이승수, 「<김영철전>의 갈래와 독법: 홍세태의 작품을 중심으로」, 『정신문화연구』 통권 107, 한국학중앙연구원, 2007.

36) 권혁래, 「나손본 <김철전>의 사실성과 여성적 시각의 면모」, 『고전문학연구』 15, 한국고전문학회, 1999; 양승민·박재연, 「원작계열 <김영철전>의 발견과 그 자료적 가치」, 『고소설연구』 18, 한국고소설학회, 2004; 서인석, 「국문본 <김영텰뎐>의 이본적 위상과 특징」, 『국어국문학』 157, 국어국문학회, 2011; 송하준, 「새로 발견된 한문 필사본 <김영철전>의 자료적 가치」, 『고소설연구』 35, 한국고소설학회, 2013.

37) 양승민·박재연, 위의 논문.

38) 한글본의 존재와 의의에 대해서는 권혁래, 앞의 논문; 서인석, 앞의 논문 참조.

39) 송하준, 앞의 논문, 241~253쪽.

않는다. 김영철의 삶은 여유와는 거리가 멀고, 그에게 연애감정은 사치에 가깝다. 그는 평생 무엇엔가 쫓기며, 숨 돌릴 틈도 없이 내달려야 한다. 늘 경계선으로 내몰린 채 이쪽저쪽 눈치를 보지 않으면 안 된다. 그러니 자신의 감정에 충실할 수 없다. 게다가 머릿속엔 온통 고향에 돌아가서 어른들을 모셔야 한다는 생각밖에 없다. 그의 결연에 낭만적인 감정이 비집고 들어갈 틈이 없는 이유다.

이런 면은 건주와 등주에서 결혼하는 상황에 분명히 드러난다. 김영철은 떠돌이 신세다. 그만큼 고단하고 외롭다. 그렇다고 자신의 외로움을 달랠 요량으로, 잠시라도 맘 편히 지내볼 생각으로 결혼을 못해 안달하지도 않는다. 그런데 그가 어딘가 잠시 머물게 되면, 신기하게도, 그 때마다 새로 가족이 생긴다. 가진 것도 없고, 거기에 정착할 생각도 없는데 말이다. 죽고 못 살만큼 사랑해서도 아니고, 영원한 안식처가 될 거란 확신이 들어서도 아니다. 다만 주위에서 그를 가만두지 않아서일 뿐이다. 힘도 없고 결단력도 없는 영철이다 보니 사람들에게 휘둘리고 상황에 쫓겨, 떠밀리듯 가정을 꾸리는 것이다. 두 곳 아내는 늘 불안해하면서도 모두 한결같이 김영철만 바라봤다. 살다 보니 부부간의 정은 깊어졌고, 자식도 생겼다. 뿌리내릴 생각도 없는 이국땅에 자꾸만 가족을 만든 걸 보면 김영철은 참으로 무책임한 사람이다.

김영철에게 가족이란 고향의 부모와 조부를 뜻한다. 처자식은 그 다음이다. 그는 스무 살에 장가도 못 든 채 종군했다가 후금(後金)의 포로가 되고 만다. 고향에는 그가 돌아와 대를 이을 날만 애타게 기다리는 조부와 부모가 있다. 어서 돌아가야 하지만, 돌아갈 길이 막막하다. 마음은 급한데, 현실이 따라주지 않는다.

김영철이라고 이렇게 될 줄 모르고, 마냥 좋아서 결혼을 하고 자식을 낳은 건 아니다. 그는 전쟁 통에 포로로 붙잡혔다가 살해될 위기에 처했는데, 후금 장수 아라나(阿羅那)의 도움으로 겨우 살아나서 그의 종이 되었다. 그런 마당에 주인이, 자기 처제와 결혼하라는데 못한다고 뻗댈 처지가 아니었다. 그렇게 나름 정붙이고 살다 보니 건주에 아들도 둘이나 생겼다. 그래도 늘 마음속엔 고향의 부모 생각이 떠나지 않았다. 한시도 잊은 적이 없었다. 그래서 기회가 오자 앞뒤 재지 않고 바로 도망쳤다. 처자식을 그곳에 남겨둔 채, 온다 간다 말도 없이 떠나온 것이다.

> 그 안해 영텰ᄃᆞ려 닐너 ᄀᆞᆯ오ᄃᆡ 군은 됴션 사ᄅᆞᆷ이오 나ᄂᆞᆫ 녀진국 사ᄅᆞᆷ으로 각〻 타국의셔 ᄉᆡᆼ댱ᄒᆞ여 시러곰 부뷔 되고 ᄯᅩ 두 아ᄃᆞᆯ을 나흐니 엇디 하ᄂᆞᆯ히 아니리오 그러나 내 드ᄅᆞ니 군이 부뫼 잇다 ᄒᆞ니 아니 날을 ᄇᆞ리고 도라갈 ᄯᅳ디 잇ᄂᆞ냐 영텰이 웃고 ᄃᆡ답ᄒᆞ여 ᄀᆞᆯ오ᄃᆡ 젼일의 두 번 도망ᄒᆞ미 부모 보기ᄅᆞᆯ 위ᄒᆞᆯ ᄲᅮᆫ 아녀 ᄯᅩᄒᆞᆫ 취쳐ᄒᆞᆯ ᄆᆞᄋᆞᆷ이 잇더니 다ᄒᆡᆼ이 아쟝의 후은을 닙어 임의 죽기ᄅᆞᆯ 면ᄒᆞ고 ᄯᅩᄒᆞᆫ 낭ᄌᆞ로ᄡᅥ 내게 쇽ᄒᆞ여 이 두 아ᄃᆞᆯ을 나흐니 진실노 하ᄂᆞᆯ히라 은혜ᄅᆞᆯ 비반ᄒᆞᆯ 일이 아니오 하ᄂᆞᆯ뜻을 어긔오미 샹계 아닌즉 비록 녯사ᄅᆞᆷ이 흰구ᄅᆞᆷ을 ᄇᆞ라보미 이시나 엇디 ᄎᆞ마 금슬의 낙을 ᄇᆞ리〻오 그 쳬 웃고 ᄀᆞᆯ오ᄃᆡ 우리나라 사ᄅᆞᆷ이 됴션 사ᄅᆞᆷ을 솔교ᄅᆞ〔솔교ᄂᆞᆫ 쪽져비란 말이니 ᄭᅬ 만타 말-원주〕 일ᄏᆞᄅᆞ니 군의 말을 엇디 가히 미드며 녯말의 니ᄅᆞᄃᆡ 이러ᄐᆞᆺᄒᆞᆫ 사ᄅᆞᆷ이 크게 신이 업다 ᄒᆞ니 엇디 다른 날 군이 무신ᄒᆞᆫ 사ᄅᆞᆷ이 되여 그 덕을 두세 가지로 아닐 줄 알니오 ᄒᆞ고 …(중략)… 이러ᄐᆞᆺ 쇼션ᄒᆞ여 은졍이 흡연ᄒᆞ나 그러나 고국을 ᄉᆡᆼ각ᄒᆞᄂᆞᆫ ᄆᆞᄋᆞᆷ이 일념의 ᄆᆡ치이여 잠시도 니존 적이 업더라 서인석본, 12~14면.

김영철은 '이 사람이 나를 버리고 떠나면 어쩌나' 걱정하는 건주의 처를 좋은 말로 달랜다. 부부의 인연은 하늘이 맺어준 것이고, 정도 깊은데 어떻게 버릴 수 있겠냐고 한다. 떠가는 흰 구름을 하염없이 바라보며 고향에 계신 부모님을 그리워했다는 적인걸(狄仁傑)의 고사마저 도리질하며 부정한다. 하지만 속마음은 그렇지 않다. 아무리 처자식이 소중하다 해도 고향에 계신 부모보다 우선할 순 없다. 처자식을 그저 잠시 정붙인 대상에 불과했달 수는 없지만, 그 어떤 것도 김영철의 귀향 의지를 꺾을 수 없다.

그 열망은 결코 식지 않는다. 언젠간 돌아갈 거란 기대도 접을 수 없다. 사친지심(思親之心) 때문이다.[40] 한 번도 그 생각이 떠난 적이 없다. 언제 어디서든 눈만 들면 보이는 흰 구름을 안 볼 수 없는 것과 같은 이치다.

> 서로 더불어 달을 보면서 술을 마시며 즐겼다. 취해서 맘껏 노래하다가 전유년이 탄식하며 말했다. "오늘 밤 이 달은 응당 우리 부모처자도 비추련만. 부모처자도 지금 역시 내가 살았나 죽었나 생각할 테니, 달을 보며 비통해하는 건 피차 꼭 같겠지." 이에 좌중이 모두 통곡했다. 전유년이 또 말했다. "김영철 같은 사람은 비록 부모가 조선에 있다 해도, 이 땅에 이미 처자식이 있으니, 돌아가고픈 마음이 틀림없이 우리 아홉 사람과는 다르겠지." 영철도 탄식하며 말했다. "수구초심은 여우도 마찬가지라는데, 내가 어찌 처자식에 연연하여 고향을 그리고 부모를 사모하는 마음이 공들과 비교해 홀로 가볍겠소? 살아서 고국에 돌아가 부모님을 한 번만 뵐 수 있다면, 비록 하루를 살더라도 일 년을 산 것 같을 거요. 다만 두 번 도망쳤다가 붙잡혔는데, 다행히 죽지는 않았소만, 만약 또 도망치다 붙잡히면 틀림없이 죽으리란 걸 잘 알기에 감행하지 못하는 거요."[41]

먼 이역에서 맞이하는 한가위다. 인적 없는 강가에서 휘영청 밝은 달을 바라보며 그리운 가족들을 떠올린다. 고향에 돌아갈 수 없는 처량한 신세라는 생각에 한없이 울적해진다. 가뜩이나 심사가 편치 않던 젊은 사내들

---

40) 광음이 임염ᄒᆞ여 임의 팔월 십오일이 다ᄃᆞ라시니 금풍이 삽々ᄒᆞ고 옥뉘 징영ᄒᆞ더라 이때 영텰이 ᄉᆞ친지정을 이긔디 못ᄒᆞ여 강두던의 안저 네 브ᄅᆞ던 동국가ᄉᆞ롤 노래ᄒᆞ니 곡되 뇨량ᄒᆞ고 셩음이 쳐절ᄒᆞ니 좌상의 듯ᄂᆞᆫ 재 위ᄒᆞ여 츄연 불낙ᄒᆞ더라 서인석본, 16~17면.

41) 相與賞月, 飮酒爲樂. 醉則放歌, 田有年歎息曰: "今夜此月, 應照吾父母妻子. 々々此時亦念我存沒, 向月悲痛, 彼此必同." 於是, 坐中皆痛哭. 有年又曰: "若金英哲者, 雖其父母在東, 此地旣有妻子, 思歸一念, 必與吾輩九人, 異矣." 英哲亦歎曰: "首丘之心, 在狐亦然, 吾豈顧戀妻子之故, 而懷土慕親, 視公等, 獨輕乎? 生還故國, 一見父母, 雖死之日, 猶生之年. 但以再逃被獲, 幸不死耳. 若又逃而見獲, 明知必死, 是故不敢也." 조원경본, 7~8면.

은 불콰해진 술기운에 호기를 부려본다. 감시가 소홀해진 이 절호의 기회를 놓칠 수 없다는 조급함,[42] 모두 제 결심을 종용하는 분위기, 여기에 혹시라도 그들의 말을 따르지 않았다간 화를 당할지도 모른다는 불안감까지, 이 모든 요소가 겹치면서 김영철은 탈출을 감행할 수밖에, 다른 선택의 여지가 없다.

죽음을 무릅쓰고 탈출해봤자 김영철은 여전히 고향에 돌아갈 길 없는 나그네 신세다. 후금 땅인 건주에서 명나라 땅인 등주까지 어찌어찌 왔지만, 바다 건너 고향땅에 갈 방법이 없다. 육로는 막혔고, 바닷길은 험하다. 더욱이 배편을 구할 길도 없으니 다른 수가 생길 때까지는 등주에서 살아야 한다. 그래서 건주에서 탈출하기 전에 약속한 대로 한족인 전씨와 결혼해서 아들도 둘이나 더 낳았다. 건주에서 그랬던 것처럼, 김영철 주위에는 그에게 연민의 정을 느끼는 사람들이 많다. 그들이 내미는 도움의 손길이 따스하긴 하지만, 때론 그것이 그를 옥죄기도 한다.[43]

고향에 돌아가고픈 마음이야 굴뚝같았지만, 사행선이 오기 전까지 김영철에겐 방법이 없었다. 그러던 차에 사신은 김영철에게 돌아갈 계책을 일러주며, 그렇잖아도 싱숭생숭한 그의 마음을 헤집어 놓는다.[44] 김영철

---

42) 이에 ᄒᆞᆫ가지로 술먹던 사ᄅᆞᆷ이 다 ᄀᆞᆯ오ᄃᆡ 젼빅총의 말이 올흔디라 빅 번 죽을 번ᄒᆞ여 ᄒᆞᆫ 번 살기는 이 ᄯᅩᄒᆞᆫ 하ᄂᆞᆯ히오 능히 득달티 못ᄒᆞ여 도로의셔 죽음도 ᄯᅩᄒᆞᆫ 하ᄂᆞᆯ히니 오ᄂᆞᆯ봄 이 계규ᄅᆞᆯ 결단ᄒᆞ미 의심ᄒᆞᆯ 고지 아니라 초패왕의 영걸노도 오강 건너기ᄅᆞᆯ 결단티 못ᄒᆞ다가 녀마동의 공이 되고 한 회음의 디모로도 뉴시 빅반키ᄅᆞᆯ 근려ᄒᆞ다가 가인의 샹변이 되니 ᄒᆞ물며 녹々ᄒᆞᆫ 우리ᄯᆞ녀 금야ᄅᆞᆯ 허송ᄒᆞ면 비록 뉘우ᄎᆞᆫ들 가히 미ᄎᆞ리오 서인석본, 22~23면.

43) 한정미는 후금과 명나라 사람들은 김영철에게 호의적 태도를 보였음에도 불구하고 이방인인 그가 귀소본능 때문에 이기적 면모를 보여 오히려 상대를 타자화했다고 주장했는데, 과도한 해석이다. 한정미, 「<김영철전>에 나타난 이방인 형상」, 『이화어문논집』 30, 이화여대 국문과, 2012.

44) 사신이 가엾게 여겨 영철에게 물었다. "고향을 그리는 마음이 있느냐? 내가 돌아갈 적에 몰래 태워가고 싶은데 네 뜻은 어떠냐?" 영철이 머리를 조아려 감사하며 말했다. "오랑캐 땅에서 도망해 여기로 온 것은 본래 여기 있으려는 생각이 아니었습니다. 이제 다만 감히 청하지 못했을 따름입니다." 사신이 말했다. "참으로 이렇다면, 집에 돌아가 네 처자식에게 그저 '부모와 친척들이 난리 통에 다 죽고 하나도 남은 사람이

로서는 그야말로 '불감청(不敢請)이나 고소원(固所願)'이다. 사신에게 그런 부탁을 한다는 건 생심도 못할 일이지만, 몰래 데려가 주겠다니 감지덕지다. 게다가 고향 사람인 연생에게 집안 소식을 듣고는 더욱 마음을 진정할 수 없다. 전사한 아버지는 시신도 못 찾았다지, 할아버지와 어머니는 자기가 돌아오게 해달라고 치성을 드리느라 가산을 탕진하고 친척집에 얹혀산다지, 효심 지극한 김영철은 소식을 듣고 눈이 뒤집힌다. 한시 바삐 돌아가야 한다는 생각에 조급해지는 마음을 걷잡을 수 없다. 다른 사정 돌아볼 여유가 없다.

> 그 처가 목이 빠지도록 괴로이 기다리다가 영철을 보고는 크게 성내며 말했다. "당신이 오늘 또 조선 사신에게 가서 만난 건 반드시 까닭이 있어서일 거예요." 영철이 말했다. "비록 부모가 다 돌아가셔서 소식 전할 곳도 없지만, 고국 사람이 돌아가는 걸 보면 한 번 가서 송별하는 게 인정이지, 어찌 다른 뜻이 있겠소?" 이날 밤 그 아내와 불을 밝히고 마주 앉아 평생 심사를 이야기하다가, 속으로 갈지 머물지 계책을 생각했다. '한 번 이별이야 이미 정해진 것인데, 이 처자식을 연연하여 이 땅에 머문다면, 아버지가 돌아가셨는데 유골도 수습하지 못하고, 어머니가 계신데 봉양도 못할 테니, 죽을 때까지 한이 되겠지. 이 처자식을 버리고 고국으로 돌아가면, 맹세와 은정이 여기서 끊어질 테니, 그 또한 인생의 지극한 한이 될 거야.' 두 생각이 가슴속에서 싸워대니 마음을 가누지 못해 방울진 눈물로 뺨이 범벅이었다.[45]

없다.'라고만 말해라. 이 땅 사람들이 그걸 믿게 하고 알게 해서 고국을 그리는 마음이 이미 없어졌다고 여기게 한 뒤에라야 네가 돌아갈 수 있을 것이다." 영철이 말했다. "삼가 가르침을 받들겠나이다." 使臣憐之, 問英哲: "有懷土之心乎? 吾歸時, 欲潛載而去, 汝意如何?" 英哲扣頭謝曰: "自虜中逃來于此者, 本非在此之意. 今但不敢請耳." 使臣曰: "誠若是, 還家對汝妻子, 但言: '父母親屬, 經亂盡沒, 更無存者.' 使此地人信之知之, 以已絶思戀故國之心, 然後汝乃得去矣." 英哲曰: "謹受教矣." 조원경본, 19~20면.

45) 英哲含淚再拜告辭, 抵暮還家. 其妻懸待甚苦, 見英哲大怒曰: "子又今日往見朝鮮使臣, 必有故也." 英哲曰: "雖父母已沒, 寄信無處, 見故國人之歸, 一往送之, 乃人之情, 寧有他意?" 是夜, 與其妻明燈相對, 說百年心事, 因自念去留之計: '期於一決, 戀此妻子, 因留此地, 則父沒而未能收骨, 母存不得養, 爲終天之痛. 舍此妻子, 歸于故國, 則信誓恩情,

등주에서 결혼한 전씨는 조선 사행선에 자꾸만 오가는 김영철을 의심한다. 사람들을 속여가면서 사행선에 '쥐 방구리 드나들 듯'하니 아내로선 불안하기 짝이 없다. 건주 처에게 그랬던 것처럼 자신을 두고 행여 야반도주할지도 모르기 때문이다. 하지만 고향에 돌아가고픈 마음으로 가득한 김영철로서는 그만두려야 그만 둘 수가 없다. 그래도 떠날 때가 되자 닥쳐올 이별에 마음 아파하며, 두고 올 가족들에 대한 죄책감을 떨치지 못한다. 그렇게 번민하면서도, 앞으로 평생을 죄의식에 시달릴 줄 알면서도, 그 길을 택할 수밖에 없다고 스스로를 다독인다.

김영철은 혼란한 시대의 피해자이자 가해자다. 그렇듯 굴곡 많고 고통스런 삶을 강요당했으니 피해자임에 분명하다. 그러나 그가 버리고 온 건주와 등주, 두 곳의 처자식에게는 씻을 수 없는 상처를 안긴 장본인이다. 자신이 떠돌 때 겪은 고초보다 그가 훨씬 괴로워하고, 수없이 맞닥뜨렸던 죽음의 고비보다 더 고통스러워하는 것도 이 때문이다. 두고 온 가족에 대한 죄책감은 그가 죽을 때까지 평생 안고 가야할 업보다.

> 응원이 물었다. "노인장께서는 이곳 처자를 대할 때면 또한 호지와 등주도 생각하십니까?" 영철이 눈물을 줄줄 흘리며 말했다. "부부간에 정이 깊고 부자 사이의 은혜가 중한 것은 천하 고금 누구나 같은 것이지요. 산천이 가로막혀 있고 강역이 다르다한들 혹시라도 서로 잊을 수 있겠습니까? 제가 이 성에 들어온 지도 벌써 이십여 년입니다. 날씨가 맑은 날이면 늘 해가 서쪽으로 기울 때 성의 누각에 오르곤 합니다. 북으로 음산(陰山)을 바라보며 우모령 전장을 생각하다 보면 저도 모르게 코가 시큰해지고 뼈가 놀랍니다. 건주의 처자식을 생각하면 저절로 마음이 슬프고 참담해집니다. 서쪽으로 창해(滄海)를 바라보며 전씨와 좋았던 정분을 추억하다가도, 맹세를 저버리고 도망쳐왔던 일을 생각하면, 정신이 암연하여 늙은이의 눈물이 옷깃을 적십니다. 두 곳의

從此絶矣, 亦人生之至恨.' 兩者交戰方寸, 不能自定, 凝淚滿眶. 조원경본, 21면.

> 처자식은 애초에 저를 버리지 않았지요. 실은 제가 그들을 등진 것입니다. 어찌 마음에 부끄럽지 않겠습니까! 비록 그렇더라도 한 몸이 거듭 다른 나라 사람이 됐다가 끝내 우리 땅에 돌아와서 장가들어 살면서 두 노친을 봉양할 수 있었고, 자녀가 앞에 가득하여 조상의 제사를 이어갈 수 있게 됐으니, 죽는다한들 어찌 한스러워 하겠습니까!"[46]

김영철은 가족에게 고통을 안겨 놓고도 저만 마음 편히 지낼 수 있는 위인이 애당초 아니었다. 고향에 돌아왔지만, 두고 온 가족들 생각에 그는 늘 괴로워한다. 그렇다고 고향에서 새로 얻은 처자식에게 마음 속 얘기를 할 수도 없는 노릇이다. 고국에서 이렇듯 힘겹게 사는 게 다 처자식을 버린 죄 때문일 거라고 자책한다. 그래봤자 시간을 되돌릴 수 없고, 두 곳 처자식이 보낸 신산한 세월을 보상할 수도 없다. 그걸 알면서도 한없이 곱씹으며 스스로를 추궁하고, 혼자서, 마음으로, 죗값을 치를 뿐이다.

김영철의 가족들은 그를 탓하거나 그의 선택이 잘못됐다고 몰아세우지 않는다.[47] 등주 처의 오라비인 전유년은 건주에서 탈출할 때의 동료이기도 한데, 김영철이 귀국했다는 소식을 듣자 괘씸해하기는커녕 기어이 꿈을 이뤘다고 감탄한다. 훗날 전장에서 우연히 만났을 때도 반가워할 뿐, 원망하는 기색 따윈 아예 없다. 제 누이와 조카들을 버린 얄궂은 처남인데 말이다. 건주에서 낳은 큰 아들 득북도 마찬가지다. 그는 아비 얼굴도 모른 채 자랐다. 그러다가 하늘이 도왔는지 십칠 년 만에 전장(戰場)에서

---

46) 應元因問曰: "老人對此妻子時, 亦念胡地與登州乎?" 英哲汪然出涕曰: "夫婦情多, 父子恩重, 天下古今, 人所同然, 寧可以山川隔絶, 疆域有限, 而或相忘耶? 吾入此城, 今二十餘年矣. 每於天氣淸明, 白日落西之時, 登城樓. 北望陰山, 想牛毛嶺戰場, 不覺鼻酸骨驚. 思建州衛妻子, 自然心悽意慽. 西望滄海, 憶與田氏好合之情, 思其背盟逃遁之事, 則神思黯然, 老淚沾襟矣. 兩地妻子, 初無負我, 而我實背之, 獨不愧於心乎! 雖然一身再爲異國人, 而終歸吾地, 娶妻居室, 得以奉養二老, 子女滿前, 繼續前祀, 死亦何恨!" 조원경본, 39~40면.

47) 등주 처가 보낸 편지는 김영철을 원망하는 듯한 말로 가득하다. 하지만 살아선 못 그랬으니 죽어서라도 함께 하길 바란다는 마지막 구절을 보면 따라나서지 못한 회한이 더 짙게 배어 있다. 나손본, 14~19면 참조.

아버지를 만났다. 그래도 득북은 어머니와 자신, 그리고 동생을 두고 말도 없이 떠나버린 아버지를 원망하지 않는다. 그저 꿈에 그리던 아버지를 이제라도 만난 걸 기뻐하며 지성으로 섬길 뿐이다. 각자 제 나라로 돌아가면 다시는 못 만날 줄 잘 아는 부자는 서로 애틋한 정을 나눈다.

> 당쟝이 이 글을 보고 크게 깃거 즉시 이 밤의 글을 닷가 뼈 텰을 주고 텰과 니슈남을 각〻 ᄇᆡᆨ은 삼십 냥과 청포 이십 필식 주고 그 일힝의 다려온 쎄[비] 젓던 놈들을 각〻 차등ᄒᆞ여 주니 텰이 하직고 도라 ᄇᆡ예 오ᄅᆞ려 ᄒᆞᆯ ᄎᆞ의 블빗 가온ᄃᆡ ᄒᆞᆯ연이 보니 ᄒᆞᆫ 사ᄅᆞᆷ이 군문으로써 번듯쳐 나와 텰의 손을 잡으며 텰아 네 엇디 여긔 왓는다 텰이 놀나 본즉 이 다른 사ᄅᆞᆷ이 아니라 등쥐 쳐남 전유년이라 깃브고 반가오미 극ᄒᆞ여 능히 말을 못ᄒᆞ더라 …(중략)… 텰이 쏘 니별ᄒᆞᆫ 후 안부와 그 쳐ᄌᆞ의 쇼식을 무ᄅᆞᆫ 후의 <u>이에 어든 바 청포 스무 필노써 유년을 주어 ᄀᆞᆯ오ᄃᆡ 청컨대 그ᄃᆡ는 이거ᄉᆞ로써 도라가서 쳐ᄌᆞᄅᆞᆯ 주어 오ᄉᆞᆯ ᄒᆞ여 닙고 됴히 이시라 날을 ᄉᆡᆼ각ᄒᆞᆯ ᄯᅢ어든 이 오ᄉᆞᆯ 보아 날 본 ᄃᆞ시 ᄒᆞ라 니ᄅᆞ라 젼의 ᄒᆞᆫ 글의 슬픈 말을 ᄌᆞ시 보앗ᄂᆞ니 나의 슬허ᄒᆞᄆᆞᆯ 뉘 능히 알니오</u> 말을 ᄆᆞ차매 급〻히 ᄇᆡ예 올나 나손본, 23~25면.

청포(青布)는 김영철이 주장(主將)인 임경업의 밀명을 받고 사선을 넘어 밀서를 전한 공을 치하하는 뜻으로 명나라 장수가 내린 상이다. 목숨값인 셈이다. 다시 삼엄한 감시망을 뚫고 본진으로 돌아가 답서를 전해야 한다. 지체할 시간이 없다. 한데 뜻밖에도 누군가 제 손을 덥석 잡는다. 처남인 전유년이다. 놀랍고 반가운데 긴 말할 틈이 없다. 김영철은, 경황이 없지만, 그 정신에도, 처자식에게 전해달라고 전유년에게 청포를 맡긴다. 물론 그깟 베 스무 필로 처자식을 버렸다는 죄책감을 떨칠 수는 없다. 김영철도 그런 얄팍한 속셈으로 건네는 게 아니다. 김영철은 자신이 등주의 처자식을 그리는 것처럼, 그들도 같은 마음일 거라고 생각한다. 그들이 늘 눈에 밟힌다는 걸, 마음 깊은 곳엔 언제나 그들이 있다는 걸 알리고 싶었을 뿐이다. 하늘이 그에게 허락한 단 한 번뿐일 이번 기회가 아니면 이런 마음을 전할 길이 없다는 걸 알기 때문이다.

김영철은 전장에서 만난 큰아들 득북에게 청 황제에게서 상으로 받은 비단을 나누어 주고, 건주에 있는 둘째 득건에게는 자신이 타던 말을 보내주게 한다. 득북은 그 비단으로 옷 두 벌을 지어 와 부자가 함께 입고, 맛난 음식도 자주 가져온다. 무정한 세월이 흘러 그새 장정이 된 아들의 봉양을 받는 것이다. 진중이라 다른 사람들의 눈을 의식해야 해도, 김영철로서는 평생 누려보지 못한 호사다. 득북이 지어준 옷을 입을 때마다 건주의 처자식이 생각날 테고, 그런 만큼 등주의 처자식도 그가 보내준 청포로 옷을 지어 입고 남편과 아비를 그리워할 것이다.

<최척전>과 <김영철전>은 그 때까지 경험하지 못했던 새로운 세계에서의 다양한 체험을 담았다. 그러나 그 어떤 새로운 체험, 이국의 문물과 풍습보다도 가족의 가치에 더 주목할 수밖에 없었다. 김영철이 그토록 핏줄에 매달렸던 까닭도, 가정을 이루고 그걸 지키는 걸 삶의 목표로 삼았던 것도 이 때문이다. 엄혹한 시대를 살다 보니 더더욱 가정을 이루고 지키는 데 관심을 집중했다는 얘기다. 그리하여 <김영철전>은 '숭명배청(崇明排淸)'이나 '재조지은(再造之恩)'·'존주대의(尊周大義)'와 같은 거대 담론이 비집고 들어갈 틈이 없는 작품이 됐다.

(2) 민중의 고통스런 삶과 작가의 현실인식

<김영철전>의 전반부가 김영철의 귀환 과정을 그리는 데 중점을 두었다면, 후반부는 가혹한 군역과 그로 인해 고통 받는 피지배층의 현실을 묘사하는 데 초점을 맞췄다. 김영철은 자식들에게만은 군역의 고통을 대물림하지 않겠다며 다 늙어서 척박한 자모산성의 성지기를 자원한다. 그의 삶은 당시 기층민의 피폐한 생활상을 잘 보여준다. 이를 통해 백성들에게 무거운 짐을 떠넘긴 관료들의 행태를 날카롭게 비판했다.

심하전투(深河戰鬪)에 출전한 군사 중 무사히 생환한 이들은 많지 않았다. 특히 출정 군사 수가 많았던 평안도는 과중한 조세 부담까지 더해져 매우 곤란한 지경이 됐다.48) 따라서 작품 후반부에서 묘사한 김영철의 신산한 삶은 한 개인의 생활상을 넘어서 당대 민중의 일반적인 모습이었다고 해도 과언이 아니다.49)

김영철은 어렵사리 탈출해 돌아온 뒤에도 여러 차례 종군한다. 건주·등주에 살아서 만주어와 중국어를 다 안다는 이유로 통역으로 차출된 것이다. 그런데 하필 옛 주인인 아라나(阿羅那)와 그 조카인 호장(胡將)과 마주쳐 다시 붙들려갈 위기를 겪는다. 이때 그를 데려간 조선 장수들이 도망친 죗값 대신 말[馬]과 담배를 건네 겨우 위기에서 벗어날 수 있었다. 한데 결과적으로 이게 모두 김영철이 나랏돈을 사사로이 가져다 쓴 꼴이 되고 말았다.

> 환군하여 봉황성에 이르자 주장이 영철에게 말했다. "아라나가 너를 붙잡았을 때 속량가로 치른 은 이백 냥은 호조에서 나온 것이다. 군중에서 쓰고 남은 물건은 마땅히 그 수를 적어 지부에 돌려주어야 한다. 그런데 네 속신한 돈은 군비에 속하지 않는 것이니, 모두 합해 네게 거둬야겠다." …(중략)… 영철이 돌아온 후에 늘 속신한 돈 때문에 걱

---

48) 이시발(李時發, 1569~1626)은 1620년에 올린 차자(箚子)에서 다음과 같이 관서지방의 상황을 전했다.
작년 봄에 출병했던 군사들이 모두 죽었으니, 각 고을에 물어 돌아오지 못한 사람을 조사해보면, 많게는 4~5백 명이요, 적어도 1~2백 명이 넘으니 그 비참함을 차마 말할 수 있겠습니까! …(중략)… 기근이 매우 심한 데도 관가에서 곡식을 푼다는 소식은 들리지 않고 세금만 날마다 독촉하니 이리저리 떠도는 무리들은 실로 이런 것들 때문입니다. 蓋以前春之役, 師徒盡沒, 試問各邑, 査其未還, 則多或至四五百, 少不下一二百, 氣像之愁慘, 可忍言哉! …(중략)… 飢饉太甚, 賑貸無聞, 催科日急, 輾轉流徙, 實由於此等數者. 이시발, 『진서로민폐차(陳西路民弊箚)』, 『벽오유고(碧梧遺稿)』 권3(『한국문집총간』 74, 민족문화추진회, 1991, 438~439쪽).

49) 누구보다도 존주대의를 부르짖었던 송시열마저 민생이 우선한다고 했는데, 이는 극도로 피폐했던 당시 경제 상황을 잘 알려준다. 이영춘, 「우암 송시열의 존주사상」, 『청계사학』 2, 한국정신문화연구원 역사학과, 1985 참조.

정이었는데, 한 달쯤 지나 이문(移文)이 정말 내려와 은을 징수하려 했다. 본현에서 그 일가를 가두고 납부를 매우 급히 독촉하자 종족들이 서로 함께 울며 말했다. "사람이 만 번 죽다 고국에 돌아오길 이렇듯 했고, 누차 종군해서 수륙 전장에 나아가길 또 이렇게 했으니 노고와 공을 이를 만하다. 이제 조그만 상도 없고 그저 은만 거두려 하니 심하지 않은가!" 영철이 노새를 팔아서 백금을 마련하여 그 반을 갚았고, 나머지 절반은 내외 친족들이 재물을 모아 갚았는데, 달을 넘겨서야 끝이 났다.[50]

오랫동안 종군하면서 세운 공이 결코 적지 않았지만, 김영철은 쥐꼬리만 한 보상도 받지 못한다. 외려 오랑캐의 손아귀에서 벗어나려고 쓴 돈을 물어내라는 독촉에 시달릴 뿐이다. 그것도 당시에는 되갚아야한다는 말도 없이 장수들이 선심 쓰듯 내줘 놓고 말이다. 군역을 지는 건 백성의 당연한 의무였으니 할 수 없다 쳐도, 생사의 고비를 넘어 겨우 살아 돌아왔더니 졸지에 빚더미에 앉고 만 것이다. 가족을 돌보지도 못한 채 위험을 무릅쓴 대가치곤 너무도 가혹한 처사였다. 김영철의 친족들이 관가를 원망하는 것도 이 때문이다. 그러나 알고 보면 이 또한 부질없는 생각이었다.

성주(星州) 포수 이사룡(李士龍)은 명나라에 대한 의리를 지키는 데 목숨을 건 인물로 일찍부터 주목받았고, 국가적으로 널리 현창(顯彰)됐다.[51] 그런데 이사룡의 처가 굶어죽을 지경이 되도록 관가에서 제대로

---

50) 及還軍鳳凰城, 主將謂英哲曰: "阿羅那執汝時贖價銀二百兩, 出自戶曹. 軍中需用餘物, 當藉其數, 以還于地部. 而汝贖價不屬軍興之費, 合徵於汝矣." …(중략)… 英哲歸後, 常以贖價爲憂, 月餘, 文移果至, 徵銀. 自縣囚拘其宗族, 督納甚急, 宗族相與泣曰: "人之出萬死還故國如此, 累從軍, 水陸征戰, 又如此, 可謂勞苦有功矣. 今無片賞, 從而徵銀, 不亦甚乎!" 英哲鬻騾得百金, 賞其半, 餘半, 則內外親族鈫財以償, 踰月而畢. 조원경본, 38~39면.

51) 나손본・박재연본에도 이사룡 일화를 변용한 삽화가 들어 있다. 나손본, 20~21면; 박재연본, 56~57면. 여기서는 나손본의 해당 부분만 제시한다.
이젹의 됴션 군ᄉ 듕의 뎡사룡이라 하는 사룸이 그 무리로 더브러 분만ᄒ기룰 이긔디 못ᄒ여 노츄롤 주기고져 ᄒ다가 계귀 누셜ᄒ여 븍노의 해ᄒ믈 니브니 븍뇌 ᄉ룡의

돌보지 않았다고 하니,[52] 김영철처럼 이름 없는 백성들이 겪었을 고통이야 짐작하고도 남을 일이다.

대의를 위해 죽어간 사람들을 기리고, 그 뜻을 이어받아야 한다는 게 당시의 '공론(公論)'이었다. 그렇다면 나라에서는 그들, 선열(先烈)의 유족을 잘 보살펴야 마땅했다. 그런 데도 나라의 책임은 나 몰라라 했으니, 현창사업도 실상 허울 좋은 말잔치에 불과했던 것이다. 이런 상황에서 이사룡처럼 모두가 알 만한 일을 한 적도 없는 일개 군졸이 보상을 기대한 것 자체가 무리였던 셈이다.

김영철의 말년은 비참하기 짝이 없다. 그렇게 된 건 무엇보다 여러 차례 종군한 수고를 전혀 보상받지 못해서다. 그러나 천신만고 끝에 돌아온 고향에서의 삶이 적국에서의 포로생활이나 타국에서의 더부살이보다 못하다면, 보상 문제는 새삼 말할 계제가 못된다. 게다가 그게 김영철 한 사람만에게만 국한된 게 아니라 당대 기층민이 흔히 겪은 일이라면 문제

머리롤 버혀 ᄀᆡᄢᅢ예 ᄃᆞ라 군듕의 슌시ᄒᆞ니 당인이 이 일을 알고 비단의 크게 글을 ᄡᅳᄃᆡ '됴션 의ᄉᆞ 뎡사룡'이라 ᄒᆞ여 닐곱 글ᄌᆞ롤 빗나게 써 ᄯᅩᄒᆞᆫ ᄀᆡ예 놉ᄃᆞ라 두로 보게 ᄒᆞ엿더니 슬프다 됴션이 북노의게 위협ᄒᆞ미 되여 죽기롤 두려 져의 브리이믈 바ᄃᆞ나 그 ᄎᆞ마 황명을 니저 비반티 못ᄒᆞ여 ᄒᆞ미 이ᄀᆞᆺ더라

52) 아뢰옵니다. 절의를 떠받들고 장려하는 일은 한시도 늦출 수 없사옵니다. 이 고을의 의사 이사룡은 만리 밖 연새(燕塞)에서 몸을 버려 삼백 년 강상을 붙들어 세웠습니다. …(중략)… 그 처 이씨가 지금 95세인데, 그 아들인 이선은 가난해서 봉양할 수가 없습니다. 본관에서 또한 편의대로 구조하옵은 일이 풍교에 관계되기에 이와 같이 첩보하오며, 동 비문을 모두 감사에게 보내어 각별이 참작하게 하여 곡물 가운데 먹을 것을 더 많게 하시어 한편으로는 죽을 목숨을 살리시고, 한편으로는 무너진 풍속을 경계하심이 어떠하신지요. 爲牒報事. 崇奬節義, 所不可一刻緩忽. 本州義士李士龍, 捐軀於萬里外燕塞, 扶植乎三百年綱常. …(중략)… 其妻李氏, 年今九十五歲, 其子李善, 貧不能供養, 自本官亦爲隨便救助爲乎矣, 事關風敎, 如是牒報爲乎旀, 同碑文, 都付上使道, 以各別叅商, 某樣穀物中, 優題食物, 一以活垂死之命, 一以警頹俗之地, 何如. 이형상(李衡祥), 「성주이사룡처식물청급첩(星州李士龍妻食物請給牒)」, 『병와집(甁窩集)』 권18(『한국문집총간』 164, 민족문화추진회, 1996, 515쪽). 이형상은 1687년에 성주목사로 부임해서 이사룡의 묘에 제사하고 충렬사를 세워 그의 충의를 격려했다고 한다(이형상, 『병와집』 부록, 「행장」, 같은 책, 522쪽). 따라서 이 첩서(牒書)는 <김영철전>의 창작시기와 비슷한 때에 작성된 글이다.

가 정말 심각하다. 이 땅의 현실이 그만큼 고통스럽고 벗어날 길이 보이지 않았다는 뜻이기 때문이다.

> 원근제족의 원망이 텰텬ᄒᆞ고 일족으로 가도인 사ᄅᆞᆷ이 원망ᄒᆞ여 ᄀᆞᆯ오ᄃᆡ 텰이 그 후의 님·뉴 냥장을 조차 슈뉵으로 죵군ᄒᆞ니 그 노고ᄒᆞᆫ 공이 젹디 아니ᄒᆞ거ᄂᆞᆯ 엇디 조고마ᄒᆞᆫ 것도 샹 주ᄂᆞᆫ 일은 업고 도로혀 이러ᄐᆞ시 ᄉᆞᆯᄒᆞᆯ ᄀᆞᆰ고 ᄡᅧᄅᆞᆯ ᄡᆞᆨᄂᆞᆫ 거죄 잇ᄂᆞ뇨 우리나라히 쟝ᄉᆞ ᄃᆡ졉ᄒᆞ믈 심히 ᄐᆡ박히 ᄒᆞ고 그 남은 환이 우리 족당의 미ᄎᆞ믄 엇디오 우리ᄂᆞᆫ ᄒᆞᆯ노 됴션 ᄇᆡᆨ셩이 아닌가 나라ᄒᆞᆯ 원ᄒᆞ고 텰을 원고ᄒᆞ디 아니ᄒᆞ더라 텰이 애ᄃᆞᆯ와 ᄀᆞᆯ오ᄃᆡ 내 쳥나ᄅᆞᆯ 어든 타시로다 ᄒᆞ고 이에 ᄑᆞ라 은ᄌᆞ 일ᄇᆡᆨ 냥을 바다 향지삼 갑 일반을 갑고 그 나믄 거ᄉᆞᆫ 족당이 다 무러 바티니 됴뎡이 그 후의 다시 텰의 공뇌ᄅᆞᆯ 갑ᄂᆞᆫ 일이 업고 다ᄅᆞᆫ ᄇᆡᆨ셩의셔 나은 일이 업더라 나손본, 73~74면.

<최척전>에서는 등장인물 누구도 남을 비난하거나 세상을 탓하지 않는데, <김영철전>에서는 관리들의 행태를 거세게 비판한다. 김영철은 나랏일로 고생한 대가가 조금은 있을 거라고 기대했다. 하지만 그가 생각한 상식과 관리들이 고수한 규정은 달라도 너무 달랐다. 위정자들은 백성들의 형편 따윈 안중에도 없었다. 그러니 화가 치밀어 분통을 터뜨리지 않을 수 없다. 백성을 부려먹기만 하고 돌보지는 않는데, 도대체 무슨 경우냐는 거다. 백성들을 사지로 내몰아놓고, 어렵사리 공을 세워 봤자 상은커녕 쪽박마저 깨려 들기 때문이다. '우리는 조선 백성이 아닌가'라는 탄식이 절로 나온다. 김영철과 그의 어머니, 친족들이 불만을 쏟아내는 것은 세상천지에 믿을 곳도 기댈 곳도 없는 답답한 마음을 속에만 담아둘 수 없기 때문이다. 전쟁은 어쩌면 비껴갈 수 없는 운명 같은 것이었다 해도, 그 후 그들이 겪은 고통은 천재(天災) 때문도 아니었고, 운수(運數) 소관도 아니었다. 그런 데도 아무리 발버둥 쳐 봤자 벗어날 길이 없다. 그들은 고통스런 현실에 신음하고, 그 끝이 보이지 않아서 절망한다.

백성들은 무너져버린 삶의 터전을 다시 일구기 위해 처절한 사투를 벌였고, 강인한 의지로 버텨냈다. 이럴 때 위정자들은 흩어진 민심을 수습하고 상처를 치유하는데 앞장서고, 사회 통합의 구심점이 돼야 한다. 그런 노력도 없이 백성들의 희생만 일방적으로 강요해서는 그들의 고통을 덜어줄 길도 없고, 울분을 달래줄 수도 없다. 김영철과 친족들은 나라를 원망하고 적국인 청나라를 동경하기까지 한다. 조국의 참담한 현실을 받아들일 수 없고, 그런 나라의 백성이 되고 싶지 않다는 말이다. 이 한 마디는 수천 마디 말보다 더 뼈아픈 지적이고 통렬한 비판이다.

<김영철전>은 후반부에 작가의 현실인식이 집약되어 있다. 작가는 비판의식을 거침없이 드러냈다. 작가에게 강렬한 문제의식이 없었다면 당시 시대정서에 반하는 내용을 이렇듯 과감하게 넣지도 않았을 것이다. 김영철이 원정(原情)을 올릴 때 김응원이 그 일을 도와주었다면,[53] 작품 후반처럼 종군하며 공을 세운 일과 간고(艱苦)한 삶에 초점을 맞췄을 게 틀림없는데, 그렇게 해서 올린 글도 결국 별 소용이 없었다. 겨우 술 몇 잔과 쌀 몇 됫박 내리는 걸로 입막음하고 만 것이다. 김영철의 인생이 그렇게 비참해진 내력과 전후 사정을 잘 아는 김응원으로서는 더욱 가슴 아파하며 다른 방법으로 문제의식을 드러내고 싶었을 게 분명하다. 그가 <김영철전>을 지은 건 당시 기층민들의 고통스런 현실을 알리고, 이 꼴을 만든 사회의 부조리를 비판하며, 상황을 개선할 방법을 찾도록 촉구하기 위해서였다.

53) 권혁래, 「<김영철전>의 작가와 작가의식」, 『고소설연구』 22, 한국고소설학회, 2006, 99~106쪽.

(3) 민중의 현실을 보는 작가와 지배층의 시각 차이

<김영철전>에는 다단한 사건이 끊임없이 이어지는데, 섬세한 묘사가 이를 뒷받침하고 있어 독자가 긴장의 끈을 놓지 못하게 한다. 이 점에서 작가의 역량을 충분히 인정할 만하다. 무엇보다 작가가 힘을 쏟은 건 기층 민들이 겪었던 참담한 현실을 묘사하는 것이었다.

김응원은 주인공인 김영철과 동향인으로서 개인적인 친분이 있었기에 그의 삶의 내력을 들을 수 있었다. 그는 시대의 파고를 함께 넘어온 동시대인으로서 김영철의 이야기에 깊이 공감하고, 그들이 공유한 체험을 증언해야 한다는 책임감을 느껴 이 작품을 지었다. 김영철의 고백은 작가에게 매우 절실하고 중요한 메시지를 담고 있는 이야기였다. 온갖 역경을 헤치고 살아 돌아왔어도 남은 것은 회한밖에 없다는 김영철의 말에는 삶의 기반이 무너진 백성들의 한숨과 절망이 배어 있었다. 그것은 구원의 손길을 내밀지 않는 위정자들과 사회에 대한 불신과 원망의 표현이었고, 경고였다. 작가는 그렇게 김영철의 말에 담긴 문제의 심각성을 환기하려 했다.

<김영철전>은 한문본 원작이 창작된 지 얼마 지나지 않은 시기에 한글로 번역됐고, 홍세태본같은 축약본도 널리 퍼졌다. 이로 미뤄보면 독자들이 이 작품에 관심이 많았다는 걸 알 수 있다. 그러나 홍세태본을 비롯한 축약본에선 핍진한 현실 묘사가 현저히 약화됐고, 특별한 체험담이라는 데 관심을 보이는 정도에 머물렀다. 소설본보다 전 형식으로 축약한 홍세태본이 큰 영향력을 발휘하면서 독자의 폭과 관점이 제한됐기 때문이다.

> 늙도록 곤궁하여 즐거움이란 없으니, <u>늘 마음이 편치 않으면 성에 올라 북쪽으로 건주를 바라보고 서쪽으로 등주를 바라보며 슬픈 마음에 눈물이 흘러 옷깃을 적셨다.</u> 일찍이 어떤 사람에게 말했다. "처자식이 나를 저버린 게 아니라 실로 내가 그들을 버린 것입니다. 두 곳의

처자식을 죽을 때까지 슬퍼하고 한탄하게 만들었으니, 지금 내가 이렇게 곤궁한 건 앙화(殃禍)를 받는 게 아니겠소? 그렇지만 타국에 떨어졌다가 끝내 부모의 나라에 돌아왔으니, 또 어찌 한스러워 하겠소?"[54]

김영철이 두고 온 가족 생각에 애태우는 장면은 독자의 심금을 울리기에 충분했을 텐데, 인용문에 보이듯이, 홍세태본에는 단 몇 자로 압축 서술되어 본래 의미마저 전달되지 않는다. 이처럼 소설본과 홍세태본의 차이는 매우 크다. 홍세태는 원작을 약 1/4 정도로 축약했다.[55] 이 과정에서 곡진한 묘사가 대부분 생략됐고, 사건 중심의 요약적 제시로 바뀌고 말았다. 홍세태본은 비록 요령 있게 축약했다고 해도 골격만 남은 형태인 셈이다.

외사씨는 말한다. 김영철은 종군한 뒤 오랑캐의 포로가 되었다가 중국으로 도망쳤는데, 처자가 있었으나 모두 버리고 돌아보지 않았고, 결국엔 고국에 돌아올 수 있었으니 그 지기(志氣)의 매움이 어떠한가! 그 사적이 또한 기이하도다! 가도를 정벌할 적에 사지를 넘나들며 애쓴 게 심히 많았으니 그 공을 기록할 만하되, 일찍이 손바닥만한 상도 없었다. 그런데 현령이 말값을 받아내고, 호조에서 또 담뱃값을 독촉하여, 그를 늙어서도 성을 지키는 병졸이 되게 해 곤궁함 속에서 억울함을 품고 죽게 했으니, 이래서야 어찌 천하의 충지지사를 권면할 수 있으랴! 내가 그 사적이 없어져 세상에 드러나지 않는 걸 슬퍼한 까닭에 이 전을 지어 뒷사람들에게 보여 조선에 김영철이 있었음을 알게 하려 하노라.[56]

54) 窮老無聊, 每意不平, 輒登城, 北望建州, 西望登州, 黯然悽思, 淚下霑襟, 嘗謂人曰, "妻子無負於我, 而我實負之, 使兩地妻子, 沒身悲恨, 今吾之困窮至此, 豈非殃歟! 然身陷異國, 終歸父母之邦, 亦何恨焉? 홍세태, <김영철전>, 『유하집』 권9(『한국문집총간』 167, 민족문화추진회, 1995, 489쪽).

55) 홍세태본은 3,432자로 축약됐다. 현재 발견된 이본 중 가장 원작에 가까운 조원경본은 13,975자이며, 원작이 국역됐다가 재한역된 박재연본은 18,743자다.

56) 外史氏曰: 英哲從征陷虜, 逃入中國, 有妻子, 皆棄去不顧, 卒能返故國, 何其志之烈也!

홍세태가 <김영철전> 원작을 축약하면서도 김영철이 귀국 후에 당한 종군의 고통과 자모산성에 들어가 살면서 겪은 괴로움을 여전히 강조한 것은 민중의 현실을 보는 원작자의 문제의식을 이어받은 면이다. 논찬부에서 홍세태는 김영철이 만년까지 고단하게 살았던 걸 안타까워하고, 야박하기 그지없는 관료들을 비판했다. 홍세태는 중인이라는 신분적 질곡과 가난 속에 살았다. 그 때문인지 여러 글에서 자신과 비슷한 처지에 놓인 사람들에게 공감과 연민의 정을 표했다. 평소부터 기층민들의 고통에 관심을 기울였다는 말이다. 여기서의 발언도 그 연장선상에 있다. 그는, 나랏일에 헌신한 사람들의 공로에 적절한 보상을 해주고, 백성들이 생계를 유지하고 가족을 돌볼 수 있는 최소한의 여건이라도 만들어 주어야 그들의 충성을 요구하고 이끌어낼 수 있다고 했다.

> 내가 홍세태가 지은 〈김영철전〉을 읽을 때마다 애처로워 길게 한숨지은 지 오래됐다. ㉠ 바야흐로 대명(大明)의 천위(天威)가 온 세상을 덮고, 조선이 대명을 어버이의 나라로 섬겨 한 사람이라도 그 있을 바를 얻지 못함이 있었으랴! 비록 풍랑에 표류하여 먼 나라에 떨어진 자일지라도 가깝게는 일 년을 넘지 않았고, 멀게는 삼 년이 되기 전에 모두 자급과 보호하는 장수가 있어 부모와 처자가 있는 땅으로 돌아올 수 있었다. 아! 천하에 한 임금이 있어 온 세상이 서로 통하는 것이 어찌 생민의 지극한 즐거움이 아니겠는가. ㉡ 영철이 조선의 촌무지렁이로 마침 천조(天朝)가 어지러운 때를 만나 군중에 출입하면서 죽지 않은 것만도 다행인데, 어찌 먼 나라에 떠돌게 된 근심과 오래도록 헤어져 만나지 못한 한을 말할 수 있으랴. 홍씨(洪氏)가 그를 위해 지은 전이 너무 번다한 게 싫어 내가 그런 것들을 없앴으니, 그 대략을 옮기면 다음과 같다.[57]

其事亦可謂奇矣. 及椵島之役, 出入死地, 勤勞至甚, 其功可紀, 曾無尺寸之賞, 而縣令索馬價, 戶曹又督南草銀, 使之老爲守城卒, 困窮抑鬱而死, 此何以勸天下忠志之士也? 余悲其事迹湮沒不顯於世, 故爲此傳, 以示後人, 使知東國有金英哲云. 홍세태, <김영철전>(앞의 책, 489쪽).

안석경(安錫儆, 1718~1774)이 쓴 <후김영철전(後金英哲傳)>에는 홍세태의 이런 관심도 유지되지 않았다. 김영철이 포로가 됐을 때는 '대명(大明)'이 망해가는 안타까운 상황이었는데, 황군(皇軍)을 돕지도 못하고 포로가 된 주제에, 죽지 않고 살아 돌아온 것만도 다행이라고 생각하지 않고, 근심이니 한이니 얼빠진 소리나 한다고 핀잔하는 투다(ㄴ). 안석경은 이 글 끝 논찬부에서 김영철이 타국에서 결혼하지 않았으면 한도 남기지 않았을 거라고 했다.[58] 딴 생각 말고 오로지 귀향할 생각만 했어야 한다는 말이다. 그러지 않았으니 마음이 편치 않고 한이 남은 건 다 김영철 탓이라는 소리로 들린다.

안석경은 이렇게 '볼멘소리'를 하고, 점잖게 '가르침'을 주는 걸로 만족하지 않았다. 명나라가 건재했을 때는 풍랑에 표류한 사람들을 다 돌려보내 주었으니, 그 은혜가 얼마나 감사하고 그 시절이 얼마나 좋았느냐고 말한다(ㄱ). 김영철의 인생이 그렇게 된 것도 다 그런 고마운 나라인 명나라가 망했기 때문이라는 소리다. 조선이 이렇게 된 것도, 백성들이 고통받는 것도, 포로들이 귀환하지 못한 것도 다 명나라가 망해서 그런 것이지, 다른 누구의 탓이 아니라는 말이다. 명나라 때를 그리워하며 아련한 향수에 젖는 거야 개인적 감회니 그렇다 쳐도, 현실의 문제를 모두 시세(時勢) 탓으로 돌리는 건 온당치 않은 일이다. 명나라가 망했으니, 제 나라 백성이 포로로 붙들려 있어도, 또 타국 땅을 전전해도 어쩔 도리가 없고, 그래

57) 余讀洪世泰所撰金英哲傳, 每慘然長太息者, 久之, 嗚呼! ㉠ 方大明之天覆四海, 而朝鮮之父事大明也, 何嘗有一民不得所哉! 雖風海之漂, 而絶國之投者, 近不過朞歲, 遠不出三季, 皆有資給, 有護將, 得返乎父母妻子之地. 嗚呼! 天下一君而四海相通者, 豈非生民之至樂乎. ㉡ 英哲以朝鮮之編氓, 適值天朝喪亂之際, 而出入於兵戈中, 抑其不死, 幸也, 其羈絶之憂, 離闊之恨, 何足道哉! 洪氏之爲之傳也, 恨太繁, 余爲之芟除, 而移其略曰. 안석경, <후김영철전>(앞의 책, 230쪽).

58) 그러나 영철이 한마음으로 고국을 생각해 갖은 계책으로 돌아오려 했다면, 그가 갔던 두 나라에서 결혼해 자식을 낳지 않았을 테고, 그랬다면 인륜을 해쳤다는 한도 없었을 것이다. 然使英哲誠一心舊邦, 百計必還, 則所之兩邦, 不取妻生子, 庶無傷倫之恨矣! 안석경, <후김영철(後金英哲傳)>(앞의 책, 237쪽).

서 나라에서 모른 체해도 된다는 말인가.

김영철이 참전했던 심하전투보다는 나중 일이기는 하지만, 정묘호란 뒤에 후금에 포로로 붙들려간 사람들을 쇄환(刷還)하기 위해 힘쓴 건 사실이다. 그러나 그마저도 가족들에게 소식을 전해올 수 있고, 저들이 요구한 몸값을 치를 형편이 되는 사람들만 풀려날 수 있었다. 소식이 닿지 않은 경우라면 말할 것도 없고, 연락이 돼도 몸값을 마련하지 못하면 돌아올 수 없었다. 포로와 몸값을 교환하는 장소까지 왔다가 속만 태우다 헛걸음하고 돌아간 경우도 적잖았다.[59] 두 조건 중 어느 하나라도 충족되지 않으면 돌아올 길이 없었던 것이다. 김영철이 목숨을 걸고 탈출을 감행할 수밖에 없었던 이유다. 안석경이 이런 사정을 몰랐는지, 알면서도 모른 체한 것인지는 알 수 없다. 하지만 후금에서 도망쳐온 조선인들을 붙잡아 되돌려 보내라고 하자 그 요구를 들어준 일까지 있었고 보면, 안석경의 말은 참으로 무색해지고 만다.

그들의 요구에 따르지 않으면 전쟁까지 불사하겠다며 후금이 협박하는 마당에 그깟 도망친 포로 몇 명 되돌려 보낸 게 무슨 대수냐고 할 수도 있다. 온 나라가 또다시 전쟁의 불길에 휩싸이는 것보다야 몇 명이 희생하는 게 낫다는 말일 거다. 이 일을 어떻게 처리할지를 놓고 조선 조정에서는 17일 동안이나 논란이 벌어졌다.[60] 인조도 처음에는 차마 할 수 없는

59) 『인조실록』 6년(1628) 2월 28일(경신).

60) 이긍익의 아래 말은 조정에서 신속하게 대처하지 못했다는 비판이 주가 되지만, 이 글에서 엿보이는 청 황제에 대한 시각은 <김영철전>에서 누르하치의 긍정적인 면이 나타나는 것과 함께 생각해 볼 문제다. 청탁(淸濁)이 다르다고 했으므로 기본적으로 부정적인 시각이 깔려 있는 게 분명하지만, 조선의 임금이나 신료들과 비교하면 오히려 저들에게서 긍정적인 면을 발견하게 됐던 사정을 말해준다. 따라서 이 작품에서 청 황제를 긍정적인 시각으로 바라봤다고만 설명해서는 곤란하고, 위정자들에 대한 비판적 시각이 반영된 걸로 이해해야 한다.
汗은 사람됨이, 사나운 기색이 용모에 나타나고 있었지만, 침착하고 신중하며 말이 적고, 행동이 또한 무게가 있었다. 두 눈은 내리 떠서 보통 때에는 작고 가는 듯하였으나, 간혹 눈을 크게 뜨고 사물을 볼 때에는 광채가 번쩍거렸다. 또 汗은 무엇보다도

일이라며, 설사 전쟁이 난다 해도 쇄환(刷還)할 수 없다고, 자못 결기를 보였다.[61] 그러나 결론은 도망쳐 온 백성 중 다섯 명을 돌려보내는 걸로 났다.[62] 백성을 보호해야 한다는 원칙도 중요하지만, 위기상황에서는 '임기응변'할 줄도 알아야 한다는 이귀(李貴)·이정구(李廷龜) 등의 주장[63]을 따른 것이다. 그들을 돌려보내 정면충돌을 피했고, 곧바로 몸값을 치러 속환(贖還)했으니[64] 참으로 '고뇌에 찬 결단'이요, '타개(打開)의 묘수(妙手)'였다고 할 수도 있겠다.

그러나 그건 죽을 고비를 넘어서 도망쳐 돌아온 백성을 다시 사지로 내몬 꼴이다. 그들이 포로가 된 건 개인이 잘못해서가 아니다. 전쟁 통에, 나라가 그들을 보호해주지 못해서 죄 없이 끌려간 것이다. 그런 사람들을 다시 돌려보냈다는 건 그들을 두 번이나 죽음의 구렁텅이에 밀어 넣은 것과 같다. 국가가 국민에게 져야 할 최소한의 책임마저도 지지 않은 것이다. '**지**켜주지 **못**해서 **미**안'하다고,[65] 몸값을 내고 다시 풀려났으니 됐다고, 잊어버리라고 말하면 그걸로 족할 일이 아니다. 대를 위해 소가 희생하는 게 당연하다고 말할 수도 없다. 희생할 가치가 있는 대(大)여야, 기꺼

情實이 없이 능히 사람을 달래고 어루만졌으므로, 위아래가 간격이 없었으며, 위로는 하늘 섬기는 것을 삼가 한 가지 일이나 한 가지 정사도 반드시 하늘을 가리켜 증명하였으며, …(중략)… 달아나 돌아온 사람들을 돌려보내는 일 한 가지만 보더라도 우리나라에서는 위아래가 서로 고집하여, 조야가 엉키어 다투고 힐난하여 오래도록 결정을 보지 못하였지만, 그들은 곧 汗과 수삼 명의 왕의 한 두 마디 말로서 결정을 보았다. 비록 文質이 같지 않고, 淸濁이 서로 다르다 해도 煩瑣한 것과 간략한 것이 이와 같이 달랐다. 이긍익, 『국역 연려실기술』Ⅵ, 「인조조고사본말」, 민족문화추진회, 1967, 131쪽.

61) 『인조실록』 6년(1628) 6월 23일(임자).

62) 『인조실록』 6년(1628) 7월 9일(무진).

63) 『인조실록』 6년(1628) 7월 1일(경신); 7월 6일(을축).

64) 『인조실록』 6년(1628) 9월 27일(갑신); 10월 16일(계묘).

65) 인조는, 참으로 '자상하게도', 그들을 돌려보내는 일은 부득이한 조치지만, 곧 몸값을 내고 풀려나게 할 테니 두려워 말라고, 당사자들과 나라 안에 널리 알리라고 명했다[『인조실록』 6년(1628) 7월 9일(무진)]. 이런 걸 '주상 전하의 유감 표명'이나 '백성들과의 소통'이라고 해야 할 거다.

이 몸과 마음을 바칠 수 있기 때문이다. 백성들에게 희생을 요구한 나라는 그들에게 도대체 무엇을 해주었는가, 그런 나라는 왜 존재하며, 그게 백성들에겐 무슨 의미가 있는지 되물을 수밖에 없다. 김영철이 속신한 비용 때문에 혹독한 경험을 치러야 했던 걸 떠올리게 하는 대목이다.

사정이 이랬음에도 불구하고, 사대부들은 김영철이 조국을 잊지 않고 돌아왔으니 장하다고 감탄하고 말거나, 안석경처럼 그래도 다른 나라에서 떠돌 때 '생각 없이' 가족을 만들지 말았어야 했다고 가르치려 들었다. 김영철이라고 그러고 싶어서 그런 게 아닌 줄 작품을 읽었으면 알 텐데 말이다. 고통 받은 사람들에 대한 동정이나 연민도 없고, 지배층의 일원으로서 마땅히 느꼈어야 할 책임감도 보이지 않는다. 존주론 일색이던 시대 분위기 탓인지 모르지만, 그저 명나라가 망한 걸 안타까워하고, 그 시절로 돌아갈 수 없다는 걸 아쉬워했을 뿐이다. 나라꼴을 그렇게 만든 위정자와 사회적 책임에는 무관심했고, 그런 일이 되풀이 되지 않도록 할 생각은 아예 하지도 않았다. 그러니 원작을 대폭 축약한 홍세태본마저 성에 차지 않았던 것이다.

물론 계층에 따라 역사의식이 다를 수 있고, 시간이 흐르면서 역사적 사건이 준 충격이 덜해질 수 있다. 하지만 <후김영철전>에는 원작에서 김영철의 삶을 통해 제기한 문제를 진지하게 고민하고 답하려는 노력이 보이지 않는다. 민초들이 왜 이런 꼴을 당해야 했고, 그 책임은 누구에게 있으며, 그 상처를 어떻게 치유할 것인가에 관심을 두지 않아서다. 이 이야기를 그저 기담(奇談) 정도로만 생각했다는 건 사대부들이 문제의 본질과 사안의 심각성을 외면했다는 뜻이며, 그건 결코 올바른 현실인식이나 책임 있는 자세라고 할 수 없다. 작가의 예리한 문제의식은 이렇게 수용과정에서 빛을 잃어갔다.

<김영철전>에서 또 주목할 것은 흩어진 가족의 품으로 돌아오려고 몸부림쳤고 그래서 고향의 가족과 극적으로 재회했지만, 그게 결국 또

다른 이산의 고통을 낳고 말았다는 점이다. 김영철은 귀국하든 타국에 머물든, 어떤 선택을 해도 한을 남길 수밖에 없는 기구한 운명이었다. 그는 건주・등주 두 아내의 남편이었고, 네 아들의 아버지였다. 그러나 김영철은 장손으로서 집안의 대를 이어야 한다는 생각에 가족들을 두고 몰래 떠나왔다.

작가는 김영철의 귀향의지를 누차 강조했지만, 그 과정에서 겪을 수밖에 없었던 인간적 갈등을 그냥 지나치지 않았다. 부모의 품으로 돌아오려고 처자식을 버린, 그래서 가정을 파탄내고 만, 김영철의 고뇌를 사실적으로 그렸다. 그러면서도 작가는 김영철의 선택을 전적으로 긍정하지는 않았다. 그토록 많은 희생을 감수하고 돌아온 게 지고한 의미를 갖는 거라고 강변하지도 않았고, 불가피한 선택이었다고 두둔하지도 않았다.[66] 작가에겐 고통을 감내하며 살아야 했던 김영철의 삶을 묘사하는 것 못지않게 남겨진 가족의 고통을 돌아보는 것도 중요한 관심사였기 때문이다.

따라서 <김영철전>을 읽을 때는 김영철이 벗어버릴 수 없었던 장손으로서의 책임감과 그로 인해 버려진 가족들의 서글픈 사연에 공감하고 이해하는 게 중요하다. 작가가 장손으로서의 책임만을 강조하지 않았다는 건 건주와 등주, 두 곳에 남겨진 가족들의 사연을 구구절절이 언급한 데서도 알 수 있다.[67] 그러나 홍세태본에는 두 곳 아내들이 느꼈을 원망과 회한, 서러움과 그리움 같은 정서가 드러나지 않는다. 홍세태가 원작을 축약하면서 덜어내 버렸기 때문이다. 위정자들을 향해 비판의 날을 세웠다고는 해도, 혼란한 시기에 더 깊은 상처를 입기 마련인 여성들의 삶, 그들이 겪은 아픔에 홍세태는 관심이 없었던 것이다.

66) 김응원이 김영철에게 효를 다했으니 됐지 않느냐고 하는 것은 괴로워하는 상대를 위로하려는 말일 뿐이다. 조원경본, 40면.

67) 한글본인 나손본에는 등주의 아내가 김영철에게 보낸 편지와 김영철이 건주의 처에게 보낸 편지도 들어 있다. 한글본에서 부연한 부분인데, 여성들의 처지에 관심을 갖고 연민의 정을 표한 것이다. 권혁래, 앞의 논문(1999) 참조.

전란이 남긴 상처의 깊이는 사람마다 달랐고, 각자 져야했던 고통의 무게 또한 달랐다. 김영철에게 전쟁은 개인의 희생과 헌신을 강요하는 거대한 폭력이었다. 이 작품에 등장하는 김응하(金應河, 1580~1619)나 임경업(林慶業, 1594~1646) 같은 사람들은 자신들이 생각하는 대의(大義)를 위해 기꺼이 전장에 뛰어든 경우지만, 김영철은 제 뜻과 상관없이 전쟁터에 끌려갔을 뿐이다. 김영철이 종군하게 되자 가족들이 그가 살아서 돌아올 수 있을까만 걱정한 것도 그래서다. 그는 갓 스무 살에 처음 종군한 이래 마흔이 넘어서까지 뻔질나게 전쟁터를 드나들면서도 대의니 헌신이니 하는 말을 입에 담은 적이 없고, 생각해보지도 않았다. 오직 육친을 그리는 정과 살아서 가족의 품으로 돌아가야 한다는 일념뿐이었다.

김영철에겐 살아남는 것이 지상과제였다. 그는 어디에 도사리고 있을지 모르는 위험을 피해 살아남아야 했다. 그야말로 생존을 건 사투를 벌였다. 그럴싸한 논리를 내세우지도 않았고, 대의명분을 중요하게 생각하지도 않았다. 조국이니 대명의리(大明義理)니 하는 거창한 얘기는 당연히 제 목숨 값만 못했다. 그는 비겁한 변명이든, 비굴한 몸짓이든, 굴욕적인 행동이든 어떤 것도 마다하지 않았다. 그렇게 해서라도 살아야 했기 때문이다. 상대가 오랑캐라고 해서 덮어놓고 경원시하지도 않았고, 조선 장수라고 해서 무턱대고 믿지도 않았다. 저를 살려준다면, 아니 잠시 거둬만 준대도, 그들이 누구건 비위를 맞춰야 했고, 그러려면 마음에 없는 짓도 해야 했다. 말 한 마디만 삐끗해도 어찌 될지 모르는 판이니, 길게 재고 말고 할 여유도 없었다. 때론 변명했고,[68] 과감하게 승부수를 띄웠으며,[69] 상황을 무마하기 위해 내 것을 포기했고,[70] 비참한 생활도 감수했다.[71]

68) 등주 처가 건주에 처자식을 버리고 도망친 전력을 들추며 몰아붙이자, 한족들의 협박에 못 이겨 탈출한 거라고 변명했다.

69) 안 된다는 사신 몰래 사행선에 잠입해서 귀국했고, 아라나에게 진작 말값을 갚았는데, 또 트집을 잡는 거라고 누르하치에게 일러 바쳤다.

70) 청주(淸主)가 하사한 말 한 필을 아라나에게 또 주었다.

김영철은 뿌리가 뽑힌 인생이라는 헛헛함 때문에 어딘가에 소속되고 싶은 마음이 간절했다. 건주·등주에서 김영철은 '무엇이 아닌' 존재였다. 건주에서 김영철은 만주족이 싫어하는 '한족이 아닌' 조선인이었고, 결코 그들 편이 될 것 같지 않은 '양반이 아닌' 일개 군졸이었다. 등주에서 김영철은 만주족에게서 도망쳐 온 조선인이었지만, '한족이 아니'었다. 가끔은 그들 무리에 끼워줬다 해도, 김영철은 늘 겉돌 수밖에 없었다. 후금의 포로였을 때도, 등주로 탈출해서도, 귀국하기 전까지 그는 늘 '그 곳 사람이 아닌', 이방인이었다. 이렇게 남의 나라에서 눈칫밥 먹으며 지낼 때 김영철은 바다 건너에 있는 고국의 백성, '조선 사람'이고 싶어 했다.

김영철에게 고향의 부모와 할아버지는 그 무엇으로도 대신할 수 없는 소중한 존재였다. 그들은 언제라도 자신을 편안하게 감싸줄 마음의 안식처였고, 곁에서 모시면서 자식 된 도리를 다해야 할 존재의 근원이었다. 집을 떠날 때 할아버지가 했던 얘기, 반드시 돌아와 대를 이어야 한다는 말이 귓가를 맴돌았다. 이 말은 이후 김영철이 가야할 길을 알려주는 신호였다. 그가 희망의 빛을 찾지 못했을 때도, 엉뚱한 곳으로 떠밀려가지 않도록 붙들어 준 보이지 않는 끈 같은 것이었다. 김영철이 숱한 어려움을 뚫고, 생사의 고비를 넘나들면서도 귀향의지를 꺾지 않았던 이유다. 그리하여 김영철은 처자식을 팽개친 채, 죽음의 위험을 무릅쓰고 탈출을 감행했다.

그러나 막상 돌아와 보니 그가 놓인 상황은 기대했던 것과 전혀 딴판이었다. 고생고생해서 돌아왔건만 안정된 삶은커녕 살림은 거덜 났고, 늙도록 군역의 고통에 시달려야 했다. 그래도 조부와 노모를 봉양할 수 있었으니 다행이라고 자위해 보기도 한다. 이렇게 자기 합리화를 해봐도 비참한 현실 앞에서는 모든 게 허사가 되고 만다. 아무리 떨쳐버리려 해도 처자식

71) 다 늙어서 자모산성 성지기를 자원해 20여 년을 지냈다.

을 버렸다는 죄의식에서 벗어날 수 없고, 청나라에 무릎 꿇은 힘없는 나라의 백성이 아니었으면, 그래서 통역으로 차출되지 않았더라면, 옛 주인을 만나 곤경에 처하지도 않았을 테고, 늙어서까지 신물 나게 고생하지도 않았을 거라는 생각이 들었다. 조선 백성이라는 사실은 그의 발을 옭아매는 족쇄였고, 그의 어깨를 짓누르는 굴레였다. 벗어나고 싶어도 벗어날 수 없는 멍에 같은 것이었다. 그는 지나온 삶을 되돌아보며 회한의 나날을 보내다가 고단한 생을 마감한다.

<김영철전>은 여러 모로 <최척전>과 함께 논의할 수 있는 작품이다. 포로체험을 소재로 가족의 가치를 얘기하고, 전후 사회의 문제점을 정면으로 다뤘기 때문이다. 그러나 이 작품에서는 <최척전>에서 애써 찾아냈던 희망도 발견하기 어렵다. 현실이 너무도 비참했기 때문이다. 작가는 전쟁의 폭력성을 환기했고, 대의명분의 허상을 폭로했다. 또한 무관심 속에 내버려져 고통 받는 기층민들의 삶을 생생하게 묘사함으로써 무책임한 조정과 관리들을 비판하는 데 무게를 실었다. 사회의 근간인 백성들을 돌볼 대책을 시급히 마련해야 한다는 주장에 다름 아니다.

<김영철전>은 인물, 사건, 시각이 다른 작품과 뚜렷이 변별되는, 매우 특별한 작품이다. 그러나 이 작품에서는 당시 사회의 문제점을 세세하게 따지거나 원인을 꼼꼼하게 분석하지 않았다.[72] 혼란스러운 시대에 어떻게 해야 살아남을 수 있는가, 살아남은 사람들은 또 어떻게 살아야 하는가와 같은, 위정자들이 깊이 새기고 답했어야 마땅할 물음을 던졌을 뿐이다. 이런 목소리가 분출될 수 있었던 건 피지배층인 김영철의 이야기를 했기에 가능했다. 그건 강홍립이나 임경업을 통해서는 결코 들을 수 없는 소리다. 이 작품은 이렇게 지배담론과 다른 인식이 있었음을 분명히 보여준다. '백성들이 왜 이런 상황에 놓이게 됐는가.' 참으로 통렬한 문제제기다.

---

72) 역사소설의 목표가 역사처럼 체계적인 분석을 하는 데 있는 건 아니다.

이런 물음에 답하면서 그 해법을 찾도록 촉구하고, 현실을 되돌아보게 했다는 데 이 작품의 가치와 의미가 있다.

2. 존주대의(尊周大義)에 비쳐진 인물의 부정적 형상화: <강로전>

<강로전>은 1630년에 권칙(權侙, 1599~1667)이 지었다. 이 작품에서는 조선군 대원수로 심하전투에 출병한 강홍립(姜弘立, 1560~1627)을 '오랑캐'라고 비하했을 정도로 강한 거부감을 드러냈다. 17세기 초 동아시아는 크게 요동치고 있었다. 임진왜란을 겪은 조선은 전후 복구와 사회체제 재정비에 여념이 없었고, 조선에 원군을 보냈던 명나라는 국력이 크게 약해졌다. 이런 혼란의 틈바구니에서 건주여진이 급속히 성장했다. 이를 묵과할 수 없었던 명나라는 후금(後金)을 치기로 결정하고, 거기에 조선도 힘을 보태라고 요구해왔다. 1618년의 일이다.

이때 조선은 전통의 맹방인 명나라와 신흥세력인 후금 사이에서 어느 쪽에 설지 갈등할 수밖에 없었는데, 광해군은 중립적인 외교정책을 선택했다. 훗날 인조반정의 주도세력이 된 서인들은 광해군의 이런 정책에 반대했다. 그들은 임진왜란 때 나라를 구해준 명나라와의 의리를 지켜야 한다고 주장했다. 광해군은 파병 문제를 신중히 결정하자며 소극적인 태도를 보였지만, 결국 원병을 보내는 걸로 결론이 났다. 이때 군사들을 이끌 도원수로 낙점된 사람이 바로 강홍립이다.

그런데 강홍립이 거느린 조선군은 출병한 지 보름 만에 심하(深河)에서 후금에 궤멸당하고 말았다. 조·명 연합군이 후금군에게 참패했다는 소식은 조선 사회에 큰 충격을 주었다. 그렇잖아도 후금과의 관계 설정을 어떻게 할지 의견이 분분했는데, 이를 계기로 정치세력간의 갈등이 더욱 증폭됐다. 게다가 조선이 사전에 후금과 내통했을 거라고 의심하는 명나라를 무마하는 데도 진땀을 빼야 했다. 조선군이 너무도 허망하게 항복해 버렸기 때문이다.

1623년에는 광해군대의 실정과 난맥상을 바로잡는다는 명분 아래 반정이 일어났다. 반정은 조선의 정치 지형에 큰 변동을 일으켰다. 광해군이 폐위되고 인조가 즉위했으며, 그간 집권했던 북인이 축출되고 반정의 주축인 서인이 정권을 장악했다. 반정세력은 광해군대와 달리 후금에 대해 훨씬 강경한 입장을 취했지만, 1627년에 정묘호란이 일어나자 그들과 화친할 수밖에 없었다. 조선 사회에는 오랑캐에게 무릎을 꿇었다는 굴욕감과 함께 반후금 정서가 팽배해졌다.

<강로전>은 이렇게 깊어진 반후금 정서가 반영된 작품이다. 이 작품에서는 심하전투의 패전과 정묘호란에서의 굴욕적 강화, 그에 따른 국제적 위상의 실추를 모두 '항적(降賊)' 강홍립 때문에 빚어진 일로 묘사했다. 여기서는 이런 접근법이 반정세력이 광해군대 외교정책을 비판적으로 바라봤던 데 기초했으며, 그 이면에는 강홍립에게 모든 책임을 전가해 긍정적 정체성을 유지하고, 자신들의 도덕적 우위를 분명히 하려는 의도가 자리하고 있었다는 점을 밝힐 것이다. 아울러 <강로전>의 서사전략과 인물 형상화 방식이 다음 시기 작품들에 어떤 영향을 주었는지도 검토하겠다.

1) 심하전투와 서인정권의 출현

<강로전>은 17세기 초반 동아시아 상황을 배경으로 한다. 16세기 말 조선은 나라의 존망이 걸린 위기를 겨우 넘겼다. 임진왜란은 동아시아 각국, 즉 조선·명나라·후금·일본의 세력 판도에 큰 변화를 일으켰을

만큼 여파가 컸다. 명나라를 중심으로 한 국제 질서에는 균열이 생겼고, 결국 이전과 전혀 다른 양상으로 재편됐다.

조선과 명나라는 전통적으로 우호관계를 유지했는데, 임진왜란을 겪고 나서는 '혈맹(血盟)'의 의미가 더해졌다. 조선 사대부들은 임진왜란 때 명나라가 도와준 것을 '나라를 다시 세워준 은혜'라는 뜻의 "재조지은(再造之恩)"이라는 말로 기렸다. 조선 지배층에게 명나라는 더할 나위 없이 고마운 나라였으며, 그들과의 의리를 저버린다는 건 상상조차 할 수 없는 일이었다.

하지만 어지러운 국제 정세를 틈타 급성장한 후금의 기세 또한 만만찮았다. 1616년(광해군 8) 누르하치의 건주여진(建州女眞)은 국호를 '대금(大金)'으로 정해 완전한 독립국가임을 선언했고, 이어 명나라의 군사적 요충지였던 무순(撫順)을 점령했다. 이런 움직임에 명나라는 적잖은 위기의식을 느꼈다. 이에 명나라는 대규모의 군사를 파견하기로 하고, 조선에도 파병을 요구했다. 명나라가 후금을 치는 데 조선을 끌어들인 건 전형적인 이이제이책(以夷制夷策)이었다.

명나라의 파병 요구를 놓고 조선 조정에서는 논란이 일었다. 명나라와의 의리를 지켜야한다는 명분론과 후금과도 원만한 관계를 맺어야 한다는 현실론 사이에서 갈등할 수밖에 없었기 때문이다. 광해군과 일부 신료가 반대했지만, 대다수 조정 대신들은 파병에 찬성하는 입장이었다. 결국 명나라의 요구를 받아들이는 걸로 결론이 났다. 이렇게 해서 1618년에 강홍립이 이끄는 12,000여 군사가 출병하게 됐다. 이때만 해도 조(朝)・명(明) 연합군이 질 거라고는 예상하지 못했다.

심하(深河)에서 벌어진 전투는 교전 당사국이었던 세 나라, 조선・명나라・후금 사이의 역학관계가 근본적으로 바뀐 전환점이었다. 명나라는 예기치 않은 참패로 인해 국제적 위신이 크게 떨어졌고, 머잖아 동아시아 패권국의 지위와 문화적 종주국의 자리를 내놓아야 했다. 후금은 동북방에서 군사적 우위를 확고히 하며 신생국가의 기틀을 다졌고, 나아가 중원의 주인이 되는 길에 한 발짝 들어서게 됐다.

광해군대의 대명(對明)·대후금(對後金) 정책은 명나라와의 우호관계 유지를 최우선 과제로 생각하던 사람들로서는 받아들일 수 없는 것이었다. 더욱이 조선군이 투항한 과정도 석연찮았기 때문에 명나라에서는 조선과 후금이 내통하지 않았나 의심했고, 조야에 떠돌던 의혹도 잠재우기 어려웠다. 이에 따라 조선 조정에서는 명나라의 의구심을 해소하기 위해 부심했고, 경색된 관계를 개선하는 데 신경 쓰지 않을 수 없었다. 이런 과정에서 대북정권 아래서 소외됐던 서인들은 재기의 발판을 마련했다. 정치·외교적인 필요에 따라 그들의 힘을 빌어야 했기 때문이다. 여기에 인목대비 폐모 사건과 대규모 토목사업에 따른 재정 악화 등 내정의 혼란이 거듭되면서 정치적 갈등이 심화됐다. 결국 1623년에 반정이 일어났고, 정치 주도세력이 완전히 바뀌었다.

광해군대의 대후금 정책은 '기미책(羈縻策)'[73]과 '자강책(自强策)'으로 요약된다.[74] 후금의 침략 가능성에 대비해 그들을 자극하지 않으면서, 한편으론 자강책을 마련해 궁극적인 대책을 마련한다는 게 그 핵심이었다. 광해군의 이런 정책은 어느 정도 효과를 봤다. 강홍립 부대가 출병한 직후에 후금이 보내온 국서에는 조선과 우호적인 관계를 유지하려는 그들의 의도가 잘 드러나 있다. 조선의 출병이 임진왜란 때 명나라가 베풀었던 은혜에 보답해야 하는 사정에서 비롯된 부득이한 일임을 안다면서, 향후 조선의 태도를 결정하라고 요구해온 것이다. 또 사자(使者)와 서신

73) 기미책(羈縻策)은 상대를 견제하되 관계 단절까지는 나가지 않는 것을 말한다. 중국이 흉노 등 주변의 오랑캐와 국교를 유지하면서 사절을 교환하고, 정복이나 지배 같은 방법을 쓰지 않은 외교 방식을 취한 데서 비롯된 말이다. 김한규, 「漢代의 天下思想과 羈縻之義」, 『중국의 천하사상』, 민음사, 1988, 80~83쪽.

74) 이하 광대군대 외교정책에 대한 서술은 한명기의 다음 논의를 참고하여 서술했다. 한명기, 『임진왜란과 한중관계』, 역사비평사, 1999.

을 연이어 보내 조선의 국서를 요구하고, 화친의 맹약을 맺자고 했다.[75]

후금의 이런 요구를 놓고 조선에서는 의견이 둘로 갈렸다. 대신들은 후금에서 온 사자의 목을 베고, 그들의 서신을 불태워 버리자고 주장하는 등 척화를 강력히 주장했다. 이에 대해 광해군은 기미(羈縻)의 차원에서 그들의 국서에 답하고 동시에 자강할 계책을 마련해야 한다면서, 후금과 싸워야 한다는 주장이 얼마나 허구적인지 정면으로 비판하기도 했다.[76]

광해군은 자신이 반대했던 출병이 결국 실패로 돌아가자, 이를 계기로 자신의 외교정책을 더욱 강화했다. 그는 명나라와 후금 사이에서 조선이 차지하는 전략적 중요성을 거듭 강조했다. 조선은 명나라의 안보를 위해 꼭 필요하므로 그들에게서 원조를 받아야 마땅하며, 재차 파병하는 건 힘들다는 논리를 펴나가는 식이었다.

이 과정에서 이이첨을 비롯한 북인과 광해군의 사이가 벌어졌고, 이 틈에 그간 밀려났던 남인과 서인 중진들이 다시 조정에 자리 잡았다. 이어 김류(金瑬)를 비롯한 서인은 이원익(李元翼)・정경세(鄭經世) 등 남인의 묵시적인 동조 속에 반정을 일으켜 정권을 장악함으로써 마침내 정치세력의 판도를 완전히 바꿔 놓았다.

반정세력은 광해군의 외교정책을 실정(失政)으로 규정해 반정의 주요 명분으로 삼았다. 그 구체적 사례로는 명나라의 '재조지은'을 저버리고 후금에 화친정책을 편 것, 강홍립에게 사세(事勢)를 보아 항배를 결정하도록 지시한 것,[77] 황제의 조칙을 거스르고 구원병을 보내지 않은 것 등을

75) 『광해군일기』 10년(1618) 11월 5일(경인); 11년(1619) 7월 14일(을미).

76) 그런데 요즘 우리나라의 인심을 살펴보면 안으로 일을 힘쓰지 않고 밖으로 큰소리치는 것만 일삼고 있다. 조정의 신하들이 의견을 모은 것을 가지고 보건대, 무장들이 올린 의견은 모두 강에 나가서 결전을 벌이자는 의견이었으니 매우 가상하다 하겠다. 그렇다면 지금 무사들은 어찌하여 서쪽 변경은 죽을 곳이라도 되는 듯이 두려워하는 것인가. 『광해군일기』 13년(1621) 6월 6일(병자).

77) 임진왜란 때의 재조지은은 만세토록 잊을 수 없다. 선왕께서 재위하신 40년 동안 지성으로 사대하시어 평생 북쪽을 등지고 앉지도 않으셨다. 광해는 배은망덕하여

들었다. 그러나 서인정권은 반정을 추인해주지 않는 명나라 때문에 애를 먹었다.

새로 정권을 잡은 서인의 입장에서는 광해군대와 다른 정체성을 확립할 필요성이 절실했고, 이를 명나라와의 관계를 예전 상태로 되돌리는 데서 찾으려 했다. 그리하여 명나라 중심의 국제질서를 공고하게 유지하는 것을 최우선 과제로 삼았고, '재조지은'에 보답하기 위해 어떤 일도 할 것 같은 기세였다. 그러나 인조 즉위 후에도 그들이 부정했던 광해군대의 외교정책은 병자호란 전까지 큰 변화 없이 유지됐다.[78] 후금과의 관계를 단절한다는 건 현실적으로 불가능했기 때문에 광해군대의 기미책(羈縻策)을 폐기할 수 없었던 것이다. 명분과 현실 사이에 심각한 괴리가 생긴 것인데, 어떤 식으로든 이 간극을 메우려고 고심하지 않을 수 없었고, 관심과 책임을 다른 곳으로 돌릴 필요가 있었다.

2) 강홍립에 대한 부정적 형상화의 양상

심하전투는 국제관계와 국내정치에 중대한 변화를 가져왔다. 이 사건은 동아시아 국제 질서의 재편을 촉진했고, 조선에서는 정계 구도에 변화를 초래했다. 출병 전에는 파병 여부를 놓고 광해군과 신하들 사이에 논란이 벌어졌고, 패전 후에는 재 출병 가능성이 제기되면서 명나라와의 관계를 풀어나가기가 쉽지 않았다. 이런 외교적 현안을 처리하는 과정에서

천명을 두려워함이 없었고, 몰래 두 마음을 품어 오랑캐와 교통했다. 기미년에 오랑캐를 정벌할 때는 지휘하던 신하에게 은밀히 하교하여 형세 변화를 보아 향배를 정하라고 했다. 결국 전군이 오랑캐에게 투항하여 더러운 이름을 천하에 남겼다. 壬辰再造之恩, 萬歲不可忘也. 先王臨御四十年, 至誠事大, 平生未嘗背北而坐. 光海忘恩背德, 罔畏天命, 陰懷貳心, 輸款奴夷. 己未征虜之役, 密教帥臣, 觀變向背. 卒至全師投虜, 流醜四海. 『승정원일기』 인조 1년(1623) 3월 14일(갑진).

78) 한명기, 「인조반정 이후 병자호란 이전의 대명관계」, 앞의 책, 353~406쪽.

정치세력간의 역학관계에도 변화가 생겼고, 그게 반정의 빌미를 제공했다는 점에서 심하전투는 이후 정국과 관련해서 중요한 의미를 갖는다.

강홍립은 비난의 대상이 되기에 충분한 인물이었다. 휘하 군사 9,000여 명이 전사했는데,[79] 도원수였던 그는 투항했다가 멀쩡히 살아 돌아왔다. 그러니 그에게 '패장(敗將)'·'항장(降將)'의 멍에가 씌워진 건 당연한 일이었다. 그는 정묘호란 때 후금군과 함께 국내에 들어왔는데, 적들의 침략을 인도했다 하여 더욱 곱지 않은 시선을 받았다.

그렇다고 심하전투의 패전과 정묘호란 발발의 책임을 강홍립 한 사람이 모두 짊어져야 했던 건 아니다. 이때 맞붙은 양측의 병력은 명나라·조선·해서여진(海西女眞) 연합군의 수가 대략 7만 명 내외였고, 후금군은 대략 5만~6만 명 정도였다고 추산한다.[80] 연합군 측 병력이 수적으로 압도적 우위를 차지하지 못했던 것이다. 더욱이 군량 수송이 제때 이뤄지지 않아 군사들은 굶주림에 시달렸고, 지휘부인 명나라 장수들 사이에 알력까지 있었기 때문에 전투력을 집중하기도 어려웠다. 따라서 이 전투에서 연합군이 승리할 가능성은 그리 높지 않았던 셈이다. 하지만 사건의 중요성으로 보나, 국내외적 관심도로 보나 누군가는 그 책임을 져야 했다. 그렇기에 계해반정 후에 비난의 화살이 광해군과 강홍립에게로 쏠린 것은 당연한 귀결이었다.

권칙은 이 작품을 지으면서 박희현(朴希賢)의 <김장군전(金將軍傳)>,[81] 이민환(李民寏)의 <책중일록(柵中日錄)>을 참고하고, 그 외에 실록이나 야사류(野史類) 등 다양한 기록을 수용하는 한편, 전체적인 구성과 세부적인 묘사에서 세련된 솜씨를 발휘했다.[82] 그는 강홍립의 행적을 일화 중심

79) 『광해군일기』 11년(1619) 5월 27일(기유).

80) 黃仁宇, 「1619年的遼東戰役」, 『明史硏究論叢』 5輯, 江西古籍出版社, 1991, 175쪽.

81) 1621년에 간행된 『충렬록(忠烈錄)』에 실려 있다.

82) 신해진, 『권칙과 한문소설』, 보고사, 2008, 60쪽.

으로 구성하면서 그에 대한 부정적 이미지를 점차 강화하는 방식을 취했다. 때론 김응하(金應河)의 영웅적 면모와 대비함으로써 극단적 대조의 효과를 거두기도 했지만, 대비의 대상을 한두 사람에만 국한하지 않았다. 예컨대 후금의 왕인 누르하치나 홍태시, 호장(胡將),[83] 반역자 한윤(韓潤), 묘향산의 승려 등 다양한 인물이 강홍립의 부정적 측면을 부각하는 데 일조한다. 심지어는 강홍립의 모친까지도 그를 부정적으로 평가하게 만드는 역할을 한다.

> 홍립이 그 모친 정씨에게 하직했다. 정씨는 이 해에 80여 세였는데, 눈물을 뿌리면서 문에 나와 팔뚝을 깨물며 작별했다. "내가 너희 집 며느리가 돼서 들으니 선대에 대대로 나라의 은혜를 입었다고 하더구나. 너희 부자도 많은 녹을 받고 영화로운 자리에 올랐으니 영화와 총애가 지극하니라. 네 아비는 재주가 없어서 덧없이 돌아가고 말았으니, 은혜에 보답할 책임이 오로지 네게 있느니라. 이제 막대한 소임을 맡았으니, 보답해야 마땅하다. 만일 그렇지 못한다면 비단 나라의 은혜를 저버리는 것일 뿐 아니라 가문의 명성까지도 무너뜨리는 게다. 네 동생인 홍적이가 나이도 차고 앞일을 도모할 만해서 내가 죽어도 기댈 데가 있으니, 늙은 어미 때문에 다른 마음일랑 먹지 말거라. 옳도다! 동래부사 송상현이 했던 '군신의 의리가 중하고, 부자의 은혜는 가볍다.'는 말이여. 가거라, 홍립아! 이게 영결이로구나." 홍립이 울면서 절하고 말했다. "제게 생각이 있사오니, 어머니께 걱정을 끼치지는 않을 것이옵니다."[84]

---

83) 유한준(兪漢雋, 1732~1811)은 <강로전>을 약간 축약한 <강홍립전(姜弘立傳)>을 남겼는데, 호장의 이름을 '아미타수(阿彌陀水)'라고 밝혔다. 유한준, <강홍립전>, 『자저(自著)』 권14(『한국문집총간』 249, 민족문화추진회, 2000, 256쪽).

84) 弘立辭其母鄭氏, 鄭氏是年八十餘, 揮涕出門, 嚙臂以別, 曰: "吾爲乃家婦, 聞先世之受國恩. 逮至汝父子, 食厚祿, 對華筵, 榮寵極矣. 汝父才薄, 泯泯沒世, 報叨之責, 專在汝身. 今者, 受莫大之任, 當可效之地, 卽有不稱, 非但負國, 便頹家聲. 汝弟弘勣, 年長計壯, 我死有依, 無以老母故有他心. 信乎! 宋東萊之言曰: '君臣義重, 父子恩輕.' 去矣弘立, 從此永訣." 弘立泣拜曰: "兒自有見, 庶不爲慈氏憂." <강로전> 동사잡록본(박용식 · 소재영 편, 『한국야담사화집성』 3, 태동, 1990, 198쪽). 텍스트는 선본(善本)으로 평가

강홍립의 모친 정씨는 그가 떠나기 전에 신신당부한다. 중임을 맡았으니 대대로 나라에서 입은 은혜에 꼭 보답하라고, 그러지 못하면 가문에 누가 될 거라고, 격려하고 경계한다. 또한 동생도 있으니 늙은 어미가 걱정된다고 행여 딴 마음 먹지 말라고 간곡하게 얘기한다. 그러면서 송상현이 남긴 말을 들려준다. 가족보다 나라를 위하라고 한다. 목숨 바쳐 충성을 다하라는 말이다. 노모는 아들을 전장에 내보내면서도 한 치의 흔들림이 없다. 이에 강홍립은 걱정하지 말라며, 다 알아서 하겠노라고 자신한다.

노모는 강홍립의 앞날을 염려한다. 뭔가 불안했던 것이다. 말이 씨가 된다고, 강홍립은 막중한 소임을 다하지 못한 채 투항하고 만다. 게다가, 공을 세워 나라에 보답하는 건 고사하고, 한윤(韓潤)의 요설에 속아 넘어가서, 가족의 원수를 갚겠다고 눈을 부라리며, 조국에 칼끝을 겨눈다. 군신의 의리는 헌신짝 버리듯 팽개친 지 오래다. 그는 모친이 들려준 송상현의 말과 정반대로 행동한다. 강홍립에게 '군신의 의리는 가볍고, 부자의 은혜는 중하다.' 그러니 그가 고향에 돌아왔을 때의 처지는 출병 전에 기대를 한 몸에 받던 상황과 정반대다.

> 홍립이 십 년 만에 고국에 돌아와 다시 고향을 찾으니, 눈에 닿는 것마다 비회를 자아내고 가슴이 막히고 감개무량했다. 모든 조정 인사들은 안부도 묻지 않았고, 친척과 벗들도 모두 서로 신칙하여 전혀 들르지 않았으므로 마음에 몹시 부끄러웠다. 부모의 묘에 성묘하려 하자 숙부인 인(絪)이 큰소리로 엄히 꾸짖으며 말했다. "너는 사람의 도리를 저버려 선조를 욕되게 하고 오랑캐에게 항복했는데, 무슨 면목으로 다시 부모의 묘에 가려는 것이냐? 형수님은 일개 부인이었지만, 이별할 때 말씀이 어떠시더냐? 너는 고서를 읽어 이미 의리가 무엇인

된 동사잡록본이다(신해진, 앞의 책, 69~95쪽 참조). 이하 인용문 끝에 해당 쪽수만 밝히기로 한다. 밑줄은 필자가 넣었다. 이하 같다.

지 알 터인데, 모친이 저승에서 눈도 감지 못하실 걸 생각하지 않았느냐?" 홍립은 양심이 세차게 일어나 뉘우치며 죽고 싶었다.85)

조정 인사들은 물론이고 친척이며 친구 중 누구 하나 그와 말을 섞으려 하지 않는다. 십 년 만에 귀국했지만, 부모 산소에도 못 가는 신세다. 숙부는 성묘를 못하게 막는다. 조상을 욕되게 한 주제에 무슨 낯으로 부모 산소에 가려고 하느냐는 것이다. 모친이 간곡하게 당부한 말씀을 따르기는커녕 저 혼자 살자고 온갖 못된 짓을 저질렀기 때문이다. 숙부의 말에 강홍립도 양심의 가책을 느꼈다고 했지만, 그를 향한 세간의 시선은 몹시 따가웠다. 조찬한(趙纘韓, 1572~1631)이 지은 아래 시가 이를 잘 알려준다.

…(전략)…

어느 집의 어머니가 두 원수를 낳았을까	誰家母産兩帥出
호정에서 무릎 꿇고 쥐구멍에 숨듯 했네	膝胡之庭鼠拱穴
팔천 정병 억눌러서 붙잡히게 만들었고	勒精八千就束縛
김장군을 질시해서 외면하고 안 구했지86)	疾視將軍似秦瘠

…(후략)…

강홍립의 투항 소식을 듣고 치민 분노가 고스란히 그 모친에 대한 비난으로 옮아갔다. 충신을 죽음으로 몰아넣고, 오랑캐에게 목숨이나 구걸하는 아들일랑 낳지도 말았어야 한다고 비아냥거린다. 작품 서두에서 모친이 한 말은 결국 유언이 되고 말았다. 그렇게 신신당부했건만 강홍립은 그 중 어느 하나도 따르지 않았다. 제가 손가락질 받는 거야 스스로 한

---

85) 弘立十年歸國, 重尋故井, 觸目悲懷, 塡胸感慨. 滿朝之人, 無問, 親戚朋知, 皆相戒勅, 絶不經過, 心甚愧恨. 欲拜掃父母墳, 叔父絪大言切責曰: "汝背彜倫, 玷辱祖先, 爲降芻於蠻夷, 以何面目, 復上父母之丘壟乎? 嫂氏一夫人也, 臨別時, 其言如何? 汝讀古書, 旣知義理, 獨不念慈親之目不瞑於泉下乎?" 弘立瀓[激-필자]起良心, 慚悔欲死. 212쪽.

86) 『충렬록(忠烈錄)』, 규장각 소장본, 89면.

탓이니 대수롭지도 않다. 하지만 조상에게 누를 끼치고 부모를 욕 먹였으니, 다른 걸 다 제하더라도, 불효막심한 자라는 비난을 피할 길이 없다. 그런 마당에 성묘라니, 당치도 않다.

> 1 비장을 시켜 큰 소리로 말을 전하게 했다. "멋대로 오랑캐를 하나라도 죽이는 자가 있으면 제 목숨으로 갚아야 할 것이다." 제장이 안색이 변하며 말했다. "주장의 뜻을 잘 알겠소. 적과 만났는데 죽이지 않는다면 장차 뭘 한단 말인가!" …(중략) … 응하가 적병이 매우 강성한 걸 보고 군사를 늘어세우고 기다리며 홍립에게 급히 와서 구원해 달라고 소리쳤다. 홍립이 말했다. "네가 명을 따르지 않고 참살하는 걸 능사로 여기더니 어찌 구해주길 바라느냐?" 즉시 중영과 우영에 명하여 함께 산정에 올라 진을 치고 승패를 내려다보았다.87)

> 2 홍립이 귀영가를 보니 군의 위의를 크게 떨쳐 군막을 높이 쳤고 좌우에 칼날이 번뜩여 마치 서릿발 같으니 넋이 빠져 무릎으로 걷고 벌벌 기며 목숨만 살려 달라 애걸했다.88)

> 3 강홍립 · 김경서 등은 넋을 잃고 다리를 덜덜 떨면서 그저 굴에서 머리를 내민 쥐처럼 머뭇거릴 줄만 알았지만, 장군은 홀로 충의를 떨쳐 목숨을 바쳤으니, 거느렸던 군사는 삼천이 못 됐으되 죽인 적병이 매우 많았다. 이때 강홍립 등은 남의 일 보듯 하며 구원하지 않고, 남보다 늦게 투항하는 게 아닐까만 걱정했으니, 하늘에 닿은 죄가 죽인다 한들 다할쏘냐!89)

---

87) 令裨將傳呼曰: "如有妄殺一虜者, 償命." 諸將失色曰: "主將之意已可見矣. 遇賊不殺, 將何爲乎!" …(중략)… 應河見賊兵甚盛, 列陳而待, 且叫弘立急來繼援, 弘立曰: "爾不用命, 斬殺爲能, 焉爲望救?" 卽命中右營, 合兵登山頂結陣, 下瞰勝敗. 200~201쪽.

88) 弘立見盈哥, 大張兵威, 高揭氈帳, 左右白刃, 燦如霜雪, 魂不附体, 膝行匍伏, 乞緩一命. 202쪽.

89) 如弘立景瑞等, 褫魄戰股, 唯知首鼠, 而將軍獨奮忠效死, 所領不滿三千, 擊殺甚夥. 此時弘立等越視不救, 投降恐後, 通天之罪, 曷勝誅哉! 박희현, <김장군전>, 『충렬록』, 20~21면.

강홍립은 싸울 생각이 없다. 심지어는 적을 죽이면 항명죄로 처벌하겠다는 납득할 수 없는 명령을 내리기도 한다. 휘하 장수들이 반발해도 아랑곳하지 않는다. 밀지가 제 손에 있다는 게 그 이유다. 강홍립의 명령이 부당하다고 생각한 김응하는 후금군과 접전을 벌이는데, 중과부적이라 도움을 요청한다. 그러나 강홍립은 앞서 내린 명령에 불복했다며 부하들이 죽어가는 걸 수수방관한다. 결국 김응하는 고군분투하다가 장렬한 최후를 맞는다. 김응하에게 항명죄를 묻는다 해도, 그건 구해준 다음에 해도 늦지 않을 일이었다. 그런 데도 아군을 구하지 않고 모른 체한 것은 어떤 이유로도 용납될 수 없다.[90] 그러고는 결국 적에게 백기 투항하고 말았으니, 작중인물은 물론이고 독자들도 분개하지 않을 수 없다.

강홍립의 비굴하고 비열한 모습은 사졸들의 비분강개한 모습과 대비되며, 결사항전하다 전사한 김응하와 결정적으로 대조된다. 이렇듯 김응하와 강홍립, 두 사람을 대비하여 형상화한 건 일찍이 『충렬록』에 실린 <김장군전(金將軍傳)>에서부터 써온 방식이다. 또한 『충렬록』에 실린 여러 시편(詩篇)에도 자주 쓰인 수법이다. 김응하는 대개 관우(關羽)의 용기와 악비(岳飛)의 충성을 갖춘, 한신(韓信) 같은 명장으로 추앙되는데 비해,[91] 강홍립은 이릉(李陵)이나 조경종(曺景宗)처럼 비겁한 인물이라는 비난을 면치 못한다.[92]

---

90) 누르하치가 조선인 양반 군관 400여 명을 무참히 살해할 때도 강홍립은 그들을 구하려 하지 않는다. 205~206쪽.

91) 班護羌之慷慨, 常懷萬里之心, 衛季路之勇剛, 每負三軍之氣, 蘭陔栢樹, 庂烏哺於孝思, 棣萼荊花, 感鴒原於急難, 漢中韓信, 始逢蕭相之知, 河上岳飛, 早荷宗公之奬, 能穿七甲精窮, 徐庶之九星, 不識一丁, 目刮呂蒙之三日, 執楓宸之銀桀, 見黜何傷從蓮幕之牙璋, 投歸有所李光顔之却妾, 臭味自同, 桓叔道之辭婚, 心期不異, 再居邊鎭, 克恢玉塞之韜鈴, 이재영(李再榮), <김장군전후서(金將軍傳後叙)>, 『충렬록』, 28~29면.

92) <강로전>에서는 강홍립이 자신을 이릉(李陵)에 비긴 『충렬록』을 보고 부끄러움과 회한을 느꼈다고 했다. 『충렬록』의 해당 부분은 다음과 같다.

(김응하는)마침내 궁벽한 요새에서 죽임을 당했다. 한연년(韓延年)은 싸우다 죽었는데, 이릉(李陵)은 구차하게 살았으며, 사주목사(司州牧使) 채도공(蔡道恭)의 진은 무

그러나 강홍립이 이 땅의 백성들을 끔찍하게 도륙하는 장면에 이르면, 밀지를 핑계로 접전을 꺼리는 모습 정도는 새삼 언급할 일도 못 된다. 강홍립이 이렇듯 극악한 모습을 보이는 건 복수심에 눈이 멀었기 때문이다. 그가 복수심을 품는 이유도 참으로 어처구니가 없다. 간인(奸人) 한윤(韓潤)[93]이 강홍립의 가족이 몰살당했다는 거짓말로 그를 충동질한 것이다. 강홍립은 어리석게도 그 말을 믿고 복수를 입에 올린다. 강홍립은 조국을 철천지원수라고 하면서 누르하치에게 조선을 침공하도록 부추긴다.[94] 그 결과는 참혹하기 그지없다.

> 정묘년 봄에 의주를 야습하여 성을 넘어 돌입했다. 뜻밖에 변이 났기 때문에 사람들은 모두 놀라 흩어졌다. 홍립이 급히 호병들에게 명하여 팔면으로 포위하게 하니, 꼭 바람이 낙엽을 쓸어가는 듯하고, 통발에 갇힌 고기를 잡는 것 같았다. 성난 눈을 부라리고 이를 갈면서 거리낌없이 도살하여, 허연 칼날이 난무하면 붉은 피가 솟구치니, 사람마다 고통스러워 울부짖었다. 또 어린아이들을 몰아다가 붙들어서 빈 항아리에 거꾸로 처박으니 우는 소리가 한참이 지나서야 잦아들었다. 항아리가 없는 곳에는 켜켜이 쌓은 수부가 곳곳마다 그득히 쌓였다. 도로에 널린 시체들은 참나무 못을 등에서 땅까지 박았으니 잔혹한 모습을 차마 말로 다할 수 없었다. 이날 성안의 남자는 노소 할 것 없이 남김없이 죽었고, 부녀자와 재물은 모조리 약탈당했다. 비록 탁발(拓拔)이 남서(南徐)를 도륙하고 홍건적이 송경(松京)을 잔인하게 학살했다 해

너졌어도 조경종(曹景宗)은 아무 탈이 없었다. 깊은 원수를 갚지 못했으니 눈빛은 중항열(中行說)을 노려보는 듯했고, 지통을 풀지 못했기에 얼굴은 선진(先軫)보다 살아있는 듯했다. 終被殲於絶塞, 延年戰死, 李校尉之偸生, 司牧陣亡, 曹景宗之無恙, 深讎未報, 目猶視於中行, 至痛莫紓, 面若生於先軫. 이재영, <김장군전후서>, 『충렬록』, 31~32쪽.

93) 한윤은 이괄(李适)의 난(1624) 때 역모에 가담했던 한명련(韓明璉)의 아들이다.

94) 홍립이 눈물을 흘리며 말했다. "내게 본국은 세상에 없는 원수다. 옛사람 중에도 오나라 군대를 이끌고 영(郢)에 쳐들어간 자가 있으니 나만 홀로 그렇게 하지 않으랴? 누르하치에게 청병해 보리라." 弘立泣下曰: "吾於本國, 有不世之讎. 古人有以吳兵入郢者, 吾何獨不然乎? 將欲請兵滿住." 207쪽.

도 그 참혹함과 더러움보다 더할 순 없었다.[95]

무고한 양민을 학살한 건 강홍립이 이미 계획한 일이었다. 그는 호병들을 시켜 평안도 일대의 동족을 무참히 살육하게 한다. 호장들이 그만 해도 충분하다는 데도 불구하고, 오히려 잔혹한 살상을 그치지 말라고 명한다. 동족에겐 차마 할 수 없는 끔찍한 만행이다.

권칙은 강홍립의 생애를 전체적으로 다루지 않고, 그의 부정적인 면을 드러내는 일화를 중심으로 구성했다. 전(傳)의 일반적인 구성방식이다. 권칙은 서술자의 요약적 진술에 의지하는 대신, 섬세한 묘사로 강홍립의 면모를 손에 잡힐 듯이 그려냈고, 그런 장면을 거듭 제시하면서 점차 비판의 강도를 높였다. 그리하여 작가가 제시한 인물상이 독자의 뇌리에 깊이 각인되도록 했다.

강홍립은 몸 바쳐 나라의 은혜를 갚으라는 어머니의 간곡한 당부마저 저버린 불효자다. 게다가 밀지가 있다는 핑계로 적과의 결전을 회피한 것은 물론이고, 위기에 처한 김응하를 외면해서 죽음으로 몰아넣었으며, 저만 살겠다고 김경서를 밀고한 비겁한 자다. 더욱이 한윤(韓潤)의 거짓말에 속고, 충동질에 넘어간 한심한 인간이다. 그래서 조국을 철천지원수로 생각하면서 누르하치에게 조선을 침략하라고 부추기고, 그들의 주구(走狗)가 되어 생민을 도륙하는 등 결코 용서받을 수 없는 만행을 저지른 민족의 반역자다. 또한 오랑캐 땅에 포로로 잡혀 있는 동안 여색을 탐해 버젓이 혼인까지 해놓고 귀국해서는 홀아비로 지냈던 것처럼 임금을 속

---

95) 丁卯春, 夜襲義州, 踰城突入, 變出不意, 人皆驚散. 弘立急令胡兵, 八面圍[圍之], 定如風掃葉, 若獵筍魚, 怒目咬牙, 大肆屠殺, 白刃萬舞, 赤血噴飛, 人々痛毒, 皆呼跳[咷의 오기]. 又令驅擁小兒, 倒揷空甕, 汨々之聲, 逾時而絶. 甕盡處, 沈積水釜, 在々堆滿. 其僵仆道路者, 用眞木釘, 椎其背, 貫至地, 殘傷酷烈, 有不忍言. 是日, 城中老少男丁, 靡有孑遺, 婦女財帛, 搶掠無餘. 雖拓跋之屠滅南徐, 紅巾之殘虐松京, 未足以逾其慘黷也. 동사잡록본, 210쪽.

인 파렴치한이기도 하다. 그렇게 끝내 미망에서 벗어나지 못한 채 값없이 죽은 하찮은 존재다.

강홍립은 엄청난 일을 저질러 놓고도 책임을 회피하기에만 바쁘다. 자신은 그러려고 하지 않았는데, 다른 사람 때문에 그렇게 됐을 뿐이라고 늘 변명한다. 후금에 투항한 것은 상황을 봐서 항배를 결정하라는 임금의 밀지가 있었기 때문이라고 한다. 또 그를 따르던 항왜(降倭) 무사들의 거사 계획을 오랑캐에게 알린 일이나 김경서를 누르하치에게 밀고한 것도 모두 자신의 의지와 무관하다는 듯 말한다. 더욱이 조선을 침략하도록 누르하치를 꾄 짓이나, 조선을 침략하도록 홍태시를 부추긴 작태, 조선 백성을 처참하게 살육한 만행 등 그가 한 악행은 다 간적(奸賊) 한윤(韓潤)의 요설(饒舌)에 속았기 때문이지 결코 자기의 본의가 아니었다는 것이다. 강홍립은 늘 남의 시선을 의식하는 듯하면서도, 매번 남들이 그에게 거는 기대와 동떨어진 선택을 하고, 외려 그런 바람과 정반대의 행위로 일관한다. 늘 기대에 어긋나는 부적절한 처신을 하는 것이다. 결코 용납할 수 없는 짓을 저지르고도 변명만 늘어놓는 강홍립의 모습은 독자의 분노를 자아낸다.

그런 데도 강홍립은 한윤이 부귀를 누리고 대놓고 여색을 가까이 하는 걸 못내 부러워한다. 다시 소씨(蘇氏)와 즐길 수 없게 된 게 안타까울 뿐이다.[96] 비난받아 마땅한 허황된 욕심이요, 치정(癡情)이다. 권칙은 작품 끝 부분에 소씨의 사연을 언급해 끝까지 헛된 욕망에서 벗어나지 못하는 강홍립의 어리석음과 부도덕성을 까발렸다. 독자들이 그의 변명을 곧이듣지 않게 하고, 일말의 동정심도 느끼지 않게 한 것이다.

---

96) 가족들의 원한을 생각하면 복수하지 않을 수 없고, 규방의 일을 생각하면 걱정이 없을 수 없어, 마음이 복잡해 몇 달이 지나갔다. 仍自念赤族之怨, 不可不報, 春閨之思, 亦不可刼, 胸中戰懘. 挨[經의 오기]過數月. 208쪽.

평소엔 몸을 바쳐 직·설 되길 기약터니	平昔許身期稷契
지금은 머릴 풀어 이무기가 되었구나	卽今被髮化蛟螭
지조 굳은 선비를 절개 지키게 해놓고	從令介士成全節
홀로 조선 만대의 비웃음을 받으리라	獨受東韓萬代嗤

작품 끝에 있는 시다. 권칙은 서술자의 개입을 최대한 피하고, 묘사와 대화를 통해 강홍립의 부정적인 면모를 제시하는 데 힘을 쏟았다. 강홍립에 대한 형상화가 객관적 평가의 결과인 것처럼 보이게 하려는 의도에서였다. 그러나 간혹 드러나는 서술자의 목소리에는 조롱과 멸시가 가득하다. 이 시도 마찬가지다. '승천 못한 이무기'는 권칙이 강홍립에게 붙인 마지막 이름표다.

후금에 투항한 강홍립은 여러 차례 누르하치에게 충성을 맹세한다. 두 마음을 품지 않겠다고 다짐하는 시를 지어 바치고,[97] 후금의 신하로서 배반하지 않겠다고 맹세하며, 그게 거짓이라면 하늘이 자신을 벌할 거라고도 말한다.[98] 누르하치는 흡족해 하지만, 명나라 출신 인사들의 반응은 싸늘하다. 이런 인간이 있는데 어떻게 조선을 예의를 아는 나라라고 하겠느냐며, 침 뱉고 욕한다.[99] 나라 망신을 톡톡히 시킨 셈이다.

작가는 강홍립과 광해군이 떼려야 뗄 수 없는 사이라는 걸 강조한다. 강홍립은 밀지에 대해 세 차례 언급하는데, 그가 믿는 구석은 광해군밖에 없다는 말이고, 그가 저지른 모든 일이 둘이 사전에 교감하고 벌인 거라는 뜻이 된다.[100] 여기에 광해군이 강홍립을 처벌해야 한다는 비변사와 삼사

97) 弘立指天而言曰: "女爲悅己者容, 士爲知己者死. 俺之事東國, 不過豫讓之於范仲行也, 今蒙盛典, 不特王猛之於秦大王也, 竭力致忠, 豈分南北? 酬恩報德, 曷敢多少? 吾將形諸文字, 以表不二之心." 遂索筆題詩曰: 204쪽.

98) 弘立泣淚而叫曰: "吾雖異域之人, 已爲金國之臣, 生成大造, 昊天罔極, 況敢反乎? 景瑞無知武夫, 自速其禍, 枉陷無辜, 皇天后土, 實照此心." …(중략)… 弘立叩頭曰: "余所否者, 天厭之, 々々々." 206~207쪽.

99) 時有華人之在堂下者, 望見唾罵曰: "孰謂東國禮義邦耶? 此人五經掃地盡矣." 204쪽.

의 의견을 묵살하며 그를 두둔했다는 사실까지 더해지면, 독자들은 두 사람을 하나로 묶어 생각하는 데 더욱 확신을 갖게 된다. 작품 앞부분에 군이 노모의 부탁을 놓은 것도 광해군과 강홍립을 싸잡아 비판하기 위해서였다. 노모의 간곡한 부탁을 저버렸고, 적병과 함께 귀국하면서 그들의 앞잡이 노릇을 한 것은 광해군의 '패륜적인 행위'로 지목된 두 가지 요소를 연상케 하기 때문이다. 그 결과 그에 대한 부정적 평가는 의심할 바 없는 정당성을 얻게 된다.

그런데 강홍립에 대한 평가가 꼭 부정적인 것만은 아니었다. 위기상황을 타개하기 위한 정치적 수사일 가능성이 다분하지만, 『인조실록』에는 그를 두둔하는 듯한 기사도 실려 있다. 강홍립이 포로로 잡혀 있으면서 이적행위를 하지 않았다는 비변사의 장계[101]나 강홍립의 관작을 회복시키려 했다는 기사[102]가 그것이다.

> 강홍립은 재신(宰臣)으로 심하(深河) 싸움에서 폐조의 밀지를 받아 힘껏 싸우지 아니하고 북정(北庭)에 구속되었는데, 정묘년에 군사를 이끌고 우리나라에 들어왔다가 곧 다시 귀순하였다. 그가 적을 이끌어 입구(入寇)했다고 한다면 가하거니와 청나라에 투항한 것으로 돌리는 것은 그 사실이 아닐 것이다. …(중략)… 항복을 했다면 반드시 머리를

---

100) <강로전>에서는 밀지(密旨)의 존재를 부정한다. 그로 인해 강홍립을, 있지도 않은 밀지를 핑계 삼아 자신의 안전을 도모한, 한심한 인간으로 만드는 효과를 거뒀다.

101) 비국이 아뢰기를, "… 강홍립과 박난영 등은 적에게 함몰당한 지 10년이 되도록 신하의 절개를 잃지 않았으며 지금은 또 화친하는 일을 강력히 주장하고 있으니, 종국(宗國)을 잊지 아니한 그들의 마음을 이에 의거하여 알 수 있습니다. 화친에 대한 일이 완성되면 스스로 살아서 돌아오게 될 것입니다. 지금 그 아들이 가는 편에 전의 허물을 없는 것으로 하고 정중한 상으로 대접하겠다는 뜻으로 밀유하소서." 하니, 따랐다. 『인조실록』 5년(1627) 2월 1일(무술).

102) 상이 하교하였다. "강홍립과 박난영 등이 오랑캐에게 잡혀간 지 10년이나 되었는데 끝까지 머리를 깎지 아니하였으니 그 뜻이 가상하다. 마땅히 그의 관작을 회복하여 그의 성의를 나타내 주어야겠으니 대신에게 물으라." 『인조실록』 5년(1627) 3월 25일(임진).

깎고 무슨 벼슬을 가졌다는 소문이 있었을 터인데, 아마 그런 일은 없었던 것 같다. …(중략)… 그가 귀순하여 대궐 뜰아래서 절할 때 왕이, "경은 선조(先朝)의 옛 신하였다."라고 하면서 어전으로 오르기를 명하자, 곧 인부(印符)와 절월(節鉞)을 바쳤다. 이에 왕이, "소무(蘇武)의 절개도 이보다 더하지는 못하였으리라."라고 하였다. 대개 그가 계해년 이전에는 도망쳐 돌아오는 사람들에게 잇달아 납환(蠟丸)[103]을 주어서, 그 곳의 형세를 알려오다가 개옥(改玉) 이후에는 그렇지 못했고, 구류된 지 9년 만에 돌아왔다.[104]

위에 인용한 이익의 글에서는, 일반적인 시각과 달리, 강홍립이 투항했다는 분명한 사실마저도 그가 진심으로 한 행동으로 보지 않았다. 그의 언급 역시 당파적 견해일 수 있겠지만,[105] 중요한 것은 다른 평가도 있었다는 사실이다. 그렇다면 강홍립에 대한 부정적 이미지의 상당 부분은 특정 당파의 인식에서 비롯된 모습이라고 할 수 있다.

이 작품에서 강홍립의 형상화 방식은 일반적으로 악한소설에서 말하는 악한의 개념과도 다르다. 악한소설의 주인공은 속악한 사회를 부정한 방법을 써서 이기려 한다는 점에서 정당하지는 않지만, 감정적・개인적인 차원에서 세계와 대결하는 인물이라고 할 수 있다. 이런 의미에서 악한소

103) 납환(蠟丸)은 밀랍을 뭉쳐서 그 속에 서장(書狀)을 넣어 비밀리에 통신하는 데 쓰던 것이다.

104) 姜弘立宰臣也, 深河之役, 受廢朝密旨, 不肯死戰, 被拘於北庭, 丁卯引兵至國, 俄又歸順. 謂之引敵入寇則可, 歸之投降則非其實. …(중략)… 降則必剃頭, 必有爵名之可聞, 蓋無是矣. …(중략)… 及其歸順, 拜於庭下, 上曰: "卿先朝舊臣." 命上殿, 乃納其印符節鉞. 上曰: "蘇武節, 不能過也." 盖癸亥以前, 連以蠟丸, 因逃歸人報聞, 改玉後, 不然, 在拘九年而還. 이익, 「강홍립」, 『국역 성호사설』 VI 인사문, 민족문화추진회, 1966, 308~309쪽.

105) 이익은 남인으로 알려져 있지만, 그의 가계는 북인과 연결된다는 점에서 광해군대의 사건에 대해 다른 시각을 갖게 됐다고 이해할 수도 있다. 이익의 증조부인 이상의(李尙毅)는 대북 정권의 요인이었는데, 북인 정권이 몰락한 후 남인에 가담했고, 부친인 이하진(李夏鎭)은 청남(淸南)에 속한 인물로, 경신환국(庚申換局) 때 유배된 후 벼슬을 단념했다고 한다. 한영우, 「18세기 전반 남인 이익의 사론과 한국사 이해」, 『조선후기 사학사 연구』, 일지사, 1989, 186~187쪽.

설에서는 악한 인물 못지않게 그런 사람을 만들어 낸 '환경'이 중요한 의미를 갖는다. 독자들은 작중 현실에 대한 비판과 야유에 동조하기 때문에 작중인물의 행동에 공감하게 되는 것이다.106) 이런 점에서 이 작품과 근본적인 차이가 있다.

그런데 <강로전>에서는 강홍립을 이해하려는 노력은 고사하고, 그런 인물이 등장하게 된 사회적 배경을 전혀 고려하지 않는다. 후금의 압도적인 무력 앞에 무릎 꿇은 현실에 대한 모든 책임을 강홍립의 개인적 자질 문제로 호도했을 뿐이다. 그의 무능과 우유부단함, 오만과 독선 때문에 비롯된 사태인 것처럼 강홍립을 단죄하고 만 것이다. 이렇게 역사적 사건을 한 개인의 충동적 기질과 헛된 욕망 때문에 벌어진 일로 돌려 정치적·사회적인 맥락을 도외시했을 뿐만 아니라, 의도적으로 축소·왜곡하고 말았다.

정리하면 다음과 같다. 권칙은 <강로전>에서 윤리적·이념적 잣대를 절대화한 평가를 통해 강홍립을 극단적이라 할 만큼 부정적으로 형상화했다. 그는 강홍립이 도원수로 출전해놓고 싸워 보지도 않고 투항한 것은 있을 수 없는 일이며, 밀지를 핑계로 책임을 회피한 데 불과하다고 여겼다. 또한 간인(奸人)의 충동질에 넘어가 조국을 배신하고 동족을 도륙한 민족의 배신자요, 임금과 세상 사람들을 속이려 한 파렴치한이라고 생각했다. 작가는 부정적 이미지를 심어줄 수 있는 삽화를 중첩하고 점차 그 강도를 높이는 방식으로 강홍립을 형상화했다. 이를 통해 강홍립의 행동을 조선인이라면 누구도 수긍할 수 없게 하여 독자들과 강홍립 사이를 벌리고, 모두가 그런 자의 악의에 희생된 피해자라는 동류의식을 갖게 하려 한 것이다.

106) 김한식, 『1970년대 후반 '악한소설'의 성격 연구』, 상허학회 편, 『한국근대문학 양식의 형성과 전개』, 깊은샘, 2003, 184~190쪽 참조.

이 작품에서 현실의 문제를 진지하게 탐구하려는 자세나 비판적 시각은 찾기 어렵다. 소용돌이치는 현실을 이해하려는 노력은 보이지 않고, 특정 인물을 부정함으로써 얻는 반면교사가 있을 뿐이다. 강홍립에 대한 부정적 인식과 사회에 팽배했던 반후금 정서, 또한 그걸 자신들의 정치적 입지 강화를 위한 명분으로 삼았던 집권세력의 존재가 이런 형상화를 뒷받침하는 요소였다.

3) 부정적 인물과의 거리 두기와 긍정적 정체성의 재구성

강홍립에 대한 부정적 형상화는 홀로 후금군에 맞서 싸우다가 전사한 김응하(金應河)를 영웅적으로 형상화한 것과 정반대다. 또한 강홍립과 함께 투항했던 부원수 김경서(金景瑞)의 이미지와도 큰 차이를 보인다.[107] 그런데 『광해군일기』에 따르면, 강홍립도 후금에 억류돼 있는 동안에 편지를 여러 차례 보내왔다고 한다. 그럼에도 불구하고 강홍립의 부정적 측면만을 강조한 것은 인조반정 후에 광해군대의 외교정책을 의도적으로 폄하하려는 경향이 짙었기 때문이다.

강홍립이 투항하자 명나라에서는 출병 초기부터 계획하고 벌인 일이라고 의심했다. 이러한 의혹을 해소하기 위해 조선 조정에서는 김응하를 현창(顯彰)하는 사업을 벌였다. 김응하는 원정군의 좌영장(左營將)으로 출전해서 홀로 분전하다 전사했다. 광해군은 김응하가 전사했다는 소식

107) 김경서는 청나라에 억류돼 있는 동안 밀서를 보내 적정(敵情)을 보고한 공로가 인정되어 1630년(인조 8)에 신원되고 우의정에 추증됐다. 이시항(李時恒)은 그의 사적을 담은 『김장군유사(金將軍遺事)』를 1735년(영조 11)에 간행했다(『김장군유사(金將軍遺事)』, 국립중앙도서관 소장본). 성해응(成海應)도 「존주휘편조의(尊周彙編條議)」에서 김경서에 대해 동정적인 태도를 보였다. 그러나 그가 항복할 때의 모습이 굴욕적이었다는 점에서, 비록 강홍립에게 속았다고는 해도, 죽을 때의 의열(義烈)만으로 순난제신(殉難諸臣)과 나란히 놓일 수는 없다고 했다. 성해응, 「존주휘편조의」, 『연경재전집』 권32(『한국문집총간』 274, 민족문화추진회, 2001, 212쪽).

을 듣자 그를 호조판서에 추증하고, 명나라 사신들이 지나는 길목에 사당을 짓도록 지시했다.[108] 이 조치는 명나라 사신들의 관심을 끌기 위한 방안이었다.

『충렬록(忠烈錄)』을 편찬한 것도 김응하에 대한 현창 사업의 일환이었다. 이 책에는 당시 조정의 대소 신료가 대거 참여하여 그의 충절을 찬양하는 시문을 실음으로써 김응하의 공적을 기렸다.[109] 이 책을 훈련도감에서 간행해 명나라에까지 보냈다는 점은 특히 주목할 만하다. 명나라에서 조선에 대해 품었던 의구심을 해소하려고 취한 조치였기 때문이다.[110] 『충렬록』의 간행과 유포에 정치적 의도가 개입됐다는 건 아래 기록에서도 확인할 수 있다.

> 기미년 전쟁에 광해주가 이첨과 더불어 원수 홍립에게 형세를 보아 향배(向背)를 정하라고 비밀히 명했으니, 이는 오랑캐로 하여금 군사를 우리나라에 먼저 옮겨서 공격하지 못하게 하라는 명을 홍립 등이 받은 바가 있기 때문에, 적을 만나도 처음부터 힘써 싸우지 않고 전군이 오랑캐에 항복했는데, 김응하 혼자만 분연히 복종하지 않고 별도로 그가 거느린 군사를 내어 힘써 싸우다 죽었으니, 그 의열은 진실로

108) 광해군 11년(1619) 5월 6일(무자); 동년 5월 18일(경자); 동년 6월 21일(임신).

109) 당시 조정에서 정치적으로 경쟁 관계에 있던 이이첨·박승종·유희분 등을 비롯하여 이정구·심희수·조정·박정길·유희량·유몽인·이안눌·김류·이상의·권반·조찬한·한찬만 등이 당색을 초월해 추모시를 실었다. 『충렬록(忠烈錄)』, 규장각 소장본.

110) 장군이 죽지 않았다면, 강상은 아마 끊어졌으리. 위기 앞에 목숨을 가벼이 해, 위난 앞에 충렬을 떨쳤다네. 한엄의 무릎 꿇길 기꺼워해, 안고경의 혓바닥을 괜히 벴지. 장군의 죽음에 힘입어서, 착함과 사특함이 구별됐네. 장군이 죽지 않았다면, 대의를 누가 붙들었으랴, 오랑캐 소굴에 붙들려 항복하자, 황제 계신 북경에선 그릇된 말 비등했네. 번방은 참훼를 당하였고, 의관은 더럽힘을 당했다네. 장군의 죽음에 힘을 입어, 무함 받은 억울함을 씻게 됐네. 장군이 죽지 않았다면, 바른 기운 마침내 끊겼으리. 將軍若不死, 綱常應斁絶, 見危輕軀命, 臨難奮忠烈, 肯屈韓弇膝, 空斫杲卿舌, 賴有將軍死, 淑慝乃旌別, 將軍若不死, 大義誰提挈, 虜穴縶降俘, 帝京騰訛說, 藩翰遭讒毁, 衣冠被汚衊, 賴有將軍死, 厚誣庶昭雪, 將軍若不死, 正氣竟摧折. 『충렬록』 규장각본, 97~98면.

옛 사람에게 부끄러움이 없고, 또한 명나라 여러 장수들도 감히 미치지 못할 바이니, 그 절의를 표창하여 후세를 가르침은 진실로 옳은 일이다. 그런데 조정으로부터 시편(詩篇)을 널리 구하여 한 책을 만들어 내어 훈국(訓局)에 명하여 나라 안팎에 간포(刊布)하고, 인하여 중국에까지 들어가게 한 것은, 그 뜻이 오로지 응하의 절의를 표창하는 데만 있는 것이 아니라, 실은 그 비밀히 명했던 흔적을 숨기고자 함이었다.[111]

김응하를 높이 받듦으로써 조선 군사들이 후금군과 치열하게 싸웠다는 사실을 부각하고, 강홍립의 항복에 명나라의 관심이 쏠리는 것을 막으려 했던 것이다. <김장군전(金將軍傳)>을 지은 박희현(朴希賢)은 당시 평안감사 박엽(朴燁)의 측근 인물이었는데,[112] 박엽은 광해군의 대후금(對後金) 정책을 지지했던 몇 안 되는 인사 중 하나였다. 따라서 <김장군전>에는 박희현의 개인적 입장만이 아니라 광해군과 박엽 등 당대 정권 실세들의 의도가 짙게 배어 있었던 셈이다.

김응하를 높이 평가했던 건 분명하지만, 『충렬록』의 내용에 대한 의문이 제기되기도 했다. 뒷사람들의 글에서 이런 생각을 읽을 수 있다. 박태보(朴泰輔, 1654~1689)는 사촌인 남학명(南鶴鳴)의 시에 차운(次韻)하여 김응하를 추모하는 시를 남겼고,[113] 당시까지 알려지지 않은 김응하에 관련된 견문(聞見)을 적기도 했다.[114] 박태보는 선천에 유배됐던 1677년

---

111) 이긍익, 『국역 연려실기술』 V, 「폐주광해군고사본말」, 민족문화추진회, 1967, 294쪽. 『연려실기술』에는 이 기사의 출처를 이은상(李殷相, 1617~1687)의 『동리소설(東里小說)』로 밝혀 놓았으나, 1702년에 간행된 『동리집(東里集)』에서는 확인할 수 없다.

112) 패전한 뒤에 평안감사 박엽이 후금에 답서를 보냈는데, 학관(學官) 박희현이 지었다. 이긍익, 『국역 연려실기술』 V, 「폐주광해군고사본말」, 민족문화추진회, 1967, 295쪽.

113) 우모령에 해질 적에 떠들썩한 호병들, 대장기는 한양으로 다시 오지 못했네. 만약에 이 고을을 아끼심이 있으시면, 꽃다운 정령에게 맞는 제사 없을손가. 牛毛落日噪胡兵, 不復旋麾返舊京, 若道此州有愛在, 那無俎豆妥英精. 박태보, <조김장군용자문내형운(弔金將軍用子聞內兄韻)>, 『정재집(定齋集)』 권2(『한국문집총간』 168, 민족문화추진회, 1996, 36쪽).

과 1679년 두 차례에 걸쳐 김응하와 함께 출병했다가 도망한 자들을 찾아서 그의 행적을 직접 탐문했고, 이 경험을 바탕으로 전승되는 이야기의 허실을 변증했다. 이때는 김응하가 전사한 지 이미 60년이 지난 시기였음에도 불구하고 선천 백성들은 여전히 김응하 이야기를 많이 했다고 한다.[115] 박태보는 김응하에 대한 주민들의 이야기를 모두 믿을 수는 없다면서 1621년에 간행된 『충렬록』조차 믿을 수 없는 구석이 있다고 했다.[116] 박태보는 존주대의를 중시한 인물이었다. 그런 데도 이렇게 적었다는 것은 『충렬록』의 기록이 모두 사실에 기초한 건 아니라는 점을 잘 보여준다.

송시열 등이 김응하의 공적을 현창하는 과정에서도 그것이 과연 적실한 것인지 의문이 제기되기도 했다.[117] 요컨대 『충렬록』에 담긴 김응하의

114) 박태보, 「서김장군일사(書金將軍逸事)」(앞의 책, 85~86쪽). 이재(李栽)도 <김장군응하전(金將軍應河傳)>을 지으면서 『충렬록』에 없는 새로운 내용을 적었다. 이재, <김장군응하전>, 『밀암집(密菴集)』 권16(『한국문집총간』 173, 민족문화추진회, 1996, 316~320쪽).

115) 박태보와 비슷한 시기의 인물인 임상원(任相元, 1638~1697)도 이런 관심을 나타냈다. 다만 임상원이 만난 군사는 김응하의 좌영에 속한 군사는 아니었던 것으로 보이므로 박태보의 기록과는 다른 관점에서 이해해야 한다. 임상원(任相元), 「소파봉노인이적(小坡逢老人李適)-무오정역자(戊午征虜者)」, 『염헌집(恬軒集)』 권1(『한국문집총간』 148, 민족문화추진회, 1995, 109쪽).

116) 심하전투에 출정한 것에 대해서는 사람마다 말이 서로 많이 다르다. 김응하는 홀로 싸우다가 군대가 궤멸한 후에 죽었다. 그런데 김응하의 일을 전하는 자들은 모두 진영을 버리고 도망한 무리들로, 대개 알지도 못하면서 망령되게 이르는 것이니, 모두 믿을 수는 없다. 『충렬록』부터 그랬으니, 하물며 지금 전하는 것들임에랴. 然深河之役, 人多異同其辭. 夫應河挺身獨戰, 殲於軍潰之後. 而傳應河事者, 皆棄陣躲竄之輩, 蓋必有不知而妄稱者, 其不可槩信, 自忠烈錄已然, 況於今之傳者乎! 박태보, 「서김장군일사(書金將軍逸事)」(앞의 책, 85쪽).

117) 송시열은 김응하의 신도비문을 지으면서 그를 요동백(遼東伯)에 봉했다는 『속잡록(續雜錄)』의 기록[조경남(趙慶男), 『속잡록』(『국역대동야승』 10, 민족문화추진회, 481~483쪽)]을 그대로 따랐다. 남극관(南克寬, 1689~1714)은 그게 사실이 아니라는 걸 논증했다. 김응하가 죽은 후에 명나라에서 그에게 관위(官位)를 내린 적이 없고, 『충렬록』에 실린 글에도 애초 요동백에 봉해졌다는 말이 없으며, 신종(神宗)의 조문(詔文)은 위작인데, 송시열이 이를 그대로 따랐다는 게 그 요지다. 뒷사람들은 남극관의 견해를 수긍했는데[강재항, <김응하전(金應河傳)>, 『입재유고(立齋遺稿)』 권19 『한국문집총간』 210, 민족문화추진회, 1998, 337쪽], 중간 『충렬록』(1798)에서는 신종의 조문(詔文)을 싣고, 이런 논리를 반박했다[『충렬록』 권수(卷首) 「조문(詔文)」, 국

모습은 상당 부분을 의도적으로 과장한 거라는 말이다. <강로전>에서 그린 김응하는 그를 불세출의 영웅으로 묘사한 <김장군전>의 형상을 기정사실처럼 받아들인 것이며,[118] 그와 대척점에 선 강홍립을 더욱 왜소하게 만들기 위한 방편이었다.

이런 방식은 다음 시기에 실제 행적이나 세간의 평가와는 달리 임경업을 민족적 영웅으로 자리매김해간 과정과 맥을 같이 한다. 이 점에서 <강

립중앙도서관본]. 『충렬록』을 간행할 때 이미 문견에 근거해서 적었으며, '황조종신록(皇朝從信錄)'·'경신당후일기(庚申堂后日記)'·'주사초기(籌司草記)' 등에도 "포증(褒贈)"했다는 말이 나오므로 사실이라는 것이다. 이렇게 『충렬록』 중간본에서까지 사실임을 애써 주장했다는 것 자체가 오랫동안 논란이 계속됐다는 걸 반증한다. 남극관이 변증한 내용만 간추려 제시한다.

세상에서 김응하가 죽은 일을 말하면서 명나라에서 요동백에 추봉(追封)했다고 하는데, 망령된 말이다. 태조가 창업한 이래로 성조(成祖) 때 정난(靖難)하고 공신들을 크게 봉한 뒤로는 작위를 내린 일이 거의 없었다. …(중략)… 비록 큰 충훈이 있다 해도 그저 관계(官階)를 높이고 자손들을 돌볼 뿐이었으니, 어찌 죽은 후에 관위(官位)를 내렸겠는가. 『충렬록』에 실린 여러 사람의 뇌사(誄詞)와 전(傳)에 모두 이 말이 없고, 명나라 사람이 지은 『충의록』에는 '조선 장관 김응하 등에게 휼전(卹典)을 주었다.'라는 말이 있다. 어떤 시골 선비가 조문(詔文)을 의작(擬作)한 것으로, 그 글이 매우 상스럽고 졸렬했는데, 조경남이 이것을 기록하여 마침내 잘못 전하게 됐고, 송시열이 김응하의 신도비문을 지으면서 드디어 엄연히 요동백이라 일컬었다. 애석하도다! 이 노인[송시열-필자]은 그 큰 정신을 밖으로 명분을 세우고 안을 이롭게 하는 학문에 다 썼음에도, 결국 둘 다 얻은 게 없었으니, 어찌 고거할 것이 없겠는가. 世謂金應河死事, 明追封遼東伯, 妄也. 自太祖創業, 成祖靖難, 大封功臣, 時後封典絶稀, …(중략)… 餘雖有大忠勳, 只進階廕子而已, 安可輒施! 應河忠烈錄所載諸人誄傳, 皆無是語, 明人作忠義錄曰, 朝鮮將官金應河等, 與卹典, 可見也. 有村儒擬作追封詔文, 甚俚劣, 趙慶男記之, 遂以傳訛, 宋時烈作應河神道碑, 遂儼然稱遼東伯. 可惜! 此老許大精神, 用盡於外名內利之學, 卒之, 兩無得焉, 何不少移之攷古也. 남극관, 「사시자 192칙(謝施子百九十二則)」, 『몽예집(夢囈集)』 건(坤)(『한국문집총간』 209, 민족문화추진회, 1998, 315쪽).

118) <열녀춘향수절가>나 <한양오백년가>에서도 김응하를 '요동백'으로 지칭했다. 권위 있는 인물의 언급은 그 만큼 영향력이 커서 사실로 받아들여지기 마련이다. <열녀춘향수절가> 완판 84장본만 제시한다.

일국 ᄃᆡ신 되야 주셕지신 보국충신 모도 셰아린이 사육신을 어분 듯 싱육신을 어분 듯 일션싱 월션싱 고운션싱을 어분 듯 졔봉을 어분 듯 요동빅을 어분 듯 경송강을 어분 듯 충무공을 어분 듯 우암 퇴계 사계 명지를 어분 듯 ᄂᆡ 셔방이졔 ᄂᆡ 셔방 알들 간간 ᄂᆡ 셔방 <열여춘향슈졀가라>, 『한국고전소설판각본자료집』 3, 국학자료원, 1997, 331쪽.

로전>은 역사적 인물을 이념적 잣대로 평가하여 영웅화하거나 폄훼함으로써 특정한 이미지를 심어가는 과정을 잘 보여주는 작품이다. 역사적 사실을 의도적으로 부풀리거나 축소, 또는 변개하여 작가가 지향하는 이념에 부합하는 인간상을 창조한 것이다. 그런 형상화 과정을 통해 긍정적 인물에 대한 동일시와 부정적 인물에 대한 거리두기를 유도함으로써 독자들에게 특정한 이미지를 뚜렷이 각인시키는 효과를 거두었다. 그런 까닭에 이런 유(類)의 작품은 전란으로 인해 망가진 개인의 삶에 관심을 집중한 <최척전>·<김영철전> 같은 작품과 달리 이념성이 강하다.

<강로전>에서는 강홍립을 부정적으로만 그렸는데, 현실을 객관적으로 반영한 거라고 할 수 없다. 인조대에는 광해군 때 외교정책을 수행했던 인사들이 재기용됐고, 그 정책도 지속됐다.[119] 이 시기의 대외정책을 현실적 형세론(形勢論)과 전통적 명분론(名分論)으로 구분할 수 있는데, 명분론적 입장에서도 현실을 무시할 수는 없었기 때문이다. 이민환(李民寏)은 <강로전>은 물론이고 <최척전>에서도 부정적으로 묘사됐는데, 나중에 형조참판에까지 올랐다. 이런 인물을 평가할 때는 당사자의 정치적 상징성과 평가자의 현실적 이해관계가 상당한 영향을 주었다.[120] 후금에 투항했던 전력이 있다고 해서 모두 사회적으로 매장되지는 않았다는 말이다. 그렇다면 강홍립이 이 작품에서처럼 일방적으로 매도된 걸 객관적이고 정당한 평가라고 할 수는 없는 것이다.

강홍립을 극단적이다 싶을 만큼 부정적으로 형상화한 건 작가인 권칙

119) 인조반정 후에도 기미책의 기조는 그대로 유지됐고, 광해군대 외교 일선에서 활약했던 인물들이 상당수 재기용됐다. 반정 직후 명나라에 이 사실을 알리기 위해 파견된 이경전(李慶全)·윤훤(尹暄)·이민성(李民宬) 등은 모두 광해군대에 요직에 있던 사람들이었다. 또 광해군대 외교정책의 핵심 실무자였던 윤휘(尹暉)는 정묘호란 뒤까지도 중용됐다. 한명기, 「명청교체기 동북아 질서와 조선 지배층의 대응」, 『역사와 현실』 37, 한국역사연구회, 2000, 142쪽.

120) 이민환의 과거 행적이 비판받자 인조는 직접 나서 변호하면서 형조참판에 특제(特除)했다. 『인조실록』 22년(1644) 5월 22일(기유); 6월 9일(을축).

의 개인적 이력과도 밀접한 관련이 있었다. 성대중(成大中)과 그의 아들인 성해응(成海應)은 대명의리론(對明義理論)을 견지한 인물들로,[121] 『존주휘편(尊周彙編)』 편찬 작업에서 중심적 역할을 했다.[122] 이 일은 대명의리론과 관련된 인물들의 행적을 국가적 차원에서 정리하기 위한 사업이었다. 따라서 당시까지 남아 있던 수많은 관련 기록을 수집·검토하고, 이 가운데 믿을 수 있는 기록만을 엄선해서 편찬했다고 한다.[123] 이 과정에 직접 참여했던 성대중이 남긴 기록이 『청성잡기(靑城雜記)』다. 따라서 비록 공적인 기록은 아니지만, 아래 기사의 내용은 충분히 신뢰할 만하다.

> ㉠ 국포 권칙은 문리(文吏)로 강홍립의 심하전투에 따라갔다. 강홍립이 오랑캐에게 항복하자 권칙은 도망하여 돌아왔다. 압록강에 이르러 여러 날 먹지 못해 눈이 안 보이게 됐는데, 인분을 먹고서야 비로소 볼 수 있게 되어 마침내 생환했다. 〈강로전〉을 지었는데, 매우 자세히 전하고 있어 또한 〈간양록〉과 같은 종류이다. ㉡ 그런데 강항은 동토 윤순거의 스승이었기 때문에 〈간양록〉이 세상에 널리 알려졌지만, 〈강로전〉은 일컬어지지 않는다. 기절(氣節)이 같고 사적이 같으며 저술한 것이 같은 데도 행·불행의 다름이 있는가.[124]

---

121) 성대중의 고조부인 성후룡(成後龍)은 서자로, 김상용(金尙容)의 서녀와 결혼했다. 김상용은 동생 김상헌과 함께 대명의리론을 견지했던 인물이다. 성대중·성해응 부자가 명나라가 멸망하던 시기에 절의를 지킨 인물들의 전기를 정리한 건 물론 왕명에 따른 일이지만, 그들이 대명의리론을 강력히 주장한 데는 이런 가문적 배경도 작용했다. 김문식, 「성대중의 가계와 교유 인물」, 『문헌과 해석』 통권22, 문헌과해석사, 2003 봄, 165쪽.

122) 성대중, 「존주휘편기성, 해가독알화양서원, 용양자운근지(尊周彙編旣成, 偕家督謁華陽書院, 用陽字韻謹志)」[성해응, 『연경재전집』 외집 권31(『한국문집총간』 276, 민족문화추진회, 2001, 499~500쪽)]; 성해응, 「존주휘편서(尊周彙編叙)」, 『연경재전집』 권31(『한국문집총간』 274, 민족문화추진회, 2001, 185~186쪽); 성해응, 「존주휘편조의(尊周彙編條議)」, 『연경재전집』 권32(『한국문집총간』 274, 민족문화추진회, 2001, 209~213쪽); 정옥자, 「정조대 대명의리론의 정리작업」, 『한국학보』 69, 일지사, 1992; 김영진, 「靑城과 靑莊館의 교유, 『靑城雜記』」, 『문헌과 해석』 통권 22, 문헌과해석사, 2003 봄.

123) 성해응, 「존주휘편조의(尊周彙編條議)」(앞의 책, 213쪽).

권칙이 직접 경험한 일을 바탕으로 <강로전>을 지었다는 말이다. 권칙은 심하전투 당시에 문서 작성을 맡은 하급관리였으니, 크게 책임져야 할 위치도 아니었다. 하지만 그에게는 투항했던 전력이 꼬리표처럼 늘 따라붙었고, 내내 따가운 눈총을 받았다.[125] 그런 권칙의 입장에서 보면, 강홍립의 처신은 결코 용서할 수 없는 파렴치한 행동으로 보였을 것이다. 작품에 드러나는 작가의 목소리가 매우 격앙돼 있는 것도 이 때문이다. 권칙은 강홍립이 광해군대에 높은 벼슬을 했다는 것 자체를 못마땅해 했다.[126]

인용문 ㉡에는 같은 서얼 출신인 성대중이 권칙에게 느낀 안타까움이 배어 있다. 권칙은 재주도 많았고, 자부심도 있었으며, 그걸 인정해 주는 사람도 적잖았지만, 신분적 한계 때문에 주류사회에 낄 수 없었다.[127] 이런 현실에 불만을 가졌을 테고, 그런 처지에서 벗어나고 싶은 욕구가 강했을 거라 짐작하기 어렵지 않다. 권칙에겐 뭔가 돌파구가 필요했을 거고, <강로전> 창작에서 그런 계기를 마련했다고 보는 이유다.

<강로전>의 창작 동기를 이렇게 개인적 차원에서 이야기할 수 있다.[128] 하지만 권칙이 이 작품을 쓴 이유를 가슴에 맺힌 울분을 토로하고

---

124) ㉠ 權菊圃侙, 以文吏, 從姜弘立深河之役. 弘立降虜, 而侙脫身逃還. 至鴨綠江, 不食數日, 目不能視, 噍人矢而始覩, 竟得生還. 著姜虜傳, 最詳傳, 亦看羊錄比也. ㉡ 然沆, 以尹童土舜擧之師, 故看羊錄著於世, 姜虜傳則無稱焉. 氣節同, 事蹟同, 著述同, 而其亦有幸不幸之異耶? 성대중, 『청성잡기』 권3, 28~29면.

125) 조현우, 「<강로전>에 나타난 전쟁의 기억과 욕망의 서사」, 『민족문학사연구』 46, 민족문학사학회・민족문학사연구소, 2011, 58~67쪽.

126) 선조조에 정유년 알성과에 급제하여 시종으로 출입한 게 십여 년이었다. 폐조에도 관직을 잃지 않아 높고 화려한 직책을 두루 거친 것이 또한 십년이었다. 宣廟朝, 中丁酉謁聖科, 出入侍從者十餘年. 至廢朝, 不失官名, 歷踐高華者, 又十年. 동사잡록본, 198면.

127) 신해진, 앞의 책, 17~44쪽.

128) 박희병은 <강로전> 창작을 권칙이 서얼 출신이기에 갖게 된 불편한 심사에 기인했다고 설명했다. 박희병, 「17세기 초의 숭명배호론과 부정적 소설주인공의 등장」, 『한국고전소설과 서사문학(상)』, 집문당, 1998, 37~45쪽.

불안한 처지에서 벗어나기 위해서였다고만 보는 건 적절하지 않다. 다시 말해 작가 개인의 신분적인 문제나 기질적 특성에서 비롯된 행위로만 설명해서는 안 된다는 말이다. 그렇게 하는 건 이 작품에서 강홍립의 복수심과 헛된 욕망 때문에 정묘호란이 일어났다고 한 것과 마찬가지로 사회적 의미를 띠는 행위를 지극히 사적인 문제로 환원시키는 것이기 때문이다. 다른 관련 기록을 검토하면서 작가가 강홍립을 이처럼 부정적으로 형상화하게 된 요인을 찾아보기로 한다.

인조반정을 주도했던 세력은 대부분 이이(李珥)·성혼(成渾)의 학맥에 속하는 사람들이었다는 것도 창작동기를 밝히는 데 주목할 점이다. 이귀(李貴)는 이이, 김자점(金自點)은 성혼, 심기원(沈器遠)은 권필(權韠)의 학맥에 연결된다.[129] 권칙은 권필의 조카인데, 권필이 정철·성혼을 매우 흠모했던 것은 널리 알려진 사실이다.[130] 이와 관련해서 강홍립 자신이 젊어서 한 일 때문에 이런 신세가 됐다고 탄식하는 대목은 그를 극단적일 만큼 부정적으로 형상화한 까닭을 이해하는 데 실마리를 제공한다.

> 죽을 때에 어린 종에게 말했다. "내 일찍이 과거에 급제하여 청현직을 두루 거쳤는데, 늘그막에 팔자가 기구해서 세상에 가여운 처지가 되었구나. 복선화음(福善禍淫)이 천도(天道)인 걸. 평생 한 일을 다

---

129) 오수창, 「인조대 정치세력의 동향」, 『한국사론』 13, 서울대 국사학과, 1985, 53쪽.
130) 정민, 「석주 권필론」, 『목릉문단과 석주 권필』, 태학사, 1999, 148쪽.
정철의 <장진주사(將進酒辭)>를 떠올리며 지은 아래 시에도 흠모의 정이 묻어난다. 후대에 정철의 <장진주사>를 노래할 때면 권필의 아래 시를 가곡화한 작품을 '대(臺)'로 삼아 함께 불렀다고 한다(신경숙, 『19세기 가집의 전개』, 계명문화사, 1994, 71~74쪽). 한편 권필은 성혼을 추모하는 제문을 남겼다. 권필, <제우계선생문(祭牛溪先生文)>, 『석주집(石洲集)』 별집 권2(『한국문집총간』 75, 민족문화추진회, 1991, 122쪽).
빈 산에 낙엽 지고 빗소리는 쓸쓸하니, 상국의 풍류는 여기에서 적막해라. 서글퍼라 한 잔 술을 다시는 못 올리나니, 지난날에 노래한 게 바로 오늘 일이로세. 空山木落雨蕭蕭, 相國風流此寂寥, 惆悵一盃難更進, 昔年歌曲卽今朝. 권필, <과정송강묘유감(過鄭松江廟有感)>, 『석주집』 권7(같은 책, 61쪽).

> 기억할 수는 없다만, 유독 생각나는 것은 젊었을 적에 대각(臺閣)에 있으면서 원망하여 사람을 해친 일이 한두 번이 아니었던 거란다. 하늘이 이 때문에 이런 악보(惡報)를 내리시는구나. 높고 높으신 상제께서 환히 내려다보시는데 사람이 속일 수 있겠느냐! 하늘은 속일 수 없구나." 말을 마치자 눈가에 눈물이 그렁그렁하더니 갑자기 죽었다.[131]

여기서 말한 젊었을 때의 일이란, 사헌부 장령으로서 정여립(鄭汝立)의 옥사(獄事)와 관련해서 정철(鄭澈)・성혼(成渾)에게 죄를 물어야 한다고 주장한 것을 말한다.[132] 작품에서 굳이 강홍립이 자신의 젊은 날의 과오를 비참한 말년과 연결시키는 말을 하도록 한 건 이 문제가 그를 부정적으로 형상화한 것과 깊이 관련되어 있음을 시사한다.

> 나는 일찍이 강홍립이 선대의 구종신(舊從臣)으로서 은혜와 의리를 돌아보지 않은 것에 통분했다. 첫째는 전군을 이끌고 오랑캐에게 투항했기 때문이고, 둘째는 생민을 도륙했기 때문이며, 셋째는 반역할 마음을 품고 제 분수가 아닌 일을 바랐기 때문이다.[133]

작가인 권칙은 이 작품을 창작하게 된 이유를 이렇게 설명했다. 그의 말에 따르면, 강홍립은 군사를 모두 이끌고 오랑캐에게 항복했고, 백성들을 도륙했을 뿐더러, 감히 스스로 조선의 왕이 되겠다는 참람한 마음을 품어[134] 신하로서의 은의(恩義)를 저버린 죄인이다. 이에 통분하여 지은

---

131) 臨終, 語其童僕曰: "吾早登科第, 歷敭淸顯, 晩節崎嶇, 爲世所悲. 福善禍淫, 天之道也. 平生作爲, 難可追記, 而獨念年少氣銳, 出入臺閣, 以睚眦傷害人者, 非一. 天其以是, 施此惡報耶. 高々上帝, 赫々下臨, 人可欺也? 天不可誣也." 言訖, 凝淚滿眶, 溘然而沒. 동사잡록본, 213면.

132) 『선조실록』 35년(1602) 윤2월 8일(신축); 윤2월 9일(임인).

133) 余嘗痛姜弘立以先朝舊從臣, 不顧恩義, 一則全師降㚷, 二則屠殺生民, 三則畜無將之作, 希非分之事. 동사잡록본, 213쪽.

134) 막 떠나려할 때 홍립을 침실로 불러 금 도장 한 개를 건네며 말했다. "선생이 가실 때 차고 가시오." 홍립이 두 손으로 받아 그 도장에 새긴 글을 보고 마음속으로 놀라고

것이 <강로전>이라고 한 만큼, 이 작품에서는 강홍립을 그저 패장(敗將)으로 그리는 데 머물지 않고, 역심(逆心)을 품고 조국과 동포를 배신한 자로 지목했다. 패장의 멍에는 당연히 그가 짊어져야 할 몫이었다. 다른 사람이었다면 패전했어도 "병가지상사(兵家之常事)"라는 말로 그 책임을 덜어주는 경우도 없진 않았겠지만, 반역자로 지목된 이상 극단적 평가에서 벗어날 도리가 없었다.

작가인 권칙은 당대에 널리 퍼져 있던 반 후금 정서에 기대 강홍립을 의도적으로 폄하했다. 정묘호란 때 후금과 화친하는 걸 달가워한 조선인은 거의 없었다. 척화론과 주화론이 대립하기는 했지만, 주화론자 역시 급박한 상황을 타개하기 위한 수습책으로 주장한 데 지나지 않았다. 그러니 강홍립처럼 후금에 부화뇌동하고 그들의 앞잡이 구실을 했다고 지탄받던 사람이 국법에 따라 처벌되지 않고 편안히 제 집에서 죽었다는 사실은 당시의 정서상 용인되기 어려웠다. 권칙은 이런 문제적 인물에게 쏟아진 거센 비난의 목소리를 드러내려 했다. 그에 대한 반감을 표출하고, 뒷사람들이 그를 반면교사로 삼게 하려는 의도에서였다.

> 정원이 아뢰기를, "신들이 생각건대 강홍립은 사직에 제사를 올린 뒤 명을 받고 국경에 나갔습니다. 그런데 기쁜 마음으로 오랑캐에게 항복하였는가 하면 적을 이끌고 나라를 침범하여 임금이 되려는 뜻을

기뻐하며 바로 무릎을 꿇고 고했다. "이건 큰일입니다. 아직 새나가지 않게 하시고 마음에 간직하소서. 대사가 이루어지면 삼가 사직을 받들어 따를 것입니다. 혹시 여의치 못하면 강화를 맺더라도 족하겠지요." 홍태시가 말했다. "선생의 말이 옳소." 소씨녀가 문에 나와 옷자락을 잡아당기며 말했다. "노야가 조선으로 돌아가시면 저는 앞으로 어찌해야 하옵니까?" 홍립이 말했다. "잠시 마음을 편히 가지시오. 내 마땅히 왕비의 예로 그대를 맞이할 테니, 한 때의 이별 때문에 부질없이 슬퍼하지 마오." 將行, 問弘立入臥內, 手提金印一顆, 以與之曰: "先生因行佩之." 弘立雙手接過, 看其印文, 心自驚喜, 卽跪告曰: "此大事也. 姑勿漏泄, 默定於心. 事卽大成, 謹奉社稷以從. 或不如意, 講成足矣." 太時曰: "先生之言, 是." 蘇女出門牽衣曰: "老爺東還, 妾將奈何?" 弘立曰: "姑且寬心, 當以翬翟迎之, 一時離別, 莫浪悲也." 동사잡록본, 209쪽.

> 가졌으니 죄가 역적 예(豫)보다 지나치고 악이 역적 윤(潤)보다 심하여 실로 천하의 난적(亂賊) 중에 심한 자입니다. 그러나 국가에 법이 없고 정론이 행해지지 않아 주벌이 가해지지 않은 채 제 집에서 죽었으니 신명과 사람의 통분이 극에 달했습니다. 그런데 지금 그의 관작을 회복시키고 상사에 부의(賻儀)까지 한다면 어떻게 신하들에게 충성을 권장하고 천하의 악을 징계할 수 있겠습니까. 신들은 감히 분부를 받들 수 없으므로 죄를 무릅쓰고 진달합니다." 하니, 답하기를, "대신과 의논하여 시행하라." 하였다.[135]

『인조실록』의 강홍립 졸기(卒記)에 나오는 말이다. 승정원에서 올렸다는 글은 김상헌(金尙憲)이 주동이 되어 올린 계사[136]인데, 여기서 강홍립의 죄로 꼽은 내용은 권칙이 <강로전>을 지은 까닭을 설명한 부분과 같다. 표현에 다소 차이가 있긴 하지만, 오랑캐에게 투항한 일과 적병을 이끌고 들어온 일, 또 역심을 품었다는 것까지, 모두 그대로다. 이는 <강로전>에 형상화된 강홍립의 모습에는 단순히 권칙 개인의 생각만 담긴 게 아니라는 뜻이다.[137] 인용문에 보이듯이 인조반정의 공신세력들로 대표되는 서인의 관점이 강하게 반영된 것이다.

이렇게 된 데는 강홍립의 행적이 광해군대의 정치적·외교적 난맥상을 비판하기에 적절한 대상이었다는 점이 작용했다. 명나라와의 의리를 저버리고 후금에 투항해버린 건 어떤 이유로도 용납될 수 없는 일이었기 때문이다. 그건 존주대의를 전면 부정하는 거나 다름없었다. 이렇듯 <강로전>에는 집권한 지 얼마 되지 않은 서인들이 광해군대를 '혼조(昏朝)'로

135) 『인조실록』 5년(1627) 7월 27일(신묘).

136) 『청음연보(淸陰年譜)』 권1, 1627년 5월.

137) 이 때 생원 윤형지가 상소해서 극언하니 대략은 다음과 같다. 투항한 죄는 비록 쫓아 벌하지 못한다 할지라도 생민을 살육한 죄는 결단코 용서할 수 없사옵니다. 청컨대 극형에 처하여 성난 여론을 조금이나마 씻어주소서. 사의(辭意)가 격렬하여 듣는 사람들이 통쾌하다고 했다. 時生員尹衡志上疏極言, 大略以爲: '投降之罪, 縱未能追究, 殺戮之罪, 斷不可饒貸, 請置極刑. 小泄輿憤.' 辭意激烈, 聞者稱快. 동사잡록본, 212쪽.

규정해 그들과 차별화하면서 자신들의 도덕적 우위를 확인하고 정통성을 확보함으로써 권력 기반을 공고히 하려는 정치적 의도가 들어 있었다.[138]

당시 조선 사회의 일반적인 정서는 숭명배호(崇明排胡), 즉 명나라를 존숭하고 후금을 배척하는 것이었다. 시대 분위기가 그랬던 만큼 강홍립에 대한 평가가 매우 부정적이었던 것도 당연했다. 앞서 본 대로 그가 주벌(誅罰)되지 않고 죽은 것이 원통할 따름이라고 극언했을 정도였다. 어떤 인물의 공과(功過)를 따질 때 평가자의 주관이 개입되는 것은 흔히 있는 일이다. 하지만 강홍립에 대한 당대 및 후대의 평가와 그걸 반영해서 만들어낸 형상은 극단으로 치달았다. 그러다 보니 강홍립이 처한 상황과 그렇게 된 원인을 냉철하고 꼼꼼하게 짚어본 흔적은 보이지 않는다.

> 신이 권칙과 역관으로 하여금 가서 도사(都司)를 만나게 하였는데, 도사가 '진도독(陳都督)이 지금 석성도에 있다. 이 문서를 받느냐 받지 않느냐에 따라 귀국의 향배(向背)가 결정된다.' 하였습니다. 이에 '조정의 명령이 있기 전에는 결코 받아가기 어렵다.' 하였습니다. 도사가 '황상께서 특별히 파견한 칙사 도소기(道邵起)가 이미 석성도에 이르렀는데, 먼저 나로 하여금 먼저 와서 통지하게 한 것이다.' 하자, 권칙이 '우리 임금께서 지성으로 사대하시는 마음이 해와 별처럼 빛나지만, 세자가 오랑캐에게 포로가 되어 있어 오랑캐의 공갈이 매우 심하니, 대인께서도 또한 이 정세를 양찰할 것이다.' 하였습니다. 도사가 '천조와 귀국은 부자의 의리가 있다. 어찌 자식으로서 아비를 등지는 도리가 있겠는가? 귀국의 임금과 신하가 바닷길로 들어오면 선척과 식량을 대줄 수 있을 것이다.' 하자, 권칙이 '천조와 서로 교통하면 오랑캐가 반드시 다시 와서 충돌할 것인데, 부모의 나라는 멀리 바다 건너 있으니, 어떻게 세력을 믿고 쳐들어오는 것을 제지할 수 있겠는가?' 하였습

138) <임진록>에서도 강홍립을 부정적으로 그린 건 마찬가지다. 하지만 영웅적인 면모를 아주 배제하지는 않았는데, 그에 대한 평가가 부정 일변도로만 흐르지 않았음을 알려준다. 또 <임진록>에는 이념적 색채가 거의 드러나지 않는다는 점에서 당대 정치 현실과 밀착해서 창작된 <강로전>과는 차이가 크다.

니다. …(중략)… 한인들의 말은 예로부터 허탄하여 믿을 수가 없습니다. 지금 청나라 사람들이 강 건너 변경에 있으면서 한인들의 배가 왕래하는 것을 살피고 있습니다. 이렇게 하기도 저렇게 하기도 사세상 난처하니, 묘당으로 하여금 답장하는 말을 어떻게 쓸 것인지 지시하게 하소서.139)

임경업의 장계에 따르면, 권칙은 명·청 교체기에 임경업의 막하에 종군하며 평안도 일대에서 명나라 사신과 교섭하는 일을 맡았다. 이때 권칙은 명나라 사신과 접촉하면서 이 사실을 청나라 측에서 알게 될까봐 몹시 걱정하며, 그들이 가져온 문서를 접수하는 것조차 망설였다. 멀리 있는 명나라 때문에 청나라의 추궁을 당하게 될까 두렵다는 게 그 이유다. 그 역시 시대상황으로부터 자유롭지 못했던 것이다. 권칙 스스로도 <강로전>에서처럼 일방적으로 누군가를 꾸짖고 침 뱉을 처지는 아니었던 셈이다. 이렇게 보면, 강홍립의 처지를 객관적으로 이해하려는 노력이 전혀 없다는 것은 권칙의 훗날 처신으로 보면 지나친 처사였다.140)

권칙은 시대정서에 편승해 <강로전>을 지었고, 이를 통해 자신을 향한 싸늘한 시선에서 벗어나려 했다. 그런 의도가 어느 정도 적중했다는 것은 『충렬록』 등 여러 문헌에 이 작품이 인용된 걸로도 확인할 수 있다. 이런

139) 『인조실록』 16년(1638) 4월 19일(임자).

140) 조현우는 당대 지배층의 정치적 의도뿐만 아니라 작가인 권칙의 현실적 처지가 <강로전> 창작과 깊은 관련성이 있음을 치밀하게 논증했다(조현우, 앞의 논문 참조). 그에 따르면, 심하전투 때 투항했다가 탈출해 왔다는 전력 탓에 괴로움을 당했던 권칙은 자신과 장졸들을 피해자로 정립하면서 강홍립과의 거리두기를 시도하는 한편, 많은 시간이 지난 뒤까지 여전히 과거 때문에 옥죄는 현실에 대한 반발심에서 강홍립에 대한 연민의 정도 아울러 느꼈다는 것이다. 그러나 <강로전>에 연민의 정이 섞여 있다고 본 것은 과한 해석이다. 작품 후반에 소씨(蘇氏)를 재등장시킨 것은 강홍립의 부도덕성을 거듭 폭로하기 위해서다. 이 작품 문면에는 강홍립에 대한 연민의 감정이 드러나지 않을 뿐더러, 은연중에라도 그런 뜻을 비쳤다면 외려 더 구설수에 올랐을 일이다. 권칙의 생각이 참으로 그랬거나 그렇게 읽혔다면, 정조 때 간행된 『충렬록』 중간본(1798) 등에 인용되지도 않았을 것이다.

사실을 다른 각도에서 보면, <강로전>이 그만큼 지배담론을 뒷받침하고 강화하는 데 기여했다는 뜻이 된다. 강홍립의 부정적 이미지를 굳히고 대중적으로 확산시켜 혹시 있을지도 모를 동정적 시선마저 차단하고, 권칙 자신과 그가 속하고 싶었던 지배세력에게 비난의 화살이 돌아오지 않도록 했기 때문이다. 이 작품에 많은 사람들이 관심을 보인 건 이런 이념적 성격에 기인한 게 더 컸다.

작가는 강홍립이 후금에 투항한 일과 이후의 행적을 모두 '예외적인 개인'의 '일탈행위'로 규정했다. 당시 집권세력의 입장에서 강홍립은 절대 용서할 수 없는 사람이었다. 그는 시대정서에 반하는 짓을 저지른 자였고, 그래서 긍정적 민족 정체성을 유지할 수 없게 한 골칫거리였다. 예의와 염치를 아는 나라라는 자부심과, 대의를 목숨보다 중요하게 생각하는 민족이라는 자긍심을 무너뜨렸기 때문이다. 그러니 이런 자와 '선량한' 대다수 조선 사람을 구별 짓지 않으면 곤란했다. 한꺼번에 욕을 먹어선 안 되기 때문이다. 전혀 이해할 수도 없고 용서할 수도 없는 극히 예외적인 존재로, 일말의 동정심도 가질 필요가 없는 존재로 강홍립을 형상화한 것도 이 때문이다.

작가는 강홍립을 극단적일 만큼 부정적으로 형상화해, 독자에게 그를 옹호하거나 비난해야 하는, 양자택일을 요구했다. 이때 제3의 견해는 인정되지 않는다. 이 선택은 강홍립 개인을 평가하는 문제에만 국한되지도 않는다. 그것은 강홍립으로 대표되는 집단과 그를 부정하는 사람들이 지향하는 가치 중에서 하나만을 선택하도록 강요하는 것이다.

이렇게 하면 독자는 서로 한통속이라고 지목한 강홍립·광해군과 같은 편에 서길 주저하지 않을 수 없다. 그를 동정한다거나 괜히 어정쩡한 자세를 취했다가는 묵시적인 동조자라는 비난을 면치 못하기 때문이다. 남들이 모른다 해도, 그런 생각을 하는 자신을 용납할 수 없을 것이다. 이럴 경우에는 차라리 대다수의 사회 구성원처럼 선량한 피해자로 남는 게 훨씬 현명한 처신이다. 작가와 사회 구성원 대부분은 강홍립의 악의에 당한 '선량한' 피해자로 자처하면서 억울함을 호소할 수 있게 된다. 이렇게 해서 강홍립과 극소수의 동조자들을 제외한 나머지 대다수가 분리된다. 사람들은 강홍립을 꾸짖고 단죄하면서 개인과 사회의 온갖 악덕과 부정적인 면을 털어버릴 수 있었고, 스스로를 긍정적인 가치를 지키는 선한 존재로 인식할 수 있게 되었다.

이렇게 모든 걸 예외적인 개인이 저지른 일탈행위[141] 때문에 일어난 일이라고 치부하고 공박함으로써 개인들은 심리적 부담감을 덜고, 집단은 마땅히 져야 할 책임에서 자유로워질 수 있었다. 그러나 그렇게 해서 일시적으로 긍정적 정체성을 유지할 수는 있지만, 그게 반복되면 역사인식은 바람직하지 않은 방향으로 흘러가게 된다. 그 이유는 다음 두 가지로 요약할 수 있다.

첫째, 역사가 마치 문제적 개인들의 일탈행위로 점철된 듯한 그릇된 인식을 갖게 된다. 그렇게 되면 외적 조건이나 문제적 인물 몇몇이 민족의 생존을 좌우하고, 정체성을 뒤흔드는 결정적인 변수로 작용하게 된다는, 수동적이고 방어적인 역사인식에 머물게 된다. 역사의 주인이 누구인지, 역사를 움직이는 원동력은 어디서 나오는지 다시 성찰해야 하는 이유다.

둘째, 일이 생길 때마다 부정적인 면을 떠안아 줄 희생양이 필요해진다. 임진왜란 때는 원균(元均)과 국경인(鞠景仁) 등 부역자(附逆者)들을, 병자호란 때는 김자점(金自點)과 김경징(金慶徵)을 비난했던 것처럼 말이다. 그들은 지탄받아 마땅하지만, 그렇다고 모든 게 그들 탓이라고 할 수는 없다. 그들에게 책임을 전가하는 건 임금과 위정자들이 자신들의 과오를

---

141) 돌출적 행동이 때로는 '용단'이라는 평가를 받기도 한다. 임경업은 강홍립과 정반대의 경우다. 둘 다 문제의 중심에 섰던 인물이라는 건 분명한데, 강홍립은 일탈행위라 하여 지탄받았고, 임경업은 소신에 찬 용기 있는 행동으로 추앙받았다. 뭇 사람들이 움츠러들었을 때 과감히 행동으로 옮겨 후세 사람들이 따라야 할 모범을 보인 행위로 높이 평가한 것이다.

감추려는 논리일 뿐이다. 자신들도 몰랐다고, 어쩔 수 없었다고 말할 수도 있다. 그러나 몰랐다면 무능한 것이고, 알고도 막지 못했다면 무책임한 것이니, 사태를 그렇게 만든 책임을 통감하며, 잘못을 뼈저리게 반성하고 사죄해야 마땅하다. 그런데 자신들은 마치 국외자(局外者)인 것처럼, 누군가를 평가하고 단죄하려 든다. 그런 몇몇 문제적인 인물의 손에 놀아났다면, 그들을 가려낼 판단력도 없고, 그들을 응징할 의지도 없었다는 뜻이다. 그렇다면 도대체 무엇으로 백성들을 지키고 이끌어갈 것인가에 대한 근본적 회의나 진지한 반성이 보이지 않는다. 그렇게 책임 져야 할 사람들이 자신들도 피해자인 양 하는 건 그 피해를 고스란히 떠안아야 했던 백성들로서는 참으로 어처구니없는 행태였을 뿐이다.

특히 <강로전>에서처럼 전 정권의 탓으로 돌리면 현 집권세력은 책임을 지지 않아도 된다는, 결코 옳지는 않지만, 나름의 방어논리가 성립한다. 이렇게 하면 당장은 문제를 덮고 넘어갈 수 있다. 그러나 사태의 본질에 대한 성찰이 부족하니 현실을 정확히 진단할 수 없고, 미래에 대한 전망도 제대로 제시하지 못한 채, 개인과 집단의 정체성을 왜곡된 방향으로 이끌게 된다. 그것은 사태를 객관적으로 인식하려는 노력보다 주관적 의도가 강했던 데서 빚어진 현상이다.

<강로전>은 강홍립의 부정적 인상을 심어주면서 그에 대한 기대와 믿음이 실망과 분노로 바뀌어가는 과정을 그렸다. 작가는 점차 강도를 높여가며 부정적 삽화를 거듭해서 제시함으로써 부정적 이미지를 확고히 각인시켰다. 이에 비해 <임경업전>은 첫 등장에서부터 김자점을 '역적'으로 규정하고 들어가는데, 이런 선언적인 문장이 효과를 발휘하는 것은 역시 '무한 반복'을 통해서다. 김자점이 역모를 꾸민 정황을 구체적으로 제시하지도 않지만, 계속 같은 메시지를 반복함으로써 독자들의 뇌리에 그 이미지가 깊이 박히게 하고, 그 결과 의심의 여지가 없는 기정사실로 받아들이게 만들었다. 반론할 여지를 주지 않는다는 점에서 이데올로기

와 동일한 속성을 드러낸 것이다.

하지만 작중 강홍립의 모습은 역사적 인물을 평가한다는 통상적 차원에서 벗어나 이념적인 잣대에 따라 부여한 정치적인 의미가 과도한 게 사실이다. 이 점에서 <강로전>은 앞서 살핀 <최척전>·<김영철전>과는 확연히 다르며, 오히려 다음 시기인 18세기 작품, 특히 <임경업전> 같은 작품과 더 친연성을 보였다. 18세기 이후 작품에서는 이렇게 인물에 이념적 성격을 투사해 형상화하는 방식이 보편화된다. 따라서 <강로전>은 다음 시기 역사소설의 방향을 미리 보여준 작품이라고 할 수 있다.

3. 17세기 역사소설의 특성

16세기 후반부터 17세기 중반까지는 동아시아에 기존의 질서가 무너지고 새로운 관계가 정립된 시기였다. 당시의 변화는 예측할 수도, 피해갈 수도 없는 것이었다. 당대인들은 맨몸으로 전란의 참화를 겪어야 했고, 그 고통은 이루 형언할 수 없을 정도였다. 이런 배경 속에 형성된 17세기 역사소설은 크게 두 방향에서 현실에 접근했다.

첫 번째는 전란이 남긴 고통에 신음하는 민중의 삶을 돌아보고, 천신만고 끝에 흩어진 혈육을 다시 만난 사람들의 이야기를 통해 가족의 소중함을 강조한 작품이다. 여기에는 <최척전>과 <김영철전>이 해당된다. 두 작품은 전쟁 통에 삶의 터전을 빼앗기고 먼 이역에 포로로 끌려가 갖은 고초를 겪었던 힘없은 백성들의 가슴 아픈 사연을 담았다. 두 작품은 가족의 가치에 주목했다는 점에서는 같지만, 서사세계와 지향은 매우 달랐다. <최척전>에서는 이산과 재결합을 경험한 최척 일가의 이야기를 통해 국가와 사회가 재건되기를 소망하는 간절한 마음을 담았다. <김영철전>

은 주인공의 신산(辛酸)한 삶을 통해 당대 기층민들의 고통스런 현실을 사실적으로 묘사했다. 가족이 해체되게 만든 사회와 지배층을 강하게 비판함으로써 그런 현실을 개선할 방안을 조속히 마련하라고 촉구한 것이다. <최척전>과 <김영철전>은 다 같이 가족 이산의 문제를 다뤘으면서도 서로 다른 현실인식을 보여준다는 점에서 대비된다. <최척전>에서 그나마 희망을 발견했다면, <김영철전>에서는 고통이 언제까지나 지속될지도 모른다는 불안감을 떨치지 못했다.

두 번째는 전쟁을 패배로 몰고 간 인물의 책임을 추궁한 작품이다. <강로전>에서 주인공을 극단적일 만큼 부정적으로 형상화한 것은 작가인 권칙이 강홍립에게 가졌던 개인적 반감 때문이기도 하지만, 인조조의 집권세력이 광해군대에 정국을 주도한 인사들에게 내린 역사적 단죄라는 의미가 강했기 때문이다. 강홍립이란 인물이 정치적 상징성을 띠고 있었다는 점에서 이러한 방향은 이미 예정된 것이기도 했다. 어떤 인물에 이념적 성격을 투사하는 이런 방식은 다음 시기인 18세기 작품에서는 보편화되고 보다 강화된다. 따라서 <강로전>은 18세기 역사소설의 방향을 예고한 작품이라고 할 수 있다.

17세기 역사소설에는 전란을 직접 경험한 세대의 현실인식이 잘 드러나 있다. 동시대의 작가가 사건이 발생한 지 오래지 않은 시기에 소설화한 만큼 호소력이 짙은데, 체험을 공유한 데서 온 문제의식의 깊이와 절실함이 바탕에 깔려 있기 때문이다. 가족이 해체된 현실에 관심을 기울인 작품이 조선후기 역사소설의 서두를 장식했는데, 다음 시기 작품에서는 발견할 수 없는 면이다. 사회의 근간이 그만큼 흔들렸다는 반증이며, 한 세기가 저물어 갈 때까지 그 상처가 아물지 않았다는 징표다.

17세기 역사소설은 현실을 바라보는 작가의 눈이 매우 어둡다는 점이 두드러진 특징이다. 17세기인들은 역사의 격랑 한 가운데 있었다. 따라서 현실을 객관화해 인식할 만한 여유를 갖지 못했을 뿐만 아니라 미래를 전망하기도 어려웠다. 그런 가운데서도 <최척전>·<김영철전>은 가족 구성원들이 만난 역사의 현장을 묘사하면서 당대인들이 처한 고통스런 현실과 그에 맞서 처절한 사투를 벌이는 모습을 사실적으로 그렸냈다. 사실 이 두 작품이 이전 시기의 전기소설에 비해 리얼리즘적 성취를 높이 평가받는 것은 매우 역설적인 결과다. 현실적인 제약이 높은 예술성을 얻게 한 요인이 됐기 때문이다.

Ⅳ. 18세기 역사소설의 양상

여기서 다룰 작품은 크게 두 가지, 즉 전란 체험을 허구화한 경우와 극심한 당쟁을 다룬 경우로 나눌 수 있다. 18세기에 들어서도 앞 시기의 전란 체험은 여전히 주요한 소재가 됐다. 하지만 시간이 흐르면서 전 시기에 비해 실존인물과 작중인물, 역사적 사건과 작중 사건 사이의 일체화 정도는 점차 약해졌다. 역사적 사건을 실제로 체험한 세대가 거의 사라지면서 과거는 이미 희미한 기억 속에 남아 전해지는 이야기로 그 의미가 바뀌고 있었기 때문이다.

역사적 체험에 덜 밀착됐다는 게 곧 역사의식의 수준이 낮다는 말은 아니다. 다만 생생한 체험보다 작가가 재해석하고 재구한 부분의 비중이 커질 수밖에 없었다는 점에서 17세기 작품과는 다른 방향에서 접근해야 한다는 뜻이다. 허구적 인물을 창조하거나 허구적 사건을 구성한 건 상상력의 소산이지만, 현재의 상황을 진단하고 미래의 전망을 발견하기 위해 역사의 의미를 되새기고, 이를 통해 개인과 집단의 정체성을 재구성하려 했다는 점은 다르지 않다.

당쟁에 대한 문제의식을 바탕으로 형성된 작품은 이 시기에 처음 등장했다. 소설에서도 이를 문제 삼았을 만큼 당쟁이 격화됐다는 뜻이다. 이 시기의 당쟁은 이념 논쟁의 양상으로 전개됐다. 복제(服制)에 대한 이견을 기화로 예송(禮訟)이 일어난 것은 예(禮)를 사적 · 개인적인 행위로만 생각하지 않고, 공적 · 사회적 실천 행위로 이해했기 때문이다.[1] 예론(禮論)은 자아와 타자를 어떻게 이해하고 그 관계를 어떻게 설정하며, 어떻게 표현해야 하느냐는 문제를 따지는 것이다. 자아와 타자를 구별하고 가까운 사람과 먼 사람을 분별해서, 거기에 맞는 규범에 따라 주체의 행위를 결정하기 위해서다. 이에 따라 모든 사회적 관계와 그 기대 역할도 달리 규정하는 것이기에 예론은 개인과 집단의 정체성을 재구성하는 문제와 긴밀하게 연관된다.[2]

특히 군신간의 의리와, 부자간의 정분, 사제간의 범절은 자신의 위치와 본분을 확인하고 행위의 준칙을 결정하는 것이기에 다른 모든 관계보다 우선했다. 또 그게 개인과 그가 속한 집단의 현실적 지위를 정당화하는 근거였기 때문에 결코 물러설 수 없는 문제였다. 더욱이 직접 당사자뿐만 아니라 주위 사람들에게도 큰 영향을 끼치는 일이었기 때문에 그냥 흘려 넘길 수 없었고, 그 파장도 만만치 않았다.

효종(孝宗)을 승통(承統)으로 보는지, 윤통(閏統)으로 보는지에 따라 대비(大妃)의 복제(服制)를 달리 주장한 데서 일어난 기해예송(己亥禮訟, 1659) · 갑인예송(甲寅禮訟, 1674)처럼 정국에 한바탕 회오리를 몰고 왔던 게 그 단적인 예다. 또한 사제간인 송시열(宋時烈, 1607～1689)과 윤증(尹拯, 1629～1714)이 대립했던 회니시비(懷尼是非)도 이런 관점에서 이해할 수 있다. 언뜻 보면 사소한 일에서 비롯된 갈등처럼 보이지만, 그 여파는

---

1) 예론은 사람이 지켜야 할 예법(禮法)과 그 원리를 다뤘다. 그게 뭐 그리 대수냐고 할 수도 있다. 하지만 남북 당국자 회담을 위한 예비 접촉에서 대표자의 '격(格)'을 맞추는 문제가 본회담 개최에 걸림돌이 되기도 했다. 현대에도 결코 사소한 문제가 아니라는 말이다. 그렇게 보면 조선시대에 현대보다 더 각별한 의미를 가졌으리란 걸 충분히 짐작할 수 있다.

2) 예컨대 왕자(王者)의 예(禮)와 사대부의 예(禮)가 같은가, 그렇다면 군신관계는 어떻게 설정해야 옳은가, 부자관계가 우선인가 사제관계가 중요한가, 이상적인 부부관계는 어때야 하는가 등 여러 문제가 이와 연관된다.

전 사회를 뒤덮을 만큼 컸다.

<박태보전>·<윤지경전>은 소재를 당쟁에서 가져왔기 때문에 당파적 입장이 작품에 반영된 건 당연했다. 주의할 건, 두 작품에서 당쟁을 바라보는 입장에 적잖은 차이가 있으며, 구체화한 양상도 매우 다르고, 독자들의 독법도 한결같지 않았다는 사실이다. <윤지경전>은 애정소설적인 면이 압도하는 것처럼 보이며, 독자들도 애정소설로 읽은 흔적이 있다. 그러나 이 작품은 당쟁과 그에 관련된 집단의 이해를 우의(寓意)한 작품으로 보아야 한다.

1. 위기의 현실에 대한 상반된 이해와 영웅성의 재발견

<임경업전>의 형성 시기는 대체로 17세기 후반에서 18세기 초반으로 추정한다. 논자에 따라 임경업이 신원(伸冤)된 1697년을 그 상한선으로 추정하기도 하고, 그가 신원되기 전에 소설 <임경업전>이 존재했을 가능성을 제기하기도 한다. 다만 아메노모리 호슈(雨森芳洲, 1668~1755)의 기록을 볼 때 1703년을 전후한 시기에는 이미 형성된 게 거의 확실하므로,[3] 이 책에서는 18세기 초의 작품으로 다루기로 한다.

3) 조희웅, 「숙향전 형성연대 재고」, 『고전문학연구』 12, 한국고전문학회, 1997, 121~127쪽. 논자도 밝혔듯이, 후대인의 기술일 수도 있다는 점에서 꼭 1703년이라고 확정할 순 없다. 그래도 이전에 소개된 문헌보다 작품 형성의 상한선을 올려 잡게 해주는 자료로서 큰 의미가 있다. 한편 <임경업전> 판본 중에는 1780년(정조 4)에 간행된 것이 가장 앞선 이본이라고 한다. 이창헌, 「경판 방각소설 판본 연구」, 박사학위논문, 서울대 대학원, 1994, 126~143쪽; 이창헌, 「한남서림 간행 경판방각소설 연구」, 『한국문화』 21, 서울대 한국문화연구소, 1998, 4쪽; 이창헌, 「방각소설 출판과 관련된 몇 가지 문제: 방각소설의 출판과 언어·문화의 표준화」, 『고전문학연구』 35, 한국고전문학회, 2009, 148~157쪽.

<임진록>은 체제나 내용이 완전히 다른 이본이 상당수 있기 때문에 일률적으로 말하긴 어렵지만, 대체로 18세기 중엽에서 19세기 초에 형성된 것으로 추정한다.[4] 이 책에서는 현재 확인된 이본 중 수적으로 가장 많고, 창작성이 높은 걸로 평가되는 '최일영 계열'을 중심으로 논의하고, '역사 계열'·'관운장 계열' 등을 참고하기로 한다. 여기서는 허구적 인물을 내세워 역사적 사건을 재구한 작가의 의도와 그 효과를 살피되, 다른 작품들과 뚜렷이 대비되는 역사의식에 특히 주목하겠다.

두 작품은 청나라가 지배체제를 안정화한 시기에 형성됐다. <임경업전>은 명나라를 중심으로 한 중화적 국제질서를 회복할 수 있으리라는 희망이 사라진 시기에 존주대의(尊周大義)의 기치를 내걸고 현실을 타개하려 했던 집권층의 입장이 강하게 반영된 작품으로 판단한다.[5] <임진록>은 이러한 지배층의 이데올로기 공세에 거부감을 느낀 피지배층과 비판적 지식인에 의해 형성됐다고 본다.

이렇게 상이한 역사의식에서 출발했기 때문에 두 작품의 지향점 역시 전혀 다르다. 하지만 두 작품의 주요 등장인물은 실존인물의 행적과 매우 다르게 형상화됐다는 점에서는 공통적이다. 인물의 영웅적 활약상을 그렸으나 역사적 실상과는 동떨어져 있는데, 두 작품의 작가에게 임병양란의 체험은 이미 간접화된 단계였다는 걸 말해준다.

---

4) 임철호, 「역사군담론」, 한국고전소설 편찬위원회 편, 『한국고전소설론』, 새문사, 1990, 211쪽. <임진록>의 이본을 모두 검토하는 건 필자의 능력을 벗어나는 일이다. <임진록> 이본에 대한 이 책의 기술은 별다른 언급이 없는 한 임철호의 다음 논의를 참조한 것이다. 임철호, 『임진록 이본연구』 I ~ IV, 전주대 출판부, 1996.

5) 임진왜란과 정묘·병자호란을 거친 후, 대청복수론(對淸復讐論)과 대명의리론(對明義理論)이 서로 맞물려 제기됐는데, 전자는 북벌론(北伐論)으로, 후자는 존주론(尊周論)으로 이론적 틀을 형성했다. 존주론에서 '주나라 왕실[周室]'은 중화문화의 상징으로 제시됐으므로 정통성을 가진 중화(中華)의 실체는 시대에 따라 바뀌게 된다. 정옥자, 『조선후기 조선중화사상 연구』, 일지사, 1998, 15쪽.

1) 존주론(尊周論)의 강화와 이념적 영웅의 창조: 〈임경업전〉

<임경업전>의 형성과 향유는 밑으로부터 추동된 면보다는 집권세력에 의해 의도적으로 조장된 측면이 강하다. 작품이 나온 시기는 18세기로 접어드는 때, 좀 더 좁혀서는 임경업이 신원된 1697년을 전후한 때로 본다. 여기서는 여러 문인들이 임경업의 행적을 담은 전(傳)을 지은 배경과 임경업이 소설 속의 영웅적 형상을 얻게 된 과정을 정치세력들과의 관련 속에서 살펴보겠다.[6]

(1) 〈임경업전〉의 형성 배경

임경업(林慶業, 1594~1646)은 1697년(숙종 23)에 신원됐는데, 그 때까지 그에 대한 평가는 소설 <임경업전>에서와 같이 긍정적이지 않았다. 인조의 발언과 숙종대 중신인 남구만(南九萬, 1629~1711)의 말에서 이를 확인할 수 있다.

> [1] 말이 실제보다 지나친 자는 반드시 일을 망치고 만다는 것은 경업을 두고 한 말이다. 처음에는 큰소리를 쳐놓고 끝내 도주하였으니, 이 어찌 사람의 도리이겠는가?[7]

> [2] 영중추부사 남구만은 말하기를 " … 도망하여 중국으로 들어간 한 부분에 이르러서는 대체로 임경업이 스스로 그의 재능이 때를 만나지 못했다고 여겨 천하에 한 번 펴보려고 한 것이었으며, 또 우리나라의 치욕을 씻고 정의를 유지시키려고 하였던 것이지, 오로지 살기를 탐하거나 죽음을 두려워 한 데서 나온 것은 아닌 듯합니다. 다만 생각하건대, 獨步의 일이 발생하여 청나라 장수가 왕자를 끼고 鳳城에 와서

6) 임경업 관련 전승 중에서 민간 전설이 먼저 성립됐는지, 소설화가 더 먼저인지는 확인하기 어렵다.

7) 『인조실록』 20년(1642) 11월 13일(기묘).

주둔하며 우리나라에 대하여 힐문하였을 때, 그 事機가 위태롭고 궁핍하여 임금이 욕을 당할 경우 신하는 목숨을 바쳐야 할 뿐만이 아니고, 또 그가 사건에 참여하였다면 당연히 一身의 죽음으로써 한 나라의 화를 막았어야 했습니다. 그런데 명령을 벗어나 도망하여 자중함이 없어서 聖心을 놀라게 하고 온 나라를 소란스럽게 하였으니, 人臣이 자신의 위태로움을 무릅쓰고 임금을 받들어야 하는 절개로 논한다면 亡命한 죄는 면할 수 없습니다. 그리고 중국에 도착하였을 때에는 또한 명나라 조정이 거의 망해 가는 무렵이었으므로, 功業이 알려진 것이 없어 一身과 명예가 모두 辱이 되었으니, 이루지 못한 뜻을 가지고 이미 정해진 죄를 용서하기는 어렵습니다." 하였다.[8]

임경업은 명군(明軍)과 몰래 내통한 사실이 발각돼 심양으로 압송되던 도중에 도주하여 명나라로 망명했다. [1]에서 보듯, 인조는 이 일을 어떻게 처리할 것인지 매우 곤혹스러워하며 임경업의 사람됨을 못마땅해 했다. 일을 깔끔하게 처리하기는커녕 큰소리만 치다가 그르치고 말았다는 것이다. 혼자 망명해버린 뒷감당을 해야 했으니 이렇듯 평가한 것도 무리가 아니었다.

[2]는 임경업의 신원 문제가 대두됐을 때 남구만이 올린 글이다. 그는, 청나라에서 왕자를 인질로 잡고 위협하는 상황이었으니 당연히 개인적인 처지보다 국가의 안위를 먼저 생각해야 옳았다고, 임경업을 비판했다. 남구만은 이렇게 임경업의 행적을 마땅찮아 했지만, 특별히 은전을 베푸는 형식이라면 신원해 주어도 무방할 거라는 의견도 아울러 제시했다.[9]

---

8) 『숙종실록』 23년(1697) 12월 9일(을묘).

9) 남구만(南九萬), 「임경업신원의(林慶業伸寃議)」, 『약천집(藥泉集)』 제13(『한국문집총간』 132, 민족문화추진회, 1994, 148쪽). 한편 인목대비의 폐비에 관한 일을 적은 '계축기사(癸丑記事)'와 함께 필사된 국립중앙도서관 소장 '임장군전(林將軍傳)'에는 남구만의 장서인이 찍혀 있는데, 이 때문에 <임장군전>을 남구만이 지은 것으로 보기도 했다(김의정, 『역사소설 임장군전 연구』, 솔터, 1992). 하지만 이 자료는 이선(李選)의 <임장군전>을 필사한 것일 뿐이다.

17세기 후반의 임경업 관련 기록에서 다음 두 가지를 확인할 수 있다. 첫째, 임경업이 심기원의 역모사건에 연루되어 죽임을 당한 일에 대해 사람들은 온정적인 태도였다. 둘째, 그럼에도 불구하고 명나라로 망명한 건 잘한 일이라고 보지 않았다. 앞서 인용한 인조의 언급이나 남구만의 발언에서도 임경업이 망명한 걸 부정적으로 평가했다. 그러니 임경업의 신원 문제가 공식적으로 논의될 수 없었던 것이다.

이런 사정은 숙종대 후반 노론(老論)이 정치 주도세력으로서의 위치를 확고히 한 후에야 비로소 바뀌기 시작했다. 송시열을 비롯한 노론은 임경업의 행적을 긍정적으로 이해했다. 임경업이 망명한 것은 조선이 명나라와의 의리를 지킬 수 없는 상황에서 존주대의(尊周大義)를 실천하기 위해 선택한 불가피한 길이었다고 하여, 신하로서의 공적 판단과 처신보다 개인적 소신에 따른 행동을 오히려 높이 평가한 것이다.[10] 이런 관점은 이선(李選, 1632~1692)·황경원(黃景源, 1709~1787) 등의 '임경업전'에도 공통적으로 드러난다.

이선은 송시열보다 1년 앞서, 1688년 9월에 임경업을 대상으로 한 전(傳)을 지었다. 이보다 앞선 문헌에서는 임경업을 신원해야 한다는 취지의 발언은 고사하고, 그에 대한 언급 자체를 찾기 어렵다. 이런 상황은 쉽게 납득이 가지 않는다. 송시열이나 그 문도(門徒)들의 주장처럼 임경업이 존주대의를 지킨, 그렇게 훌륭한 인물이었다면, 그의 신원이 그토록 늦춰질 이유가 없기 때문이다. 더욱이 북벌론이 한창 성할 때는 그런 논의가 전혀 없었다는 사실을 설명하기 곤란하다.[11] 따라서 새삼스레 임경업

---

10) 신하로서의 직분보다 개인이 생각하는 의리에 맞게 행동하게 해야 한다는 논리는, 1664년(현종 5)에 8개월 동안 계속됐던, 공의(公義)·사의(私義) 논쟁에서 볼 수 있다. 정만조, 「조선 현종조의 私義·公義 논쟁」, 『한국학논총』 14, 국민대 한국학연구소, 1991; 정만조, 「17세기 중반 漢黨의 정치활동과 국정운영론」, 『한국문화』 23, 서울대 한국문화연구소, 1999 참조.

11) 북벌론은 겉으로나마 은밀히 진행되는 모양새였기 때문에 임경업의 신원 문제도

을 주목해 전을 지은 동기는 다른 데서 찾아야 한다.

임경업의 신원에 앞장섰고, 그의 전을 지었던 사람들이 관심을 둔 것은 그가 실제로 얼마나 큰 공을 세웠느냐가 아니었다. 그들에게는 임경업이 존주대의의 기치를 높이 들었으며, 그것을 몸소 실천하려고 비난을 무릅쓴 채 망명까지 했다는 점이 중요했다. 눈에 띄는 성과가 무엇인지, 그 과정에 작은 허물이 있고 없고는 중요하지 않았다. 일의 성패보다 의도를 중시하는 이런 논법은 그 근저에 가치론적 역사의식을 깔고 있는데, 현실이 이상적인 상황과 거리가 먼 데도 정당성과 정통성을 주장하려 할 때 특히 자주 쓰였다.12)

임경업을 영웅화한 건 정치적인 의도에서 비롯된 걸로 판단되는데, 송시열(宋時烈)의 글에서부터 이런 방향이 감지된다. 송시열은 기사환국(己巳換局)으로 제주도에 유배돼 있던 1689년에 '임경업전'을 지었다. 그런데 송시열의 '임경업전'은, 그의 문도들도 확인을 거치지 않은 채 지은 거라고 인정했을 만큼,13) 사실 기술이 허술했다. 송시열은 임경업의 행적을 자세히 다루지 않았다. 대신 그의 생애에서 자신의 가치관에 부합하는 면을 발견하고, 이를 통해 윤휴(尹鑴)·윤증(尹拯) 등 정치적 반대파를

그에 따라 조심스럽게 접근했다고 할 수도 있다. 그러나 북벌론 전개과정에서 훗날 노론의 핵심이라 할 만한 인사들의 태도는 대단히 미온적이었다. 유계(兪棨)는 기밀이 누설돼 화를 자초할까 두려워했고, 송준길(宋浚吉)은 내정(內政)이 견실하지 않은데 국외사(國外事)를 도모하면 실패할 거라 여겼으며, 이유태(李惟泰)는 왕의 의지가 견고하지 못할까 걱정했다. 이영춘, 「우암 송시열의 존주사상」, 『청계사학』 2, 한국정신문화연구원 역사학과, 1985, 149쪽.

12) 유가(儒家)의 전통적인 역사 인식틀이었고, 조선후기에 편찬된 사서에 일관되게 적용된 논리기도 했다.

13) 이에 앞서, 우암 송문정공이 장군의 전을 지어 존주대의를 크게 칭양했다. 그러나 공이 바야흐로 절해에 유배되어 사사(賜死)하라는 명이 언제 내려올지 모를 때였기에 사실을 고거할 수 없었으므로 뜻을 다해 포장(鋪張)했고, 의를 위해 함께 죽은 사람들에게까지 미쳤다. 先是, 尤齋宋文正公, 爲將軍立傳, 盛稱其尊周大義, 而公方竄絶海, 朝暮胥後命, 不能攷据事實, 盡意鋪張, 以及同時死義之人. 이이명(李頤命), 「임장군전후서(林將軍傳後敍)」, 『소재집(疎齋集)』 권10(『한국문집총간』 172, 민족문화추진회, 1996, 250쪽).

공격하는 데 더 큰 비중을 두었다.[14] 임경업을 국가적 영웅으로 떠받드는 작업이 정치세력간의 다툼에서 명분을 확보하기 위한 수단이었다는 말이다. 이렇듯 임경업의 신원 문제를 논의한 데는 당론과 그 뒤에 숨은 정치적 의도가 매우 중요하게 작용했다.

요컨대 17세기 후반까지의 임경업에 대한 평가와 18세기 이후의 그에 대한 평가는 사뭇 달랐다고 할 수 있다. 나라를 위기에 빠뜨린 위험천만하고 무책임한 행동이므로 쉽게 용서할 수 없다고 비판받던 행위가 오히려 존주대의를 가장 적극적으로 실천한 행위로 재평가되기에 이른 것이다. 이런 차이는 정치 환경의 변화에 따른 결과였다.

> 또한 자고로 충신·열사들이 참으로 많이 위태로운 시절에 절개를 다했으나, 신하로서 제 조정을 섬겼던 게 아닌 자가 없으니, 어찌 일찍이 번국(藩國)의 배신(陪臣)으로서 천자를 위해 근심하기를 정묘·병자 이래 우리나라 제현들처럼 했다는 걸 들었으랴. 저 학사 대부들은 오히려 그 배운 바를 저버리지 못해서였다지만, 장군 같은 이는 궁항의 무사로 일찍이 춘추의 의리를 알지 못했을 텐데도, 의를 좋아하고 절의를 숭상함이 참으로 배고플 때 먹고 목마를 때 마시는 것처럼, 물이 만 굽이를 돌아도 반드시 동쪽으로 흐르는 것 같은 정성을 품어, 비록 아홉 번 죽더라도 후회함이 없었다. 이런 데도 한 번 죽는 걸 두려워했다고 말할 수 있겠는가.[15]

---

14) 인조·효종·현종을 거쳐 숙종대에 이르기까지 훗날 노론의 주축을 이룬 인사들은 남인 또는 소론과 정치적으로 대립한 경우가 많았다. 송시열은 북벌론을 비판하거나, 윤휴(尹鑴)를 옹호하는 행위, 또는 윤증(尹拯)과 교류하는 것 등을 모두 이단사설에 물들어 정도(正道)를 벗어난 거라고 비난했는데, 이런 그의 행적은 『우암선생사실기(尤菴先生事實記)』에 자세하다. 이 책에서는 송시열의 생애를 그의 관력(官歷)과 중요한 정치적 사건을 중심으로 다음 세 부분으로 나눠 기술했다. 첫째, 북벌계획의 입안과 추진 과정 및 그 좌절, 둘째, 윤휴와의 대립과 갈등 관계, 셋째, 윤증과 대립한 소위 '회니시비(懷尼是非)'의 시말이다. 모두 송시열과 반대 세력과의 대립에 주목하되, 노론의 시각에서 남인과 소론계 인물들을 매우 부정적으로 평가했다. 김평묵(金平默), 『우암선생사실기(尤菴先生事實記)』, 국립중앙도서관 소장본.

15) 且自古忠臣烈士, 固多盡節於傾覆之際, 莫非親北面事本朝者, 曷嘗聞藩國之陪臣, 爲天

임경업은 실제 공적은 보잘 것 없었지만, 명나라로 망명까지 해서 청나라에 대항하려는 의지를 보였다는 점에서 국가적으로 기리기에 적합한 인물로 선택됐다. 위에 인용한 이이명(李頤命, 1658~1722)의 말은 임경업의 망명을 두고 죽음을 두려워해서 도망친 거라고 폄훼하는 이들을 향한 변론의 성격이 짙다. 여기에는 문신인 이이명이 무신이었던 임경업에게 느낀, 우월감과 열등감이 뒤섞인 묘한 심리가 드러난다. 학사 대부들이 절의를 지킨 것은 당연한 일이지만, 무부(武夫)인 임경업은 그걸 잘 알지도 못했을 거라는 건 우월감의 표현이다. 다른 한편으로는 임경업이 보여준 기개와 과감하게 행동으로 옮긴 실천력에는 감히 미칠 수 없다는 한계를 깨달으면서 느낀 부러움과 열등감도 아울러 묻어난다. 그럼에도 불구하고 임경업을 포함해서 이사룡(李士龍)·최효일(崔孝一) 등 신분이 낮은 사람들을 계속 발굴해서 현창한 데는 그만한 이유가 있다. 존주대의를 지키는 게 삼학사 같은 사람들만 할 수 있는 일이 아니라, 누구라도 실천할 수 있고, 또 그래야 하는, 보편적인 가치를 갖는 숭고한 일이란 걸 확인하려 한 것이다. 임경업은 그런 일을 실제 행동으로 옮긴 사람들 중에서도 훌륭한 사례요, 본보기였다.

작품 초반, 임경업은 동지사(冬至使) 이시백의 호위군관으로 남경에 간다. 이때 가달의 침입을 받은 호국은 명나라에 원병을 요청하고, 임경업이 황제의 명을 받아 대원수로 출전해서 가달을 물리침으로써 호국을 멸망 위기에서 구해준다. 이 일로 인해 임경업은 조선·명나라·호국 세 나라에서 명장으로 추앙받게 된다.

호국이 남경 천자에게 도움을 요청한다는 설정은 역사적 사실에 부합하지 않을 뿐더러 작중 현실로도 앞뒤가 맞지 않는다. 명나라가 남경으로

子立懂, 如吾東丙丁以來諸賢者乎! 彼學士大夫, 尙不負其所學, 若將軍, 以窮鄕蹶張之士, 未必夙聞春秋之義, 而嗜義尙節, 眞若飢食而渴飮, 抱萬折必東之誠, 雖九死而靡悔. 若是而其可曰畏一死哉! 이이명, 「임장군전후서(林將軍傳後敍)」(앞의 책, 251쪽).

천도할 지경이라면 호국의 세력이 그 만큼 강하다는 뜻이니, 가달이 호국에 침입한다는 건 개연성이 없다. 더욱이 자신들을 남경으로 밀어낸 호국을 돕기 위해 명나라에서 원군을 보낸다는 건 상식적으로 말이 안 된다. 또 호국이 명나라에 원군을 요청하고, 명나라가 그에 응할 정도로 강하다면, 임경업 같은 번방(藩邦)의 이름 없는 장수에게 그 일을 맡길 리도 없다.

이 무용담은 실제 임경업의 행적과 전혀 무관하지만, 그의 향후 행로를 결정짓는, 그래서 작품 내적으로 매우 중요한 사건이다. 이 삽화의 의미는 다음 세 가지로 간추릴 수 있다.

첫째, 임경업이 명성을 얻고 기대를 한몸에 받게 되는 계기다. 사신의 수행군관에 불과했던 임경업은 이 활약으로 인해 조·명 양국에서 난세를 헤쳐 나갈 영웅으로 급부상하고, 호국에서 두려워하는 존재가 된다. 이에 앞서 백성들과 고락을 함께 하는 전통적 명장(名將)의 이미지를 심어준 장면과 함께 독자들이 임경업에게 감정을 이입하고 동일시하게 만든 것이다.

둘째, 임경업이 존주대의를 지키는 걸 자신의 운명으로 받아들여 필생의 소임으로 삼게 된 전환점이다. 번방(藩邦)의 '무명 쇼장'이었던 그가 대임을 맡은 것만도 황감한 일인데, 공을 세워 영예까지 얻었으니 이 출전은 그에게 더할 나위 없는 기회였다. 이를 계기로 임경업은 명나라 신하들과 교유하면서 그들과 자신을 공동운명체로 생각하게 되며, 그런 은혜를 베풀어 준 황제를 위해서라면 목숨을 바쳐도 아깝지 않다고 생각하게 된다.[16] 그렇게 해서 명나라에 대한 의리, 곧 '존주대의'를 지키는 일이

16) 경업이 안식을 화히 ᄒᆞ여 왈 화복이 슈에 잇고 인명이 ᄌᆡ쳔ᄒᆞ니 조션과 ᄃᆡ국이 다르오나 보천지퇴 막비왕토오 ᄉᆞᆯ토지민이 막비왕신이라 ᄒᆞ니 엇지 죽기를 ᄉᆡ양ᄒᆞ리잇고 ᄒᆞ고 인ᄒᆞ여 하직ᄒᆞ니 <님장군젼 권지단>, 경판 27장본, 『영인 고소설판각본전집』 2, 연세대 인문과학연구소, 1973, 432쪽. 앞으로는 인용문 끝에 해당 면수만 밝히겠다.

그의 소임이 된 것이다. 일신의 안위를 걱정한다거나 조국의 위기를 타개하는 것보다 임경업에게 우선하는 가치는 존주대의를 실천하는 일이며, 이를 위해 망명까지도 불사한다.

셋째, 존주대의가 임경업뿐만 아니라 독자들도 당연히 받아들여야 할 가치가 된다. 이 사건을 통해 임경업은 호국의 은인이 되며, 호국에서는 그 은공을 잊지 않겠다는 뜻으로 무쇠로 만든 만세불망비를 세우기까지 한다. 그래 놓고 뒤에 호국이 조선을 침략하는 건 그야말로 배은망덕한 짓이다. 자연히 임경업과 그의 나라인 조선은 호국에 대해 도덕적으로 절대적인 우위에 서게 된다.[17] 개인끼리만이 아니라 국가 간에도 은의(恩義)를 잊지 말아야 하는데, 이를 헌신짝처럼 팽개쳤으니 지탄받아 마땅하기 때문이다. 잊지 말아야 할 건, 조선이 임진왜란 때 명나라의 도움으로 위기를 벗어났다는 사실이다. 임경업이 호국을 도와 가달의 침입을 물리쳐 준 것과 마찬가지다. 그렇기에 명나라에 대한 의리를 저버린다는 건 호국과 똑같이 염치없는 짓을 하는 꼴이 되고 만다. 나라가 망할 위기에서 구해준 건 절대 잊어서는 안 될 은혜, 즉 '만세불망'해야 할 '재조지은(再造之恩)'이다. 따라서 그런 명나라와의 의리를 지키는 건 당연한 도리이며, 독자도 역시 그런 대의를 받아들여야 마땅하다는 논리가 성립한다. 독자들이 호국의 부도덕성을 비난한 만큼 그들과는 달라야 하기 때문이다. 그리하여 명나라에 대한 의리를 지키는 건 당위면서, 호국과 달리 예의와 염치를 아는 문화민족이라는 자존심을 지키는 길이 된다.

이런 논리 구조는, 망해버린 명나라에 의리를 지키는 것을 가치 있고 명분 있는 일로 생각하고, 조선이 중화문화의 유일한 계승자라고 자처했

17) 경업이 ᄃᆡ즐 왈 ᄂᆡ 년젼에 너희 ᄂᆞ라히 가 々달을 쳐 파ᄒᆞ고 호국 ᄉᆞ직을 보젼ᄒᆞ엿스니 그 은덕을 맛당이 만셰불망ᄒᆞᆯ 거시어ᄂᆞᆯ 도로혀 쳔죠를 비반ᄒᆞ고 아국을 침범코져 ᄒᆞ니 너의 갓튼 무리를 죽여 분을 씨슬 거시로되 십분 용서ᄒᆞ여 돌녀 보ᄂᆡᄂᆞ니 쌜니 도라가 본토를 직히고 다시 외람ᄒᆞᆫ 뜻을 ᄂᆡ지 말나 434쪽.

던 집권세력의 의식과 한가지다. 이런 대응방식은 정묘·병자호란의 치욕적인 패배로 입은 정신적 충격을 극복하고 긍정적인 민족 정체성을 유지하려는 노력의 일환이었다.

존주대의를 마땅히 지켜야 할 가치라고 떠받든 게 노론만의 생각은 아니었다. 소론이니 남인이니 할 것 없이, 당대의 거의 모든 사대부들은 존주대의에 공감했다 해도 과언이 아니다. 다만 존주대의를 특정인, 또는 특정 세력의 전유물인 양 독점하려는 움직임에 반발했을 뿐이다. 소론에 속하는 최창대(崔昌大, 1669~1720)의 상소에서 이런 태도에 대한 강한 거부감을 엿볼 수 있다.

> 징소(徵召)에 응해서 높은 자리를 차지하여 막중한 권세를 가지고도 그저 복수설치(復讐雪恥)의 의리만 큰소리로 외치고, 끝내 일의 실질이 없다면, 이름은 참으로 아름답다 해도, 어찌 종신토록 출사하지 않고 대의를 온전히 한 사람과 같이 논의하겠습니까? …(중략)… 이제 송시열은 지위와 명망과 권력이 있었는데, 돌아보면 어떠합니까? …(중략)… 복수설치의 의리를 부르짖어 장상(將相)의 중임에 있으면서 여러 조정에서 비길 데 없는 예우를 입었고, 그 몸이 세도를 자임한 게 수십 년이었는데, 어찌 한 가지 계책도 세우지 않고 한 가지 책략도 행하지 않아 그저 적막한 공언(空言)만 했단 말입니까! …(중략)… 오늘날의 대의로 말한다면, 하늘의 날줄이요 땅의 벼리이며, 생민의 대강(大綱)입니다. 마치 별과 해가 하늘에 떠있는 것처럼 사람이면 누구나 볼 수 있고, 사람이면 누구나 알 수 있습니다. 애초부터 깊이 감추어져 알기 어려운 오묘한 이치가 있었던 게 아닙니다. 그런 까닭에 정묘·병자년 이래 …(중략)… 대의를 이야기한 게 한둘이 아니어서 거의 집집마다 이야기하고 사람마다 욀 정도입니다. 이는 참으로 송씨 집안의 사사로운 물건이 아닌 데도 다만 힘써 스스로 주장하여 집안을 세우는 계책으로 삼았음은 앞에서 이른 대로입니다.[18]

18) 其有起應徵辟, 據高位握重權, 而徒能大言復雪之義, 了無事爲之實, 則名號誠美矣, 豈與

노론계인 김치후(金致垕) 등은 최석정(崔錫鼎, 1646~1715)이 지은 윤증(尹拯, 1629~1714)의 제문을 문제 삼아 그가 대의(大義)를 저버렸다고 비난했는데, 인용문은 이를 반박하는 상소의 일부이다.[19] 최석정이 지은 제문[20]에서는 윤증이 가문과 나라의 치욕을 잊은 게 아니라 몸가짐을 깨끗이 하고 절의를 온전히 했다고 높인 반면, 송시열에 대해서는 실제로 이룬 일은 없으면서 이름만 얻었다고 조롱했다. 최창대는 최석정이 대의를 받들고 장려했으며, 이를 몸소 행한 윤증과 입으로만 떠든 송시열이 전혀 다르다는 걸 분명히 밝혔다고 옹호한 것이다.

이렇듯 소론이라고 해서 존주대의를 부정하거나 외면한 것은 아니었다. 다만 명분보다는 현실적인 문제, 즉 왕권 강화 같은 문제에 보다 무게를 두었던 것이다. 소론의 대표적인 역사서로서 그들의 이데올로기적 기반이 됐던 『동국역대총목(東國歷代總目)』에서 존명(尊明)·존주대의(尊周大義)를 그다지 강조하지 않았던 것도 이 때문이다.[21] 소론의 대표적

夫終身不出, 克全大義者, 同日論也? …(중략)… 今時烈之位望權力, 顧何如? …(중략)… 若倡復雪之義, 居將相之重, 而被累朝不世之禮遇, 身任世道數十年者, 何爲而不畫一策, 不施一籌, 徒爲是寂寥空言也? …(중략)… 若今日大義, 則天之經, 地之紀, 生民之大綱也, 如星日之在天, 夫人而能見之, 夫人而能知之. 初無深微隱奧而難解者也. 故自丙丁後, …(중략)… 稱說大義, 不可一二數, 殆乎家談而人誦, 此固非宋氏家私之物, 而特其力自主張, 以立家計, 如上所云耳. 최창대, 「변신구·김유등서(辨申球金楺等書)」, 『곤륜집(昆侖集)』 권지상(卷之上)(『한국문집총간』 183, 민족문화추진회, 1997, 174~175쪽).

19) 이 상소문은 최창대의 문집에는 실려 있지만, 정치적인 상황 때문에 올리지는 않았다고 한다. 최창대는 최석정의 아들이며, 최명길(崔鳴吉)의 손자다.

20) 최석정, 「사림제명재윤선생문(士林祭明齋尹先生文)」, 『명곡집(明谷集)』 권10(『한국문집총간』 154, 민족문화추진회, 1995, 43쪽).

21) 이 책은 당시 영의정이었던 소론 영수 신완(申琓, 1646~1707)의 권유에 따라 1705년 홍만종이 편찬하여 바로 교서관에서 간행됐다. 이 책을 편찬한 것은 노론과의 대결 구도 속에서 소론측이 자신들의 정치노선을 뒷받침할 수 있는 역사를 정리할 필요성을 느꼈기 때문이다. 이 책에는 사대에 관한 기사 중에 필요하다고 판단되는 부분만을 선별적으로 실었는데, 이는 해당 기사를 꼭 실었던 노론측의 사서인 유계(兪棨, 1607~1664)의 『여사제강(麗史提綱)』과 다른 면이었다. 또 왕의 동정을 중심으로 기술하면서 대신들의 임면(任免)에 대해서는 선별적으로 수록했다는 점에서 대신 중심의 정치구도를 주장했던 『여사제강』과는 상반된다. 노론측에서는 이 책의 인물 선정과

인물인 남구만은 병자호란 후 심양에 끌려간 삼학사 중 한 명인 오달제(吳達濟, 1609~1637)의 조카였는데, 그런 집안 내력이 있으면서도 임경업의 신원에 대해서는 부정적인 입장이었다는 건 앞서 확인한 대로다.

이렇게 보면 노·소론의 대립은 경중(輕重)과 선후(先後)를 달리 생각한 데서 비롯된 거라고 할 수 있다. 소론은 이런 사업, 즉 존주대의를 상징하는 기념물을 세우고 의례를 제정하며, 순절자(殉節者)들을 현창하는 사업을 벌여야 할 필요성을 크게 느끼지 못했던 것이다. 대보단을 설치하는 과정에서 그들이 소극적이거나 부정적인 태도로 일관했던 것도 같은 맥락에서 이해할 수 있다.[22] <임경업전>의 형성에 주도적인 역할을 한 것은 노론 측이었으며, 이후에도 노론의 전제(專制)가 강화된 흐름과 맞물려 그에 관한 기억이 지속적으로 환기됐다.[23]

(2) 임경업의 영웅화와 선악의 대결 구도

효종대의 북벌론은 성과 없이 흐지부지되고 말았다. 이후 집권세력은 청나라와의 정면대결을 뜻하는 북벌이 실제로 가능하다고 생각하지 않았다. 그들이 내세운 존주대의는 국가 통합의 이데올로기라는 성격이 강했다. 비록 청나라의 무력에 굴복했지만, 문화민족으로서의 자긍심까지 내려놓을 수는 없었기 때문이다. 문화적 자긍심은 예의와 염치를 아는 나라

평가 기준이 잘못됐다는 등 문제를 제기했지만, 최석정 등 소론 인사들은 이를 적극 옹호했다. 이런 논란에도 불구하고 이 책은 1745년(영조 21) 경연에서 사용되기도 했고, 이익의 『성호사설』이나 안정복의 『동사강목』에도 영향을 준 것으로 평가된다. 이에 대해서는 한영우, 「17세기 후반~18세기 초 洪萬宗의 會通思想과 역사의식」, 『한국문화』 12, 서울대 한국문화연구소, 1991 참조.

22) 노대환, 「숙종·영조대 대명의리론의 정치·사회적 기능」, 『한국문화』 32, 서울대 한국문화연구소, 2003, 164~165쪽.

23) 송시열의 유업인 만동묘(萬東廟)를 건립한 것도 존주대의가 복수설치(復讐雪恥)를 실현하는 걸 단념한 채 노론 정권의 명분이 되고 기념물화한 하나의 상징으로 평가된다. 이영춘, 앞의 논문, 161쪽.

라는 데서 나왔는데, 이를 유지하기 위해서라도, 명나라가 망했다고 해서 수백 년간 지켜온 의리를 저버릴 순 없었다. 게다가 명나라는 임진왜란 때 은혜를 베풀어준 '부모의 나라'였다. 명나라와의 의리를 강조한 것은, 청나라가 현실적 지배력을 갖고 있다 해도 그들을 대국으로 인정하지 않겠다는 의지의 표현이었다. 이런 논리로 내적 통합을 도모하는 한편, 청나라의 무력에 굴하지 않는 문화국으로서 국제적 위상을 제고하려 한 것이다.[24)]

그러나 시간이 흐르면서 "양란을 직접 경험한 세대는 대의(大義)를 잊었고, 뒷세대는 지난 일을 알지 못하는 경우가 태반"[25)]이었다. 그렇게 전란의 상처는 사람들의 기억에서 희미해졌고, 교훈은 의식에서 멀어져 갔다.[26)] 이런 가운데 백성들의 긴장감을 계속 유지시킬 수 있는 방법은 끊임없이 적들의 위협을 환기하는 것이었다. 1706년(숙종 32)에 임경업에게 '충민(忠愍)'이라는 시호를 내린 것이나, 1726년(영조 2)에 그의 사당을 짓게 한 것, 1791년(정조 15)에 『임충민공실기(林忠愍公實記)』를 간행한 것도 같은 맥락에서 이해할 수 있다. 임경업의 신원에서부터 『임충민공실기』의 간행에 이르기까지 일련의 조치를 주도한 사람들은 모두 노론에 속했다. 이는 임경업의 영웅화에 노론계 인물들이 깊숙이 개입했다는 뜻이다.[27)]

18세기 이후 집권세력은 전쟁의 고통과 아픈 상처를 지속적으로 환기하기 위해 기념물이나 의례를 다양하게 마련했다.[28)] 대보단(大報壇)을

24) 정옥자, 앞의 책, 153쪽.

25) 이성무, 『조선시대당쟁사』 2, 아름다운날, 2007, 107쪽.

26) 숙종은 청나라에 복수하여 병자호란의 치욕을 씻자는, '복수설치(復讐雪恥)'의 대의가 퇴색하는 세태를 개탄하면서 명나라 신종(神宗)의 제사 문제를 거론했다. 『숙종실록』 30년(1704) 1월 10일(경술).

27) 영조대에 편찬된 것으로 보이는 『필동록(必東錄)』도 이들 노론 인사들의 글이 대부분을 차지한다. 『필동록(必東錄)』, 규장각 소장본.

28) 이처럼 뭔가를 기억하기 위한 의례나 장소가 따로 필요하다는 것은 더 이상 생생한

설치한 게 그 대표적인 예다. 대보단은 임진왜란 때 조선을 구해준 명나라의 '재조지은'을 상기시키는 상징공간이었다.[29] 임경업이 국가적인 현창사업의 대상으로 선택된 것도 같은 맥락이었음은 앞서 살핀 바와 같다.

<삼학사전(三學士傳)> · <이사룡전(李士龍傳)> · <최효일전(崔孝一傳)> 같은 전(傳)이 지속적으로 창작된 것도 역시 같은 흐름으로 이해할 수 있다. 이런 작품에서는 청나라의 침략에 맞서 절의를 지키다 희생된 인물들의 뜻을 되새겼다. 그러면서 사회 구성원들 모두가 외세에게 고통받는 처지라는 점에선 순절한 사람들과 같다는, 수난자(受難者)로서의 동질감을 형성했다. 이들에 대한 기억을 되살리면서 고통스런 역사를 함께했던 사람들 사이의 일체감을 조성한 것이다.[30] 아울러 외부의 위협을 과장하고, 적에 대한 복수심을 증폭시키며, 부역자(附逆者)들에 대한 적개심을 조장하기도 했다. 그런 적에게 맞서려면 내부의 갈등은 잠시 덮어두고 한마음으로 뭉쳐야 한다고도 강조했다. 그리하여 개인과 개인, 집단과 집단 사이에 존재하는 차이를 없애 갈등으로 발전할 가능성을 사전에 차단하는 효과를 거뒀다.

기억이 남아 있지 않다는 뜻이다. 피에르 노라 외 저, 김인중 · 유희수 외 역, 『기억의 장소』 1: 공화국, 나남, 2010, 32쪽.

29) 대보단 설치는, 이를 주장했던 사람들도 인정했듯이, 예법에 한참 어긋나는 일이었다. 천자를 제후국에서 제사지내는 것은 '참례(僭禮)'이기 때문이다. 그럼에도 불구하고 이를 추진한 것은 의도했든 아니든 노론의 정치적 입지를 강화하는 데 도움이 됐다. 존주대의를 붙들어 지키겠다는 의지를 확고히 표명함으로써 헤게모니 싸움에서 유리한 고지를 선점한 것이다. 헤게모니란 정치적 리더십, 다시 말해 누가 상황을 주도적으로 이끌어 나가느냐의 문제이기 때문이다. 이 일을 공론에 부치고 일사천리로 진행함으로써 노론은 국내 정치에서 확고한 우위를 점할 수 있었다. 대보단 설치는 조선이 중화문화의 유일한 계승자임을 표방했지만, 실제로는 국내 정치용이었다고 해도 과언이 아니다. 그게 아니라면 대외적으로 널리 알렸어야 마땅한데, 실은 대보단을 설치한 게 청나라에 알려질까봐 쉬쉬하며 노심초사했다. 한 구석에서 은밀히 행한 걸 대외적 입장 표명이라 할 수는 없다. 노론의 정치적 기념물이자 구심점이라는 의미가 강했다는 말이다.

30) 권명아, 「여성 · 수난사 이야기의 역사적 층위」, 상허학회 편, 『한국근대문학 양식의 형성과 전개』, 깊은샘, 2003, 160쪽.

이와 같은 '위기와 동원' 담론은 숱하게 반복해도 그 때마다 효과를 거두는 지배층의 논리다.[31] 이렇게 되면 사태의 책임을 물을 대상이 불분명해지고, 심지어는 공과 허물이 전도되기도 한다.[32] 그런 점에서 집권세력의 책임을 회피하고 내부 모순을 은폐하려 할 때 흔히 채택되는 방안 중 하나다.[33] 체험의 공통성과 집단의 일체감을 강조하는 이면에선 소수자에 대한 억압과 배제의 매커니즘이 작동한다.[34] 이러한 지배담론은 대개 국가적으로 기획되고 통제되며, 적극 동조하는 세력을 통해 대중적으로 확산된다.

지배이념을 널리 퍼뜨리려면 영향력이 큰 매체가 필요하다. 대중에게 폭넓게, 지속적으로 노출돼야 하기 때문이다. 정치적 목적을 달성하고 이데올로기를 침투시키는 데 가장 효과적인 방법은, 정치적 구호가 대개 그렇듯이, 정서에 호소하는 것이다. 정확한 진상 규명이나 논리적인 설득보다는 감성을 자극하는 몇 마디 외침이 대중에게 보다 깊이 각인되고, 그들의 행동을 이끌어내는 데도 효과적이기 때문이다.[35] 독자의 감성을 자극하는 문학작품의 호소력과 그 대중적 영향력이 주목받는 것도 같은 이유에서다. 임경업을 다룬 전과 소설이 폭넓은 공감대를 형성해간 것도

31) 이지명, 『넘쳐나는 민족 사라지는 주체: 민족 담론의 공존을 위해』, 책세상, 2004, 51~58쪽.

32) 이 작품에서도 임경업이 그토록 핍박을 당하고 억울하게 죽는 것도 막지 못하는 무기력하기만 한 왕이나 김자점의 눈치만 보며 벌벌 떨던 신하들은 책임 추궁을 당하지 않는다. 작품에서처럼 임경업이 갑자년(1624)에 명나라에 갔다가 기사년(1629)에 귀국했다면, 정묘호란(1627) 때 그는 국내에 없었고, 전혀 힘을 보태지 않았다는 말이 된다. 사실 정묘호란은 작품에서 아예 언급조차 되지 않는데, 작가는 누구의 책임인지 따질 생각이 없었던 것이다.

33) 숙종 초기에 남인이 편찬한 『현종실록』에는 재난의 발생과 그 피해 정도가 소상하지만, 경종 때 노론이 편찬한 『숙종실록』에는 심각성을 알기 어려울 정도로 그 내용이 소략하다는 점도 이런 맥락에서 이해할 수 있다. 김성우, 「17세기의 위기와 숙종대 사회상」, 『역사와 현실』 25, 역사비평사, 1997, 13쪽.

34) 권명아, 앞의 논문, 171~172쪽.

35) E. H. 카, 황문수 역, 『역사란 무엇인가』(3판), 범우사, 1994, 214~215쪽.

집권층의 이런 기획과 조장, 적어도 묵인과 방조에 힘입은 바 크다.[36]

임경업의 영웅화는 그와 대척점에 서있는 김자점의 형상화와 함께 검토해야 할 문제다. <임경업전>에서 김자점을 향한 적개심은 과도하다 싶을 정도로 강하게 표출된다. 이를 흔히 민중의식, 또는 민족감정의 산물이라고 설명해 왔다. 하지만 구전설화를 보면, 이 작품에서 그린 김자점의 모습이 민중의 감정과 그렇게 밀착된 것은 아니었다. 구전설화는 현재 전하는 이야기를 채록한 자료이므로 <임경업전>이 창작・향유되던 당시의 상황을 그대로 반영한다고 할 순 없다. 이를 감안하더라도, 설화 속 임경업의 형상은 약자의 권리를 옹호하거나, 풍요로운 생산을 보장하는 등 매우 소박한 차원에서 벗어나지 않는다는 건 주목할 부분이다.[37] 또한 김자점과의 대립관계를 아예 언급조차 하지 않은 설화가 더 많다는 사실도 유의해야 한다.[38] 민중에게 임경업과 김자점, 둘 사이의 갈등과 대결은

---

36) 물론 <임경업전>에 당대 집권세력인 노론의 입장이 그대로, 일관되게 관철됐다는 말은 아니다. 이를 테면 호왕과 임경업 사이에 화해 분위기가 조성되는 것은 노론의 정치적 정향(定向)과 전혀 다른 면이다. 내부의 적에 대한 경각심을 고취함으로써 내적 통합과 결속을 다지는 걸 우선시한 데서 온 설정일 뿐이다.

37) 이와 관련해서 현종대부터 숙종 후반기까지는 극심한 기근이 자주 발생했고, 전염병이 거듭 창궐해서 인명피해가 엄청났다는 사실을 고려해야 한다. 1670~1671년(현종 11~12)의 '경신대기근(庚辛大饑饉)'과 1695~1699년(숙종 21~25)의 '을병대기근(乙丙大饑饉)'은 말 그대로 대재앙이었다. 이 시기에는 굶주림에 면역력이 약해진 가운데 전염병이 퍼져서 전국적으로 사망자가 속출했다. 이런 상황에서 과연 민중이 소설 <임경업전>에서처럼 이념화된 영웅이 출현하기를 바랐을지는 매우 의심스럽다. 임경업이 연평도의 조기잡이 신이 됐다는 구전설화에서처럼, 민중에게는 삶에 실질적인 도움이 되는 존재가 오히려 절실했을 것이다. 김성우, 「17세기의 위기와 숙종대 사회상」, 『역사와 현실』 25, 역사비평사, 1997, 31~37쪽; 이규근, 「조선후기 질병사 연구: 『조선왕조실록』의 전염병 발생 기록을 중심으로」, 『국사관논총』 96, 국사편찬위원회, 2001 참조.

38) 『한국구비문학대계』에 수록된 임경업 관련 설화 23편을 분석한 결과다. 김자점 및 청나라에 대한 언급이 전혀 없는 설화가 12편, 김자점과 청나라를 언급하되 별다른 원한이나 반감을 표시하지 않은 설화가 5편인데, 문헌기록이나 소설을 구술하고 있는 두 편을 제외하면, 82%(17/21)가 반청/반김자점적인 시각과는 거리가 멀다고 한다. 박경남, 「임경업 영웅상의 실체와 그 의미」, 『고전문학연구』 23, 한국고전문학회, 2003, 211~219쪽.

별 관심을 끌지 못했다는 말이다.

그런 데도 <임경업전>에는 김자점이 가장 큰 악인으로 등장한다. 임경업을 죽음으로 몰아간 것도 김자점의 소행으로 그려진다. 작중 인물들이 김자점에게 느끼는 분노는 청나라에 대한 적개심보다 훨씬 강하다. 이렇게 김자점을 부정적으로 형상화한 까닭은 일차적으로 그가 인조 후반기에 권력을 농단했다는 데서 찾을 수 있다. 그는 권력 기반이 매우 취약했는데, 이런 약점을 왕실과의 유착으로 상쇄하려 했다. 이 과정에서 산림(山林)과의 관계가 나빠졌고, 여러 옥사(獄事)를 처리하면서 무리수를 적잖게 두었다.[39] 잘 알려졌다시피 김자점은 대표적인 친청파(親淸派) 인사였다. 북벌계획을 청나라에 밀고했다는 의심을 받았던 것도 이 때문이다. 이는 계획 추진에 심대한 타격을 주었다는 점에서 결코 용납할 수 없는 행위였다. 당시 사대부들의 입장에서 김자점은 어느 한 구석 좋게 평가할 수 없는 인물이었다.[40]

북벌론과 뒤이은 존주론은 흐트러진 민심을 수습하고 정권 기반을 안정시키는 데 효과적인 수단이었다. 외부의 위협이 상존한다는 사실만큼 내적 결속을 강화해야 한다는 이유로 충분한 것도 없다. 따라서 지배층, 특히 집권세력으로서는 반청정서에 기대는 것이 합리적인 선택이었다.

---

39) 특히 주목할 것은 소현세자빈이었던 강빈(姜嬪)의 옥사(獄事)를 모의한 인물로 지목됐다는 사실이다. 강빈의 아버지인 강석기(姜碩期)는 김장생(金長生)이 지은 『의례문해(疑禮問解)』에 변례(變禮)에 관해 송시열(宋時烈)·송준길(宋浚吉)·이유태(李惟泰) 등과 함께 질의자로 나온다. 강빈 옥사에 대해 많은 산림(山林)측 인사들이 문제를 제기했던 것과 숙종대에 강빈이 신원되는 데 노론의 영향력이 컸다는 점도 이와 관련해 생각해볼 만하다. 이긍익, 『국역 연려실기술』 Ⅵ, 「인조조고사본말」, 민족문화추진회, 1967, 380~400쪽; 김용덕, 「소현세자연구」, 『조선후기사상사연구』, 을유문화사, 1977; 정옥자, 「17세기 사상계의 재편과 예론」, 『한국문화』 10, 서울대 한국문화연구소, 1989 참조.

40) 그러나 그에 대한 평가가 꼭 역사적 사실에 부합한다거나 당대의 일반적 인식 수준을 보여준다고 할 수는 없다. 이종필, 「김자점 담론의 추이와 소설적 악인 형상화의 정치적 역학」, 『고소설연구』 35, 한국고소설학회, 2013, 171~189쪽 참조.

그 효과가 지속되는 한, 전란이 남긴 상처와 오랑캐에 대한 복수심을 거듭 환기시키려 한 것은 당연했다. 게다가 존주대의의 이념은 정치적 반대파를 공격하는 수단으로도 유용했다. '사문난적'으로 반대세력을 몰아세움으로써 존주대의를 지켜야 한다는 자신들의 입장을 정당화한 것이다. 송시열은 윤휴에 대해 매우 부정적인 입장이었는데, 윤휴가 역적모의를 한 것보다 주자(朱子)를 배반하여 성인을 욕되게 한 죄가 더 크다고 했을 정도였다.[41] 그만큼 자신들이 생각하는 대의를 거스르는 행위를 용납할 수 없었던 것이다.

> ᄉᆞ신이 나올ᄉᆡ 몬져 쟝계를 올니되 경업이 호국 쳥병쟝으로 쳔조에 벼술를 ᄒᆞ여 도원싊 되어 셔번 가달을 쳐 승쳡ᄒᆞ고 나오ᄂᆞᆫ 연유를 계달ᄒᆞ엿거놀 …(중략)… ᄎᆞ시ᄂᆞᆫ 신미년 츈삼월이라 영의정 김ᄌᆞ졈이 흉계를 감초아 역모를 품엇시되 경업의 지용을 두려워ᄒᆞ여 감히 반심을 발뵈지 못ᄒᆞ더니 잇ᄯᅢ 호왕이 가달를 쳐 항복밧고 삼만병을 거ᄂᆞ려 압녹강에 잇셔 죠션 형셰를 ᄉᆞᆲ피거놀 434쪽.

임경업과 이시백 등 사신 일행은 6년간 남경에 머물다가 귀국한다. 그 첫 대목에 앞으로 임경업과 대결하게 될 적대자들이 등장한다. 김자점과 호왕은 조선에 내우외환을 초래한 장본인들이다. 두 사람은 내내 임경업과 대척점에 서서, 그를 해치려고 모든 수단과 방법을 동원한다. 그 중에서도 가장 첨예하게 대립하는 인물은 김자점이다.

임경업은 먼저 호왕과 대결한다. 병자년에 호국이 조선을 침략하자 임경업이 맞서 싸우는 건 필연지세다. 작품 안에서 나라를 위기에서 구할

41) 道聞鑴伏誅, 問於門人權公尙夏曰: "鑴之罪何事爲大?" 對曰: "謀逆之罪爲大." 曰: "不然. 背朱子之罪爲大. 人苟侮聖人, 無所不爲也." 因謂孫疇錫曰: "此賊伸雪, 尹拯必爲之. 其時之禍, 必甚於前矣." 疇錫曰: "恐無是理." 先生曰: "非謂拯自爲之, 謂爲之張本也." 김평묵, 『우암선생사실기(尤庵先生事實記)』, 국립중앙도서관 소장본, 76면.

유일한 사람이기 때문이다. 하지만 호국의 간계와 간신 김자점의 무능 때문에 임경업은 싸워 보지도 못한 채 항복의 치욕을 맛볼 수밖에 없다. 이어 임경업이 복수설치(復讐雪恥)를 다짐하며 명나라로 망명함으로써 정면 대결을 앞둔 긴장감이 고조되고, 승리에 대한 기대감 또한 높아진다. 그러나 배신자들에게 속아 복수의 꿈은 물거품이 되고, 그는 호왕에게 붙잡힌 신세가 되고 만다. 외적(外敵)인 호왕과의 대결에서 임경업이 완패한 셈이다.

그런데 이런 상황에서 작가는 임경업과 호왕의 갈등을 서둘러 봉합한다. 호왕은, 갖은 협박과 회유에도 굴하지 않는 임경업이 자신에게는 역신이지만 조선에는 충신이라며, 그의 충의를 높이 산다. 또한 부마로 삼으려다 임경업이 끝내 이를 거절하자 못내 아쉬워하기도 한다. 이렇듯 임경업과 호왕의 대결은 극한으로 치닫기 전에 급격히 약화되고 화해 분위기로 전환된다.[42] 볼모로 잡혀있던 세자와 대군이 귀국한 것도 임경업의 충심에 호왕이 감복했기 때문이라는 게 작가의 설명이다. 임경업의 충절을 적들도 인정했다는 말이지만, 그의 영웅성을 발휘할 기회가 사라진 셈이니, 독자의 안타까움은 짙어진다.

호왕과 김자점은 서로 이해관계가 맞아떨어진다. 그들의 야욕을 채우는 데 임경업은 늘 걸림돌이기 때문이다. 호왕의 위세를 등에 업은 김자점은 갖은 술수로 눈엣가시인 임경업을 제거하려 드는데, 그의 손아귀에 들어간 조정에선 누구도 맞서지 못한다. 임경업은 결국 김자점의 하수인에게 암살되고 만다.

김자점은 적국의 수장인 호왕마저 감복한 임경업의 충의에 감화되기는

42) 호왕에 대한 임경업의 태도는 북경에 압송될 때부터 점점 누그러진다. 더욱이 호왕이 그의 충절을 높이 평가하면서 둘 사이의 갈등은 더 이상 고조되지 않는다. 한편으로 호왕은 임경업의 충절을 인정해주는 존재기도 하다. 더 이상 작품에 등장하지 않는 명나라 황제를 대신해서 임경업의 충의를 보증하는 역할을 하게 된 것이다.

커녕 끊임없이 모해하고 끝까지 맞서는 악의 화신이다. 그가 등장할 때부터 죽을 때까지, 심지어는 두 사람이 죽은 뒤까지도 둘의 적대관계는 지속된다. 앞서 인용했던 것처럼, 작가는 김자점이 등장하는 첫 장면에서 벌써 그를 역심을 품은 자로 규정했다. 밑도 끝도 없이 일단 그를 역신으로 지목해버린 것이다. 아울러 김자점이 두려워하는 존재로 임경업을 거명함으로써 앞으로 두 사람의 대결이 벌어질 걸 암시했다. 이후로 임경업의 행적 다음에는 어김없이 김자점에 대한 언급이 뒤따르는데, 둘은 극명하게 대조된다. 임경업이 대의(大義)를 밝히는 횃불이고, 무너지는 나라를 떠받치는 기둥이라면, 김자점은 불빛이 닿지 않는 어두운 구석이고, 기둥을 갉아먹는 쥐 같은 존재다.

<임경업전>은 외적(外敵)과의 대결을 다룬 전반부와 내적(內敵)과 대결하는 후반부로 이루어졌다. 전반부에서는 임경업이 가달의 침입을 물리치는 삽화를 통해 그의 영웅적 면모를 보여준다. 후반부에서는 임경업이 이렇게 걸출한 영웅임에도 불구하고 김자점의 간계에 걸려 죽임을 당하는 과정을 그린다. 전반부에 비해 후반부의 대결이 훨씬 심각하게 전개되는데, 결과적으로 임경업은 자신의 뜻을 펼치지 못한 채 억울한 죽음을 맞는다.

이 작품의 결말은 비극적이다.[43] 고귀한 뜻을 품은 영웅적 인물이 간신의 올가미에서 벗어나지 못하고 좌절하고 말기 때문이다. 영웅은 자신의 이상과 그가 속한 집단의 꿈을 실현해야 하는 존재다. 그러나 그 꿈은

43) 권혁래는 임경업이 시대의 가치를 설파하고 공적 임무를 수행하는, 이데올로기가 투사된 '이념적 인간'이기 때문에 정서적 평가가 필요치 않다고 하여, '좌절한 비극적 영웅'으로 볼 수 없다고 했다(권혁래, 「<임경업전>의 주인공 형상과 이데올로기」, 『고소설연구』 35, 한국고소설학회, 2013, 20쪽). 하지만 주인공에게 투사된 이데올로기를 독자가 받아들이게 하려면 정서적 공감을 불러일으켜야 한다. 생경한 이념을 논리나 이성으로 이해해서는 무의식적 내면화가 이루어지지 않기 때문이다. 따라서 비극적 영웅의 형상은 독자가 자신을 주인공과 동일시하도록 해서 이데올로기를 내면화하게 유도하는 효과적인 방법이라는 점을 간과해선 안 된다.

쉽게 이루어지지 않는다. 수많은 적들이 그 길을 가로막기 때문이다. 숭고한 이상을 실현하려면 이런 난관을 반드시 극복해야 한다. 적이 강하면 강할수록 영웅의 의지는 불타오르고, 승리 뒤에 얻게 될 영광도 커진다. 적을 물리치려면 영웅 자신의 탁월한 능력을 발휘해야 함은 물론이고 그가 속한 집단의 힘을 결집시키는 것도 매우 중요하다. 그리하여 모든 힘을 한 데 모아 적을 물리치고 궁극적인 승리를 가져와야 한다. 집단 구성원들은 승리의 영광을 함께 하면서 영웅과 자신들이 서로 끈끈하게 연결됐다는 유대감과 모두 하나라는 공동체 의식을 갖게 된다.

한데 늘 그렇듯이 영웅의 앞길을 막아서는 적(敵)은 내부에 도사리고 있다. 내부의 적은 분열을 조장해서 집단의 힘을 약화시키기 때문에 외부의 적보다 더 무섭다. 온 힘을 기울여 외적과 맞서도 시원찮을 판에 내부의 적은 영웅과 대중을 갈라놓고, 영웅의 등에 몰래 비수를 꽂기 때문이다. 그래서 영웅이 추구하는 가치를 실현하려면 먼저 내부의 적부터 제거해야 한다. 하지만 현실에선 대개 선인이 악인의 마수에서 벗어나지 못하는데, 이 작품에서 임경업이 김자점에게 희생된 걸로 그린 데는 이런 현실인식이 깔려 있다.

<임경업전>은 임경업을 '천고 충신'으로 묘사하는 한편 김자점을 희대의 간신으로 그렸다. 김자점은 임경업의 적대자이며, 임금에겐 간신이고, 나라에는 반역자다. 나라가 위기를 겪고, 임금이 치욕을 당하고, 임경업의 꿈이 꺾인 건 모두 김자점 탓이다.[44] 이렇듯 적대자가 온통 부정적인 면으로만 채워지니 그에 대한 일말의 동정심도 생기지 않는다. 오히려 그와 맞서 싸워야 한다는 투쟁심을 불태우게 한다.[45] 충신과 간신의 대결 구도

---

44) 하지만 어떤 사태가 모두 한 개인의 악의에서 비롯된 거라고 비난하는 건 집단 구성원의 책임을 회피하는 데 불과하다. 2차 세계대전이 전적으로 히틀러의 개인적 악덕 탓에 일어났다고 말할 수 없는 것과 같다. E. H. 카, 황문수 역, 앞의 책, 120쪽 참조.

45) 까베 살리・꾸에바스 치꼬타, 『억압으로서의 신화: 1936~1939년 마드리드 여성들의 모성과 여성의식』, 윤택림 편역, 『구술사, 기억으로 쓰는 역사』, 아르케, 2010, 308쪽.

는 이런 이유로 더욱 강화된다.

이렇듯 내적(內敵)인 김자점과의 대결 구도가 외적(外敵)인 호왕과의 대립구도보다 선명하게, 작품 끝까지 유지되는 까닭은 앞서 살핀 작품의 형성 배경과 관련지어 볼 때 더 분명해진다. 외부 세력과 결탁하고 공모해서 집단의 가치를 실현하지 못하게 방해하는 게 내부의 적이다. 그러니 외부의 적보다 내부의 적을 더 경계하고 처단하지 않으면 안 된다는 것이다.

> 날이 밝으ᄆᆡ ᄌᆞ점을 올녀 엄형 국문ᄒᆞ시니 ᄌᆞ점이 복쵸ᄒᆞ여 젼후 역심을 품은 일과 경업을 모히한 일을 ᄀᆡ々 승복ᄒᆞ거ᄂᆞᆯ 샹이 ᄃᆡ로ᄒᆞᄉᆞ ᄌᆞ점의 삼족을 다 ᄂᆡ여 져진거리에 능지쳐참ᄒᆞ라 ᄒᆞ시고 그 동뉴를 다 논죄ᄒᆞ라 ᄒᆞ시며 경업의 ᄌᆞ식들을 불너 하교 왈 여뷔 ᄌᆞ결ᄒᆞᆫ 쥴노 아랏더니 여뷔 ᄭᅮᆷ에 와 이르기를 ᄌᆞ점의 ᄒᆡ를 닙어 죽엇다 ᄒᆞ기로 흉젹을 ᄂᆡ여주ᄂᆞ니 너의ᄂᆞᆫ 임의로 보슈ᄒᆞ라 ᄒᆞ시니 그 ᄌᆞ식들이 ᄇᆡᄇᆡᄉᆞ은ᄒᆞ고 나와 ᄃᆡ셩통곡 왈 이 놈 ᄌᆞ점아 너와 무ᄉᆞᆷ 불공ᄃᆡ쳔디슈로 만니 타국에 가 명을 겨유 보젼ᄒᆞ여 셰ᄌᆞ ᄃᆡ군을 뫼셔와 국ᄉᆞ에 진츙갈력ᄒᆞ거ᄂᆞᆯ 네 이럿틋 참쇼ᄒᆞ여 모ᄒᆞᆷᄒᆞᄂᆞᆫ다 ᄒᆞ고 쟝군의 영위를 ᄇᆡ셜ᄒᆞ고 비슈를 들어 ᄌᆞ점의 ᄇᆡ를 갈나 오장을 ᄭᅳᆫ코 간을 ᄂᆡ여 노코 츙문 지여 님공 영위에 고ᄒᆞ고 다시 칼를 들어 흉젹을 점々이 졈여 ᄢᅵ부며 흉젹의 나믄 시신을 쟝안 ᄇᆡᆨ셩 등이 점々이 졈히고 ᄶᅡ가 맛보며 ᄲᅧ를 돌노 ᄌᆞᆺ바아 ᄭᅮ짓더라 443쪽.

역적 김자점을 처형하는 건 당연지사고, 그 시체를 임경업 자손들에게 내주어 복수하게 한다.[46] 이걸로도 모자라서 장안 백성들이 그의 몸뚱이를 갈가리 찢고 돌로 으깨 분풀이하게 한다. 김자점을 꾸짖고 수모를 주는 걸로 그들의 유일한 희망이 사라진 허탈감과 분노를 풀게 한 것이다.[47]

46) 임금은 김자점을 단죄하고, 임경업의 후손을 위로하며, 백성들의 분노를 표출하게 한다. 자신은 국외자(局外者)인 것처럼, 일이 그렇게 돼 가는 줄 전혀 몰랐으니 아무 잘못도 없다는 듯한 태도다. 이런 '유체이탈 화법'을 버젓이 내놓은 이 작품의 한계는 앞서 <강로전>에 담긴 역사의식의 문제점을 지적할 때 언급한 대로다.

김자점은 임경업의 꿈을 좌절시켰고, 백성들의 희망을 앗아갔으며, 독자들의 기대마저 날려버린 존재, 그래서 분노를 표출할 대상이기 때문이다. 대의를 거슬러 집단의 결속을 해친 자는 결코 용납될 수 없고, 처절한 응징만이 있을 뿐이다.

작가는 충신과 간신의 대표 격으로 임경업과 김자점을 형상화했다. 조선에는 그들 둘밖에 없다는 듯, 다른 인물들에게는 전혀 관심을 두지 않는다. 작품 후반이 마치 임경업과 김자점의 일대일 대결처럼 느껴지는 것도 이 때문이다. 두 사람은 독자에게 흥미와 감동을 주어 정서적 호응을 불러일으키고, 교훈을 제시하기 위해 허구화한 인물들이다.[48] 이들은 역사상 실존한 특수한 개인 그대로가 아니며, 집단의 가치와 이데올로기를 대표하는 인물들이다. 이를 긍정적인 측면에서 보자면, 시대의 전형을 창조하여 공감하는 독자를 더 많이 확보할 가능성을 높였다고 평가할 만하다. 반면 부정적인 측면에서 보면, 이전 시기의 작품처럼 살아 숨 쉬는 개성적인 인물로 그리지 못하고, 특정 가치관과 이념의 전도사를 제시하는 데 그쳤다고 할 수 있다.

문제는, 이렇게 대결 구도가 분명함에도 불구하고, 김자점이 그렇듯 모든 악의 근원이 된 까닭이 분명치 않다는 점이다. 게다가 김자점이 역모를 꾸민 이유나 구체적인 죄상도 드러나지 않는다. 그저 천하에 둘도 없는 간신이기 때문에 역모를 꾸몄고, 눈엣가시 같은 존재인 충신 임경업을 제거했다는 정도다. 김자점에 대한 묘사에는 구체성이 없고, 사건 전개에는 극적 긴장감이 떨어져 대결 국면마저도 싱겁기 짝이 없다. 김자점을

47) 다음 필사기에서 보듯이, 독자들도 비슷한 감정을 느꼈다.
제의 숌족과 제의 부모 쳐ᄌᆞ乙 장안 만민이 일시의 쎄乙 가라먹근 더문乙 보면 니 머리 가려운 더 극넌 거버다 더 시연ᄒᆞ도다 사재동 소장본(이복규, 『임경업전연구』, 집문당, 1993, 224쪽에서 재인용).

48) 루샤오펑, 조미원・박계화・손수영 옮김, 『역사에서 허구로』, 도서출판 길, 2001, 160~162쪽 참조.

좀 더 개성적인 인물로 그리지 않은 채 관념적으로 처리하고 말았기 때문이다. 충신과 간신은 필연적으로 대결하게 된다는, 명쾌하지만 단순한 논리가 이를 뒷받침하고 있을 뿐이다. 그것은 임경업이 이념의 수호자라는 운명을 타고난 영웅이기 때문이다. 그런 영웅 앞에 선 적대자는 온갖 추악한 몰골을 다 덮어쓴 괴물 같은 존재지만, 괴물이 대개 그렇듯이, 형상이 뚜렷하지 않다. 영웅과 관계될 때만 의미를 갖기 때문이다.

(3) 영웅과의 동일시와 존주대의의 내면화

작가는 서사적 진실narrative truth을 통해 그가 믿는 역사적 진실을 얘기한다.[49] 작가가 독자들에게 작품 속 서사를 진실로 믿게 하려고 등장인물과 독자 사이의 거리를 좁히려 드는 것도 이 때문이다.[50] 독자가 등장인물에게 감정을 이입하게 함으로써 등장인물의 생각과 행동을 자연스럽게 받아들이게 하려고 그러는 것이다. 물론 서사적 진실이 모두 사실적 진실factual truth인 건 아니다. 그런데 독자는, 아래 인용문에 드러나듯이, 서사적 진실을 위해 과장하거나 허구화한 부분까지도 모두 사실적 진실이라고 오해할 수도 있다.

> 세ᄌᆞ 대군이 호국의 잡혀갈 ᄢᅢ 경업이 압녹강을 건너가 군신이 셔로 쳬읍상별ᄒᆞᆫ 졍이 바다ᄀᆞᆺ치 깁흐고 태산ᄀᆞᆺ치 즁ᄒᆞ야 닛지 아니ᄒᆞ고 만니를 디쳑으로 알고 드러가 세ᄌᆞ와 대군을 도라오게 ᄒᆞ니 그 은덕을 비ᄒᆞᆯ 고지 업거ᄂᆞᆯ …(중략)… 님당군의 모친이 텬강셩 삼키ᄂᆞᆫ ᄭᅮᆷ을 ᄭᅮ고 그 아ᄃᆞᆯ을 나하던가 쇼방 미문의 엇지 그리 장ᄒᆞᆫ 영웅을 ᄂᆞᆺ던고 본국의 벼술 놉히 ᄒᆞᄂᆞ니ᄂᆞᆫ 만컨이와 상국의 번ᄃᆡ당 ᄒᆞ고 위엄이 텬하의 진동ᄒᆞ니ᄂᆞᆫ 쳔만고의 님장군 이 일인이라 ᄒᆞ노라[51]

---

49) 윤택림 편역, 『구술사, 기억으로 쓰는 역사』, 아르케, 2010, 14쪽.

50) 이런 면을 소설의 통속성으로 파악해야 한다는 주장은 양승민, 『한문소설의 통속성』, 보고사, 2008, 25~47쪽 참조.

소현세자와 봉림대군이 귀국한 것은 임경업과 전혀 관계없는 일이다. 청나라는 북경을 차지한 기념으로 인질을 석방했는데, 임경업은 이때 아직 북경으로 압송되지도 않았으니[52] 당연히 서로 관련이 없다. 그런데 이 작품에서는 호왕이 임경업의 충정에 감복한 나머지 두 사람의 귀국을 허락했다고 했다. 위의 필사기를 남긴 독자는 이를 전혀 의심하지 않았다. 뿐만 아니라 '가달이 호국을 침입하자, 호국이 명나라에 원병을 요청했고, 이에 임경업이 번국(藩國)의 배신(陪臣)으로서 구원장으로 출병했으며, 큰 공을 세워 명성을 떨쳤다'는 작품 초반의 설정까지도 모두 사실로 받아들였다. 앞서 밝힌 대로, 이 또한 완전한 허구다.

역사소설이 독자의 관심을 끄는 게 꼭 정확한 역사 지식을 전달해 주어서는 아니다. <삼국지연의>는 많은 부분이 실제 사실과 다르지만, 우리가 기억하는 위・촉・오 삼국의 역사는 소설에 그려진 것에 가깝다.[53] 사람들은 소설 내용을 역사적 진실이라 생각하고, 이렇게 진실이라고 '믿는' 역사는 그 진위 여부를 떠나 힘을 가지기 때문이다.[54] <임경업전>의 경우도 마찬가지다. 독자들에게 임경업의 실제 행적은 중요하지 않았다. 소설에서 그린 최고의 충신이자 민족적 영웅이라는 이미지를 그의 진짜 모습이라고 생각했다. 특히 송시열처럼 권위 있는 인물이 확인해 주고, 『존주휘편(尊周彙編)』 같은 공적 기록에 거듭 언급되면서 그런 믿음은 더욱 강해졌다.

> 마을에서 소위 임장군전이라는 언문소설을 덕삼이가 가지고 왔으

---

51) <님경업젼>, 한국학중앙연구원 소장본, 42a~42b.

52) 『인조실록』 22년(1644) 12월 4일(무오); 12월 6일(경신).

53) 현대에만 그런 게 아니라 조선시대 사대부들 중에서도 나관중(羅貫中)의 <삼국지연의>와 진수(陳壽)의 『삼국지(三國志)』 내용을 혼동한 경우가 적지 않았다.

54) 김영목, 「기억과 망각 사이의 역사드라마와 과거 구성」, 최문규 외, 『기억과 망각』, 책세상, 2003, 177쪽.

> 나, 그는 치통 때문에 제대로 낭독하지 못했다. 내가 그 책을 등불 아래서 보니 사적이 틀리고 어긋났고, 사리가 비루하고 잘못돼 말이 되지 않았다. 이 책은 서울 담뱃가게, 밥집의 파락호나 악소배들이 낭독하는 언문소설로, 예전에 어떤 이가 이걸 듣다가 김자점이 장군에게 없는 죄를 씌워 죽이는 대목에 이르러, 분기가 치밀어 미친 듯이 일어나 담배 써는 큰 칼을 손에 잡고 읽어주던 자를 치면서, "네가 김자점이더냐?"라고 하니, 시장 사람들이 놀라 달아났다고 한다. 이로써 악을 미워하고 선을 좋아하는 인심을 알 수 있으니, 그에게 살아있는 김자점을 만나게 했다면 적을 좇아 나라를 저버리는 일은 하지 않았을 것이다.[55]

심노숭(沈魯崇, 1762~1837)은 경상도 기장현에 유배 갔을 때 이 기록을 남겼는데,[56] 궁벽한 시골에서도 <임경업전>을 읽었다는 사실을 알려주는 사례다. 여기서 언급한 사건은 1790년(정조 14)에 일어났는데,[57] <임경업전>이 행복한 결말로 끝나리라는 독자의 기대가 무너진 충격에서 비롯된 일이었다. 무지가 빚은 어처구니없는 일이지만, 그만큼 이 작품의 호소력이 강했다는 뜻이기도 하다. 소설에 흠뻑 빠져 현실인지 이야기인지도 분간 못할 만큼 흥분했던 것이다. 이는 소설의 재미에 취해 지배담론을 자신들의 것으로 내면화한 민중의 모습을 보여준다. 작가와 지배층

---

55) 村中得諺書, 所謂林將軍傳, 得三持, 而爲痛齒, 聲不堪聞. 燈下, 余輒爲覽, 事蹟謬舛, 事理陋錯, 不成爲說. 此是京裡草市饌肆破落惡少輩所讀諺傳, 昔有一人聽讀此, 至金賊自點構殺將軍, 氣憤憤衝起如狂, 手引切草長刀, 斫讀者曰: "汝是自點耶?" 一市駭散. 此可見疾惡好善之人心, 使彼見生自點者, 必不爲從賊負國之事也. 심노숭, 『효전산고(孝田散稿)』 7책, 1802년 11월 8일조(김영진, 『눈물이란 무엇인가』, 태학사, 2001, 282쪽에서 재인용).

56) 김영진, 「효전 심노숭문학 연구」, 석사학위논문, 고려대 대학원, 1996, 29~31쪽.

57) 항간에 이런 말이 있다. 종가의 담뱃가게에서 소설 읽어주는 걸 듣다가 영웅이 실의하는 대목에 이르자, 눈을 치뜨고 입에 거품을 물더니 담배 써는 칼을 들어 읽어주던 사람에게 곧장 나아가 찔렀는데, 그 자리에서 죽었다고 한다. 諺有之, 鍾街煙肆, 聽小史稗說, 至英雄失意處, 裂眦噴沫, 提折草劒, 直前擊讀的人, 立斃之. 『정조실록』 14년(1790) 8월 10일(무오).

의 의도가 적중한 셈이다. 훗날 다른 독자도 역시, 정도의 차이는 있어도, 비슷한 반응을 보였다.[58]

이런 사건이 일어난 건 당시에 소설을 즐기던 방식과도 밀접한 관계가 있다. 글을 모르는 사람들은 누군가가 읽어주는 걸 듣는 수밖에 없었다. 전기수(傳奇叟)는 그런 사람들에게 이야기책을 읽어주고 돈을 받던 사람들이다. 사람들의 주머니를 열게 하자면 단순히 책을 읽어줘서는 부족했을 테고, 아마도 구연에 가까웠을 것이다. 솜씨 좋은 이야기꾼일수록 등장인물의 감정을 충분히 살려, 마치 눈앞에서 벌어지듯 실감나게 들려주었을 게 분명하다. 그러다 보면 등장인물과 구연자 사이의 구분이 모호해지고, 등장인물과 청중 사이의 심리적 거리도 그만큼 좁혀지게 된다. 그럴수록 청중은 작품에 더 깊이 빠져들기 마련이고, 혼자서 조용히 음미해가며 읽는 것보다 작중인물과 자신을 동일시하는 경우도 많아진다.[59] 전기수를 죽인 사람도 그렇게, 이야기꾼과 김자점을 혼동하고 자신과 임경업을 동일시하다 애꿎은 사람을 해쳤을 정도로,[60] 작품에 몰입해 있었다.

<임경업전>은 통속소설이다.[61] 영웅적 인물의 꿈과 좌절을 그린 비극적 구조는 독자들을 감상에 젖게 만든다. 흔들리는 질서와 가치를 바로잡

58) 오호라 ᄂᆞ도 일리 읍셔 임인 납월의 이 칙얼 등서할 제 경업이 ᄌᆞ점의 흉계에 빠져 죽은 ᄃᆡ문의 이르러ᄂᆞᆫ 엇지 분ᄒᆞ고 불상ᄒᆞ던지 분얼 이긔지 못ᄒᆞ여 헛주먹질도 ᄒᆞ고 불상ᄒᆞᆫ 맘이 칭양 읍서 눈물리 압헐 가리오니 이 칙 보다가 살린하여단 말리 올코 그 ᄌᆞ손이 쓰시 읍시미 올토다 사재동 소장본(이복규, 『임경업전연구』, 집문당, 1993, 224쪽에서 재인용).

59) 혼자서 읽을 때보다 여러 사람이 함께 들을 경우에 감정이입이 더 쉽게 된다는 건 황은주, 「조선후기 고소설의 연행과 <임경업전>」, 『한국어문학연구』 53, 한국어문학연구학회, 2009, 245~252쪽 참조.

60) 대상에 대한 부적절한 동일시에 대해서는 김혜련, 『아름다운 가짜, 대중문화와 센티멘털리즘』, 책세상, 2005 참조.

61) 이 책에서 다룬 작품 중에서 <임경업전>과 <임진록>만 방각본으로 출판됐다. <임경업전>이 다섯 차례 이상 방각본으로 간행된 걸 보면, 인기가 꽤 높았음을 알 수 있다. 이창헌, 「경판방각소설 판본연구」, 박사학위논문, 서울대 대학원, 1994, 126~143쪽 참조.

으려고 승산 없는 싸움에 뛰어들어 결국 패배하고 마는 임경업의 모습에 독자는 안타까움을 느끼기 마련이다. 소설의 내용이 사실일 거란 믿음과 숭고한 패배의 비극성에서 오는 이런 정서적 반응이 이 작품이 대중적으로 향유되게 한 요인이었다. 늘 억압과 구속 속에 살아가던 백성들에게 자신들과 고락을 함께하는 소설 속 임경업의 모습은 고단한 현실을 잠시나마 잊게 해주었고, 자신들의 꿈을 실현시켜줄 희망을 발견했다는 기쁨을 주었다. 그래서 주인공과 자신을 동일시하면서 대리만족을 느끼게 했다.

임병양란을 소재로 한 작품을 흔히 '정신적 승리의 문학', 또는 '심리적 보상의 문학'이라고 설명한다. 패배의 상처가 깊을수록 그에 대한 보상 욕구는 강화되는데, 이렇게 민족 수난을 다룬 이야기는 위기 담론과 쌍을 이뤄 재생산된다.[62] 외부의 위협이 강하면 강할수록 그에 맞서 싸워 이겨내고 통쾌한 승리를 거두고 싶은 욕구도 커지는 것이다. 작가는 이민족의 침략과 간신의 농간으로 고통 받는 희생자의 자리에 민족을 놓는다. 통합의 상징[63]으로는 숭고한 희생자가 제격이고, 임경업은 그에 적당한 모델이었다. 작중 임경업은 민족이 지향하는 가치를 보여준 영웅이다. 독자들은 임경업과 자신들을 동일시하게 되는데, 마음속 깊이 자리 잡은 그를 따라, 그가 꿈꾼 모습으로 거듭나기를 소망하게 된다.[64] 임경업을 영웅화해 그가 체현한 존주대의의 이념을 전파하면서 독자에게도 주인공과 마찬가지로 대의에 헌신할 것을 촉구하기 때문이다.

충신 임경업이 간신 김자점에게 희생되고 마는 이 작품은 숭고한 패배

62) 권명아, 「여성·수난사 이야기의 역사적 층위」, 상허학회 편, 『한국근대문학 양식의 형성과 전개』, 깊은샘, 2003, 151쪽.

63) 국민을 통합하기 위해서는 상징이 될 인물이 필요하다. 도면회, 「황제권 중심 국민국가체제의 수립과 좌절(1895~1904)」, 『역사와 현실』 50, 한국역사역구회, 2003, 72쪽.

64) 주체를 수난자로 정립하는 건 필연적으로 새로운 주체로 자기를 거듭나게 하려는 주체 재건의 욕망을 내포한다. 권명아, 「여성·수난사 이야기의 역사적 층위」, 앞의 책, 158쪽.

를 보여준다. 임경업은 존주대의를 실천하는 걸 자신의 운명으로 받아들인다. 그 길이 주인공의 운명이 되는 순간 누구도 그의 의지를 꺾을 수 없다. 운명을 거역할 수는 없기 때문이다. 그러나 임경업의 꿈은 결국 좌절되고 만다. 그 또한 숙명이다. 그의 충의(忠義)와 원대한 꿈을 천하가 다 알기에 한을 남긴 채 스러지는 영웅의 뒷모습은 처연하다. 그야말로 "뜻 깊은 패배"[65]다. 영웅의 꿈이 꺾였다 해도, 그에게 공감하는 사람들이 존주대의의 깃발을 놓아선 안 되는 이유다.

이 작품은 민중의 현실적 고통과 상황인식을 이용해, 임경업이라는 반청(反淸) 투쟁의 상징적인 인물에게 '존주대의의 수호'라는 가치를 담아 민중들이 지배이념을 받아들이도록 했다. 그러려면 독자들의 이해와 공감을 불러일으켜 동일시를 유도해야 했다. 선악의 대결 구도를 분명히 하고 비극적 결말 구조를 택한 것도 그래서다. 이 작품은 민중의 자연발생적인 반청감정에 논리적·이념적인 근거를 제시하고, 그들이 감정을 발산할 수 있는 통로를 마련해 주었으며, 상·하층이 다 같은 상황 인식을 가지고 있다고 믿게 했다. 그 결과 이 작품은, 외적의 위협에 단호히 맞서야 하고, 그러려면 먼저 내적 결속을 다져야 한다는, 지배이념의 효과적인 전파 수단이 됐다.

요약하면 이렇다. <임경업전>에는 지배계층의 현실인식과 정체성 유지를 위한 노력이 담겨 있다. 뿐만 아니라 임경업을 그들의 영웅으로 받아들인 민중의 의식도 잘 드러나 있다. 이런 현상은 민중에게 잠재된 위기의식과 이민족에 대한 적개심을 자극하고 강화함으로써 피지배계층에게까지 그런 논리가 확산됐기 때문에 일어났다. 이 작품은 소설의 내용이 사실일 거란 독자의 믿음, 민족적 영웅의 꿈과 좌절을 그린 비극적 구조, 거기에 대중의 몰입과 동일시가 더해져 폭넓은 지지를 얻게 되었다. 그러나

65) E. H. 카, 황문수 역, 앞의 책, 192쪽.

모든 잘못을 김자점 탓으로 돌리고, 임금을 비롯한 당시 지배층에게 어떤 책임도 묻지 않은 역사의식은 분명한 한계를 안고 있다.

2) 지배담론의 거부와 민중의 역사의식: 〈임진록〉

(1) 〈임진록〉의 형성시기

<임진록>이 언제 어떻게 형성됐는지는 확인하기 어렵다. 많은 이본들이 서로 다른 작품이라 할 만큼 큰 편차를 보이는 데다, 전승과정에서 서로 삽화를 수용하기도 하고, 각종 설화가 끼어들기도 했기 때문이다. 지금까지의 논의에서는 <임진록> 이본을 '역사 계열', '최일영 계열', '관운장 계열'로 대별해왔다. 세 계열은 대체로 18세기 중엽 이후에 형성된 것으로 보고 있다. 먼저 이본 계열별 형성시기를 살펴보기로 한다.

'역사 계열'은 1738년 전후 또는 그 이후에 형성된 것으로 추정하고 있다. 민순지(閔純之)가 1738년에 기록한 『임진록(壬辰錄)』(6권 6책)과 역사적 사실의 허구화 정도가 비슷하고, 각종 기록과 문헌설화를 향유했던 계층이 기존 문헌을 복합적으로 수용하여 형성됐다는 것이다.[66]

이 책에서 주 텍스트로 삼은 '최일영 계열'의 형성시기는 18세기 초반보다 더 올라갈 수 없다. '최일영 계열'의 끝 부분에는 김응서・강홍립이 일본 정벌에 실패한 이야기 뒤에 사명당의 정왜담(征倭談)이 들어 있다. 이어 아래와 같은 말로 끝을 맺는다.

> ᄉᆞ명당이 죠션의 나와 왜황의 항셔와 죠공물 건긔롤 젼하게 올이고 경상도 밀양 표츙ᄉᆞ의 ᄂᆞ려가 칠월 망일에 졸ᄒᆞ니 젼ᄒᆞ ᄎᆞ탄ᄒᆞ시고 표충ᄉᆞ의 셔원을 지여 츈츄의 졔향ᄒᆞ라 ᄒᆞ시고 팔도 즁의게 하교ᄒᆞ시

66) 임철호, 『임진록 이본연구』Ⅰ, 전주대 출판부, 1996, 33쪽.

되 ᄆᆡ연 칠월 망일의 ᄉᆞ명당을 위ᄒᆞ여 ᄌᆡᄅᆞᆯ 지ᄂᆡ고 쳔츄 만셰에 유젼ᄒᆞ게 ᄒᆞ시고 불도ᄅᆞᆯ 더옥 츄존ᄒᆞ시더라[67]

사명당이 입적한 후 밀양 표충사(表忠祠)에 향사(享祀)됐다는 얘기인데, '최일영 계열'에는 한두 종을 제외하고는 모두 들어 있는 부분이다. 밀양 표충사에서 사명당을 제사지내기 시작한 것은 그가 입적한 1610년(광해군 2) 직후였고, 합천 해인사에서도 제사를 지냈다고 한다. 이에 따르면 '최일영 계열'에서 사명당의 제사를 지낸 일을 언급한 부분은 17세기 초에 형성됐다고 생각할 수 있다. 그러나 현재의 표충사는 1839년(헌종 5) 1월에 재약산(載藥山) 영정사(靈井祠)로 옮긴 후 '영정사'라는 절 이름을 '표충사(表忠寺)'로 바꾼 것이다.[68] 지금의 자리에 있게 된 것은 이때부터이며, 그 전에는 다른 곳에 있었다.

사명당이 입적한 후 밀양 무안면에 세운 사우(祠宇)는 오래지 않아 무너졌고, 그곳에 사우를 다시 세운 것은 1714년(숙종 40)의 일이다. 밀양부사였던 김창석(金昌錫)이 지역 유림의 청원에 따라 허물어진 사우를 다시 짓고, '표충(表忠)'이라는 편액을 걸었다고 한다.[69] 이어 1721년에 관찰사 조태억(趙泰億)의 상소로 춘추 향사의 제물을 지급받게 됐고, 1738년에는 사명당의 5세 법손(法孫)인 남붕(南鵬)의 노력으로 사액(賜額)을 받았다. 1739년에는 표충사의 도총섭(都摠攝)이 『제영록(題詠錄)』과 『서난록(紓難錄)』을 모아 간행하고,[70] 이를 조정에 올려줄 것을 밀양부에 요청했다.

---

67) <임진록> 국립중앙도서관본(소재영 · 장경남 역주, 『임진록』, 고려대 민족문화연구소, 1993, 378쪽). 이하 작품을 인용할 때는 같은 책의 쪽수만 표시하겠다.

68) 이하 표충사의 연혁에 대해서는 다음 논문을 요약하여 서술했다. 장동표, 「조선후기 밀양 表忠祠의 연혁과 祠宇 이건 분쟁」, 『역사와 현실』 35, 한국역사연구회, 2003.

69) 승려를 기념하는 사우임에도 불구하고 유가적인 분위기가 짙은데, 사명당이 국가적 위기에 떨쳐 일어난 행직 때문이기도 하지만, 사우 중건에 유림이 깊숙이 관여한 탓도 있다.

70) 『제영록(題詠錄)』은 남붕의 요청에 따라 조정 대신들이 지어준 글을 모은 책이고, 『서난록(紓難錄)』은 송운대사(松雲大師)의 행적, 즉 사명당의 임진왜란 때 활약상을

이로써 사액 사우로서 표충사의 지위가 더욱 확실해졌다. 이어서 1742년에는 사명당의 영당비문(影堂碑文)과 표충사의 사적비문(史蹟碑文) 등을 새긴 비석을 세워 사우의 모습을 완전히 갖추게 되었다. 이런 일련의 과정은 불교계에 영향력을 행사하려 한 국가적 필요성과 사찰의 현실적 이해가 결합하면서 이루어진 일이었다.[71]

앞서 '표충사(表忠祠)'라는 이름은 1714년에야 공식적으로 사용하기 시작했다는 사실을 확인했다. 그렇다면 작품 끝 부분의 후일담은 18세기 초반 이후에나 생긴 게 틀림없는데, '최일영 계열'이 형성될 때부터 있었음에 분명하다. 이 계열 이본에 모두 들어 있다는 것은 후대에 첨가된 얘기가 아니라는 뜻이기 때문이다. 그러므로 '최일영 계열'의 형성 상한선은 1714년이 된다.

한편 사명당 정왜담(征倭談)이 언제 형성된 것인지는 분명하지 않다. 이수광의 『지봉유설(芝峰類說)』이나 홍만종의 『순오지(旬五志)』 등에도 사명당 이야기가 나오지만, <임진록>의 정왜담과는 다소 거리가 있다. 『지봉유설』에는 사명당이 일본에 사신으로 가서 청정(淸正)의 머리를 요구했다는 내용이 있고,[72] 『순오지』에는 사명당에게 장작불 속에 뛰어들게 하자 비를 내려 영험을 보이고 관백(關白)의 머리를 요구했다는 이야기가 들어 있다.[73] 하지만 두 기록 모두 사명당 정왜담을 구성하는 요소가

담은 책이다.

71) 밀양 표충사는 1739년(영조 15)과 1783년(정조 7) 두 차례에 걸쳐 사명당의 사우를 어디에 둘 것인지를 놓고 합천 해인사와 분쟁을 벌였다. 사우를 옮기면서 일어난 이 분쟁은 표충사의 도총섭 권한을 둘러싼 주도권 다툼의 성격이 강했다. 이는 승권(僧權)을 어느 사찰에서 주도하게 되느냐는 문제였지만, 사역과 잡역 등을 면제받는 혜택을 확보하는 것과도 관련돼 있었다. 표충사(表忠祠)는 1839년 '표충서원(表忠書院)'으로 이름을 바꿔 재약산 영정사로 옮겨 세운 후에도 사액사우로서 각종 혜택을 누렸다. 이후 '영정사'라는 절 이름도 '표충사(表忠寺)'로 바뀌었다. 연초(演初)와 남붕이 중건한 밀양 무안의 표충사는 폐허가 됐고, 표충서원도 1871년 대원군의 서원철폐령에 따라 사액서원의 성격을 잃었다. 장동표, 앞의 논문 참조.

72) 이수광, 남만성 역, 『지봉유설』 하, 을유문화사, 1975, 391~392쪽.

다 갖추어진 것은 아니다.

온전한 형태를 갖춘 사명당 정왜담은 1739년(영조 15)에 간행된 『분충서난록(奮忠紓難錄)』에서 확인할 수 있다. 이 책은 임진왜란 때 적진을 넘나들었던 사명당의 활약상을 담은 글들을 수록했다. 밀양 출신 문장가인 신유한(申維翰, 1681~1752)은 남붕(南鵬)의 요청에 따라 각 조목마다 논평하고 책의 편차(編次)를 조정해 주었다. 여기에 실린 글 중에 오대산 승려 취혜(就惠)가 썼다는 「오대산승취혜소장문고중기송운사적(五臺山僧就惠所藏文藁中記松雲事蹟)」이 특히 주목할 만하다.

> ㉠ 왜인들이 의장(儀裝)을 성대히 갖추고 기다리며 도읍에서 삼십 리 떨어진 곳에 비단에 수놓은 장막을 설치하고 좌우에는 금은 병풍을 늘어세웠다. 병풍에는 모두 왜인들이 지은 시사(詩辭)를 써놓았다. 대사는 가는 길에 힐끗 보고 지나쳤는데 그 시를 모두 기억했다. 객관에 도착해서 왜의 접반사와 그 나라 시에 대해 논하다가 문득 병풍에 있던 시를 모두 외웠는데 하나도 틀림이 없었다. 접반사가 놀랍고 기이하여 그 왕에게 고했다. ㉡ 그 왕이 대사의 도술을 시험해 보려고 구덩이를 십여 길 파서 무시무시한 독사를 구덩이에 가득 넣고, 유리를 그 위에 깔아서 모든 형상이 다 드러나게 했다. 마치 흐르는 물 위에 떠다니는 듯한 게 사람을 놀래켰다. 대사를 맞아들여 앉게 하자, 대사도 역시 그게 물인가 의심스러워서 염주를 던져보고 유리인 줄 안 뒤에야 들어가 앉으니, 왜인들이 더욱 그 지혜로움에 탄복했다. ㉢ 다음날 아침에 왜왕을 만나려고 했더니, 왜왕이 철마를 통로에 세우고는 그 아래에는 활활 타는 숯불을 사방에 놓고 대사에게 철마를 타고 들어오게 했다. 대사가 곧 서쪽을 향해 조용히 기도하자, 맑은 하늘에 조각구름이 조선에서 오더니, 큰비가 갑자기 쏟아져 숯불이 모두 꺼졌다. 보고 있던 왜의 군신이 놀라움과 두려움을 금치 못하고 말했다. "이 분이야말로 신승(神僧)이시고, 생불(生佛)이시네." 곧 토산 금 가마에 태워 내정

73) 홍만종, 이민수 역, 『순오지』 하, 을유문화사, 1971, 246~248쪽.

(內庭)에 들어가 큰 잔치를 베풀고, 스승으로 섬기면서 하는 말마다 다 따랐다.[74]

이 기록은 취혜가 호남지방 여러 사찰에 전해 내려오는 사명당의 행적을 듣고 적어놓은 거라고 했다.[75] 여기에는 병풍에 써놓은 시를 모두 외우고(㉠), 독사가 우글거리는 구덩이 위에 태연히 앉으며(㉡), 시뻘겋게 달군 철마를 도술로 식히는(㉢) 주요 이적(異蹟)이 모두 갖추어져 있다. 신유한은 이 내용이 항간에 떠도는 말에 불과하기 때문에 그대로 믿기엔 미심쩍다고 편말주(篇末註)에 썼다.[76] 취혜가 전문(傳聞)한 게 구전되던 이야기였는지, 문헌 기록이었는지, 혹은 소설이었는지 이 기록만으로는 알 수 없다. 다만 이 시기에 이르면 사명당 정왜담이 현재 우리가 보는 것과 같은 모습을 갖추고 있었음이 분명하다.[77] 따라서 18세기 초반, 1714

---

74) ㉠ 倭人盛儀以待, 去都三十里, 設錦繡步幛, 左右列立金銀屛, 屛間盡寫倭國人所製詩辭. 大師於道上瞥然看過, 悉記其詩. 及至館, 與倭接伴使論其國中詩品, 輒能盡誦屛間詩, 無一差錯. 使者驚異之, 告于其王. ㉡ 其王欲試其道術, 掘坑十餘丈, 以惡象毒蛇, 充入坑中, 布琉璃其上, 使羣形畢露. 有若縱橫於流上之面者, 令人懼然. 邀大師入坐, 大師亦疑其爲水, 擲念珠, 知其琉璃而後入坐, 倭益服其智. ㉢ 翌朝將見于倭王, 倭王立鐵馬以通路, 其下熾炭火四圍, 使大師緣鐵馬而入. 大師卽西向默禱, 青天白日, 有片雲來自朝鮮, 大雨旋下, 炭火皆滅. 倭君臣見者, 莫不驚怖曰: "此神僧也, 生佛也." 輒以土品金輦, 舁入內庭, 設大宴, 師事之, 所言皆從. 『분충서난록(奮忠紓難錄)』, 국립중앙도서관 소장본, 125~126면.

75) 취혜(就惠)가 어떤 승려인지는 모르겠다. 그러나 호남의 여러 사찰에서 송운대사의 행적에 대해 들은 바를 모두 여기에 베껴 전하고 있으므로 이제 남붕(南鵬) 상좌의 청에 따라 여기에 덧붙여 적는다. 就惠不知何如僧, 而湖南諸刹所聞松雲蹟者, 皆以此錄謄傳, 故今依鵬上座所請, 附錄于此. 『분충서난록』, 127면.

76) 이 기록은 길거리에서 주워들은 이야기에서 나왔으니, 독사 구덩이에 유리를 얹어놓았다거나 철마 등에 숯불을 둘렀다고 하는데, 모두 어떤 곡절인지 자세하지 않고, 이야기가 황탄하고 망령되다. 그러나 왜인들이 사람을 시험하는 술수가 짐짓 요망하고 괴이하기에, 이렇게 한 뒤에야 송운대사의 지혜가 막힘이 없음을 징험했다고 말한데 불과하다. 此錄出於塗聽之譚, 其曰毒蛇坑布琉璃及鐵馬背圍炭火者, 全未詳所遭曲折, 而語涉誕妄. 然倭情試人之術, 故多妖幻, 不過曰如是然後可驗松雲慧智之無碍而已. 『분충서난록』, 129~130면.

77) 좀 더 후대 인물인 서형수(徐瀅修, 1749~1824)의 <송운대사전(松雲大師傳)>은 사명당의 행적을 가등청정(加藤淸正)과의 협상과정, 종전 후 일본에서의 활동을 중심으로

년부터 1739년 사이에는 '최일영 계열'이 형성되지 않았을까 조심스럽게 추정해볼 수 있겠다.

다음으로 '관운장 계열'의 형성시기를 살피기로 한다. '관운장 계열'은 설화적 요소가 많다는 점에서 민중의식의 소산으로 파악하고 있다.[78] 관우신앙이 우리나라에 전래된 것은 임진왜란 때다. 명나라 군사들은 관우를 수호신으로 받들었는데, 이 때문에 그들을 위해 곳곳에 관왕묘(關王廟)를 지어 주었다.[79] 그러나 관우신앙은 조선 백성들에게 긍정적으로 인식되지 않았다. 전란의 고통에 시달리면서 관왕묘 짓는 노역에까지 동원되는 게 달가울 리 없었기 때문이다. 관왕묘 연기설화(緣起說話) 가운데 성이 여씨(呂氏)인 사람이 관왕묘를 짓다가 죽었다는 이야기가 있다.[80] 이 전설은 관우가 여몽(呂蒙)에게 죽었다는 <삼국지연의>의 내용에서 비롯된 얘기일 테지만, 관왕묘에 대한 민중의 부정적인 인식이 담겨 있다.

숙종·영조·정조 때에 이르면, 왕이 관왕묘에 친림하는 경우가 잦아졌을 뿐더러 그 때 쓸 악장을 따로 제정하기도 했다.[81] 임금들은 관우의 충의(忠義)를 들어 신하들이 자신에게 충성할 것을 요구했다. 대신들은

구성했다. 여기에는 병풍의 시 암송, 독사 구덩이 위에 앉기, 달군 철마 식히기와 같은 이적(異蹟)이 모두 갖춰져 있다. 이어 왜인들에게 강화 약속을 이행하라고 촉구하는 한편, 청정(淸正)의 머리와 포로 쇄환을 요구했다는 내용이 들어 있다. 한편 성해응(成海應, 1760~1839)도 거의 같은 내용을 전했는데, 그의 아버지인 성대중(成大中)은 서형수와 교유했다. 서형수, <송운대사전>, 『명고전집(明皐全集)』 권14(『한국문집총간』 261, 민족문화추진회, 2001, 290~294쪽); 성해응, <승휴정(僧休靜)·승유정(僧惟政)>, 『연경재전집(研經齋全集)』 권54(『한국문집총간』 275, 민족문화추진회, 2001, 145~147쪽).

78) 임철호, 「역사군담론」, 한국고전소설 편찬위원회 편, 『한국고전소설론』, 새문사, 1990, 201~211쪽; 임철호, 『임진록 이본연구』 I, 전주대 출판부, 1996, 167~229쪽.

79) 관우신앙에 대해서는 이경선, 「관우신앙에 관한 고찰」, 『삼국지연의의 비교문학적 연구』, 일지사, 1976; 김필래, 「관우설화연구」, 『한성어문학』 17, 1998 참조.

80) 최상수, 『한국민간전설집』(새판), 통문관, 1983, 192~193쪽; 같은 책, 378~379쪽.

81) 관왕묘에 관련된 기사는 『숙종실록』 11건, 『경종실록』 1건, 『영조실록』 25건, 『정조실록』에 19건이 보인다. 악장을 제정한 기사는 『정조실록』 10년(1786) 2월 2일(병자)조에 나온다.

이런 상황에 그다지 호의적이지 않았고, 일반 사대부들도 관우신앙을 허황된 걸로 생각했다.[82] 하지만 국왕이 관왕묘를 자주 찾자 관우신앙에 대한 세간의 관심도 차츰 높아진 듯하다. 이 점에서 1722년(경종 2)에 일어난 임인옥(壬寅獄) 관련자의 공초 중에 관왕묘에서 성패를 점쳤다는 기사가 주의를 끈다.[83] 관우는 전쟁의 신[戰神]이고 재물의 신[財神]이면서 한편으로는 반역자들의 비밀결사에서도 중요한 신앙의 대상이었다.[84] 역모를 꾀하면서 관우의 도움을 빌었던 것도 이 때문인데, 관우신앙이 민간에 수용됐던 사정을 엿볼 수 있다. 이렇게 보면 관우신앙이 민간에까지 자리 잡은 것은 올려 잡아도 18세기 초반 이후였던 셈이다.[85] 따라서 '관운장 계열'이 형성된 건 일러도 이때에나 가능했을 것으로 보인다.

그렇다면 <임진록> 세 계열은 모두 18세기 이후, 임진왜란으로부터 적어도 100년 이상 지난 뒤에야 형성됐다고 봐야 한다. 임병양란을 다룬 작품을 흔히 이민족에 대한 적개심을 표출하고, 정신적 복수와 승리를 지향한 것으로 설명해왔다. 복수심은 상처가 깊을 때 분출되는 것이 상례

82) 이익(李瀷)은 관왕묘 건립 내력을 밝히면서 관우의 충성과 용맹을 존숭할 순 있지만, 도가(道家)와 결합된 채 신앙하는 건 옳지 않고, 황탄부괴(荒誕浮怪)한 말이 많다고 하여 부정적인 입장을 보였다. 이익, 『국역 성호사설』 Ⅳ 인사문, 민족문화추진회, 1966, 54~56쪽.

83) 제가 백망에게 "네가 말하기를, 일찍이 육현과 서로 사귈 때 關王廟에서 점을 쳤더니, 그 결과, '孫龐의 사귐'이라고 했다고 하였는데, 그 점이 이미 징험이 되었다. …(중략)… 목호룡이 말하기를, "너는 陸玄과 함께 같이 관왕묘에 가서 점을 쳐서 六六卦를 얻었는데, '이것은 곧 孫龐의 사귐이다.'라고 하였다. 지금 육현이 이미 죽었으니, 내 점이 과연 징험되었다." 『경종실록』 2년(1722) 4월 13일(정묘).

84) 김문경, 『삼국지의 영광』, 사계절, 2002, 163~173쪽.

85) 『동야휘집』에 실려 있는 <적토신장소적병(赤兎神將掃賊兵)>은 '관운장 계열'의 왜장 퇴치설화와 관련해서 주목할 만한 자료다(정명기 편, 『원본 동야휘집』 상, 보고사, 119~122쪽). 이 이야기에서는 관운장의 음조(陰助) 덕에 이몽학의 난을 막았다고 설명하는데, 민간보다는 문헌설화 담당층에 의해 형성됐을 가능성이 있다. 이에 따르면 이원명(李源命, 1807~1887)이 『동야휘집』을 편찬했을 때, 또는 그 이전에 사대부들에게도 관우신앙이 수용된 걸로 볼 수 있다. 임철호, 「왜장퇴치 이야기의 전승과 변이: 문헌설화와 <임진록>의 관련성을 중심으로」, 『열상고전연구』 11, 열상고전연구회, 1998, 92쪽.

(常例)다. 그렇다면 이 시기에야 <임진록>이 형성된 이유를 설명하기 곤란해진다. <임진록>이 다른 요인 때문에 형성된 건 아닌지 검토해야 한다는 말이다.

(2) 관념적 허위의 폭로와 주체적 자긍심

<임진록>의 주요 계열 중에서 어떤 게 먼저 형성됐는지는 분명치 않다. 세 계열에는 모두 허구적인 요소가 들어 있는데, 이 부분을 사실지향성이 강한 '역사 계열'에서 만들어냈다고 하면 논리적으로 맞지 않는다. '역사 계열'은 허구화에 대한 반발로 형성됐으므로 다른 계열보다 먼저 형성될 수 없기 때문이다. '최일영 계열'과 '관운장 계열'이 '역사 계열'보다 먼저 형성된 건 분명한데, 두 계열 중에서는 '최일영 계열'이 앞선 걸로 보인다. '관운장 계열'이 '최일영 계열'에 비해 허구화의 정도가 심하고, 민간적 사고가 더 강하게 반영돼 있다는 점에서다.

먼저 임진왜란 이후 한일 관계를 살펴보는 데서부터 <임진록>의 형성요인을 검토해보기로 한다.

> 고금이 비록 다르다 해도 경계하여 걱정하고 반성하여 깨닫는 건 마찬가지입니다. 주자는 송나라가 남쪽으로 천도한 지 60여 년이 지났을 때 살았는데, 지금 소차(疏箚)와 지구문답서(知舊問答書)를 보면 복수를 언급했고, 그 강개함과 극론(極論)이 마치 어제 일과 같습니다. <u>우리나라가 변란을 겪은 지 겨우 10년인데, 복수의 의리를 말하는 걸 전혀 듣지 못했으니, 신은 분통합니다</u>.[86)]

86) 古今雖殊, 警惕省悟, 其揆一也. 朱子在南渡後六十季餘, 今見疏箚及知舊問答書辭中, 語及復讐, 其慷慨極論, 如昨日事. <u>我國經變纔過十季, 絶未聞談及復讐之義者, 臣竊痛惋</u>. 오운, 『사공조참의소(辭工曹參議疏)』, 『죽유집(竹牖集)』 권3(『한국문집총간 속』 5, 민족문화추진회, 2005, 38쪽).

오운(吳澐, 1540~1617)이 1616년(광해군 8)에 관직에서 물러나면서 올린 상소 가운데 일부이다. 인용문 바로 앞에서 그는 주자(朱子)의 소차류(疏箚類)를 경연(經筵)에서 진강(進講)할 것을 건의했다. 이어 주자는 송나라가 금나라에 쫓겨 남쪽으로 천도한 지 60년이 지났어도 여전히 복수심을 불태웠는데, 조선에서는 임진왜란이 끝난 지 20년도 안 돼 벌써 복수할 생각도 않는다고 개탄했다. 무사안일에 젖어 전란의 참혹한 기억을 그새 잊었고, 복수의지도 약해졌다는 것이다.

임진왜란은 전 계층에게 다 상처를 안겼지만, 지배층이 입은 정신적 충격은 다른 계층보다 훨씬 클 수밖에 없었다. 그런 데도 조정 신료의 입에서 이런 말이 나올 정도였으니,[87] 뒤집어 생각하면 조선과 일본의 관계가 매우 안정적이었음을 알 수 있다. 실제로 임진왜란이 끝난 후 18세기까지 한일 관계는 평온했다. 전란이 남긴 피해를 복구하려면 조선과 일본 양국 모두 평화로운 관계를 유지할 필요가 있었기 때문이다.

학문적인 영역에서도 비슷한 양상이었다. 17세기 중반 이후 사대부들의 일본에 대한 인식은 매우 낙관적이었다.[88] 일부 실학자들 사이에는 일본에 대한 학문적 관심이 일었고, 일본 서적이 수입되기도 했다.[89] 통신사행을 통해 일본에 유학이 자리를 잡기 시작했다는 사실도 전해졌다.[90] 그러면서 일본이 문(文)에 힘쓰다 보면 무력으로 도발할 가능성이 낮아지

87) 임진왜란 중에 곽재우(郭再祐)·김성일(金誠一)의 막하에서 활동했던 오운으로서는 이런 상황을 납득하기 어려웠을 것이다.

88) 홍여하(洪汝河, 1621~1678)는 『동국통감제강(東國通鑑提綱)』(1672)에 「일본전(日本傳)」을 실었고, 허목(許穆, 1595~1682)은 『동사(東史)』 「흑치열전(黑齒列傳)」에서 일본의 역사·지리·문화에 대한 관심을 표명했다. 이런 움직임은 왜란 후의 일본에 대한 적대감에서 벗어나 그들을 이웃나라로 인식했음을 뜻한다. 한영우, 「17세기 중엽 남인 許穆의 古學과 역사인식」, 『조선후기 사학사 연구』, 일지사, 1989, 129쪽; 한영우, 「17세기 중엽 남인 洪汝河의 역사서술」, 같은 책, 157쪽.

89) 하우봉, 『조선후기 실학자의 일본관 연구』, 일지사, 1989 참조.

90) 한문종, 「조선후기 일본에 관한 저술의 조사연구」, 『국사관논총』 86, 국사편찬위원회, 1999 참조.

리라는, 다분히 희망 섞인 전망을 내놓기도 했다.

일본에 대한 낙관적 인식은 정약용(丁若鏞, 1762~1836)이 살던 시대까지 계속된다. 그 또한 줄곧 낙관론을 폈는데,[91] 말년이 돼서야 일본에서 조선을 침략하자는 주장이 퍼지는 것에 위기의식을 느꼈다.[92] 실학자들이 이렇게 양국 관계를 낙관했던 배경에는 조선이 일본보다 문화적으로 월등하다는 생각이 자리하고 있었다.

한일 관계는 안정적인 기조를 유지하고 있었지만, 돌발적인 사건이 몇 차례 일어나 긴장감이 조성되기도 했다. 왜인들이 울릉도에서 조선인 안용복(安龍福)·박어둔(朴於屯)을 납치해간 사건이 그 중 두드러진 사례였다.[93] 또 일본과 내통해 역모를 꾀했다고 해서 한동안 시끄러웠던 적도 있었다.[94] 이런 일련의 사건은 심각한 상황에까지 이르지는 않았지만, 일본과의 관계를 다시금 생각하게 한 계기가 되기에는 충분했다. 자칫 일본이 다시 침략할지도 모른다는 위기감까지도 있었기 때문에 임진왜란의 뼈아픈 기억을 되살려 무사안일에 젖은 현실을 일깨우고, 경각심을 갖게 했다.[95]

---

91) 하우봉, 「조선후기 남인계 실학파의 일본인식」, 『조선시대 한국인의 일본인식』, 혜안, 2006, 238쪽.

92) 한영우, 「19세기초 정약용의 역사관과 대외관」, 앞의 책, 377~383쪽; 장용걸, 「정한론에 나타난 조선관 고찰: 동화와 우열을 중심으로」, 『일본학보』 40, 한국일본학회, 1998; 한동환, 「19세기 '정한론'의 허구성에 대한 비판적 연구」, 『인문과학연구』 34, 강원대 인문과학연구소, 2012 참조.

93) 『숙종실록』 20년(1694) 2월 23일(신묘).

94) 1760년(영조 36)에 일본과 내통해서 역모를 꾀했다는 혐의로 신후일(愼後一)·신후진(愼後趁)·고치룡(高致龍)·김호(金濠)·이광필(李光必)·승려 청윤(淸潤) 등이 붙잡혔다. 신후일은 국문 도중에 장살(杖殺)됐고, 나머지 연루자들은 무고와 유언비어 유포 죄로 흑산도 등지에 유배되는 것으로 사건 처리가 종결됐다. 「죄인신후일등추안(罪人愼後一等推案)」, 한국문헌연구소 편, 『추안급국안(推案及鞫案)』 22, 아세아문화사, 1979, 352~371쪽.

95) 안용복 사건 처리와 독도 문제는 여러 해 동안 한·일간 외교적 현안이 됐다. 안용복 사건 처리 방안을 묻는 문제가 1696년 전시(殿試)에 출제된 걸로 추정되는 문헌이 최근에 발견되기도 했다. 유미림, 「안용복 사건, 과거시험에 출제되다: 사료 발견과

하지만 이런 사건을 <임진록> 형성의 직접적 요인이라고 하기는 어렵다. 안용복 피랍사건(1694)은 임진왜란이 일어난 지 100년이 지난 후의 일이다. 물론 예기치 않은 일로 인해 깊이 가라앉아 있던 과거 기억이 되살아나는 경우도 심심찮게 있다. 하지만 이 시기에 굳이 100년 전에 일어난 사건을 떠올린 계기라고 말하기에는 뭔가 직접적인 연관성이 뚜렷하지 않다.

다소 엉뚱하지만, 필자는 <임진록>이 나온 이유를 <임경업전>이나 <박씨전> 같은 작품과 관련해서 생각해야 한다고 본다. 이 시기에 <임경업전>이 널리 읽혔다는 건 앞서 확인했다. 문제는 비판적 지식인이나 피지배계층이 <임경업전>에 담긴 현실인식이나 역사의식에 선뜻 동의하기 어려웠다는 점이었다.

임경업이 목숨을 걸고 지키려 한 것은 '존주대의(尊周大義)'였다. 임경업과 그 시대 조선 사대부에게 '존주'란, 옛날 중국의 여러 제후국들이 주나라를 섬겼던 것처럼 조선이 중화문화의 계승자인 명나라를 받드는 것이었다. 더욱이 명나라는 임진왜란 때 큰 도움을 준 은혜로운 나라였다. 따라서 명나라가 쇠미해져 겨우 명맥만 유지한다거나 멸망했다고 해서 그들에 대한 의리를 저버릴 수는 없었다. 그건 절대 있을 수 없는, 배은망덕한 행위였다. 명나라에 의리를 지키는 건 말 그대로 '대의'였다. 그게 마땅한 도리였고, 다른 무엇보다도 우선하는 가치였다.

임경업을 영웅으로 떠받든 까닭은 그가 이 땅과 백성을 지켜내서가 아니었고, 임금에 대한 충성심이 깊어서도 아니었다. 명나라에 대한 의리를 철저히 지키겠다는 신념, 그 길에 곧장 뛰어든 용기를 높이 샀기 때문이었다. 그렇기에 실제로 무슨 공을 세웠는지는 중요하지 않았다. 하지만 국내외 정세를 고려하지도 않고, 신하로서의 직분도 돌아보지 않은 채

그 의미」, 『영토해양연구』 2, 동북아역사재단, 2011, 139~143쪽.

망명해버린 임경업의 행동은 참으로 무모했다. 청나라는 임경업이 망명한 일로 조선 조정의 책임을 추궁하며 위협했는데, 자칫 큰 위기를 초래할 수도 있었다.

그런 마당에 조선 백성들이 자신들의 안위보다 명나라와의 의리를 더 중요하게 여겼을 리 없다. 더구나 목전의 삶은 피폐했고, 앞으로 살아갈 길도 막막한 처지였다. 의리니 명분이니 따질 계제가 아니었던 것이다. 오랑캐에 대한 적개심이야 없지 않았겠지만, 그렇다고 그런 감정이 존주대의를 절대적인 가치로 받아들이는 걸로 곧장 이어질 건 아니었다.

김자점에게 모든 책임을 떠넘긴 작품의 내용은 더욱 문제였다. <임경업전>에서 모든 문제의 근원에는 늘 '간신' 김자점이 있다.96) 나라꼴이 엉망인 것도, 오랑캐에게 패배의 치욕을 당한 것도, 충신 임경업이 죽은 것도 다 김자점 탓이라고 했다. 이런 단순논리로는 복잡다단한 역사적 사건을 제대로 설명할 수 없다. 또 어떤 사태를 모두 특정인의 개인적 문제로 몰아가는 건 타당하지도, 정당하지도 않다. 모든 잘못을 덮어써 줄 일종의 희생양을 만들어 사태를 호도한 셈이기 때문이다. 오랑캐에게 치욕적인 패배를 당한 최종 책임은 당연히 임금에게 있었고, 당시 집권세력도 그 책임을 나눠서 져야 했다. 그런데 다들 호국의 말발굽에 짓밟힌 희생자고, 김자점의 간계에 당한 피해자라고 했다. 그 점에선 만인 위에 군림하던 왕도, 기세등등하던 신하들도 일반 백성들과 마찬가지란 말이다. 엄격한 신분제 사회에서도 이럴 땐 만민이 평등하단다.

이런 논리는 병자호란 패전의 책임 소재를 규명하는 데만 국한되지 않는다. 작품이 형성된 18세기 사회에 대한 당대 지배층의 책임을 묻는 것과도 연결되는데, 그들이 마땅히 져야 할 책임을 회피하는 논리로 원용

96) 김자점에 대한 부정적 인식이 구체화된 양상에 대해서는 이종필, 「김자점 담론의 추이와 소설적 악인 형상화의 정치적 역학」, 『고소설연구』 35, 한국고소설학회, 2013 참조.

됐다는 점에서 더 문제적이었다. 책임 소재가 분명치 않으니, 정작 사태를 불러온 당사자들은 뒤로 빠지고, 아무런 권한도 없었고 책임질 일은 더욱 없는 사람들은 누린 것도 없이 참담한 패배의 뒷감당만 해야 했다. 공은 자기네들 몫이고 허물은 나누자는 꼴이다. 운명공동체이니 고통을 분담해야 하고 연대 책임을 져야 한다지만, '비겁한' 의리일 뿐이다. 흔히 '임금은 아비요, 백성은 자식'이라고 했는데, 부모의 일을 자식이 모른 체할 수야 없지만, '어른'인 아비와 '어린' 자식의 책임이 같다는 건 누가 봐도 우스운 말이다. 그러니 같은 일이 재발됐을 때 어떻게 할지, 제대로 된 답을 내놓지 못한 것이다.

이렇게 볼 때 모든 잘못을 김자점 한 사람에게 돌리고, 임금을 비롯한 당시 지배층의 책임은 언급조차 하지 않은 <임경업전>의 역사의식은 한계가 분명하다. 또한 한두 사람에 의해 나라의 운명이 좌우된다는 인식에도 <임진록>의 작자는 동의하기 어려웠던 것 같다. 역사를 움직이는 주체가 과연 누구냐는 물음과 답, 다시 말해 역사를 움직이는 원동력에 대한 성찰도 <임진록>의 창작을 추동한 요인이었다. 민중의 자발적 참여 등 전란을 극복할 수 있게 한 내적 동력에는 지극히 인색한 평가를 내리고, '재조지은'을 강조하면서 지배체제의 안정만 꾀했던 지배층에 대한 민중의 불만과 불신이 구체화되어 나타난 작품이란 말이다. 의병장들을 영웅적 면모로 그리면서, 그들을 질시하고 방해한 무능력한 조정을 대비시킨 데서 이런 민중의 인식이 잘 드러난다. 이런 이유에서 <임진록>은 당대의 현실과 결부된 문제의식에서 출발했다고 생각한다.

17세기 후반부터 끊이지 않았던 기근과 질병은 18세기 초에도 거듭해서 발생했다.[97] 숙종대에 환국(換局)이 잦았던 원인을 경제정책의 실패에

97) 김성우, 「17세기의 위기와 숙종대 사회상」, 『역사와 현실』 25, 역사비평사, 1997, 31~37쪽; 이규근, 「조선후기 질병사 연구: 『조선왕조실록』의 전염병 발생 기록을 중심으로」, 『국사관논총』 96, 국사편찬위원회, 2001 참조.

서 찾기도 할 만큼 당시 민간의 상황은 위기 국면이었다.[98] 기상이변으로 작물의 생육이 좋지 않아 식량 생산이 감소했고, 이에 따라 기아에 허덕이는 사람들이 늘었으며, 굶주려서 쇠약해진 가운데 전염병까지 창궐하면서 인명피해가 커졌다. 기근과 전염병으로 인명피해가 속출하면서 노동력에 의존했던 농업에 차질이 생기고, 이렇게 생산성이 저하되면 다시 굶주림에 시달리고, 여기에 전염병이 기승을 부리면 다시 인명이 상하는, 악순환이 빚어졌다.

상황이 이런 데도, 위정자들은 백성들의 고통을 덜어줄 뚜렷한 대책을 내놓지 못한 채, 지배체제를 유지하는 데만 급급했다. 지배층은, 오랑캐인 청나라에 대한 반감에 기대고, 조선이 그들보다 문화적으로 우월하다는 자긍심에 기초해, 국민의 통합을 꾀했다. 그 논리적 기반인 존주론(尊周論)을 더욱 강화하고, 이에 반하는 주장은 시대적 과업을 거스르며 분열을 조장하는 행위라고 비난했다.[99] 그런 가운데도 청나라와의 무역 적자는 갈수록 커져 갔다. 주요 원인은, 어처구니없게도, 사치품 수입이 급증한 데 있었다.[100] 이념과 현실의 '완벽한' 불일치였다.

이런 현실은 민중의 불만을 누적시켰고, 국가 통합의 이데올로기로 '존주대의'를 부르짖는 지배층의 주장을 의심하게 만들었다. 망한 지 오래인 명나라를 여전히 국제질서의 중심으로 상정하는 것이 과연 올바른 현실인식이며 바람직한 대응방식인지 의문이 제기될 수밖에 없었다. 조선이 '소중화(小中華)'로 자처하면서 망해버린 명나라를 대신한 중화 질서의 수호자를 자임한다고 해도 달라질 상황이 아니었기 때문이다.

이런 관점에서, <임진록>은 다른 목소리를 내면 존주대의를 내세워

---

98) 정석종, 「조선후기 사회세력의 동향과 정변: 숙종년간의 갑술환국과 중인・상인・무인의 정변참여를 중심으로」, 『한국사학』 5, 한국정신문화연구원, 1983

99) 노대환, 「숙종・영조대 대명의리론의 정치・사회적 기능」, 『한국문화』 32, 서울대 한국문화연구소, 2003, 173~177쪽.

100) 노대환, 위의 논문, 175쪽.

오랑캐와 부화뇌동하는 거라고 매도하며 공격하던 경직된 사회 분위기에 대한 비판적 인식의 소산으로 볼 수 있다. 그러나 이런 문제를 정면에서 다루기는 어려웠다. 그렇기에 지배층과 그들이 내세우는 담론의 허상을 폭로하고, 자신들의 현실인식과 역사의식을 우회적으로 드러내려 한 것이 <임진록>이라고 생각한다. 이 작품에서 임진왜란을 다루면서도 명나라・청나라와 관련된 여러 사건을 한 데 아우른 것도 그런 이유에서다.

<임진록>에 일본을 향한 뿌리 깊은 적개심이 자리하고 있다는 건 두말할 나위 없다. 그들은 이 땅의 사람들에게 씻을 수 없을 만큼 깊고 큰 상처를 남겼다. 하지만 그저 왜란의 고통스런 역사를 되새기면서 일본에 대한 복수심을 불태우자고, 새삼스레 이 작품을 창작했다고 보지는 않는다. 그럴 만한 시기도 아니었고, 작품의 내용이 적개심을 상상적 복수로 해소하기 위한 것만도 아니었다. <임진록>은 분노의 대상을 자연스럽게 청나라와 당대 지배층으로 옮겨 놓았다는 데 주목해야 한다. 그렇게 해서 당대 현실을 비판하고 존주론에 문제를 제기하려 한 게 이 작품을 창작한 동기라고 봐야 한다.

(3) 민중의 현실인식과 반일・반청의식

<임진록> 세 계열에는 모두 명나라에 구원병을 요청한 이야기가 들어 있다. 이본에 따라 형상화 방식이나 정도에 차이가 있지만, 모두 어렵사리 명나라의 원병을 얻는다. 명나라 천자가 꿈을 꾸고 이여송을 파견한다는 '역사 계열'도 그렇고, 이여송의 화상(畵像)을 구해서 겨우 파병 약속을 받아내는 '관운장 계열'도 마찬가지다. 명나라의 구원병을 데려오는 데 어려움을 많이 겪었다는 이야기는 역사적 사실을 반영한 내용이다.

> 동국 사정은 박절ᄒᆞ오나 잇ᄯᅢ 농시방극이라 밧 가ᄂᆞᆫ ᄇᆡᆨ셩을 발병ᄒᆞ오면 인심이 소동ᄒᆞᆯ지라 ᄒᆞ니 쳔ᄌᆞ 조션 사신의 지극ᄒᆞᆫ 츙셩을 보시고

불안ᄒᆞ여 무슈이 의논ᄒᆞ나 졔신이 알외되 당차시ᄒᆞ와 타국 쳥병을 시힝치 못ᄒᆞ리이다 쳔ᄌᆞ 강권치 못ᄒᆞ여 ᄉᆞᄌᆞ을 그져 도라가라 ᄒᆞ시니 …(중략)… 형쥬ᄂᆞᆫ 자셔이 드르소셔 ㉠ 옛날 삼국시에 유현덕은 다시 회싱ᄒᆞ여 지금 ᄃᆡ명 쳔ᄌᆞ 되시옵고 동싱 장비ᄂᆞᆫ 조션 왕이 되어습고 신은 환싱치 못하고 동싱의게 의탁ᄒᆞ여 풍우을 폐ᄒᆞ옵더니 동싱이 왜ᄂᆞᆫ을 당ᄒᆞ와 의쥬로 피란허엿사오니 쳥병을 밧비 보ᄂᆡ여 동싱의 환을 구ᄒᆞ소셔 …(중략)… ㉡ 형장은 소제 말을 능멸리 아르시면 도원결의 업셔지고 형장도 후환이 잇ᄉᆞ오리이다 ᄂᆡ 수ᄇᆡᆨ 년 고혼이라도 삼국시졀 억만 ᄃᆡ병을 ᄆᆞ른 풀 버히던 신명이 지금도 조곰 감치 아니ᄒᆞ여시니 엇지 왜적을 근심ᄒᆞ리오마ᄂᆞᆫ ㉢ ᄌᆞ식이 부모 덕을 닙ᄂᆞᆫ 거시 쩟쩟ᄒᆞᆫ지라 복원 형장은 급히 긔병ᄒᆞ여 보ᄂᆡ옵소셔 312~316쪽.

인용문에는 명나라가 어떻게든 조선의 구원병 파병 요청에 응하지 않으려는 모습이 역력하다. 관우는, 조선 왕과의 형제간 의리를 내세워, 조선에 파병하라고 명나라 천자를 재촉한다. 명나라 천자는 유비고, 조선 왕은 장비인데, 동생인 장비가 위기에 처했으니 구해줘야 한다는 것이다. 의형제를 맺을 때 서로 돕고 생사를 함께 하기로 약속했으니 당연한 도리인 셈이다.

그런 데도 명나라 천자는 도통 움직이려 들지 않는다. 갖은 핑계를 대며 미적거리기만 한다. 이에 관우는, 원병을 보내지 않으면 도원결의가 깨질 것이고, 유비의 후신인 명나라 천자에게도 후환이 있을 거라는, 위협마저 서슴지 않는다. 조선이 망하면 명나라도 무사치 못할 거라는 말이다. 처음엔 형제 관계를 내세워 인정에 호소하는 읍소작전이었다면, 이젠 요청이 아니라 숫제 협박이다.

이어서 관우는 부모 자식 간의 정리를 들어 설득한다. 명나라가 부모나라[父母之國]로서의 도리를 다해야 마땅하다고 한다. 조금 누그러뜨렸지만, 파병을 거의 강요하다시피 한 것이다. 어려울 때 나 몰라라 하면 부자지간의 연을 끊는 거나 진배없기 때문이다. 그제야 천자는 마지못해 이여송을 불러 출병하도록 명한다. 그러고도 명나라가 부모국의 의리를 다하기 위해 출병한다는 명분을 내세우는 걸 잊지 않는다.

명나라가 원병을 보내준 건 조선으로선 고맙기 그지없는 일이다. 하지만 파병이 기꺼운 마음으로, 바로 이루어지지 않았다는 건 다른 문제다. 명나라는 이런저런 사정과 이해득실을 따져본 후에야, 순망치한이 될까봐 구원병을 보냈다. 제대로 된 부모와 자식 사이라면, 자식이 울고불고 매달리기 전에 부모가 먼저 손을 내밀기 마련이다.[101] 혹시라도 늦지 않을까 조바심치면서 말이다. 따라서 마냥 미루다가, 할 수 없어 출병한 걸 부모의 나라가 은혜를 베푼 거라고 생색내선 안 된다. 이렇게 볼 때 <임진록> 세 계열에 모두 들어 있는 '청병(請兵) 이야기'는 중요한 의미가 있다. 명나라가 피치 못해 원병을 보냈다는 사실을 강조한 데는 지배층이 내세운 '존주대의'에 대한 비판적 시각이 담겨 있기 때문이다.

조선시대에 존주론은 명나라가 국제질서의 중심이며, 신하국인 조선은 명나라를 존숭(尊崇)해야 마땅하다는 논리였다. 더욱이 명나라가 임진왜란 때 나라를 지켜준 크나큰 은혜를 입은 마당에 그런 나라에 대한 의리를 저버린다는 건 있을 수 없는 일이 되었다. 그게 바로 '재조지은(再造之恩)'이라는 관념이다.

문제는 '재조지은'을 강조한 이면에 왜란을 통해 드러난 지배층의 무능과 무책임, 부도덕성에 대한 비판을 피하려는 정치적 계산이 깔려 있었다는 점이다. 선조는 호종공신들 때문에 위기를 넘겼다고 추켜세우면서도 의병장들의 활약은 전혀 언급하지 않았다. 왜적을 물리친 모든 공은 명군(明軍)에게 있고, 우리나라 장수들은 한 게 없다는 말은 참전한 외국 장수에 대한, 의례적인 인사의 차원을 넘었다.[102] 위기를 극복한 게 전적으로

---

101) 천자는 조선 사신이 간청해도 꿈쩍하지 않는다. 청병(請兵) 사신은 눈 밑에 고춧가루를 묻혀서 '나오지 않는' 눈물을 억지로 '쥐어짜며' 애걸한다.

102) <u>지금 왜적을 평정한 것은 오로지 명군 덕분이다. 우리 장사들은 간혹 명군의 뒤를</u>

그들 덕분이라면, 이 나라 사람은 누구라 할 것 없이 모두 그 은혜를 갚아야 할 존재가 된다. 그러면 지배층과 피지배층 사이의 구별은 무의미해진다. 전란 체험은 저마다 다 다르고, 각자 져야 할 책임도 천지차이인데 말이다. 도망가기에 급급했던 왕이나 신하들과 달리 적에게 점령된 곳에서 공포에 떨었고, 왜적을 물리치려고 떨쳐 일어났던 백성들의 역할을 정당하게 평가한다는 건 애초에 기대할 게 못 됐다. 어차피 다들 저들에게 빚졌고, 중요한 역할을 한 것도 아닌데, 공과(功過)를 따져 뭘 하겠는가.

그런데 명나라가 조선의 청병에 기꺼이 응하지 않았고, 그나마도 조건이 달렸으며, 또 전심(全心)으로 도운 것도 아니라면, '재조지은'이란 말은 관념적 허위라는 게 드러난다. 자기네 나라에 피해가 가지 않도록 미리 차단하겠다는 속셈에서 이뤄진 파병이라면 일방적인 시혜와 수혜로 볼 수 없다.[103] 그러니 모두가 그렇듯 감지덕지하고 쩔쩔맬 필요도 없다. 존주론이 현실적 구속력을 가질 수 있었던 건 '재조지은'이란 관념이 든든히 받쳐주어서였는데, 그 뿌리부터 부정되는 것이다.

쫓아다니다가 요행히 적 잔병의 머리를 얻었을 뿐 일찍이 적 우두머리의 머리 하나를 베거나 적진 하나를 함락시킨 적이 없었다. 그 가운데 이순신과 원균 두 장수의 해상에서의 승리와 권율의 행주대첩이 다소 빛날 뿐이다. 만약 명군이 들어오게 된 이유를 논한다면 그것은 모두 호종했던 여러 신료들이 험한 길에 엎어지면서도 나를 따라와 天朝에 호소했기에 적을 토벌하여 강토를 회복할 수 있었던 것이다. 『호성선무청난공신의궤(扈聖宣武淸難功臣儀軌)』, 규장각 소장본, 1601년 3월 13일(한명기, 『임진왜란과 한중관계』, 역사비평사, 1999, 81쪽에서 재인용).

103) 안석경(安錫儆, 1718~1774)의 다음 글에서도 이런 인식을 엿볼 수 있다.
또한 명나라가 만력 연간에 조선을 구원했던 것도 이른바 초나라를 위한 것이지 조나라를 위한 게 아니었습니다. 만약 일본이 조선을 차지했다면 육로로 2천리인 연경도 위태로웠을 것입니다. 명나라를 위한 계책이란 게 조선을 구하지 않고 가능했겠습니까! 망해가는 나라를 존치시키고 죽어가는 사람을 살려준 은혜는 참으로 크지만, 그 은혜를 베푼 까닭을 생각하면 우리가 비록 보답하지 못한다 해도 유감은 없을 것입니다. 且大明萬曆東救之擧, 則所謂爲楚非爲趙者也. 若使倭寇仍據朝鮮, 則陸行二千里, 燕京危矣. 爲大明計者, 欲無救朝鮮得乎! 存亡生死之恩固大矣, 顧以其恩之所由, 則我雖不能報, 亦無憾焉. 안석경, 「의대정대책(擬大庭對策)」, 『삽교유집(霅橋遺集)』 대책(對策)(『한국문집총간』 233, 민족문화추진회, 1999, 571쪽).

이런 관점은 이여송(李如松)을 부정적으로 그린 데서도 확인할 수 있다. <임진록>에서 이여송은 긍정적인 면과 부정적인 면을 함께 갖고 있다. 왜적과 대결하는 구원장으로서의 그의 활약은 정말 대단하다. 그는 조선 장수들을 발탁해서 전투를 치르게 하는데, 영웅적 면모로 묘사된 도술전(道術戰)에 보이는 것처럼, 전투의 중심은 늘 이여송이다. 그런데 작품 후반에서 그는 조선 산천의 혈맥을 끊고 다니다가 산신령에게 혼쫄이 나고 쫓겨 간다. 임진왜란 중에 명군(明軍)이 자행했던 갖은 악행을 변용한 삽화인데,[104] 참 씁쓸하고 초라한 뒷모습이다. 이를 통해 명나라에 대한 피지배층의 인식이 지배층의 생각과는 전혀 달랐다는 게 드러난다. 지배층의 관념대로라면, 은혜로운 상국(上國)의 장수가 번방(藩邦)에 해코지를 할 리는 없으니 말이다.

> 조션왕을 보니 졍세가 가긍ᄒᆞ나 왕상이 그러ᄒᆞ니 엇지 사직을 안보ᄒᆞ리요 도적을 물니치나 공이 업슬 듯ᄒᆞ니 다시 회군영을 ᄂᆞ리거놀 젼하 일경을 불너 왈 쳥병장이 도로 회환ᄒᆞᆫ다 ᄒᆞ니 엇지ᄒᆞ여야 조흔 도리 잇슬고 일경이 쥬왈 이여송은 당시 영웅이라 ᄂᆡ두 승ᄑᆡᄅᆞᆯ 미리 아ᄂᆞᆫ지라 젼하을 뵈ᄋᆞᆸ고 퇴병ᄒᆞ려 ᄒᆞ오니 복원 젼하ᄂᆞᆫ 당진 압폐 칠셩단을 뭇고 단 우에 올나 종묘사직을 바리게다 ᄒᆞ며 억조 ᄇᆡᆨ셩에 일을 ᄉᆡᆼ각ᄒᆞ여 방셩ᄃᆡ곡ᄒᆞ시면 젼하의 슈문 왕긔ᄅᆞᆯ 알고 싸홈을 ᄌᆡ촉ᄒᆞ오리다 ᄒᆞ니 젼하 즉시 칠셩단을 뭇고 올나 사직과 ᄇᆡᆨ셩의 망칙ᄒᆞᆫ 일을 ᄉᆡᆼ각ᄒᆞ야 통곡ᄒᆞ시니 320~322쪽.

---

104) 들으니, 호남으로 내려간 명나라 군사는 길가 민가에서 재물을 약탈하는 것이 끝이 없어 마치 적의 변을 당한 것과 같다고 한다. 심지어 전주 사는 지평(指平) 송영구(宋英耈)의 집에는 불의에 난입하여 소를 빼앗아 잡아먹고, 보배스런 그릇을 모두 빼앗았으며, 송씨의 아내는 겨우 도망하여 화를 면하였다 한다. 이들은 모두 이제독(李提督)의 휘하로서 군졸을 제대로 거두지 않았기 때문에 이러한 극에 이르렀다. 且聞, 唐兵下去湖南者, 緣路民家, 掠奪財物, 無有紀極. 如經賊變, 至語全州地宋持平英耈家, 不意亂入, 奪牛屠食, 盡奪寶器, 宋公妻氏, 僅得逃免云. 此皆李提督麾下, 而不戢軍卒, 故至於此極. 오희문(吳希文), 『쇄미록(瑣尾錄)』, 1593년 7월 8일조(해주오씨추탄공파 종중, 『쇄미록』 상, 경인문화사, 1990, 593쪽).

이본마다 다 들어 있는 이야기다. 구원병을 이끌고 온 이여송은 대뜸 조선 왕의 관상을 들먹인다. 선조가 왕의 상(相)이 아니라서 사직을 보전하지 못할 거라는 불경한 말을 서슴없이 내뱉는다. 구원장(救援將)으로 왔으면 힘을 합쳐 적을 물리칠 방도를 찾아야 할 텐데, 어깃장부터 놓으면서 전투를 치르기도 전에 군을 물리겠다고 을러댄다. 파병 결정 과정이 매끄럽지 않았을지라도 일단 출병했으면 최선을 다해야 마땅하다. 그런데 전투할 생각은 않고 가당찮은 핑곗거리를 찾아 돌아갈 궁리만 하는 것이다.

하지만 그들을 붙들려면 지나친 요구라도 들어줄 수밖에 없었던 게 조선의 딱한 처지였다. 왜란 중에 많은 백성들이 왜군의 총칼보다 명군 뒷바라지를 더 두렵고 고통스럽게 여겼던 것도 이 때문이었다.[105] 이 삽화는 왜적을 물리치는 데는 힘쓰지 않고 온갖 횡포를 일삼았던 명군의 행태를 떠올리게 한다. 지원군으로 와서 마치 점령군처럼 행세했던 명군의 이중적인 태도를 문제 삼은 것이다.

왕상(王相)을 트집 잡는 장면에는 무능한 국왕을 바라보는 백성들의 차가운 눈길도 아울러 담겨 있다. 이여송이 왕상 운운한 건 왕의 권위에 대한 정면도전이다. 그런 데도 조선 왕은 이여송의 오만불손한 태도를 손볼 엄두도 못 낸다. 군신이 머리를 맞대고 짜낸 생각이란 게 고작 독 속에 들어가 통곡하는 것이다. 울음으로 자신의 의사를 표현하는 건 애들이나 하는 짓이다.[106] 그 정도로 조선 왕의 모습은 왜소하고 초라하기 짝이 없다. 오죽하면 안 나오는 눈물을 짜내야만, 그것도 독 속에 들어가 울림을 크게 하는 꼼수를 써야만 '숨어 있는' 왕기(王氣)를 알 수 있겠는가.

지배층에 대한 불신은 <임진록> 세 계열에 모두 강하게 드러난다. 특

105) 이훈상, 『어느 지방 이서의 임진왜란 증언과 전승: 경상도 인동의 향리 劉席珍과 그의 임진왜란 일기』, 『영남학』 21호, 경북대 영남문화연구원, 2012, 156~158쪽.
106) 강윤정, 『<임진년노래>考』, 『개신어문연구』 14, 개신어문학회, 1997, 199쪽.

히 선조에게 쏟아지는 비판은 매우 거세다. 훗날 사대부들은 선조의 치세를, 그의 능호에 따라, '목릉성세(穆陵盛世)'라고 불렀다. 하지만 일반적인 시각은 그렇게 긍정적이지 않았다. 백성들은 임진왜란 중에 선조의 하야를 요구하기도 했다.[107] 선조가 승하해서 국상 중이던 광해군 즉위 초에 민가의 노랫소리가 임금 처소까지 들리는, 어처구니없는 일이 일어났다. 꼭 그래서는 아니겠지만, 선조의 국상을 삼년상으로 치른 사람은 포상도 받았다.[108] 이런 사실을 통해 선조를 왕으로 인정할 수 없다는 백성들의 목소리를 들을 수 있다.

이렇게 왕상을 부정한 건 무능한 국왕을 불신한다는 말과 같다. 왕이 무능하다는 건 지배층이 제 역할을 다하지 못한다는 말과 크게 다르지 않다. 그래서인지 '최일영 계열'이나 '관운장 계열'에는 조정에서 한 일이 거의 드러나지 않는다. 조정에서 한 일이 없다는 것은 곧 지배체제의 정점에 있는 국왕과 조정을 장악한 지배층 모두가 무능하다는 말이다. 이 점에서 국왕을 포함한 지배층 전체에 대한 피지배층의 불신과 분노를 표출한 걸로 의미는 확장된다. 국왕은 아무 책임도 없다는 듯한 <임경업전>·<박씨전>과 전혀 다른 태도다.

<임진록>은 단순히 임진왜란만을 문제 삼은 게 아니다. 특히 '최일영

---

107) 다음은 하야 요구에 대한 선조의 답이다. 자리에 연연하는 건 아니고, 상황이 급박하니 우선 사태를 수습한 다음에 기꺼이 물러나겠다는 말이다. 요즘도 많이 듣는 소리다. 다들 아는 대로 결국 물러나지 않았다.

유학(幼學) 남이순(南以順)·송희록(宋希祿)이 상소하여 백성들 뜻에 의해 동궁(東宮)에게 선위(禪位)할 것을 청하니, 비망기(備忘記)로 일렀다. "전에 동궁으로 하여금 전단(專斷)하게 하도록 전교하였으나 내 뜻을 이루지 못하였는데 이것이 어떤 일이기에 한갓 말뿐이었겠는가. …(중략)… 이곳에서는 다만 사대(事大)와 청병(請兵)하는 일 하나만을 조치할 것이니, 이 역시 적을 토벌하는 일이다. <u>내선(內禪)하는 일 또한 나의 평소 뜻으로서 즉시 행하고 싶지 않은 것은 아니다. 다만 이곳이 중국과의 경계여서 처리하기 어려운 일이 있을까 염려되어서이지 감히 욕심을 내어 무릅쓰고 있는 것은 아니다. 이 일은 마땅히 적을 섬멸하기를 기다려 시행해야 하니, 이런 뜻을 아울러 알라.</u>" 『선조실록』 25년(1592) 11월 7일(계해).

108) 『광해군일기』 2년(1610) 2월 8일(갑인).

계열'에서 가장 부각된 인물 중 하나가 김응서(金應瑞)라는 점에서 그렇다.[109] 김응서가 강홍립과 함께 떠난 일본 정벌 삽화는, 인물의 상징성을 놓고 볼 때, 청나라와의 관계를 분명히 염두에 둔 것으로 보인다. 김응서는 임진왜란 때도 큰 활약을 했다. 그러나 강홍립·김응서가 사람들의 뇌리에 각인된 까닭은, 임진왜란 때의 전공(戰功) 때문이 아니라, 심하전투(深河戰鬪)에서 참패한 기억이 강하게 남았기 때문이었다.

<임진록>에서 심하전투 패전의 아픔을 곱씹자는 뜻으로 두 주역을 불러내지는 않았을 것이다. 더욱이 두 사람의 일본 정벌담은 완전한 허구다. 이를 마치 사실인 양 그린 것은, 일단, 이어지는 사명당의 정왜담을 더 돋보이게 하려는 의도에서다. 사명당은 임진왜란 후 일본에 건너가 외교 활동을 벌이고, 붙잡혀간 조선인 일부를 구해왔다. 그렇지만 사명당이 왜인들을 완전히 굴복시켰다는 <임진록>의 이야기는 사실과 거리가 멀다. 그런 데도 사명당의 정왜담이 빠지지 않는 건 완벽한 승리를 기대하는 독자들의 욕구를 충족시켜주기 위해서다. 그 바로 앞에 두 사람의 일본 원정 실패담이 놓여 있다.

작중 강홍립·김응서의 일본 정벌은 강홍립의 독선과 배신 때문에 실패하고 만다. 이런 상황에서 이루어진 사명당의 일본행은 성과를 거두기 어려워 보였다. 게다가 사명당이 승려였던 만큼, 그의 일본행을 달가워하지 않은 유자(儒者)들도 많았다. 조선의 요구를 순순히 들어줄 일본도 아니었다. 일본은 갖은 계교로 사명당의 능력을 시험하면서 그를 굴복시키려 들었다. 사명당은 이렇듯 안팎으로 녹록지 않은 상황을 탁월한 능력으로 이겨내고, 결국 왜왕의 항복을 받아낸다. 해마다 사람가죽[人皮] 삼백 장을 조공으로 바치라는 가혹한 요구도 거부하지 못할 만큼, 왜왕은

109) 김응서(金應瑞)는 심하전투에 도원수 강홍립과 함께 출전했던 부원수 김경서(金景瑞)의 초명(初名)인데, 1613년에 개명했다. 이시항(李時恒), 『김장군유사(金將軍遺事)』, 「세계(世系)」, 국립중앙도서관 소장본.

절대적인 복종 의사를 표시하지 않을 수 없다.

현실에서는 그런 극적인 대결이 벌어지지도 않았고, 완벽한 승리란 애초 있을 수 없었다. 이런 사실을 잘 알고 있었을 <임진록>의 작자는 역사적 사실과 거리가 먼 정왜담으로 대미를 장식했다. 왜적에 대한 끓어오르는 분노와 복수욕이 그만큼 강했기에 비록 상상의 세계에서나마 완벽한 승리를 꿈꾼 것이다. 독자들도 여기서 쾌감을 맛본다. 승리를 예감했다가 좌절한 후, 그래서 기대가 꺾인 상황에서, 극적인 반전을 이루며 완전한 우위를 확인할 때 그 쾌감은 더 커진다.

<임진록>에 나타난 강홍립·김응서의 일본 원정담은, 문헌기록을 통해 볼 때, 심하전투 관련 인물에 대한 견문(見聞)이나 전설(傳說)을 변용한 걸로 보인다. 작중 원정의 순서에 따라 강홍립·김응서가 출전할 때 동해 신령이 나타나 행군을 늦춰야 한다고 알려주는 부분부터 살펴본다.

1 나ᄂᆞᆫ 동ᄒᆡ 실령이오니 두 장슈난 삼일만 유ᄒᆞ여 가오면 공을 일우리라 ᄒᆞ고 간 ᄃᆡ 업거ᄂᆞᆯ 응셔ᄂᆞᆫ 이 말을 듯고 삼일을 유ᄒᆞ고져 ᄒᆞ되 홍닙이 소왈 ᄃᆡ병을 거나리고 원정의 갈진ᄃᆡ 엇지 지체ᄒᆞ리요 즁위ᄂᆞᆫ 밧비 ᄒᆡᆼ군ᄒᆞ라 ᄒᆞ고 ᄇᆡ에 올나 졔장을 호령ᄒᆞ여 ᄒᆡᆼ군헐ᄉᆡ ᄯᅩ ᄒᆡ상 실령이 웨여 왈 가련토다 가련토다 ᄂᆡ 말을 불신ᄒᆞ니 후회막급ᄒᆞ리니 어이 홀고 응셔 왈 이 비록 귀신이라도 ᄂᆡ두 길흉을 알고 우리로 유익ᄒᆞ게 ᄒᆞᄂᆞᆫ도다 ᄒᆞ고 징을 쳐 군ᄉᆞ를 머물거ᄂᆞᆯ 홍닙이 칼노 ᄇᆡ젼을 치며 왈 사불범졍이라 엇지 장영을 그역ᄒᆞᄂᆞᆫ다 만일 다시 그역ᄒᆞ면 군영으로 시ᄒᆡᆼᄒᆞ리라 응셔 ᄂᆡᆼ소ᄒᆞ고 마지 못ᄒᆞ야 뒤의 ᄯᅡ를ᄉᆡ 그 션관이 할 일 업셔 만경창파 ᄒᆡ상 즁의 일편 연엽쥬를 타고 머리예 벽역화ᄅᆞᆯ 쓰고 거문고을 물읍 우에 노코 쥴을 희롱ᄒᆞ니 그 노ᄅᆡ의 ᄒᆞ엿스되 가엽도다 가엽도다 삼만 ᄃᆡ병이 가엽도다 미혹ᄒᆞᆫ 강홍닙은 운무가 덥혀 잇고 송쥭갓튼 김장군은 일월이 발가도다 350~352쪽.

2 어떤 이가 말했다. “처음에 김응하가 고개〔우모령-필자〕를 넘기 전에 어떤 노파가 지나가면서 ‘군사가 고개를 넘지 못할 텐데, 어찌하여

> 군사를 잠시 멈추지 않을까.'라고 하니, 김응하가 상서롭지 못하다고 생각해 목을 벴답니다. 고개를 넘다가 군대가 정말로 패했지요." 어떤 사람은 믿을 게 못 된다고 하고, 어떤 사람은 신통하다고 했다. 아마도 김응하에게 미리 알려준 것일 텐데, 김응하는 이미 죽을 뜻을 정했으니 어찌 멈출 수 있었으랴.[110]

①은 동해 신령이 나타나서, 행군을 늦추지 않으면, 매복한 적군에게 몰살당할 거라고 경계하는 장면이다. ②는 선천부사였던 박태보(朴泰輔, 1654~1689)가 김응하(金應河)와 관련된 견문을 적은 내용 중 일부이다. 두 이야기는 구조가 같다. 둘 다 신적인 존재가 위험을 미리 알려줬지만, 그 말을 안 들어서 결국 실패하고 말았다는 것이다. 물론 강홍립에 대해서는 비판적인 시각이 드러나고, 김응하에 대해서는 안타까운 감정이 묻어난다. <임진록>의 강홍립이 공명심 때문에 신령의 계시를 무시했다고 한 것과 달리, 『서김장군일사(書金將軍逸事)』에서는 김응하가 결사항전의 굳은 의지 때문에 지체할 겨를이 없었을 거라고 했다. 이런 차이가 있긴 하지만, <임진록>의 이 삽화는 김응하 이야기를 변용한 걸로 보인다. 노파의 말을 새겨듣지 않아서 전사했다는 김응하 이야기를 살짝 바꿔서, 동선령[111]을 곧장 넘지 말라는 동해 신령의 계시를 무시해서 전군이 몰살당했다는, 강홍립의 일본 정벌 실패담을 만든 것이다.[112]

---

110) 或曰: "初應河行未踰嶺, 有老媼過而言曰: '師未可踰嶺, 盍姑止師.' 應河以爲不祥, 收斬之. 遂踰嶺, 師果敗." 或曰: "未可信也." 或曰: "神." 盖先告應河, 而應河死志已決, 豈可止哉! 박태보, 『서김장군일사(書金將軍逸事)』, 『정재집(定齋集)』 권4(『한국문집총간』 168, 민족문화추진회, 1996, 85쪽).

111) 동선령(洞仙嶺)은 황해도 황주(黃州)와 봉산(鳳山) 사이의 구월산(九月山)에 있는 고개로, 일본 가는 길과는 전혀 상관없다.

112) 다음은 '야언잡지(野言雜志)'에서 인용했다고 밝힌 부분인데, 당시에 김경서의 죽음과 강홍립의 배신, 그리고 강홍립의 생환을 예언한 참요(讖謠)가 떠돌았다는 내용이다. 기미년에 요동으로 건너갈 적에 '점 하나인 사람 다섯은 가고, 두 가닥으로 머리를 쪽진 예쁜 여인이 온다네.'라는 노래가 있었는데, 그 때는 그 뜻을 알 수 없었다. 김경서가 오랑캐 땅에서 죽자 비로소 그게 참요인 줄 알게 됐다. '점 하나인 사람

<임진록>에서는 동선령에서 패한 후, 왜적의 회유에 넘어가서 일본 공주와 결혼해 부귀를 누리는 강홍립의 변절(變節)과 끝까지 절의를 지키다가 죽는 김응서의 사절(死節)을 대비했다. <임진록>의 내용은 후금의 포로가 된 뒤에 강홍립·김경서가 보인 행적과 매우 유사하다. 강홍립은 억류돼 있는 동안 그곳에서 한족 여인과 결혼했는데,[113] 상대는 누르하치의 아들인 귀영가(貴永可)의 양녀였다.[114] 따라서 <임진록>에서 강홍립이 왜왕의 공주를 맞이한다는 설정은 사실을 약간 변개한 정도다. 김응서가 타던 말이 주인의 머리를 물고 돌아와서 억울한 사정을 밝혀준다는 대목도 마찬가지다.

> [3] 져 강홍닙이 왜놈과 부동ᄒᆞ니 할 일 업셔 ᄂᆡ 쥭ᄂᆞ니 네 아모조록 ᄂᆡ 머리롤 가져다가 우리 젼하게 올니고 ᄯᅩ 이 셔간을 가지고 ᄂᆡ 발명을 ᄒᆞ기롤 너만 밋난니 만니 히도의 무ᄉᆞ히 근너 가라 ᄒᆞ고 방셩통곡하니 …(중략)… 슬푸다 응셔의 말이 졔 임ᄌᆞ 머리롤 물고 소릐롤 지르며 사족을 모흐고 구름을 헤치고 바다롤 건너 삼일 만의 한양을 득달ᄒᆞ니 …(중략)… 젼하 친히 나와 보시니 말이 사람의 머리롤 물고 굽을 치며 반기는 듯ᄒᆞ거날 이ᄂᆞᆫ 응셔 머리 분명ᄒᆞ고 ᄯᅩ 귀예 셔간얼 ᄲᅡ혀너 보시고 방셩ᄃᆡ곡ᄒᆞᄉᆞ 만조롤 모와 응셔의 머리롤 셕함의

다섯[一點人五]'은 김자(金字)였고, '두 가닥으로 머리를 쪽진 예쁜 여인[雙鬟玉女]'은 강자(姜字)였으니, 그 또한 기이하도다. 當己未之渡遼也, 有'一點人五行, 雙鬟玉女來'之謠, 當時莫曉其意, 及後來姜弘立還而金景瑞死於虜中, 始知其讖. 一點人五是金字, 雙鬟玉女是姜字也, 其亦異矣. 『김장군유사』「사적차록(事蹟箚錄)」, 국립중앙도서관 소장본.

113) 개성유수가 치계하였다. "강홍립과 박난영이 거느리고 있던 漢人이 이미 本府에 도착하였습니다. 그 중 두 여인이 말하기를 '요동지휘사 董奇功의 딸로서 오랑캐에게 포로가 됐는데 언니는 강홍립에게, 동생은 박난영에게 시집갔으므로 나오게 된 것이다. 만약 이 나라에 살 수 없다면 우리를 보내준 國汗의 뜻이 마침내 허사로 돌아갈 것이니 어찌 한번 죽는 것을 아끼겠는가.' 하기에, 여기에 머물 수 없는 뜻으로 재삼 말해 주었더니 말하기를, '할 수 없다면 모진[모문룡(毛文龍)의 진영-필자]에 보내더라도 명대로 따르겠다.' 하였습니다. 『인조실록』 5년(1627) 6월 18일(계축).

114) 이긍익, 『국역 연려실기술』 Ⅵ, 「인조조고사본말」, 민족문화추진회, 1967, 123쪽.

봉ᄒᆞ여 장ᄉᆞᄒᆞ미 말이 ᄯᅩ 쥭ᄂᆞᆫ지라 묘하의 뭇고 응셔 츙졀을 후세에 유젼케 ᄒᆞ니라 364~368쪽.

4 그 때 永柔縣令 李有吉이 김응하와 같이 죽었는데, 죽을 때에 汗衫을 찢어서 '5월 5일 죽다〔五月五日死〕'라는 다섯 자를 써서 말갈기에 매었더니, 말이 군중을 지나 뛰어서 3일 만에 집에 돌아가서 슬피 울고 곧 죽었다. 이에 그 말을 유길의 무덤 밑에 묻었다. 그 무덤이 파주 廣灘에 있는데, 지금 사람이 말무덤이라 이른다.[115]

3은 강홍립・김경서가 투항한 후 두 사람을 비난하는 여론이 들끓었던 사정과 관련해서 이해할 수 있는데, 김경서의 변치 않은 절개와 깊은 충성심을 분명히 밝히는 데 기여한다.[116] 그런데 3에 들어 있는 의마전설(義馬傳說)은 4처럼 심하전투 출전자의 이야기에도 보이고, 임진왜란 관련 구비설화에서도 볼 수 있다.[117] 따라서 이 삽화가 어디에 연원을 둔 것인지 확언할 수는 없지만, 심하전투에서 전사한 이유길(李有吉)의

115) 이긍익, 『국역 연려실기술』 V, 「폐주광해군고사본말」, 민족문화추진회, 1967, 286쪽.

116) 김경서는 청나라에 억류돼 있는 동안 밀서를 보내 적정(敵情)을 보고한 공로를 인정받아 1630년(인조 8)에 신원되어 우의정에 추증됐다. 1735년(영조 11)에 이시항(李時恒)이 그의 사적을 담은 『김장군유사(金將軍遺事)』를 간행했는데, 김경서가 보내온 밀서[燕獄被拘時密疏]와 가족에게 보낸 편지[在柵中寄家屬書] 7편이 실려 있다. 글마다 강홍립에게 속아서 포로가 된 과정을 설명하면서, 자신의 행적을 두고 조야(朝野)에 떠도는 온갖 억측과 오해를 풀기 전에는 마음대로 자결할 수도 없다고 억울한 심정을 호소했다.

117) 임진왜란 배경 의마전설을 하나 소개하면 다음과 같다.
임진왜란(壬辰倭亂) 때, 가등청정(加藤淸正)의 거느리는 일본군이 함경남도(咸鏡南道) 보청(甫淸)에 사는 박장군(朴將軍)이라는 이가 여러 동지들과 같이 전장에 나아가 싸우다가 불행히도 전사하자 박장군의 탓던 말은 자기 주인의 시체를 물고 주인집까지 찾아 와서는 함성을 지르고 눈에 피눈물을 흘리면서 거꾸러져 죽고 말았다. 그 때 잠자고 있던 박장군의 집안 식구들이 문밖에 나가 보니 거꾸러져 죽은 말이 전신에는 땀이 흐르고 있고 그 앞에는 박장군의 시체가 놓여 있었다. 이것을 본 집안 사람들은 깜짝 놀라며 대성통곡을 하였다. 이리하여 그 말을 참으로 의로운 말이라고 하여 박장군의 무덤 곁에다 묻고 "의마총(義馬塚)"이란 비석을 세워 주었다고 한다. 최상수, 앞의 책, 460쪽.

'말 무덤 이야기'를 김응서의 죽음을 설명하는 이야기로 부회(附會)했을 가능성이 높다.

어떤 인물을 선택하고 형상화할 때, 실제 행적과 일치하느냐 그렇지 않느냐는 역사소설 작자나 독자의 입장에서 그리 중요한 문제가 아니다. 사실이야 어떻든 그것이 진실처럼 보이면 그만이고, 독자가 그걸 사실로 받아들인다면 크게 개의할 필요가 없다. 다른 사람과 관련된 일화라고 해도 관계없고, 심하전투의 일을 임진왜란 때의 사건으로 바꾼다고 해도 크게 문제될 게 없다는 말이다. 특히 가치 중심의 전통적 역사관에서는 더 그렇다. 이를 테면 명군(明軍)과 교전할 때 탄환을 뺀 채 헛총을 쏘았다는 대목이 각각 다른 여러 장수들 관련 기록에 공통적으로 들어있는 경우 같은 것이다.118) 모두 해당 인물이 목숨을 걸고 존주대의를 지켰다는 걸 입증하는 일화로 채택했을 텐데, 뭐가 객관적 사실인지는 모르지만, 그들이 다 주동자요 책임자였을 리 없다는 건 분명하다.

<임진록>에서는 강홍립의 그릇된 판단 때문에 동선령에서 왜적에게 패했다고 말한다. 이는 심하전투에서 패배하고 투항한 책임이 전적으로 강홍립에게 있다는 <강로전>의 인식을 재확인한 셈이다. 만약에 강홍립이 휘하 장수들의 의견을 받아들였다면, 전투에서 패하지도, 후금에 투항하는 일도 없었으리라는 것이다. 그런 점에서 강홍립·김응서의 정왜담은 일본에 대한 복수의지를 드러낸 것이면서, 다른 한편으로는 반청의식을 표현한 것이기도 하다. 이 지점에서 <임진록>을 두 가지 의미로 함께

---

118) 임경업·유림(柳琳)·신단(申檀) 등과 관련된 기록에 모두 들어 있다. 다들 해당 인물이 그 일을 주도해서 명나라와의 의리를 지켰다고 했다. 신정하(申靖夏), 「지중추부사증시충민임공행장(知中樞府事贈諡忠愍林公行狀)」, 『서암집(恕菴集)』 권14(『한국문집총간』 197, 민족문화추진회, 1997, 444~452쪽); 남구만, 「통제사유공신도비명(統制使柳公神道碑銘)」, 『약천집(藥泉集)』 권17(『한국문집총간』 132, 민족문화추진회, 1994, 213~216쪽); 신좌모(申佐模), 「방육대조수사공유사(旁六代祖水使公遺事)」, 『담인집(澹人集)』 권17(『한국문집총간』 309, 민족문화추진회, 2003, 548~549쪽).

읽을 수 있는 가능성이 열린다.

그렇다 해도 <임진록>에서 강홍립·김응서를 형상화한 방식이 <강로전>과 과연 그렇게 밀접하게 연관되는지 의문을 제기할 만하다. 권칙(權侙, 1599~1667)이 한문으로 <강로전>을 지은 건 1630년인데, 이건(李健, 1614~1662)은 당시에 이미 한글로 번역된 걸 다시 한문으로 옮겨 놓았다.[119] 창작 후 오래지 않아 누군가 한글로 번역해서 널리 읽게 했다는 얘기다. 또 유한준(兪漢雋, 1732~1811)은 <강로전>을 축약한 <강홍립전(姜弘立傳)>을 지었고,[120] 그의 아들인 유만주(兪晩柱, 1755~1788)도 <강로전>을 읽은 기록을 남겼다.[121] 한편 김응하의 행적을 담은 『충렬록』과 김경서의 행적을 밝힌 『김장군유사』가 간행된 사실이나, '강홍립별록'이라는 책자를 언급한 기사에 따르면,[122] 강홍립·김응서의 행적을 담은 문헌은 꽤 많았던 것 같다.

이렇듯 다양한 기록을 남겼다는 건 당대인들뿐만 아니라 후대인들도 강홍립군의 출병 사실과 관련 인물에 관심이 깊었다는 뜻이다. 물론 전승의 중심에는 <강로전>이 있었던 게 분명하다. 중간 『충렬록』은 정조(正

119) 국문으로 세상에 전하는 것을 공이 번역했다[有諺文傳世者, 公譯之]. 이건, <강로전>, 『규창유고(葵窓遺稿)』 권12(『한국문집총간』 122, 민족문화추진회, 1994, 199쪽).

120) 유한준, <강홍립전>, 『자저(自著)』 권14(『한국문집총간』 249, 민족문화추진회, 2000, 252~258쪽).

121) 밤에 서재에서 평(平)이 무언자의 <강로전>과 홍충정공의 「서정일기」를 읽었다[閣夜平讀無言子姜虜傳·洪忠正公西征日記]. 『흠영(欽英)』 6책 1778년 9월 20일(『흠영(欽英)』 2, 서울대 규장각, 1997, 209쪽); 밤에 <강로전>을 다시 보았다. 무릇 세상살이에는 한 가지 예로 논단할 수 없는 것이 있으니, 강홍립의 일생 같은 것도 또한 보통과 매우 다르지 않은가[夜重閱姜虜傳. 凡人生世間, 有不可以一例論斷, 如姜弘立平生, 亦豈不大是異常]. 『흠영』 16책, 1783년 11월 13일(『흠영』 5, 88쪽); 늠(凜)에게 편지하여 사전(四傳)과 『춘추』를 거듭 부탁하고, 일단 <강로전>을 보내주었다[書于凜, 申求四傳春秋, 試送示姜虜傳]. 『흠영』 21책, 1786년 5월 28일(『흠영』 6, 233쪽).

122) 이긍익은 누르하치의 둘째아들인 귀영가(貴盈哥)와 셋째아들 홍태시(洪太時)가 심하 전투 직후 확전(擴戰)할지 화의(和議)를 맺을지를 두고 설전을 벌였다는 내용을 적었는데, 그 글의 출처를 '강홍립별록'과 '일월록'이라고 밝혀 놓았다. 이긍익, 『국역 연려실기술』 V, 「폐주광해군고사본말」, 민족문화추진회, 1967, 295쪽.

祖)의 특별한 관심 속에 간행됐는데, 여기에 <강로전>을 인용한 곳이 여러 대목인 것만으로도 그 영향력을 짐작할 수 있다. <강로전>의 내용은 이처럼 여러 문헌에 인용되거나 전재되면서 사실로 굳어졌고, 폭넓게 확산됐다. <임진록>에 강홍립을 부정적으로 묘사한 것도 이런 이유 때문이다.

하지만 강홍립을 부정적으로 평가한 <강로전>의 시각이 <임진록>에 유지됐다고 해서 이 작품 또한 존주대의를 부르짖은 것으로 봐서는 곤란하다. <임진록>에서 강홍립에게 비판적인 까닭은 명나라와의 의리를 염두에 두어서가 아니다. 이 작품은 존주대의에는 아예 관심조차 없다. 과거의 명나라는 고마운 나라였고, 현재의 청나라는 철천지원수라고 생각하지도 않는다. 청나라는 패배의 쓰라림을 안겨줬고, 현실적인 고통을 안겨주기 때문에 부정하고 극복할 대상일 뿐이다. 명나라는 명나라고 청나라는 청나라라는 말이다. 강홍립을 비판하는 것도 그가 수많은 군사들을 허망하게 잃고도 혼자 살아남아 호의호식했다는 점, 다시 말해 그의 무능력과 무책임에 맞춰져 있다. 이 점에서 여전히 명나라와의 의리를 내세운 지배층의 명분론적인 접근과는 문제의식이 전혀 달랐다.

서사는 인물 선택에서 이미 작품의 향방이 정해진다. 서사를 이끌어가는 인물에 따라 사건에 접근하는 시각이 달라지기 때문이다. 공적인 인물인지 그렇지 않은지, 지배층인지 피지배층인지, 실존인물인지 가공인물인지에 따라 큰 차이를 보일 수밖에 없다. '역사 계열'을 제외하면, <임진록>은 공식적으로 기록된 역사와는 거리가 멀다. 이는 공적인 기록을 불신하고 지배층의 역사담론을 거부한다는 표현이다.

계열에 따라 정도는 다르지만, <임진록>에는 민중의 역사의식이 두드러진다. 특히 '관운장 계열'에서는 김덕령을 중심인물로 설정해 민중적 영웅의 성격을 강화하면서 지배층을 통렬하게 비판했다. 김덕령은 민중의 여망을 안고 일어선 의병장이었다. 그는 상중(喪中)이었음에도 불구하고 나라의 위기를 그냥 보고 있을 수 없어서 주위의 반대를 무릅쓰고 전장에 뛰어들었다. 그랬건만, 김덕령은 역모에 가담했다는 누명을 뒤집어쓰고 형장의 이슬로 사라지고 말았다. 이 작품은 이렇게 능력도 없으면서 영웅을 시기하고 용납하지 않는 세태를 꼬집어 기득권 유지에만 급급했던 지배층을 비판했다. 김덕령의 활약과 좌절을 그림으로써 국난 극복을 위해 힘을 모으기는커녕 적전분열을 조장한 지배층의 부도덕성과 무책임을 적나라하게 드러냈다. 틈만 나면 고개를 드는 지배층의 특권의식과 못된 습성을 강하게 질타한 것이다. 이렇게 지배층의 행태를 비판한 건 국난을 극복한 힘이 어디서 나왔는지 다시 한 번 생각해보라는 뜻이기도 하다.

<임진록>은 일본에 대한 적개심을 표출하는 데만 머물지 않고, 청나라에 복수하겠다는 의지를 표현하는 걸로 자연스럽게 연결했다. 또한 임진왜란 당시의 왕이나 지배층을 비판하는 데서 그치지 않고, 작품이 형성된 18세기 지배층의 책임을 묻는 데까지 나아갔다. 이게 가능했던 건 지배층의 현실인식과 역사의식이 관념적 허위임을 폭로하고, 이를 거부하는 민중의 주체적 역사인식과 자긍심을 드러내려 했기 때문이다. 의지도 없으면서 말로만 대결을 외치고, 과거를 반성하지는 않으면서 외적을 향한 민중의 적개심을 이용해 백성을 억압하고 통제하는 수단으로 삼는 데 반발한 것이다.

<임진록>은, 국가적 위기를 헤쳐 나가기 위해서는 먼저 무능한 지배층이 책임을 느껴야 하며, 그릇된 현실인식을 바로잡아야 한다고, 목소리를 높였다. 이 작품에서 국왕과 조정의 무능을 신랄하게 비판한 것은 당대 현실을 비판적으로 인식한 결과라고 할 수 있다. 정왜담을 통해 왜적을 향한 적개심을 표출했으므로 정신적 복수를 한 걸로 평가하곤 하지만, 보다 의미를 부여해야 할 건 현실이 그렇지 못한 걸 반성하라고 촉구하면서 복수를 실현할 날이 오기를 바라는 간절한 소망을 표현했다는 점이다.

<임진록>은, 과거의 역사적 사실 사이의 유사성에 착안하여 서사를 조직하면서 당대 현실에 대한 비판의식을 강하게 드러냈다는 점에서, 사회와 역사를 보는 깊은 통찰력을 보여준 작품이다. 이런 요소를 아우른 작가의 역량이 만만치 않았던 건 말할 나위 없다. 이 작품은 역사소설 사이의 콘텍스트 양상을 잘 보여준다는 점에서도 의의가 있다. 여기에는 <강로전> · <임경업전>의 이념적 배경인 존주론에 반발한 민중의 역사의식이 담겨 있다. 역사 속 인물과 사건에 대한 재평가가 지속적으로 이루어졌다는 걸 알 수 있다.

2. 정통론(正統論)의 침투와 대중적 수용

<박씨전>과 <배시황전>, 두 작품은 허구적 인물을 주인공으로 내세웠고, 통속적 요소가 두드러진다는 데 공통점이 있다. 또한 두 작품에 <삼국지연의>의 영향이 두드러진다는 점도 이전 시기 역사소설에서 볼 수 없던 면이다. 이 책에서 다룬 다른 작품의 주인공은 역사상 실존인물의 행적이나 성격을 바탕으로 해서 재탄생시킨 인물들인 데 비해, 두 작품의 주인공은 작가가 창조한 완전히 허구적인 인물이라는 점에서 전혀 다르다.

서사에서 실존인물과 작중인물 사이에 완전한 일치를 이룬다는 건 사실상 불가능하다. 이렇게 본다면 두 작품의 주인공이 허구적 인물이라는 점은 특징으로 꼽기에 충분하지 않을 수도 있다. 하지만 <박씨전>과 <배시황전>의 주인공은 역사상 실재하지 않은 인물을 순전히 작가의 창의로 만들어냈다는 점에서 독특한 의미를 갖는다. 대중, 특히 여성과 피지배층의 동일시를 이끌어내 지배담론을 내면화하게 하려고 그들에게 쉽게 다가설 수 있는 인물을 만들었기 때문이다. 이는 두 작품이 역사적 사건이

실제 일어난 때로부터 상당히 긴 시간이 흐른 후에 형성됐을 가능성을 시사한다. 두 작품의 형성 시기는 대체로 18세기 이후일 것으로 본다.

17세기 말에는 청나라가 중국을 통일하는 데 마지막 걸림돌이었던 '삼번(三藩)의 난(亂)'도 이미 평정됐다.[123] 이로써 청나라를 중심으로 재편된 국제질서를 다시 예전의 상태로 되돌릴 수 없다는 사실이 분명해졌다. '복수설치(復讐雪恥)', 다시 말해 청나라에 복수해서 그들에게 항복한 치욕을 씻겠다는 꿈도 수포로 돌아간 것이다. 병자호란 이후 사회를 유지하고 통합하기 위해 내세웠던 북벌론이 시의성을 잃은 것이다. 이에 따라 존주론(尊周論)도 새로운 양상으로 전개될 수밖에 없었다.[124] 그럼에도 불구하고 이 두 작품에는 관념적인 의리론의 영향이 여전히 강하다.

1) 정통론의 확산과 규방여성의 역사의식: 〈박씨전〉

(1) 〈박씨전〉의 규방소설적 성격

<박씨전>은 전반부의 결연담과 후반부의 병자호란 이야기로 구성되어 있다. 그래서 '이시백전'과 '박씨전'이라는 상이한 성격의 두 이야기를 합쳐 하나로 만든 작품이라는 주장도 있었다.[125] 그 주요 논거는 전반부의 결연담이 설화적 요소가 짙어 후반부와 유기적으로 연결되지 않고, 전・후반부에서 박씨의 형상이 일관되지 않는다는 점이었다. 여기에 박씨뿐만 아니라 시비인 계화나 국왕인 인조의 형상도 전・후반부가 서로 일치

---

123) 홍종필, 「三藩亂을 전후한 현종 숙종년간의 북벌론: 특히 유림과 윤휴를 중심으로」, 『사학연구』 27, 한국사학회, 1977 참조.

124) 허대용, 『조선후기 중화론과 역사인식』, 아카넷, 2009, 113~134쪽; 정옥자, 『조선후기 소선중화사상 연구』, 일지사, 1998 참조.

125) 사재동, 「박씨전의 형성 과정」, 『장암 지헌영 선생 고희기념논총』, 형설출판사, 1980; 이윤석, 『임경업전 연구』, 정음사, 1985; 여세주, 「<박씨전>의 구조와 후반부의 연원 고찰」, 『영남어문학』 13, 영남어문학회, 1986.

하지 않는다는 점까지 아울러 생각하면 옳은 지적처럼 보인다. 그러나 <박씨전>은 유기적인 하나의 작품으로 구성된 게 분명하다.[126] 전반부는 박씨가 후반부에서 활약할 준비를 하는 과정이다. 더 중요한 것은 전반부를 통해 박씨와의 동일시를 이끌어냄으로써 작품에 담긴 지배담론을 독자들, 특히 사대부가 여성들이 내면화하도록 유도했다는 점이다.

<박씨전>은 필사본과 연활자본만 있고, 판각본은 아직까지 발견되지 않았다. 장효현은 이러한 서지(書誌)와 유통의 특성 및 문체를 고찰하여, 이 작품을 사대부가 여성들이 즐겨 읽은 규방소설로 규정했다.[127] 한편 지연숙은 <박씨전> 주류 이본을 두 계열, 즉 원본에 가까우면서 사족(士族) 부녀의 관심과 의식을 간직한 A계열과 하층 남성, 또는 하층 여성의 요구와 취향에 맞게 변모한 B계열로 나누어 살폈다.[128] 이에 따르면, <박씨전> 이본 중 원본에 가깝다고 판단되는 A계열에는 사족 부녀의 관심과 의식이 드러난다고 한다. 규방의 삶에 관심과 비중을 두었고, 완만한 서사에서 감동을 느끼려는 경향이 강하며, 교양 수준도 비교적 높다는 게 그 이유다.[129]

<박씨전> 전반부는 가정에서 일상적으로 일어날 만한 일들을 다뤘다. 하룻밤 새에 시아버지의 조복(朝服)을 짓고, 천리마를 키워서 비싼 값에 팔고, 신기한 연적을 주어 남편의 과거 급제를 도운 일이 그것이다. 물론 보통 사람들로선 해내기 어려운 일이다. 하지만 시부모를 봉양하고, 치산(治産)에 힘쓰며, 남편을 내조하는 일은 다 여성들이 맡은 중요한 일상이었다. 단지 이를 소설적으로 과장했을 뿐이다.

평범한 여인들도 처음 시집오면 매사가 마치 자신의 능력과 자질을

126) 김미란, 「박씨전의 형성과 의미」, 『고전소설의 이해』, 문학과비평사, 1991 참조.
127) 장효현, 「박씨전의 제 특성과 형성배경」, 『한국고전소설사 연구』, 고려대 출판부, 2002, 193쪽.
128) 지연숙, 「박씨전 주류 이본의 두 계열 연구」, 『어문논총』 51, 한국문학언어학회, 2009.
129) 지연숙, 위의 논문, 285~294쪽.

시험하는 것처럼 느껴져 주위의 시선을 의식하기 마련이다. 보통 여자가 시집을 와도 새사람에 대한 호기심과 시샘이 만만찮은 판에 박씨처럼 특별히 주목받은 새댁의 경우에는 더 말할 나위 없다. 사실 관심이라 봤자, 잔뜩 기대했던 것과 전혀 딴판인, 차마 눈 뜨고 볼 수 없이 추한 외모 때문에 받는 눈총일 뿐이다. 당사자로서는 결코 유쾌하지 않은 시선이다. 그러나 이런 일들은 정도에 차이가 있을 뿐 일상적 생활공간에서 다반사로 일어난다.

박씨는 모든 사람이 자신을 곱지 않게 보는 상황을 슬기롭게 이겨낸다. 어쩌나 보자는 차가운 눈초리를 모르는 바 아니다. 때론 마음이 상해 외면하고 도망치려는 것처럼 보이기도 한다. 매일 잠만 자면서 밥을 엄청 먹어 댄다든지, 사람들을 피해 후원에 틀어박혀 나무만 가꾼다든지 하는 건 다 일종의 스트레스 해소법이기 때문이다. 그러나 작품 후반을 보면 식량(食量)이 크다는 건 여장군(女將軍)의 기질을 드러낸 것이며, 나무를 심고 가꾼 것은 후원을 '화를 피할 공간[避禍堂]'으로 만들려는 요량이었다.

> 신부 여복을 벗게 보니 형용니 심흉측하야 섁々기 얼근 양은 쥴々리 ᄆᆡᆺ듯ᄒᆞ고 입은 나불 갓고 눈썹은 두 치 닷 푼이요 낫빗슨 불빗 갓ᄒᆞ여 ᄒᆞᆫ〔번-필자, 이하 같음〕 보뫼 다시 면ᄒᆞᆯ 쓰시 업더라 ᄉᆞ공과 신낭이 간담니 서늘ᄒᆞ야 혼ᄇᆡᆨ기〔이〕 비월ᄒᆞ난지라 …(중략)… ᄉᆞ공의 부인이며 친척의 부인드리 신부 권귀하여 온단 말을 듯고 다 모와 귀경ᄒᆞᆯᄉᆡ 구고전의 예ᄒᆞᆫ 후의 침방의 드러가셔 의복을 벗거ᄂᆞᆯ 보니 얼골리 흉악하야 형언ᄒᆞᆯ 길 업더라 모던 부인이 놀ᄂᆡ 질식ᄒᆞ야 닐시에 헤치여지난지라 ᄉᆞ공의 부인이 또ᄒᆞᆫ ᄋᆡ달나 ᄒᆞ여 ᄉᆞ공을 탓하며 왈 사ᄃᆡ부 집의도 ᄌᆡ모 잇난 규슈 만ᄒᆞ거날 이〔엇〕지 저러〔런〕 흉측ᄒᆞᆫ 닌물을 어더 왓난닛ᄀᆞ ᄃᆡ감이 ᄂᆡ 말을 듯지 아니ᄒᆞ시고 혼ᄌᆞ 고집으로 자단ᄒᆞ시다가 이러타시 츄비ᄒᆞᆫ 닌물을 구하여 왓ᄉᆞ오니 남의 우심을 엇지 면ᄒᆞ올잇ᄀᆞ 밧비 저런 인물을 좃ᄎᆞ보ᄂᆡ고 다른 가문의 성숙ᄒᆞᆫ 인물을 구하게 ᄒᆞ옵소서 세상 ᄀᆞ난 중의 인물 가난이 웃듬이라 ᄒᆞ오니 엇지 ᄂᆡ 앗ᄭᅡ온

자식으로 저런 닌물과 승을 지리요[130]

박씨가 제아무리 뛰어난 능력을 발휘한다 해도 늘 그녀의 발목을 잡는 건 외모다. 박씨는 그야말로 흉측하기 짝이 없는 몰골이다. 심하게 얽은 데다 입은 튀어나오고, 눈썹은 길게 늘어졌으며, 낯빛은 벌게서 한 번 본 사람은 다시는 보기 싫어할 정도다. 심지어는 늘 자기편이 돼주는 시아버지도 깜짝 놀랄 지경이다. 그러니 신랑인 이시백은 물론이고 시어머니나 친척들이 대놓고 인물 타박을 한다고 뭐라 할 수도 없다. 시어머니가, 야박하긴 해도, 얼른 박씨를 쫓아내고 다른 참한 색시를 들이자고 하는 것도 무리가 아니다. 행세 하는 집안인데, 남들이 비웃고 손가락질할 게 뻔하기 때문이다.

사람들은 아리땁고 총명한 신부가 들어올 거라고 생각했을 것이다. 누가 그들에게 그런 기대를 가지라고 한 게 아니다. 박씨 자신이 그런 기대를 심어준 건 더더욱 아니다. 다만 전후 사정을 따져보면 남편인 이시백이나 시어머니, 그리고 친척들이 신부가 대단한 재원(才媛)일 거라고 생각한 것도 무리는 아니었다. 어느 날 느닷없이 찾아온 박처사란 사람이 정말 뜬금없이 자기 딸과의 혼사 얘기를 꺼낸 것부터가 심상치 않았다. 박처사의 이인적(異人的) 풍모로 보아 제 딸을 며느리 삼으라고 하는 걸 보면 뭔가 믿는 구석이 있어 보였다. 딸이 웬만해서는 재상가에 그렇게 청혼하기 어려울 거라고 지레짐작케 한 것이다. 또 시아버지 될 사람은 장안의 번드르르한 집안에서 들어온 혼담을 죄다 물리치고, 직접 금강산까지 혼례를 치르러 가는 수고도 마다하지 않는다. 그러니 누군들 잔뜩 기대하지 않을 수 있겠는가.

---

130) <박씨전 단권>, 월촌문헌연구소 편, 『한글필사본고소설자료총서』 61, 오성사, 1986, 536~537쪽. 주류 이본 중에서 A계열의 대표적 이본으로 평가된 박순호 소장 47장본을 대본으로 한다. 다음부터 인용문 뒤에 해당 쪽수만 밝히겠다.

하지만 그들의 관심은 오로지 박씨의 외모일 뿐, 사람됨이나 능력은 안중에도 없다. 시아버지만이 박씨에게 숨은 재주가 있을지도 모른다고 생각한다. 사실 모든 여자가 다 부덕과 자색을 겸비할 수는 없다. 며느리를 고를 때면 입버릇처럼 부덕을 첫째 조건으로 들었던 것도 두 가지를 다 갖춘다는 게 그만큼 어려워서였을 것이다. 보통 사람은 그 중 하나만 갖추기도 쉽지 않다.

기대가 크면 실망도 큰 법이다. 기대는 곧 실망으로 변하고, 실망은 다시 배신감으로, 배신감은 노여움과 미움으로 바뀐다. 악담을 퍼붓고, 면전에서 모욕을 준다. 못 생겼다고 타박하고, 밥 많이 먹는다고 구박하고, 사람 취급을 하지 않는다. 이시백이 대놓고 박씨를 싫어하는 기색을 보이자 아랫것들까지 박씨를 우습게 여기는 판이다. 이 정도면 어지간한 사람이라도 모멸감을 느끼지 않을 수 없다.

박씨는 그렇다고 주눅이 들거나 포기하지 않는다. 박씨는 자신의 추한 외모에 가려진 능력을 발휘한다. 제깟 게 뭘 어쩌겠다는 거냐며 냉소해도 꿋꿋하게 하나씩 문제를 해결해 보인다. 그렇게 해서 사람들의 인정을 받고, 입지를 점점 넓혀간다.[131] 작가는 전반부에서 이런 과정을 섬세한 필치로 그렸다. 이 작품이 사대부가 여성들에게 주로 읽힌 것은 규방의 삶에 관심을 기울였고 이런 문체적인 특징을 갖췄기 때문이다. 작가는 이를 통해 여성 독자들이 박씨의 모습에 공감하고 감정을 이입하면서 동일시하도록 이끄는, 정서적 접근법을 썼다.

이시백은 못생긴 아내가 끔찍이 싫지만, 부친의 명에 따라 어쩔 수 없이 침소에 들어간다. 하지만 얼굴도 마주하고 싶지 않아서 등을 돌린 채 멀찍이 떨어져 앉았다가 나와서 다른 방에 가 자곤 한다.[132] 이시백은 박씨의

131) 그러나 이때까지 박씨는, 조금 특별하지만, 보통 새신부에 지나지 않는다. 정치적・대외적 활동이 주가 되는 작품 후반부에서 박씨가 비범한 인물인 것과는 분명 다르다.
132) 마지 못ᄒᆞ야 그날 밤붓틈 드러갈ᄉᆡ ᄇᆞᆨ씨 얼골 보기 시러 부쳐로 ᄀᆞ리고 ᄒᆞᆫ 편 구석의

모든 게 다 싫다. 외모만 그런 게 아니라 그녀가 하는 짓도 다 못마땅하다. 이시백이 과거에 응시하는 날, 박씨는 신령의 계시를 받아 얻은 귀한 연적을 건네려 하는데, 그는 그것도 못마땅해 버럭 성을 내면서 시비인 계화를 매질한다. 박씨한테 직접 화를 낼 수 없으니 애꿎은 계화에게 화풀이를 하는 것이다. 박씨는 그런 이시백을 원망하지 않고, 좋은 여자 만나서 행복하게 살라고 한다.133)

1 시빅이 ᄋᆞ모란 쥴 모로고 너렴의 왈 고히ᄒᆞᄃᆞ 더감은 무슴 분부로 츄비ᄒᆞᆫ 얼골을 보고 오라 ᄒᆞ시난고 ᄒᆞ며 피화ᄃᆼ으로 나갈ᄉᆡ …(중략)… 문을 열고 잠깐 본이 박씨 얼골리 황월 갓트여 방안이 명낭ᄒᆞ여 힝너 진동ᄒᆞᆫᄂᆞᆫ지ᄅᆞ 시빅이 ᄒᆞᆫ 번 보미 두 눈이 미ᄒᆞ고 마옴이 ᄉᆞᆼ구ᄒᆞ야 드러ᄀᆞ고져 시부되 박씨의 고흔 낭ᄌᆞ 아미을 수기고 원을 베풀며 못 보난 칙ᄒᆞ니 시빅 ᄆᆞ암이 ᄌᆞ연 실푼지라 감이 드러가지 못ᄒᆞ고 나와 568~570쪽.

2 박씨 등촉을 발키고 얼골을 정졔ᄒᆞ며 위염을 도〻와 언연이 모로난 체ᄒᆞ거날 시빅니 ᄌᆞ연 마암이 두려워 감히 말을 못ᄒᆞ고 마조 안져 이제 말ᄒᆞᆯᄭᅡ 져제나 몰을 ᄒᆞᆯᄭᅡ 아모리 지ᄃᆞ려도 종시 문답이 업거날 시빅이 너렴의 회〻자칙 왈 박씨 오날밤의 이러탓시 함은 필연코 수삼 년 빅〔박〕ᄃᆡᄒᆞᆷ 혐의로 일정 노증을 두미로다 안마음의 ᄌᆞ탄만 ᄒᆞ고 안져쩌이 그렁저렁 오경이 당ᄒᆞᄆᆡ 불서 닥이 울거날 시빅이 ᄒᆞᆯ일업서 나와 …(중략)… 몰을 붓치고저 ᄒᆞᄂᆞ ᄉᆡᆼ의치 못ᄎᆞ고 박씨

등 도라 안저ᄯᆞ가 즉시 나와 ᄃᆞ른 방의 좀을 자고 닥이 울면 나 ᄉᆞᆼ공게 문안ᄒᆞ되 ᄉᆞᆼ공은 그런 줄 모로시고 깃거ᄒᆞ시더라 540~541쪽.

133) 조만ᄒᆞᆫ 아녀ᄌᆞ로 당돌리 ᄃᆡ장부 큰일을 ᄇᆞᄅᆞ고 ᄀᆞ난 길을 말뉴코져 ᄒᆞ나 이런 요망ᄒᆞᆫ 일리 어ᄃᆡ ᄯᅩ 잇시리요 ᄒᆞ며 노복을 호령ᄒᆞ야 겨화을 자바너여 큰 ᄆᆡ로 ᄉᆞᆷ십 ᄯᅩ을 ᄌᆞᆼ치ᄒᆞ여 너친이 …(중략)… 연적을 너여 게화을 주며 왈 니 연적을 ᄀᆞ지고 ᄌᆞᆼ즁의 드러ᄀᆞ 이 물노 먹을 ᄀᆞ라 쓰면 필연 과거할 써스이 부ᄃᆡ ᄐᆡ평성ᄃᆡ의 입신양명ᄒᆞ야 부모쎄 영화 보이고 ᄀᆞ문을 빗나겨 ᄒᆞ야 날 갓치 츄비ᄒᆞᆫ 쳡은 ᄉᆡᆼ각지 ᄆᆞ르시고 ᄃᆞ른 ᄀᆞ문의 취쳐ᄒᆞ되 인물 조코 덕힝 인난 비필을 츄ᄒᆞ야 ᄇᆡᆨ년화락ᄒᆞᆯ 졔 ᄉᆡᆼ남ᄉᆡᆼ녀ᄒᆞ옵고 ᄐᆡ평으로 기너게 ᄒᆞᆸ ᄒᆞᆫᄃᆡ 559~560쪽.

몬저 말ᄒᆞ기만 지다리ᄃᆡ 종시 말ᄒᆞᄂᆞᆫ 이리 업써날 양인니 등하의 마죠 안져ᄶᅡᄀᆞ 기명 후의 시빅이 한숩 쉬고 나와 571~572쪽.[134)]

③ 시빅이 할일업서 문득 ᄉᆡᆼ각ᄒᆞ되 오날밤의난 ᄂᆡᄀᆞ 몬저 말ᄒᆞ리라 ᄒᆞ고 그날 밤의 드러ᄀᆞ 단정이 궤좌ᄒᆞ야 ᄋᆡ걸ᄒᆞ난 말리 나난 셰ᄉᆞᆼ의 지각이 엄난 사람이라 눈이 어두워 옥석을 분별치 못ᄒᆞ고 슈숨 연 박ᄃᆡᄒᆞ여씨니 이난 ᄯᅩ[도]시 나의 불민ᄒᆞᆫ 타시라 날갓치 무신ᄒᆞᆫ ᄉᆞ롬을 촉ᄉᆡ 마르시고 노증을 풀워쇼서 ᄒᆞ며 무수히 ᄋᆡ걸ᄒᆞ되 븍씨 못 드른 체ᄒᆞ고 일향 ᄃᆡ답이 업거날 시빅이 무류ᄒᆞ야 다시난 말을 못ᄒᆞ고 ᄯᅳᆫ눈으로 마조 안저ᄊᆞᄀᆞ 게명 후의 나와 …(중략)… 박씨 ᄒᆞ월 ᄀᆺ탄 얼골을 드러 시벌 갓탄 눈을 부릅ᄯᅳ고 변ᄉᆡᆨᄒᆞ야 ᄒᆞ난 마리 우리 조선이 예의지방이ᄅᆞ 남여ᄀᆞ 유별ᄒᆞ거든 어인 ᄉᆞ롬이관ᄃᆡ 감의 부인 방의 드러와 당도리 드러와 말을 ᄒᆞ려 ᄒᆞᄂᆞ뇨 ᄌᆞ로 ᄂᆞᄀᆞᄅᆞ ᄒᆞ며 크게 ᄭᅮ짓거날 시빅이 크게 무류ᄒᆞ야 전도이 나오이라 572~573쪽.

④ 날리 저물미 다시 드러ᄀᆞ 안ᄌᆞ며 짚피 ᄒᆞᆫ숨ᄒᆞ여 왈 ᄂᆡ 부인긔 여러 순 잘못ᄒᆞᆫ 줄노 사죄ᄒᆞᄃᆡ 분[부]인이 맛침ᄂᆡ 히로치 안이ᄒᆞ기로 글노 병이 되여 황천길리 머지 안이ᄒᆞᆫ지ᄅᆞ ᄂᆡ 죽기난 섭지 아니ᄒᆞ와도 부모을 두고 셰ᄉᆞᆼ을 이별ᄒᆞ면 천지간 막ᄃᆡ한 불효자ᄅᆞ 지ᄒᆞ의 드러ᄀᆞ도 눈을 감지 못ᄒᆞ리로ᄃᆞ ᄒᆞ고 ᄋᆡ연이 낭[낙]누ᄒᆞ거ᄂᆞᆯ 박씨 흔연이 도라 안ᄌᆞ며 조흔 말노 이로ᄃᆡ …(중략)… ᄂᆡ 오날 밤의난 전일 미친 ᄆᆞ옴을 ᄃᆞ 푸러 바리나이 안심ᄒᆞ옵소서 ᄒᆞ고 금침을 ᄂᆡ여 노로여 이거시 다 우리 집의 장만ᄒᆞᆫ 거시 ᄋᆞ이로 잇ᄃᆡᄉᆡ지 삼연이 되도록 이불 ᄒᆞᆫ 번도 덥푼 비 업나이다 ᄒᆞ거날 시빅이 지극 절〃ᄒᆞᆫ 마옴을 탄복ᄒᆞ고 그져야 서로 동침ᄒᆞ니 시빅이 미친 병이 ᄌᆞ연 히소ᄒᆞ거날 못ᄂᆡ 즐기난 정은 원앙이 녹슈을 만남 갓ᄉᆞ 빗취 여으리에 짓ᄯᅳ림 갓더라 573~575쪽

---

134) 원문을 영인하면서 571~572쪽의 순서가 바뀌었다. 여기서는 옳은 순서(572, 571, 573)대로 면수를 표시한다.

늘 후원에 틀어박혀 있던 박씨는 근친을 다녀온 후 흉한 허물을 벗고 서시나 양귀비도 비교가 안 될 '절대가인'이 된다. 그런 줄 모르는 이시백은 피화당에 가서 박씨를 보고 오라는 부친의 말씀이 마뜩찮다. 그 추한 얼굴을 생각만 해도 싫은 것이다. 그런데 이게 웬걸, 박씨는 한 번 보면 눈이 부시고, 마음이 상쾌해질 정도로, 확 변해 있었다. 달덩이[明月] 같이 고운 자태가 '월궁선녀' 같고 세상사람 같지 않았다.

이시백의 태도는 표변한다. 박씨 곁에 얼쩡거리며 어떻게든 정회를 풀어보려 한다. 하지만, 박씨는 쉽게 허락하지 않는다. 이시백이 주위를 맴돌며 아무리 애를 태워봤자 박씨는 모르는 체할 뿐, 결코 곁을 주지 않는다. 박씨가 밤새도록 외면하고 앉았어도, 지은 죄가 있는 이시백으로선 어쩔 도리가 없다. 밤마다 찾아가 자책하며, 맺힌 마음을 풀어주기를 이제나 저제나 기다릴 뿐이다. 그래봤자 박씨는 용서해 줄 마음이 없는 듯, 꾸짖기만 한다. 당장 나가라고, 외간 사내 보듯 말한다. 이제까지 이시백이 그녀에게 했던 걸 고스란히 돌려주는 셈이다.

상대도 안 해주는 박씨 때문에 속을 끓이다 마음의 병까지 얻은 이시백은 '오늘밤엔 꼭 먼저 말하겠노라' 다짐하며 들어간다. 그리곤 무릎을 꿇고 빈다. 부모를 봐서 용서해 달라고 애걸한다. 이젠 부모까지 팔아가며, 숫제 울며 매달리는 모양새다. 그제야 박씨는 못 이기는 척 용서해준다. 그러나 이 말은 잊지 않는다. 왜 나를 그렇게 구박했느냐고. 이시백은 헤벌쭉해져서 말한다. 진세(塵世) 사람이라 선골(仙骨)을 몰라봤다고. 비굴하게 웃으며, 감지덕지하는 꼴이라니. 박씨는 이제 맺힌 마음을 다 풀겠다며, 비단 금침을 편다. 그러면서, 시집온 지 삼 년 동안 한 번도 덮지 않은 거란다. 마지막 일침이다.

인용문 [1]~[4]에 보이듯이, 작가는 박씨와 이시백의 처지가 역전되는 과정을 촘촘하게 묘사했다. 서두른다거나 어물쩍 넘어가는 것, 없다. 몇 날 며칠을 말 한 마디 하지 않고 꼿꼿이 앉아 외면하는 박씨, 그 옆에서 등줄기에 식은땀을 흘려가며 마음속으로 반성문을 수십 장 써내려가는 이시백의 모습이 눈앞에 있는 듯 그려냈다.

①에서 이시백은 겸연쩍고 미안하지만, 그래도 자존심이 남았는지, 그냥 나오고 만다. ②에서는 그 동안 박대한 걸 후회하며, 밤마다 찾아가 새벽닭이 울 때까지 불쌍한 척한다. 그래도 사내가 아녀자에게 먼저 잘못했다고 말할 수는 없었던지, 한숨만 푹푹 쉬다 물러난다. ③에 오면 이시백은 몸이 달아 더 이상 기다릴 수 없을 지경이다. '부인께서' 먼저 용서해 '주시지' 않으니, 먼저 '말씀 드릴' 밖에, 다른 수가 없다. 지각이 없고 불민해서 그런 것이니 용서해 달라고, 빌고 또 빌어봤자 씨도 안 먹힌다. 박씨는 못 들은 체하다가 눈을 치뜨고 한 마디 쥐어박는 소릴 한다. "누구세요?" 무참해진 이시백은 뒷목을 잡고 물러난다. 이 말에 내상(內傷)을 입은 이시백은 몸져눕고 만다. 그는 ④에서처럼, 성치 않은 몸으로, 최후수단을 쓰지 않을 수 없다. 일단 한숨 한 번 푹 쉬고, 부인이 용서해 주지 않으면 부모보다 먼저 가는 불효자가 될 거란다. 읍소 반 협박 반이다. 그제야 박씨는 못 이기는 척 그 동안의 잘못을 '너그러이' 용서해주는 '아량'을 베푼다. 그러나 끝날 때까지 끝난 게 아니다. 마지막으로 한 마디 한다. "왜 그랬어요?" 뒤끝 있다. 이시백은, 그래도 좋단다.

> 잇ᄯᆡ의 박씨 얼골리 탈갑ᄒᆞᆫ 후의 절식된ᄃᆞ 말을 듯고 장안 ᄃᆡ신ᄀᆞ 부인드리 그 인물을 ᄒᆞᆫ 번 귀경코져 ᄒᆞ야 …(중략)… 여러 미ᄉᆡᆨ 부인들리 만이 모와씨되 박씨의 인물리 그 즁의 출충ᄒᆞ야 출난ᄒᆞᆫ 거동이 정영션골리요 천연한 ᄐᆡ도난 요조슉녀라 옹용수려ᄒᆞᆫ 기상을 뉘 아니 탄복ᄒᆞ리요…(중략)… 박씨 술잔을 밧ᄯᆞᄀᆞ 쥰 술을 바ᄃᆞ 초마의 기우리이 초마 저전난지ᄅᆞ 웃초ᄆᆞ 버서 시비을 주이 불을 피우고 초마을 불의 살이니 그 초ᄆᆞ ᄃᆞ 타저 누른 ᄌᆡ 된지라 그졔야 그 ᄌᆡ랄 ᄯᅥ러 바리이 그 초마 비시 선명ᄒᆞ야 처음에 더 유ᄉᆡᆨᄒᆞᆫ지ᄅᆞ 모든 부인드리 그 거조을 보고 신긔함을 놀ᄂᆡ여 그 연고을 무른ᄃᆡ 박씨 ᄃᆡ왈 이 단 일홈은 화완단

> 이ᄅᆞ 혹 투ᄉᆡᆨᄒᆞ거나 혹 더럽거나 ᄒᆞ면 물노난 싯지 못ᄒᆞ고 불노 싯난 비단이로소이ᄃᆞ 모든 부인니 ᄃᆞ 그러ᄅᆞ ᄒᆞ고 다시 문왈 그러ᄒᆞ오면 이 단을 무어시로 ᄶᅡ난잇ᄭᅡ 박씨 왈 불쥐 털을 이여 ᄇᆡ을 만드라 ᄂᆡ거니와 불쥐난 인ᄀᆞᆫ의 업고 선경의 인난이ᄃᆞ ᄒᆞ이 모든 부인드리 ᄃᆞ 긔묘이 녀기고 그러ᄒᆞ면 입부신 져골리난 무ᄉᆞᆫ 바늘노 지엿난잇가 박씨 왈 이 비단 일홈은 빙ᄌᆞᆷ이ᄅᆞ 우리 엄친이 동ᄒᆡ 용궁의 드러갓쓸 ᄯᅢ 어더 왓스이 진지 룡녀 솜시ᄅᆞ 인ᄀᆞᆫ ᄌᆡ조 아니로ᄃᆞ 이 비ᄃᆞᆫ은 물의 너허도 저지 ᄋᆞ니ᄒᆞ고 불의 너어도 타지 ᄋᆞ니ᄒᆞ나이ᄃᆞ 부인드리 ᄯᅩᄒᆞᆫ 천ᄒᆞ절 보라 ᄒᆞ더라 말ᄉᆞᆷ을 ᄃᆞ ᄒᆞᆫ 후의 시비로 ᄒᆞ여곰 술을 ᄀᆞ득이 부어 박씨게 전ᄒᆞ이 박씨 그 술을 과ᄒᆞᆷ을 보고 ᄉᆞ양ᄒᆞ여 왈 조곰 더〔더러〕 ᄀᆞ저오라 ᄒᆞᆫᄃᆡ 모든 부인이 구지 권ᄒᆞ거날 박씨 ᄂᆡ지 못ᄒᆞ야 그 잔을 다시 들고 ᄌᆞᄉᆞ금봉ᄎᆡ을 ᄲᅦ여 슐잔 ᄒᆞᆫ가온ᄃᆡ ᄭᅳᆺ고 ᄆᆞ신이 한 편ᄆᆞᆫ 시이고 ᄒᆞᆫ 편은 칼노 버힌 닷ᄒᆞ여 수리 완연이 나머난지ᄅᆞ 그 잔을 ᄂᆡ여 주이 모ᄃᆞ 신긔함을 여기고 탄복ᄒᆞ여 왈 박씨난 진실노 서〔선〕녀라 ᄒᆞ던이 듯ᄯᅥᆫ 말과 갓ᄯᅩ다 이럿탄 신긔ᄒᆞᆫ 일은 고금의 업시리로ᄃᆞ 엇지 선골리 인간 비필 되연난고 575~578쪽.

박씨가 허물을 벗고 절세미녀로 변했다는 소문이 퍼지자, 그 동안 뒤에서 쑥덕대던 사대부 집안 부인네들은 꽃놀이에 그녀를 초대한다. 말은 축하하는 자리라지만, 도대체 얼마나 예쁜지 보자는 심산이다. 이때의 박씨는 사람들의 눈길을 피해 후원에만 박혀 있던 예전의 그녀가 아니다. 기꺼이 그 모임에 참석해서 자리를 '빛내' 준다.

그녀의 행동은 유치하기 짝이 없다. 박씨는 가만히 있어도 단연 군계일학이다. 그런데 굳이 자신의 비범함을 한껏 과시한다. 남들은 본 적도, 구할 수도 없는 옷을 자랑하고, 술잔을 반으로 가르는 신기한 술법을 선보인다. 실수인 양 술을 쏟고, 주량이 적다고 사양하지만, 누가 봐도 자랑하고 싶어서 안달이 안 모양이다. 예상대로 부인네들은 연신 감탄하고 부러워하며, 박씨를 '선녀'라고 추어준다. 그런 반응이 없으면 외려 서운할 정도인데, 인용문 뒤에는 부인네들이 바치는 헌시(獻詩)와 시비 계화의 노래가 길게, 무려 네 면이나 이어진다. 이 장면에서 박씨는 실컷 자랑하며, 좌중의 부러워하는 시선을 맘껏 즐기는, 그야말로 평범한 여자다. 후반부에서 민족의 현실을 걱정하고 적들과 맞서 싸우는 영웅적 모습과는 거리가 한참 멀다.

독자는, 특히 여성 독자는 이 과정을 따라가면서 남편과 시댁 식구들 앞에서 억눌렸던 설움, 기 한 번 펴보지 못했던 울화를 단번에 씻어내는 쾌감을 맛보게 된다. 또한 다른 여성들 앞에서 자신을 과시하고 인정받고 싶은 욕구를 대신 충족시킬 수 있다. 그러면서 박씨에게 감정을 이입하게 되고, 그녀와 자신들을 동일시하게 되는 것이다.

그럼 박씨를 처음부터 천하절색으로 설정했다면 어땠을까. 그래서 이시백이 신혼 초부터 박씨와 화목하게 잘 지내고 그녀의 말을 다 믿고 따랐다면 어땠을까. 그래도 주인공이니까 박씨에게 감정이입은 됐겠지만, 그 강도가 사뭇 달랐을 것이다. 비록 대리만족을 느낀다 해도, 자신들과 너무 다른 존재라면, 어느 정도 거리감을 느낄 수밖에 없다. 박씨 같은 미모나 능력이 없는 사람들로서는 부러움을 느끼거나, 때에 따라서는 시샘할 수도 있고, 자괴감이 들 수도 있기 때문이다. 완전한 동일시가 안 된다는 말이다. 그러면 박씨의 이후 행보를 곧이곧대로 받아들이기보다는 미모를 무기로 사내를 움직인 여인네라고 생각할 수도 있다. 이시백이 여색에 침혹하지 않게 하려고 박씨의 외모를 추하게 만들었다고, 작품 끝에서 설명한 것도 이런 이유에서다.[135]

작가는 박씨가 집안에서 입지를 넓히고, 사회적으로 인정받는 과정을 묘사하는 데 작품의 3/5 정도를 할애했다.[136] 독자들이 박씨에게 자연스럽게 감정을 이입할 수 있도록 차근차근 단계를 밟은 것이다. 박씨의 성장과

135) 당초 박씨 출ᄀᆞᄒᆞᆯ ᄣᆡ의 즘즛 얼골을 추비게 함은 시ᄇᆡᆨ 과히 침혹ᄒᆞᆯᄀᆞ 염여ᄒᆞᆷ이요 탈각ᄒᆞ여 변용ᄒᆞᆷ은 부〻간 탁정케 함이요 618쪽.

136) 전반부는 작품의 약 60%(61면)를 차지하고, 후반부는 약 40%(37면)에 해당한다.

정을 통해 여성들이 일상생활에서 느낀 설움을 씻고, 억눌린 욕망을 발산하며, 자아를 실현하는 과정을 독자들 자신의 일처럼 받아들이도록 공을 들였다는 말이다. 영웅적 형상으로 전환될 때까지 박씨는 극히 평범한 부인네에 지나지 않는다. 그래서 독자들이 더 쉽게 박씨에게 다가갈 수 있는 것이다. 처음부터 너무 뛰어난 존재로 인식하게 해서는 거리감을 가질 수도 있기 때문이다. 여성들은 작품에 제시된 박씨의 모습과 자신들을 동일시하게 되는데, 이 모든 게 그들이 자신의 정체성을 사회가 인정하는 형태로 구성하면서 알게 모르게 지배담론을 내면화하도록 하려는 의도가 담긴 장치다.

(2) 〈삼국지연의〉의 독서와 정통론의 확산

병자호란 후 조선 사회는 전란의 상처를 치유하고 흔들리는 정체성을 재정립하는 데 몰두했다. 그러나 오랑캐에게 짓밟혔다는 굴욕감과 예전으로 돌아갈 수 없다는 상실감을 극복하기란 쉬운 일이 아니었다. 이때 사회를 유지하고 통합하는 이념적 바탕이 됐던 것이 바로 존주론(尊周論)이었다. 존주론은 시간이 흐르면서 조선중화주의로 변모하게 되는데, 문화민족으로서의 자긍심을 일깨움으로써 현실의 굴욕을 정신적으로나마 보상하려는 심리에서 비롯된 것이었다. 비록 청나라에 무릎을 꿇었지만, 그건 일시적인 현상일 뿐, 언젠가는 그들의 압제에서 벗어나 과거의 질서를 회복할 거라는, 간절한 소망의 다른 표현이었다. 그러던 것이 후대로 갈수록 사회 통합을 위해 부르짖은 정치적 구호로, 이념적인 색채를 강하게 띠게 됐다. 청나라에 복수할 길을 도모하고, 명나라와의 의리를 지켜야 한다는 논리 앞에 현실을 직시하자는 주장은 발붙이기 어려웠다. 존주론이 사회를 통제하는 도그마가 된 것이다.

이런 사회적 분위기 속에서 정통론(正統論)은 강목법(綱目法)과 함께 사서(史書) 편찬의 주요 원칙이 됐다. 정통론은 특정 시기에 누가 정통성을 가졌는가를 따지는 학문적 차원에만 머물지 않았다. 그보다는 현실 정치의 이념적 기초를 다지는 것과 더 깊이 관련됐다. 조선 사회에서 청나라의 연호를 사용하지 않고, 이미 망한 지 오래인 명나라 의종(毅宗, 재위 1628~1644)의 연호인 “숭정(崇禎)”을 19세기 말까지 두고두고 썼던 것도 같은 맥락에서 벌어진 일이었다. 외교문서처럼 불가피한 경우가 아닌 데도 청나라 연호를 썼다가는 쏟아지는 비난을 감수해야 했다.

조선후기에는 이렇게 전 영역에 걸쳐 정통론이 눈에 띄게 확산됐다. 소설 중에서 정통론이 가장 잘 드러난 작품이 <삼국지연의(三國志演義)>다. 특히 모종강(毛宗崗) 평점본(評點本) <삼국지연의>에는 촉한정통론(蜀漢正統論)이 일관되게 적용됐다. 잘 알려져 있듯이, 촉(蜀)을 정통으로 보는 관점은 주자(朱子)에 의해 굳어졌다. 주자는 한족(漢族)이 아닌 이민족이 중국의 지배자로 군림한 때가 있긴 해도 그 왕조를 정통으로 삼을 수는 없다고 했다. 그는 남송(南宋) 사람으로, 이민족인 금(金)나라가 한족을 내몰고 중원을 차지한 현실을 받아들일 수 없었다. 삼국 가운데 세력이 가장 강했던 중원의 위(魏)가 아니라 변방의 촉(蜀)을 정통으로 본 것도 이 때문이다.

이런 관점이 <삼국지연의> 전편에 관철되도록 한 사람이 모종강이다.[137] 모종강의 <삼국지연의> 평비(評批)에 청나라 초기 한족들의 민족감정이 작용했다는 건 이미 일반화된 견해다. 주자가 살았던 남송 시절과 마찬가지로, 이민족인 만주족이 중국을 지배하는 현실을 받아들일 수 없었기에 <삼국지연의>의 비평을 통해 촉 정통론을 강화했다는 것이다. <삼국지연의>를 읽을 때 가장 큰 영향력을 발휘한 게 바로 이 모종강본이었다.

137) 김문경, 『삼국지의 영광』, 사계절, 2002, 227~228쪽.

> 내가 중국 소설을 보니 사대기서가 있는데, 첫째는 삼국지요, 둘째는 수호전이요, 셋째는 서유기요, 넷째는 금병매였다. 그 중에 삼국지를 봤더니 그 평론이 신기하여 볼 게 많았고, 그 범례도 볼 만했다. 그 서문도 착상이 기발했고, 문법 역시 매우 기이했다. 그 사람을 상고해보니 김성탄과 모종강이었고, 그 때는 곧 순치(順治) 갑신년〔1644〕이었다. 김성탄과 모종강이 어떤 사람인지는 모르겠지만, 순치 갑신년은 천지가 뒤바뀌고 중화가 무너진 때로, 중원의 의관 제도가 온통 오랑캐처럼 머리를 풀어 헤치고 옷깃을 왼쪽으로 여미게 됐다. 문인재사 가운데 원통하고 억울해 하면서도 때를 만나지 못한 자가 혹 이 책에 의탁해서 그 뜻을 깃들인 것이 아니겠는가![138]

안정복(安鼎福, 1721~1791)의 글에서 보듯이, 당시 조선 지식인들도 모종강본이 명나라가 멸망한 후 중화주의 지식인들이 내놓은 문학적 대응이었다는 점[139]을 알고 있었다. 사대부들이 생각하기에 병자호란 후 조선이 마주한 상황은 주자가 살았던 남송 시절 한족의 처지와도 크게 다르지 않았다. 만주족에게 굴복했다는 점에서는 그 때의 한족이나 이 시기 조선이나 마찬가지였기 때문이다. <삼국지연의>를 읽을 때 조선의 당대 현실을 떠올렸던 것도 그런 이유에서였다.

> 『동파지림』에 '여염집 아이들은 천박하고 용렬해서 집에서 싫어하고 귀찮게 여기므로 돈을 주어 모여 앉히고 옛날 얘기를 들려주곤 한다. 삼국의 일을 얘기할 적에, 유비가 패하는 이야기를 들으면 얼굴을

138) 余觀唐板小說, 有四大奇書, 一三國志也, 二水滸傳, 三西遊記, 四金甁梅也. 試三國一匣, 其評論新奇多可觀, 其凡例亦可觀, 其序文亦一奇字命意, 而文法亦甚奇, 考其人, 則金人瑞毛宗崗也, 考其時, 則順治甲申也. 未知金人瑞毛宗崗爲何如人, 而順治甲申歲, 此天地變易, 華夏淪沒之時, 中原衣冠, 混入於薙髮左袵之類. 文人才士之怨抑而不遇者, 其或托此而寓其志耶! 안정복, 『순암잡서(順菴雜書)』 제42책(유탁일, 『한국고소설비평자료집성』, 아세아문화사, 1994, 104~105쪽에서 재인용).

139) 허태용, 「17세기말~18세기 초 존주론의 강화와 <삼국지연의>의 유행」, 『한국사학보』 15, 고려사학회, 2003, 134쪽.

> 찡그리며 눈물을 흘리던 아이가 조조가 패하는 대목을 들으면 쾌재를 부른다.'라고 했다. 여기서 나관중의 〈삼국지연의〉가 비롯된 것인가? 이제 진수(陳壽)의 『삼국지』와 사마광(司馬光)의 『통감』을 가지고 여러 사람들을 모아놓고 설명해 준다고 해도 사람들이 꼭 눈물을 흘리지는 않을 것이다. 이게 통속소설을 짓는 까닭이다.140)

사대부들이 통속소설을 언급한 것은 대부분 대중의 감정에 직접 호소하는 소설의 힘에 주목해서였다. 그 중에서도 <삼국지연의>에 관심이 집중됐는데, 그 까닭은 내용이 흥미롭다는 점에 있지 않았다. 그렇다고 주인공들의 충의(忠義)를 선양했다는 이유 때문만도 아니었다. 그들이 중요시했던 것은 촉(蜀)을 정통(正統)으로 보는 관점이었다. 당대 노론의 핵심 인사였다고 할 수 있는 김만중(金萬重, 1637~1692)도 역시 <삼국지연의>의 효용성을 높이 평가했다. 사회적 교화에 도움이 된다는 것이다.

한편 권상하(權相夏, 1641~1721) 가문에서 부녀자들과 아동들에게 <삼국지연의>를 읽도록 허용했다는 점은 시사하는 바가 크다. <삼국지연의>의 독서가 단순히 흥밋거리나 역사 지식을 습득하는 수단에 머물지 않고, 작품 속에 녹아 있는 촉한정통론(蜀漢正統論)의 세계관을 전파하는 매체로 유용했기에 의도적으로 권장한 면이 있기 때문이다.

> 앞의 〈삼국지〉 1책은 내 할머니이신 증 정경부인 함평이씨께서 손수 쓰신 것이다. 본래 3책이었는데, 내 종질(宗姪) 첨추군(僉樞君)이 병들어 정신이 혼미할 때 월송(越松) 숙부의 부인이 가져갔다가 2책을 잃어버렸다. 내가 듣고 놀라서 1책을 찾아와, 종손인 제응(濟應)에게

---

140) 東坡志林曰: "途巷中小兒薄劣, 其家所厭苦, 輒與錢合聚坐聽說古話. 至說三國事, 聞劉玄德敗, 嚬蹙有出涕者, 聞曹操敗, 卽喜唱快." 此其羅氏衍義之權輿乎? 今以陳壽史傳溫公通鑑, 聚衆講說, 人未必有出涕者. 此通俗小說之所以作也. 김만중(金萬重), 『서포만필 · 하(西浦漫筆下』, 『서포집(西浦集) · 서포만필(西浦漫筆)』, 통문관, 1971, 650~651쪽.

신신당부해 그 주름지고 접힌 곳을 가지런히 접고 장정을 바꾸게 하여, 거기에 적고 선필(先筆) 상자에 넣어 가묘에 보관하게 한다.[141]

사대부가 여성들이 <삼국지연의>를 탐독하던 상황을 보여주는 기록이다. 사대부가 여성들에게 연의류(演義類) 소설을 읽게 한 데는 역사 지식을 습득하게 하려는 목적보다는 정통론에 입각한 지배이념을 자연스럽게 전수하려는 의도가 강했다.[142] 그들은 안주인으로서 시부모를 섬기고, 남편을 내조하며, 자녀를 양육하고, 가도(家道)를 유지할 중책을 맡고 있었다. 따라서 사대부가 여성들이라고 해서 일반적인 교양을 소홀히 할 수는 없었다. 그럴 때 규방소설이 중요한 몫을 했다.[143]

> 바로 피화당의 ᄃᆞ〻르이 울ᄯᅥᆨ의 머리을 문밧긔 ᄃᆞ라거날 용골ᄯᅥᆨ 분을 이기지 못ᄒᆞ야 칼을 놉피 들고 말을 치처 달녀들고저 ᄒᆞᆫᄃᆡ 도원수 ᄉᆞ면의 심군 나무을 보고 ᄃᆡ경ᄒᆞ야 용골ᄯᅥᆨ을 말녀 왈 그ᄃᆡ는 분심을 좀간 진정ᄒᆞ여 경선이 드지 말나 <u>저 나무 시문 거동을 보이 옛날 제갈무후의 팔진도법이라</u> 그ᄃᆡ 동ᄉᆡᆼ이 져런 줄 모로고 드러갓ᄯᆞᄀᆞ 이러타시 ᄑᆡᄆᆞᆼ하엿시이 그ᄃᆡ 옛날 유손 일을 ᄉᆡᆼ각ᄒᆞ여 드지 말ᄂᆞ ᄒᆞᆫᄃᆡ 606~607쪽.

<삼국지연의>는 중국 연의류 중 가장 널리 알려졌고, 영향력도 컸던 작품이다. 그래서 파생작도 많은데, <황부인전>도 그 중 하나다. <박씨

---

141) 右三國志一冊, 我祖妣贈貞敬夫人咸平李氏手書也. 凡三冊, 而我宗姪僉樞君病昏時, 越松叔之妻, 持去而失其二. 余聞而驚駭, 推此一冊而來, 申囑宗孫濟應, 使之整疊其襞摺, 改粧而書其面, 納于先筆之箱, 藏於家廟中. 권섭(權燮), 「제선조비수사삼국지후(題先祖妣手寫三國志後)」, 『옥소고(玉所稿)』 잡저(雜著)(이창희 · 장정수 · 최호석 편, 『옥소고』 8, 다운샘, 2007, 597~598쪽).

142) 사실과 거리가 멀다고 생각한 연의류를 통해 역사 지식을 전달하려 했다는 건 논리적 모순이다.

143) 임형택, 「17세기 규방소설의 성립과 <창선감의록>」, 『동방학지』 57, 연세대 국학연구원, 1988 참조.

전>에는 부친이 이시백의 불민함을 꾸짖을 때 제갈량의 아내였던 황부인의 일을 거론하는 대목이 있다. 이 때문에 <박씨전>과 <황부인전>의 관련성이 논의되기도 했다.[144] 황부인은 제갈공명의 부인으로, 첫날밤부터 소박맞을 처지였지만, 뛰어난 능력을 인정받고, 남편을 훌륭하게 내조해서 명성을 얻었다. 박씨가 뛰어난 능력을 가졌음에도 불구하고 추한 외모 때문에 시댁에서 구박을 당한다거나, 뒤에서 남편을 내조하는 모습은 황부인과 닮은 구석이 무척 많다. 또한 촉한정통론의 관점에서 <삼국지연의>를 특별히 애호했던 사정을 감안하면, <삼국지연의>의 독서 경험은 <박씨전>의 형성과 상당히 밀접한 관련이 있어 보인다.

박씨는 신기한 술법, 앞날을 내다보는 예지력 등 모든 면에서 다른 등장인물을 압도한다. 호국에서 보낸 자객 기홍대를 혼쭐내 쫓아보내고, 피화당을 넘보는 용울대와 용골대를 물리치며, 호국에서 가장 뛰어나다는 호왕비와의 간접 대결에서도 이긴다. 하지만 박씨가 할 수 있는 일은 뒤에서 조언하고 보이지 않는 곳에서 힘을 보태는 것일 뿐이다. 전면에 나설 수 없으니, 비록 소소한 싸움에서 승리한다 해도, 이미 기운 형세를 되돌릴 수는 없다. 그건 역사적 사실을 부정할 수 없어서기도 하지만, 상상의 세계에서도 그들을 패퇴시킬 수 없을 정도로 현실이 낙관적이지 않다는 의미다.

> <u>국운이 불힝ᄒᆞ야</u> 호적이 남ᄒᆞᆫ산성을 범ᄒᆞ야 ᄒᆞᆷ성ᄒᆞ고 왕ᄃᆡ비와 세ᄌᆞ손 형제을 ᄉᆞ로잡고 남ᄒᆞᆫ산성을 에워사이 국ᄀᆞ 위타ᄒᆞᆷ은 즘즛 도적

144) <박씨전>과 <황부인전>은 모두 <삼국지연의>에서 영향을 받았고, 서로 유사성이 많다. 두 작품의 선후 관계에 대해서는 논자에 따라 견해가 다르다. 신동일은 <황부인전>이 선행했을 거라고 추정한 반면, 김대숙과 권순긍은 <황부인전>이 <박씨전>을 모방한 걸로 판단했다. 신동일, 「이조 전쟁소설 박씨전 연구: 이본고를 중심으로」, 『육사논문집』 6, 육군사관학교, 1968, 42쪽; 김대숙, 「<박씨전> 연구」, 『벽사 이우성 선생 정년퇴직기념 국어국문학논총』, 여강출판사, 1990, 451쪽; 권순긍, 「<삼국지연의>의 수용과 그 지향」, 『반교어문연구』 9, 반교어문학회, 1998, 313~314쪽.

을 인도홈미라 일국 신민이 엇지 절분치 아이ᄒᆞ리요 슬푸다 천운이 불길ᄒᆞ야 여러 날 도적의게 어기여 세구역지〔세궁역진〕ᄒᆞ야 그 세을 당홀 씰리 업서 도적의게 강화ᄒᆞ시ᄃᆞ 606쪽.

이런 상황에 놓인 게 '국운'이나 '천운' 때문이라고 했다. 이를 현실의 한계를 뛰어넘을 수 없다는 절망감을 표현한 거라거나 현실을 주어진 운명으로 받아들인다는 뜻으로 오해할 수도 있다. 그러나 패배를 인정하고 그 쓰라림을 잊지 않으려 하는 건 훗날을 기약하기 때문이다.[145] 이렇게 현실을 있는 직시해야만 새로운 미래를 향해 나아갈 수 있다. 따라서 아픈 기억을 되새기는 자세는 결코 숙명론적이지 않다. 오히려 극복 의지를 표현한 것으로 읽어야 마땅하다.[146]

(3) 〈임경업전〉과의 자매편적 성격과 여성 독자의 역사의식

<박씨전> 전반부는 사대부가 여성들을 겨냥해 그들의 억눌린 욕구를 충족시켜 줄 요소로 채웠고, 후반부에는 당대 사회의 공식적인 역사의식을 담았다. 그렇다고 두 요소가 기계적으로 결합된 건 아니고, 서로 유기적으로 연결돼 있다. 사대부가 여성들이 주인공인 박씨와 동일시하면서 그들에게 요구했던 덕목과 가치관을 내면화하도록 정서적 접근법을 택한 것이다.

박씨가 오랑캐에 맞서는 후반부의 기본 설정은 거의 <임경업전>의 전반부와 일치한다. 이시백이 명나라에 사신으로 가면서 임경업을 수행 군관으로 데려갔고, 이 때 가달이 호국을 침략하자 임경업이 구원장으로

145) 당시 사대부들이 수없이 되뇌었던 주자(朱子)의 말로 하면 이렇다. "통분함을 참고 원통함을 머금었으니, 절박하여 어찌할 수 없도다[忍痛含寃, 迫不得已]".

146) <박씨전>을 "우리 민족은 '반성과 자각을 통하여 무한한 잠재력을 일깨워내는' 민족"이라는 정체성의 서사로 읽기도 한다. 정운채, 「우리 민족의 정체성과 통일서사」, 『인문학논총』 47, 건국대 인문과학연구소, 2009, 15쪽.

출전해 그들을 구해준다는 설정이 동일하다. 병자호란 때 오랑캐가 침입하는 경로를 설명하는 대목도 마찬가지고, 간신 김자점을 모든 문제의 근원으로 보고 그를 향해 분노를 표출하는 것까지 모두 같다. 그 중간 중간에 박씨의 역할을 언급하기는 하지만, 후반부의 서사는 <임경업전>의 내용에서 크게 벗어나지 않는다. 다만 호왕비가 보낸 자객 기홍대를 혼내주는 대목과 피화당을 침노한 적군을 물리치는 부분, 박씨가 그 모든 일들을 미리 꿰뚫어보고 있다는 게 다른 정도다.

<임경업전>에는 역사적 사건을 의도적으로 바꾸거나 없던 상황을 설정한 부분이 적지 않다. 그럼에도 불구하고 그걸 그대로 따랐다는 건 <박씨전>의 역사인식이 <임경업전>과 다르지 않았다는 뜻이다. 새로운 문제의식을 드러내려 했다기보다는 <임경업전>에서 이미 제시한 관점을 추인하고 수용했다는 말이다. 두 작품의 시각이 다르지 않기 때문에 앞서 추출한 의미를 재확인하는 걸로 충분하다고 봤기 때문이다. 독자에게 사회가 인정하는 보편적 가치를 자연스럽게 받아들이게 하는 데 더 중점을 두었다는 이야기다. <임경업전>은 일반 남성들을 대상으로 했고, <박씨전>은 사대부가 여성 독자들을 겨냥한 데 차이가 있지만, 이렇게 역사의식을 공유한다는 점에서 두 작품은 자매편적인 성격을 갖는다.

여성이 가족의 한 사람으로, 사회의 일원으로 인정받으려면 스스로의 존재가치를 증명해야만 한다. 여성은 외부에서 새로 편입된 존재이기 때문이다. 가족을 위해 희생하고 헌신함으로써 발언권을 얻어야 하고, 자신의 입지를 넓혀가야 하며, 그렇게 해서 가족 구성원의 인정을 받고 사회적 동의를 얻어야 하는 것이다.147) 추한 외모 때문에 구박받던 박씨가 집안일을 연달아 해결해 보인 것도 바로 그런 과정이었다. 허물을 벗고 미모로

147) 이를 "보편성에의 편입의 과정"이라고 할 수 있는데, 그러려면 "정상성에의 복종"이라는 대가를 치러야 한다. 다시 말해 사회가 인정하는 보편적 가치를 인정하고 따라야 한다는 뜻이다. 홍태영, 『정체성의 정치학』, 서강대 출판부, 2011, 22~23쪽 참조.

탈바꿈하는 삽화가 필요한 건 그래도 여전히 반신반의하는 사람들이 있어서다. 그런 사람들에게는 외적 표징이 있어야 한다. 박씨가 변신한 걸 확인한 뒤에야 집안사람들은 박씨를 가족의 일원으로 받아들이고, 이시백도 그녀의 말을 믿고 따르게 된다. 임금이 박씨의 말에 전폭적인 지지를 보내는 것도 역시 집안일을 해결하는 과정에서 확인한 그녀의 능력을 신뢰하기 때문이다.

사대부가 아녀자들에게 박씨가 선망의 대상이 되는 건 그녀의 능력이 워낙 뛰어나서기도 하고, 출중한 외모가 뒷받침되기 때문이기도 하다. 그 어느 것도 못 가졌을 때는 다들 박씨를 조롱하며 멸시했지만, 뛰어난 능력으로 시댁 어른의 사랑을 받게 됐고, 게다가 천하절색이라는 강력한 무기까지 생겼으니 부러워하지 않을 수 없다. 시아버지, 남편, 심지어는 임금에게까지 인정받는 박씨의 처지가 못내 부러운 것이다.

박씨는 사대부가 여성으로서의 정체성을 시종일관 유지한다. <박씨전>에는 그 흔한 남복개착(男服改着) 화소도 없다. 그것이 비록 위기를 모면하기 위한 궁여지책이고, 남들이 알아채지 못한다 할지라도, 박씨의 모습을 잠시라도 외간 남정네 앞에 드러내서는 안 된다고 생각했기 때문이다. 그래서 박씨의 모든 대외 활동은 제삼자를 통해서 간접적으로 이루어진다. 집안일에는 시아버지가 방패막이가 되고, 조정사에는 남편인 이시백이 전달자가 되고, 용골대 등 호장과의 대결 국면에서는 시비인 계화가 대리인으로 나선다.

후반에 펼쳐지는 박씨의 대외적 활동은 여성 중 하나로서가 아니라 지배층의 일원으로서 행한 일이었다. 그녀가 체현하고 있는 가치 역시 당시의 지배담론에 충실한 것이었다. 박씨는 집안의 어려운 일을 도맡아 처리하며 가족을 위해 헌신했고, 국가적 위기에는 적을 물리치는 데 힘을 보탰다. 집 안팎에서 제몫을 다했다는 말이다.

그러면서도 박씨는 당시 사회가 여성들에게 요구했던 미덕을 잃지 않았다. 다들 자기를 무시하며 구박해도 노여워한다거나 감정을 드러내지 않았다. 삼 년 동안 자기에게 눈길조차 주지 않는 남편이지만, 그 허물을 들춘다거나 자신의 처지를 하소연하지 않았다.148) 그럴수록 은인자중하면서 부덕을 닦았다.149) 지아비의 사랑을 못 받는 건 모두 제가 부족한 탓이라며, 좋은 짝을 만나서 아들딸 낳고 잘 살라고 말했다. 그러면서 자신은 <관저(關雎)>를 외우면서 임사(姙姒)의 덕을 본받겠다고 했다. 그렇게 절제의 미덕을 보여야 하기 때문이다.

박씨가 고난을 겪을 때 평범한 독자들, 특히 시집살이로 고생하던 여인들은 박씨의 처지를 자신의 경험에 비추어 보면서 연민의 정을 갖게 된다. 이어 박씨가 한 가지씩 문제를 해결해 나가는 과정과 변신한 그녀 앞에서 쩔쩔매는 이시백의 모습에서는 자신들을 하찮게 대하던 사람들에게 앙갚음하는 듯한, 대리만족의 쾌감을 느끼게 된다. 다른 여인들의 기림을 받는 장면, 탁월한 능력을 발휘하는 대목에 이르면, 박씨의 뛰어난 능력과 새로 펼쳐질 삶을 부러워하고 찬탄하는 데서 그치지 않고, 박씨에게 자신의 모습을 상상적으로 투사하며 동일시하게 된다.

그렇게 되면 여성 독자들은 박씨가 하는 말과 행동이 모두 의미 있다고 믿게 되고, 그녀를 자신들이 따라야 할 모범처럼 여기게 된다. 박씨가 그랬던 것처럼, 가정을 위해 헌신해야 하고, 사회에서 요구하는 행위 규범에 따라야 하며, 공적 역사관을 받아들여야 옳다고 생각하게 되는 것이다. 그래야 자신들도 박씨처럼 '훌륭한 여성'이 될 수 있기 때문이다. 박씨와

148) ᄉᆞᆼ공이 신긔홈을 탄복ᄒᆞ여 왈 앗깝다 너난 진실노 날 갓탄 무셕ᄒᆞᆫ ᄉᆞ롬의 ᄌᆞ부 되기 아깝ᄯᅩᄃᆞ …(중략)… 박씨 이 말을 듯고 흔연이 위로 왈 미부의 닌물리 불초ᄒᆞ야 ᄀᆞ군의 ᄯᅳᆺ슬 엇지 못ᄒᆞ오이 이난 미부의 불민ᄒᆞ오미옵게이와 …(중략)… 만일 ᄃᆡ감이 니며 슬허ᄒᆞ오시면 ᄀᆞ문의 허불리 드러나 세ᄉᆞᆼ의 다 불효ᄌᆞ로 ᄎᆞᆼᄒᆞ리이 도로혀 정긔 되여 벼살길도 막키고 ᄀᆞ문이 흘일ᄀᆞ 념녀ᄒᆞ나이다 554~556쪽.

149) 성현도 니런 곤익을 면치 못ᄒᆞ압거든 ᄒᆞ물며 범인이야 닐너 무삼 말ᄒᆞ리요 나의 평싱 쇼전에 긔녀후전 관저장을 외와 님ᄉᆞ의 어진 덕을 본밧고ᄌᆞ ᄒᆞ노라 562쪽.

자신들을 동일시하다 보니 그런 논리까지도 내면화하게 되는 것이다. 이렇게 해서 <박씨전>은 여성들의 교양과 사회화를 위해 필요했던 규방소설로서의 역할을 잘 소화할 수 있었다. 그런 의미에서 <박씨전>은 앞서 살핀 <임경업전>과 구조적으로도 그렇고 서사전략 면에서도 서로 닮은 꼴이다.

정리하면 다음과 같다. 작가는 박씨가 자신의 입지를 강화해가는 과정을 섬세한 필치로 그렸다. 여성들이 일상적으로 경험한 시집살이의 괴로움, 인정받고 싶은 욕구를 대신 채워줄 수 있는 삽화를 중심으로 전반부를 구성한 건 여성 독자들이 박씨에게 감정을 이입하도록 유도하기 위해서였다. 그런 박씨의 행위를 자신들이 따라야 할 모범으로 받아들이면서 당대 사회가 여성들에게 요구한 덕목과 가치관, 역사의식을 저도 모르게 내면화하도록 만들었다.

2) 화이론적(華夷論的) 세계관의 대중화와 현실의 비애: 〈배시황전〉

<배시황전>[150]은 나선정벌(羅禪征伐)에 출정했던 신유(申瀏, 1619~1680)의 <북정록(北征錄)>을 토대로 하여 창작한 작품이다.[151] 나선정벌은 효종대에 두 차례에 걸쳐 이루어졌다. 이때는 병자호란을 겪은 지 오래되지 않은 시기였고, 청나라의 요구를 거부할 힘이 없었기 때문에 조선군의 파병은 불가피했다. 명나라와 무관한 일이어서 내부 반발이 적었다고는 해도, 원치 않은 출병이었던 건 틀림없다.

<북정록>은 1658년 제2차 나선정벌에 출병했던 신유의 진중일기

150) 이 책에서 '배시황전'은 이본 전체를 아우르는 명칭으로 쓰고, 국립중앙도서관 소장 한글 필사본은 '뷔시황젼'으로 표기한다.

151) <배시황전>에 대한 서술은 필자의 다음 논문을 요약하고 수정·보완한 것이다. 송하준, 『<北征錄>의 소설화 과정과 그 성취』, 『고소설연구』 12, 한국고소설학회, 2001.

다.[152] <북정록>은 배시황이라는 허구적 인물을 주인공으로 한 소설로 개작되어 전승됐다. 전승과정에서는 배시황을 실존인물로 생각했지만,[153] <북정록>을 보면 신유의 원정군에 배시황이라는 비장(裨將)은 없었다는 걸 알 수 있다.[154]

<북정록>을 소설화한 작품, 즉 <배시황전>에 대한 연구는 김기동,[155] 이경선,[156] 김장동,[157] 권혁래[158] 등에 의해 이루어졌는데, 작품의 의의를 문예성보다는 민족의식의 발현이라는 역사성에서 찾는 경향을 보였다. 여기서는 이본의 형성과정을 다시 점검해 그 관계를 명확히 한 후, 이본 변이과정에 나타난 특징을 파악하고, 작자와 독자의 역사의식이 이본에 따라 달리 나타나는 양상을 살피기로 한다.

(1) 〈북정록〉의 소설화 과정

청나라는 1640~50년대에 걸쳐 흑룡강 유역에까지 진출한 러시아와 충돌했다. 러시아와의 몇 차례 접전에서 참패한 청나라는 원군을 보내라고 조선에 요구했다.[159] 조선에서는 1654년에 변급(邊岌)이 지휘한 원정

152) 신유, <북정록>(고전연구실 편, 『국역 북정일기』, 한국정신문화연구원, 1980, 1~13쪽).

153) 장지연에게 <북정일록>이 있다는 사실을 알려 준 윤원(尹瑗)은 배시황을 실존인물이라 여기고, 임진왜란 때 경상좌・우수사를 역임한 배설(裵楔, ?~1597)의 후예라고 했다(장지연, <북정록(北征錄)>8회, 『매일신보』 1916.11.12). 그러나 배시황을 배씨 족보에서 확인할 수는 없다. 『星山裵氏和堂公(靈化)派世譜』, 서울족보도서관 편, 1990 참조.

154) 신유는 초관 및 군관, 통사, 사망자, 부상자의 신원을 상세하게 적었다. 따라서 배시황이 실존했고 작품에서처럼 주요한 임무를 맡았다면 그의 기록에서 누락됐을 가능성이 거의 없다.

155) 김기동, 「배시황전에 대한 일고찰」, 『어문학』 8, 한국어문학회, 1962.

156) 이경선, 「배시황전 연구」, 『논문집』 1, 한양대, 1964.

157) 김장동, 「조선조 역사소설연구」, 박사학위논문, 한양대 대학원, 1985, 113~125쪽.

158) 권혁래, 「배시황전 연구: 성립, 서사성, 역사의식을 중심으로」, 『고소설연구』 3, 한국고소설학회, 1997.

159) 諭朝鮮國王李淏, 今羅刹犯我邊境, 擾害生民, 應行征勦, 玆發滿兵前往, 需用善使鳥槍手二百名, 王卽照數簡發. 『世祖章皇帝實錄』 권115, 15년 2월 병술(『淸實錄』 三, 중화서

군이 출정했고, 1658년에는 신유가 병사들을 이끌고 출전했다.[160)]

<북정록>은 신유가 1658년 4월에 출병해서 같은 해 8월 27일에 귀환할 때까지 일어난 사건을 기록한 일기다. 러시아군과의 교전은 6월 10일 단 하루로 끝나는데, 간략하게 전투의 진행 상황을 기록했을 뿐이며, 배시황이라는 인물은 전혀 등장하지 않는다. 신유는 전투가 승리로 끝난 후에도 계속해서 주둔하라는 청 원수의 요구를 철회시키기 위해 부심한다. <북정록>은 이 밖에도 원정에서의 견문이나 사소한 사건, 인간적인 고뇌까지 기록하여 전기(戰記)로서의 소임에 충실하다.

<북정록>의 영향 아래 형성된 문헌으로는 <북정일록(北征日錄)>,[161)] <비시황젼> 2종,[162)] 신륵(申玏)이 지은 <북정일기(北征日記)>,[163)] 장지연이 현토(懸吐)한 <북정록(北征錄)>,[164)] 이익의 <차한일기(車漢日記)>,[165)] 신경준의 <차한(車漢)>,[166)] 성해응의 <신유(申瀏)·경하창(慶

국, 1987, 898쪽).

160) 1·2차 나선정벌의 역사적 상황에 대해서는 稻葉岩吉, 「朝鮮朝孝宗に於けろ兩次の滿洲出兵に就いて(上下)」, 『청구학총』 15~16, 청구학회, 1934; 박태근, 「한국과 러시아의 만남」, 『서울신문』 1973.11.22~12.11.(15회); 「흑룡강은 흐른다」, 『독서신문』 1975.7.13~9.28.(11회); 「해설·해제」, 고전연구실 편, 앞의 책 참조.

161) 이규경은 「나선변증설(羅禪辨證說)」에서 "배시황의 <북정일록>을 보면 나선정벌의 사적을 훤히 알 수 있다[按裵是愰北征日錄, 羅禪事蹟, 昭然可攷]"라고 하고, 그 전문을 인용했다. 이규경, 「나선변증설」, 『오주연문장전산고(五洲衍文長箋散藁)』 하, 동국문화사, 1959, 969쪽.

162) <비시황젼>은 2종, 즉 국립중앙도서관본과 이경선이 활자화하여 소개한 학초본(學蕉本)이 전하는데(이경선, 앞의 논문), 내용은 동일하다. 김기현은 끝 부분이 한두 장 결락된 사실을 밝히고, 이 외에 고려대 소장본이 있었지만 현재는 소재를 확인할 수 없다고 했다. 김기현, 「배시황전 해제」, 『한국고전문학전집』 15, 고려대 민족문화연구소, 1995, 297쪽.

163) 신륵, <북정일기>, 『통상공실기(統相公實記)』 권1(고전연구실 편, 앞의 책, 원문 20~36쪽). 『통상신공실기』는 신유의 6대손 신호응(申顥應)에 의해 1869년에 간행됐으며, 『평산신씨문집』에도 영인돼 있다(『평산신씨문집』 제2집, 평산신씨대종회, 1986, 665~700쪽).

164) 장지연, <북정록>, 『매일신보』 1916.11.4~11.12.(8회) 신유가 남긴 <북정록>과의 혼동을 피하기 위해 '현토본'이라는 한정어를 쓰겠다.

165) 이익, <차한일기>, 『국역 성호사설』 3 인사문, 민족문화추진회, 1966, 215~219쪽;

河昌)>[167] 등이 있다. 이익・신경준・성해응 등의 기록은 사실의 소설화와 그 변모과정을 살피는 보조 자료로 활용하고, 소설성이 뚜렷한 <북정일록>, <비시황전>, <북정일기>를 대상으로 하여 그 형성과정과 이본간의 관계를 살피기로 한다.[168]

<북정일록>의 내용은 이익의 기록에서 처음으로 확인된다. 이익(1681~1763)의 <차한일기>는 전체적으로 '북정일록'을 축약했지만, 변급의 제1차 나선정벌이 실패했다는 '북정일록'의 기술을 바로잡았다.[169] <차한일기>는 1720년에서 1762년 사이에 기록한 것인데,[170] 소설본의 등장을 알려주는 가장 이른 시기의 기록이라는 점과 후대 기록에 큰 영향을 끼쳤다는 데 의미가 있다. 신경준(1712~1781)과 성해응(1760~1839)의 기록은 <차한일기>와 표현에서 다소 차이를 보일 뿐 거의 유사하고, 이규경(1788~?)과 장지연도 이 글을 언급했다.[171] 「나선변증설」은 당시까지 전해지던 나선정벌 관련 기록을 거의 망라한 것으로 보이는데,[172] <북정일

『성호사설유선(星湖僿說類選)』 권9 하, 문광서림, 1929, 3~5쪽.

166) 신경준, <차한>, 『여암전서(旅菴全書)』 권7(신재휴 편, 『여암전서』 제2책, 신조선사, 1940. 24~25장).

167) 성해응, <신유(申瀏)・경하창(慶河昌)>, 『연경재전집(研經齋全集)』 권56, (『한국문집총간』 275, 민족문화추진회, 2001, 170~172쪽).

168) 현토본 <북정록>의 경우 대상 시기에서 벗어나기 때문에 필요한 부분에서만 언급하겠다.

169) 이익은 『통문관지』를 참고했을 가능성이 높다. 변급의 1차 나선정벌에 대한 기술은 자구까지도 유사하기 때문이다. 『효종실록』이나 『현종실록』, 『비변사등록』의 기사는 『통문관지』보다 간략하고, 『동문휘고』는 1788년에 처음 간행됐으므로 참고했을 가능성이 적다.

170) 『성호사설』은 이익이 40세 전후한 시기부터 쓴 초고를 80대 가까웠을 때 그 족자(族子)가 베껴 전한[謄傳] 것이며, 1762년에 안정복이 이를 다시 간추린 것이 『성호사설유선(星湖僿說類選)』이다. 한우근, 「해제」, 『국역 성호사설』 1, 민족문화추진회, 1966, 1~41쪽.

171) 이규경, <나선변증설>, 앞의 책, 966~967쪽; 장지연, 앞의 글, 8회.

172) 이 기록은 1847년 이후에 이루어졌다. 이규경은 이익의 <차한일기>, <북정일록> 외에도 『통문관지』, 신돈복(辛敦復)의 『학산한언(鶴山閑言)』, 이덕무 산삭본과 뇌자관(賚咨官) 이분(李芬)의 수본(手本), 육진(六鎭) 경원(慶源) 지방 선비의 기록을 참고했다고 밝혔다(이규경, 「나선변증설」, 앞의 책, 943~944쪽).

록>이 그 중심을 차지한다.

<차한일기>는 사건 후 최소한 60년이 지난 뒤의 기록이므로 소설적으로 변개되기에 충분한 시간이 흘렀다고 할 수 있다. 그러나 이 기록은 소설본이 형성된 시기의 하한선을 알려줄 뿐이며, 더 이른 시기에 형성됐을 가능성도 있다. <북정일록>은 출정 기간이 3월부터 12월까지로 늘어났으며, 전투 장면이 대폭 확대됐고, 배시황 중심으로 구성됐다는 게 실기와 전혀 다른 점이다. 그럼에도 불구하고 <북정일록>은 전사한 아군의 수를 8명으로 일치시키는 등 실제 사실에 가깝게 상황을 설정하려는 노력을 보였다. <북정록>의 영향으로부터 완전히 자유로울 수 없었다는 뜻이다.

> 지텬ᄒᆞ신 고황데계셔 져 사사 업ᄂᆞᆫ 하늘과 가트셧스니 ᄉᆡᆼ녕권고(生靈眷顧)ᄒᆞ시ᄂᆞᆫ 마음이 나라 기실 ᄶᅦ나 다름 업스시리라[173]

인용문은 한글본 <비시황젼> 끝 부분에 있는데, 여기서 말하는 고황제(高皇帝)는 명나라 태조를 가리킨다. 명 태조가 조선을 굽어 살피고 있다는 것이다. 그런데 이런 관념은 빨라도 18세기 중엽에야 생긴 걸로 보인다. 명나라가 멸망한 지 60년이 된 1704년(숙종 30)에 대보단(大報壇)을 쌓아 '재조지은(再造之恩)'을 베푼 명(明) 신종(神宗)의 제사를 왕이 직접 지냈고, 이후에도 계속됐다. 그러다가 1749년(영조 25) 3월, 황경원(黃景源, 1709~1787)의 계문을 통해 명(明) 의종(毅宗)이 병자호란 당시에 조선을 구원하려 했다는 『명사(明史)』「조선전(朝鮮傳)」의 내용이 알려지면서 대보단 증축 문제를 논의하기 시작했다.[174] 처음에는 신종·의종만 제사

173) <비시황젼>, 국립중앙도서관본, 38면. 괄호 안의 한자는 원문에 병기된 것이다. 이하 같다.

174) 대보단의 증수 과정에 대해서는 김호, 「영조의 대보단 증수와 명 三皇의 享祀」, 『한국문화』 32, 서울대 한국문화연구소, 2003 참조.

지내려고 했으나, 영조의 뜻에 따라 명 태조도 대보단에 병향(竝享)하게 됐다. 명 태조가 '조선(朝鮮)'이라는 국호를 하사한 것은 '재조지은'보다 큰 '대조(大造)'의 은혜라는 논리였다. 영조는 신하들의 반대에도 불구하고 명 태조를 함께 제사 지냈다.[175] 이를 계기로 하여 명 태조를 다른 두 황제와 함께 기리는 일이 시작된 것이다.

따라서 <비시황전>에서 '고황제 운운' 하는 관념은 이때 처음 자리하게 된 것으로 보인다. 대보단을 쌓은 걸 비롯해서 이런 일련의 사업을 주도한 것은 대부분 노론계 인사였다. 그런데 이들마저 명 태조를 병향하는 데는 부정적이었던 걸 보면, 그 전에 명 태조의 은혜를 잊지 못한다는 생각은 일반화되지 않았을 것이기 때문이다. '대조'라는 것도 실상 국호를 내려주어 제후국의 지위를 인정해준 데 지나지 않았음을 볼 때 더욱 그러하다. 따라서 <비시황전> 형성의 상한선은 1749년이 된다.

다음으로 형성의 하한선을 살필 차례인데, 신륵의 <북정일기>와 <비시황전>을 검토하여 대략 윤곽을 잡을 수 있다. 신륵은 선전관 신명전(申命全, 1632~1689)[176]이 왔다는 기사 아래 "배시황 일기에는 군사를 출동시키라는 표신을 가지고 자원해서 왔다고 했다[裵是愰日記云, 持發軍標信, 自願而來]"라고 주석을 달았다. 그런데 이 부분은 <북정록>, <북정일록>, 현토본 <북정록>에는 전혀 나타나지 않으며, <비시황전>에만 보인다.[177] 따라서 <북정일기>가 지어진 1760년에는 이미 <비시황전>이 존재했음을 알 수 있다. 여기에 박지원의 다음 기록을 참고하면 <비시황전>이 형성된 시기를 대체로 확정할 수 있다.

---

175) 『영조실록』 25년(1749) 4월 10일(정해).

176) 신명전은 신유의 형인 신근(申瑾, 1602~1670)의 둘째 아들로, 경기수사・금군별장을 지냈다. 『평산신씨대동보(平山申氏大同譜)』 2, 평산신씨대종회, 1976, 1225~1227쪽.

177) 뎡월 쵸십일에 션젼관 신명젼(申命全)이 표신(標信) 밧드러 군듕에 니르러 신류를 명ᄒᆞ야 군사 거나려 발힝하라 ᄒᆞ니 명젼은 신우후의 죵자(從子)라 <비시황전>, 국립중앙도서관본, 2~3면.

> 내가 스무 살 때, 봉원사에서 글을 읽었는데, 어떤 객이 음식을 적게 먹으며 밤이 새도록 잠을 자지 않고 신선 되는 법을 익혔다. …(중략)… 그는 가끔 나에게 허생의 이야기와 염시도・배시황・완흥군부인 등에 대한 이야기를 늘어놓았는데, 잇달아 몇 만 마디 말로 며칠 밤이 되도록 끊이지 않았다. …(중략)… 이때는 병자년(1756) 겨울이다.[178]

인용문에 보이는 '배시황'은 <빅시황젼>의 주인공일 게 틀림없는데, 그렇다면 1756년에는 이미 이 작품이 형성됐다는 뜻이다. 따라서 한글본 <빅시황젼>이 1749년에서 1756년 사이에 형성된 것을 알 수 있다.

<빅시황젼>은 인물 설정과 사건 구성이 <북정일록>과 대체로 일치하며, 번역투가 역력한 부분이 여러 곳인 걸 보면 한문본을 번역한 게 분명하다. 그러나 확대와 부연, 축약과 생략을 통해 디테일에는 큰 변화가 생겼다. 한글본과 한문본의 차이가 이처럼 크다면 한문본의 형성과 거의 동시에 한글본이 형성됐다고 말하기는 어렵고, 한문본이 형성되고 상당한 시간이 흐른 후에 형성됐다고 보는 게 온당하다.

이제 한문본 <북정일기>의 형성과정을 살필 차례다.

> 삼가 살피건대, 증조부의 '북정일기'가 세상에 많이 전해지지만, 기책(奇策)을 꾸며 승리한 책략과 항의하여 수자리 지키는 것을 면한 일은 간략히 기술하여 자세하지 못하다. 거기에 계실 때 친필로 기록한 것을 본 후에야 증조부의 본뜻을 알 수 있었다. …(중략)… 만약 증조께서 패하고 돌아오셨다면, 청나라의 원병 요구가 몇 번이나 더 있었을지 모르니, 우리나라 백성의 반은

---

178) 余年二十時, 讀書奉元寺, 有一客能少食, 終夜不寐, 爲導引法, …(중략)… 時爲余談許生事, 及廉時道裵是晃完興君夫人, 亹亹數萬言, 數夜不絶. …(중략)… 此丙子冬也. 박지원, <허생후지 기이(許生後識・其二)>, 『국역 열하일기』 II, 민족문화추진회, 1968, 313~314쪽.

> 흑룡강의 고기밥이 됐을 것이다. …(중략)… 이 땅[宋加羅江-필자]에 일 년간 주둔하며 지켰더라면, 비록 우리나라 곡식의 절반을 들인다 해도 군량을 댈 수 없었을 것인데, 죽음을 무릅쓰고 다투어 이러한 근심을 면하게 했으니 우리나라에 세운 공이 참으로 크다.[179]

인용문에서의 '북정일기'는 신유의 <북정록>이 아닌 <비시황견>과 <북정일록>이다. <북정일록>, 현토본 <북정록>에서는 애초 군사 5천 명을 선발한다고 하고 뒤에서는 아무런 설명 없이 6천 명을 뽑았다고 한 것을, <북정일기>에서는 6천 명을 모집하여 병약한 자 천 명을 제외한 것으로 기술하여 전후가 모순되지 않도록 했다. <비시황견>에서는 5천명을 선발한 것으로만 나오므로 이 부분은 <북정일록>에서 영향을 받은 것이다. 신륵이 <북정일기>를 짓기에 앞서 <북정일록>과 <비시황견>을 모두 참고했다는 의미다.

신륵은 앞선 이본에서 신유의 역할이 미미하게 그려진 데 불만을 가졌다. 그런데 <북정록>의 내용도 너무 간략해서 신유의 사적을 드러내기에 미흡했으므로 새로운 작품을 쓰게 된 것이다. 그는 전투에서 승리하고 조기 철군을 관철한 두 가지 일을 신유의 공적으로 들고, 그 중에서도 후자에 보다 큰 의미를 부여했다. 따라서 철군 문제를 둘러싼 갈등이 주요 사건으로 부각됐는데, <북정일록>·<비시황견>에는 이 문제가 전혀 나타나지 않는다. <북정일기>가 다른 이본들과 뚜렷하게 구별되는 건 이 때문이다.

---

179) 謹按, 我曾祖考北征日記, 行于世者多, 而其設機取勝之策, 抗義免戍之事, 略記而不備, 及見在彼中時親筆所錄, 然後乃知吾曾祖之本意也. …(중략)… 苟使我曾祖敗還, 則淸國之請援, 又不知幾番, 而我國生靈半爲黑龍江之魚矣. …(중략)… 苟於此地屯戍一年, 則雖傾盡我國之穀半, 不可繼矣. 以死相爭, 能免此患, 其爲功於我國者, 固大矣. 신륵, 「북정일기 후지(北征日記·後識)」, 앞의 책, 36쪽.

이상의 논의를 간추리면 다음과 같다. <북정일록>의 작자는 신유의 <북정록>을 직접 읽었으며, 오래지 않은 시기에 소설적인 형태로 변개한 것으로 보인다. <북정일록>은 <비시황전>의 원천이 됐을 뿐만 아니라 <북정일기>, 현토본 <북정록>에 이르기까지 큰 영향력을 발휘했다. <비시황전>은 <북정일록>으로부터 어느 정도 시간적 거리를 두고 형성됐을 것으로 보이는데, 그 시기는 대략 1749년에서 1756년 사이이다. <북정일기>는 앞서 형성된 <북정일록>·<비시황전>에 대한 반작용으로 지어졌다.

(2) 작가의식의 변화와 이본의 변이양상

① 실사의 변용과 허구적 인물의 설정: 〈북정일록〉

<북정일록>은 <북정록>의 내용을 다양한 방식으로 변개했다. <북정록>에서 5월 16일에 청나라 원수가 보여준 이름 모를 대어(大魚)를 구경했다는 이야기는 <북정일록>에서는 그 반 토막으로 조선군 전체가 배불리 먹었다는 삽화로 변개되며, 5월 21일에 조선군이 사격 연습을 하다가 부상자가 발생한 사건은 배시황이 창병(瘡病) 난 군사를 치료해주는 장면으로 나타난다. 그러나 실사가 소설적으로 변용되는 양상은 무엇보다 의도적인 사건 배치를 통해 전투를 구체화한 데서 뚜렷하게 확인된다.

<북정일록>의 작자는 실제로는 단 하루에 끝나버린 전투를 한 달이 넘도록 접전을 벌이다가 화공(火攻)으로 적을 물리치는 걸로 그렸다. 이를 위해 적의 규모를 부풀리는 한편, 섬에 적의 본거지가 있어 강한 응전 태세를 갖춘 것으로 설정했다. 이건 전선 사이의 총격전에서 열세에 놓인 러시아군이 어쩔 수 없이 배를 버리고 강변에 상륙하여 대항한 사실을 변개한 장면이다. 패잔병들의 간헐적인 저항을 미리 계획한 작전으로 묘사했기에 전투도 훨씬 심각한 양상으로 전개된다. 수륙의 적을 차단해서 고립시킨 후 각개 격파하는 전술이 필요한 상황이 된 것도 그래서다.

그러나 섬의 적을 제압했다고 해서 전투가 끝난 건 아니다. 청 원수는 신유와 배시황이 건의한 화공책을 계속 묵살하다가 마지못해서 받아들인다. 화공 여부를 놓고 갈등하는 청 원수와 신유의 모습도 잘 그렸지만, 화공을 맡은 배시황과 유응천이 결의를 다지는 장면, 적선의 폭발 장면, 폭발의 여파로 표류하다가 겨우 본진에 합류하는 두 사람의 활약상을 묘사한 대목이 이 작품에서 가장 주목된다. 러시아군과의 실제 교전에서 연합군이 결정적인 우위를 점할 수 있었던 것은 조선군의 우세한 화력 때문이었고, 화공은 이미 승세를 탄 연합군이 전투를 마무리하기 위한 수순이었을 뿐이다. <북정일록>에서는 이를 변용해 화공을 전투의 승패를 가른 주요 전술로 내세웠다.[180]

<북정일록>은 이렇게 전투 기간을 대폭 늘리고, 조·청 연합군이 계속 패하는 상황을 연출해서 위기감을 고조시킨 후, 화공으로 적을 일시에 섬멸하는 통쾌한 승리로 결말지어, 원정이 싱거운 단판 승부로 끝나버린 사실을 흥미롭게 변용하여 소설적 면모를 갖추었다. 여기에 <북정록>에 보이는 이국적 풍물과 사소한 사건들을 삽화로 제시해 나선정벌에 관한 세간의 관심을 불러일으키는 데 성공한 것이다.

<북정일록>은 배시황이라는 가공의 인물을 중심으로 전개된다. 배시황은 부상한 동료를 치료해주는 등 인간미 넘치는 인물이다.

---

180) 당시 함경북도 병마절도사였던 김시성(金是聲, 1602~1676)의 『금포실기(錦浦實記)』에는 출병에 앞서 신유에게 화공책을 지시했다고 기술했다. 그러나 1870년에 간행된 책이기에 『통상신공실기』를 보고 부회(附會)한 게 아닐까 생각한다.
신공이 떠나려 할 때 공이 편지를 보내서 말했다. "물에 강한 자는 불에 약합니다. 이 도적들은 수적이니, 불로 공격한다면 멸할 수 있을 것입니다." …(중략)… <u>이 조목은 근래에 신공의 가첩에서 처음 보았으므로 여기에 부기한다</u>. 申公將行, 公致書曰: "利於水者, 不利於火, 此賊是水賊也, 以火攻之, 則可滅矣." …(중략)… <u>按此一條, 近始得於申公家牒, 故今附見于此</u>. 『금포실기 단(錦浦實記·單)』 권1, 연보(年譜), 국립중앙도서관 소장본.

> 군인들의 부모와 처자, 형제들은 각자 술을 준비했다. 서로 얼싸안으니, 슬픈 한편 너무나 기뻤다. (전사한)여덟 명은 전립(戰笠)과 군장밖에 없으니 부모형제가 땅을 두드리며 하늘을 향해 울부짖었다. 북쪽을 향해 초혼하고 가져온 술과 안주를 강가에 뿌리며 말했다. "다른 군인들은 모두들 살아 돌아왔는데 너만은 무슨 죄로 돌아오지 못하느냐." 시황이 스스로 생각했다. '살아 돌아와 고향이 비록 가깝다지만, 생사간 소식을 그 누가 부모님께 전해주랴? 부모님의 안부도 바로 알 수 없구나. 부모의 마음은 바로 저러하고, 부모란 모두 같은데….' 슬픔이 복받쳐 눈물이 솟구쳐 넘쳐흘렀다.181)

그는 귀환한 군졸들이 가족들과 재회할 때 전사자 부모들이 울부짖는 모습을 보고 함께 슬퍼하며, 고향의 부모를 생각한다. 이렇듯 배시황은 지휘자로서의 덕성은 물론이고 영웅적 면모까지 갖춘 인물로, 사건을 주도해 나간다.

배시황은 영장인 신유를 제치고 매사에 개입한다. 원정에 나설 군사들을 선발하는 일에서부터 청군과의 사이에서 발생한 문제를 해결하는 것까지 배시황은 모든 일에 앞장선다. 작품에서 가장 중요한 사건인 화공장면에서도 그의 주도적인 역할에는 변함이 없다. 신유와 함께 청 원수에게 화공책을 건의한 데다 작전에 직접 참여하여 큰 공까지 세우자 청 원수가 그를 초대하기도 한다. 배시황은 이 자리에서 병자호란의 성패에 대해서 청 원수와 설전을 벌인다. 이런 일은 실존인물인 신유로서는 상상하기 어려운데, 허구적 인물인 배시황을 영웅적으로 형상화했기에 가능하다.

작자는 청나라가 연패했던 적을 배시황의 활약으로 물리쳤다고 함으로

181) 軍人父母, 妻子兄弟, 各備酒, 相抱持, 一悲一喜, 至八人只有戰笠軍裝, 父母兄弟, 叩地叫天, 北向招魂, 所持酒肴, 酹于江上曰, "軍人皆得生還, 汝獨何罪, 不爲歸來?" 是愰自念, '生還, 家鄉雖邇, 存亡消息, 誰傳父母, 父母安否, 亦未卽知. 父母之心正如, 父母無異.' 悲懷自激, 橫涕汎瀾. 이규경, <나선변증설>, 앞의 책, 973쪽.

써 조선이 청나라보다 우월하다는 걸 확인하고, 이를 통해 상처받은 자존심을 조금이나마 회복한 사례로 제시했다. 그러나 이런 논리는 너무 단순하고 소박하다. 또한 전투 장면 이후 청 원수에게 우호적인 태도를 취하다가 갑자기 서로 설전을 벌이는 상황을 제시한 건 청 원수에 대한 태도에서 일관성을 잃은 것이다. 이는 <북정일록>의 현실인식이 관념적이고 비현실적임을 드러낸다. 현실적인 사안에서 반청의식을 구체적으로 표출한 <북정록>과 비교해 보면 큰 차이가 있음을 알 수 있다.

앞서 살핀 것처럼 <북정일록>은 <북정록>에서 소재를 취하되, 사건을 확대・변용하고, 배시황이라는 허구적 인물을 창조했다. <북정일록>은 전투 장면을 중심으로 한 사건 구성과 장면 제시를 통한 인물의 성격화에 성공하여 실기와 전혀 다른 소설적 면모를 갖추게 됐다. 여기에 <북정일록>을 역사 기록물로 생각했던 독자들의 오해가 더해지면서 20세기 초에 나온 현토본 <북정록>에 이르기까지 그 영향력이 오랜 기간 지속됐다. 그러나 관념적 역사인식은 이 작품의 한계이며, 이국적 풍물을 소개한 자잘한 삽화 또한 서사의 긴장감을 떨어뜨리는 게 사실이다.

② 영웅적 형상의 강화와 서사의 긴밀성 제고: 〈비시황전〉

작자는 신유와 청 원수 등 다른 인물의 성격을 약화시키면서 이들을 대신해 배시황이 상황을 주도하는 것으로 그려 그의 영웅적 면모를 부각했다. 신유가 출병하기 전에 조카인 신명전을 만나 통곡하는 장면이나, 청 원수를 전투를 회피하는 심약한 인물로 묘사한 대목이 그런 예다. 반면 배시황의 역할은 시종 두드러지는데, 전투 장면에서 그의 활약은 그 정점을 이룬다.

> 시황이 신공께 헌계ᄒᆞ야 왈 청병이 일픠지차(一敗至此)ᄒᆞ니 위금일계(爲今日計)컨ᄃᆡ 화공(火攻)에 지남이 없소이다 ᄒᆞ고 인ᄒᆞ야 화젼(火

箭) 하나를 ᄆᆡᆫ드러 보이니 …(중략)… 시황이 신공의 찬 눈도을 청하야 스ᄉᆞ로 차고 져 찻든 눈도를 응쳔 쥬어 ᄎᆡ우고 …(중략)… 적둔 셔너 관혁 되ᄆᆡ 두어 군사로 션두(船頭)에 렬닙(列立)ᄒᆞ야 혹 긔도 두루며 혹 즁의 녜불ᄒᆞ는 합장(合掌)도 ᄒᆞ야 ᄲᆞᆯ니 들어가니 적이 천리경(千里鏡)으로 바라보고 년ᄒᆞ야 응포(應砲)만 놋코 철환 아니 발터라[182]

<북정일록>에는 화공을 제안한 사람이 누구인지 명확하지 않은데, 여기서는 배시황이 불화살까지 준비한 후에 신유와 청 원수에게 화공책을 쓰도록 설득한다. 위계(僞計)를 써서 적이 방심하도록 유도하는 등 배시황은 주도면밀하게 화공을 준비할 뿐 아니라 직접 그 임무를 수행한다. 배시황은 지략과 용기를 갖춘 인물로, 불리한 전세를 돌이켜 승리를 거두는 데 결정적으로 기여한다. <비시황젼>은 작품 초반부터 일관되게 배시황을 부각시켜 영웅적 인물로 형상화했는데, 이 대목에서 그의 역할은 절대적이다.

<북정일록>은 서사적 긴장이 이완되는 면이 있었고, <비시황젼>에도 이런 점이 아직 남아 있다. 그러나 긴요하지 않은 삽화를 과감하게 생략하고,[183] 배시황의 영웅성을 부각시킬 수 있는 삽화를 중심으로 인과적 계기를 갖도록 사건을 재조직하여 작품의 흥미를 높였다.

어시에 군졸 죽엄의 찬 명ᄑᆡ(名牌)로 아병(我兵) 구십팔인 시(屍)를 웃드니 …(중략)… 귀록(鬼錄)을 다시 뎡셔(正書)ᄒᆞ고 ᄯᅩ다시 나무로 명ᄑᆡ ᄆᆡᆫ드러 각〻 ᄎᆡ우고 다 무명지(無名指) 하나를 ᄭᅳᆫ어 그 본ᄃᆡ 찻든 명ᄑᆡ에 동여노코 군듕 음식을 합ᄒᆞ야 베풀고 신공이 귀록을 손으로 펴들려 일ᄇᆡᆨ칠인 셩명을 불러 합고왈(合告曰) 네 혼(魂)과 네 ᄇᆡᆨ(魄)이

182) <비시황젼>, 국립중앙도서관본, 20~23면.

183) <북정일록>에는 7월 22일 흑룡강을 건너 8월 5일 송가라강에 도착할 때까지의 사이에 왈개, 개부락, 퍅개의 풍속을 자세히 적었으나 <비시황젼>에는 전혀 보이지 않으며(31면), 배시황이 청 원수의 부인들과 대화하는 장면도 과감하게 축약했다(34면).

> 이 명ᄑᆡ와 이 지골에 의탁ᄒᆞ야 날과 갓치 나라에 도라가셔 각々 갈 바으로 가라 고(告)ᄒᆞ야 맛츠고 드듸여 대곡(大哭)ᄒᆞᆫᄃᆡ 군듕이 다 울더라[184]

작품 초반에 신유와 배시황은 둘 중 하나가 전사할 경우 무명지를 끊어와 고향의 가족들에게 전하기로 약속한다. 비장감을 자아내는 장면이지만, 두 사람이 모두 생환하기 때문에 불필요한 삽화로 보이기도 한다. 그러나 전사자들을 묻을 때 명패와 무명지를 거두어 초혼(招魂)하는 장면에 이르면, 서두의 삽화가 두 사람의 언약에만 머무르지 않고, 병사들 전체의 약속으로 그 의미가 확장되면서 전사자들에게 무한한 연민의 정을 갖게 한다. 이는 <북정일록>에서 전사자의 전립(戰笠) 등 유품을 수습했다고 한 간략한 서술을 확장하고 장면화해서 감동의 깊이를 더한 것이다.

<비시황전>은 출병에 앞서 신유와 신명전, 배시황이 서로 눈물을 흘리는 장면으로 시작하여, 배시황이 맹활약하여 적을 물리치는 중심 사건이 전개된 후, 신유와 배시황이 자신들의 처지에 비분강개하며 자탄하는 것으로 끝난다. 장쾌한 전투 장면을 청나라의 요구에 따를 수밖에 없는 현실에 울분을 토하는 장면이 감싸고 있는 것이다. 이로 인해 배시황의 영웅성이 강화될수록 자괴감도 커지며, 자괴감은 다시 반청의식으로 옮아간다.

<비시황전>에서 전투 장면 뒤에 제시되는 몇 가지 삽화는 갈등 관계로까지 구체화되지 못해서 작품의 분량이 짧고 구성도 너무 단조롭다는 느낌을 준다. 이렇게 된 것은 전투 장면의 서사에만 집중한 나머지 청 원수를 적대자로 뚜렷하게 부각하지 못했기 때문이다. 청 원수와 대립하는 상황은 반청의식을 드러낼 수 있는 중요한 모티프다. <비시황전>에서는 그의 부정적인 모습을 군데군데 그려놓았지만, 그렇다고 해서 반청의

---

184) <비시황전>, 국립중앙도서관본, 29~30면.

식이 구체화됐다고 보기는 어렵다. 그마저도 청 원수의 형상에는 부정적인 면과 긍정적인 면이 뒤섞여 일관성이 없다. 이에 따라서 존주대의와 반청의식은 소설적 장치로 걸러지지 못한 채, 등장인물의 독백과 자탄을 통해 생경한 이념 그대로 표출되고 말았다. 이는 당대인들이 이런 관념에 긴박돼 있던 사정을 반영하는 것이지만, 작품의 완성도를 떨어뜨리는 요인으로 작용한다.

③ 중심인물의 교체와 반청의식의 강화: 〈북정일기〉

<북정일기>에서 가장 두드러지는 특징은 <북정일록>·<비시황젼>에서 미미했던 신유의 역할이 강화됐다는 점이다. 모든 사건이 신유를 중심으로 전개되며, 배시황은 화공 장면에 잠깐 등장할 뿐이다. 작가는 신유의 사적을 사실대로 기술하겠다고 표방하고 <북정록>에 일치시키려고 노력했다. 그러나 <북정록>의 간략한 기록만으로는 전장의 상황과 신유의 활약상을 구체화하는 데 한계가 있었으므로 상상력을 발휘하여 확장·부연할 수밖에 없었다. 그 결과, 새로운 인물 형상이 만들어지고 사건이 새롭게 구성되면서 처음 의도와는 무관하게 소설적 경역으로 깊숙이 들어가게 되었다.

> 적은 쫓아오고 싶지만, 동서의 두 장수가 선두와 후미를 가르고 나올까 두려워하여 감히 멀리 쫓지 못했다. …(중략)… "너희들은 오늘 밤에 몰래 적선에 붙어서 쇠못을 박고 쇠사슬을 연결하여 배들을 묶어 흩어지지 못하게 하여라." …(중략)… "갑자기 화공을 하면 저들도 포를 쏠 것이니, 불이 그 배에 닿기도 전에 아군이 먼저 위험해진다. 그러니 주야로 진퇴를 거듭해서 저들이 의구심을 품어 공포도 쏘지 않게 된 후에라야 화공책을 쓸 수 있다." …(중략)… "내일은 반드시 서북풍이 불 것이다. 사경에 밥을 지어먹고, 오경에는 군장을 단속하라." …(중략)… 적병이 전날과 같이 공포만 쏘니 아군 전선이 일제히

> 다달아 일시에 화살을 쏘았다. 오백 군사가 쏜 불화살은 자작나무 갑판에 박히기도 하고 포 구멍에도 들어갔다. 순식간에 화광이 하늘 높이 솟았다. 적이 손도 쓰지 못해서 삼백여 척에 불길이 번졌다. …(중략)… 북소리는 하늘을 뒤흔들고 화살과 포탄이 비 오듯 쏟아졌다. 적선은 이미 쇠사슬로 묶여있는 데다 도망할 수도 없어 수십만 적병이 잠깐 사이에 불에 타 죽었다.[185)]

작품에서 가장 박진감 넘치는 화공 장면이다. 신유의 모습은 용장이라기보다는 탁월한 지략가에 가깝다. 신유는 좌우에 전선을 배치한 채 연일 가벼운 교전만 하고 본격적인 전투를 피해 적의 방심을 유도한다. 적을 교란하는 데 성공하자 적벽대전을 연상케 하는 연환계를 써서 적선이 못 움직이게 하고, 서북풍을 기다려 화공으로 일시에 적을 궤멸시킨다. 신유의 지략이 빛을 발하는 대목이다.

<북정일기>는 화공이 전투의 정점을 이룬다는 점에선 앞선 이본들과 같지만, 구체적인 양상은 전혀 다르다. 화공 장면에서 어설픈 감을 지울 수 없었던 <북정일록>·<비시황젼>과 달리 <북정일기>가 현실감 있게 다가오는 것은 교란작전과 연환계가 등장하기 때문이다. 파촉(巴蜀)의 잠수군은 <북정록>에 보이지만, 그들이 어떤 역할을 했는지는 나오지 않고, 다른 이본에는 아예 등장하지 않는다. 신륵은 이를 삽화로 변용해서 사건을 새롭게 조직함으로써 서사적 긴밀성을 높이는 탄탄한 구성력을 보여주었다.

185) 賊欲趕來, 則我已遠退, 且懼東西邊兩將, 裁出先後, 不敢遠追, …(중략)… "汝等, 今日夜半, 潛附賊船, 釘鑿連環, 兩兩搭配, 使不得各散." …(중략)… "猝然火攻, 則彼亦用砲, 火未及渠船, 而我軍已危矣, 故晝夜進退, 使彼疑懼, 至不費空丸, 然後計可售矣." …(중략)… "明日必得西北風矣. 四更炊飯, 五更裝束." …(중략)… 賊兵一依前日例, 只發虛砲, 我船齊到, 一時放箭, 五百軍火箭, 或着於樺皮, 或入於銃穴, 瞬息之間, 火光冲天, 賊船不及措手, 火已遍三百餘艘矣. …(중략)… 擂鼓掀天, 矢砲如雨, 賊船旣已連環, 又不得逃躱, 數十萬賊兵, 片時燒死. <북정일기>, 앞의 책, 26~27쪽.

객선에서 잠 못 들고 호가 소릴 듣노라니	客船無寐聽胡茄
고국땅은 망망하여 만 리 길이 아득한데	故國茫茫萬里賒
오로지 이 마음만 경각에 떠나가서	惟有此心頃刻去
대궐에 조회하고 집으로 돌아가네	玉階朝罷又還家

만리 밖서 공 세운 일 세상에 드물건만	萬里成功世所稀
나그네는 무슨 일로 장탄식을 거듭할까	客心何事復長唏
이번 길은 심하역과 원래가 다르나니	今行自異瀋河役
전사해서 못 돌아간 김공이 부러워라[186]	却羨金公死未歸

한편 신륵은 <북정주개야술회(北征奏凱夜述懷)>[187]라는 신유의 시를 작품에 삽입하여 그의 내면세계를 드러내는 데도 큰 성과를 보였다. 신유는 전투에서 이겼으면서도 승리감에만 취할 수 없는 복잡한 감정에 휩싸여 있다. 고향에 빨리 돌아가고픈 객회를 노래한 첫 수야 이럴 때 당연히 있을법한 감회지만, 둘째 수에 표출된 내적 갈등은 심상치 않다. 신유는, 심하(深河)에서 후금에 맞서 끝까지 분전하다가 전사한 김응하(金應河)와 자신을 비교하면서, 존주대의를 지키기 위해 죽어간 김응하의 신세가 오히려 부럽다고 말한다. 이 시는 전반의 전투 장면을 마감하는 한편, 후반에 전개될 신유와 청 원수 사이의 갈등을 암시한다.

<북정일기>에서 전반의 전투 장면이 무장으로서의 활약상에 초점을 맞췄다면, 후반의 철군 문제는 청나라의 강압적인 요구를 거부하고 국익을 도모한 신유의 애국심과 반청의식에 주목했다. 철군 문제에는 청 원수가 적대적 인물로 뚜렷하게 부각되어 갈등양상이 첨예하며, 많은 인물이 개입돼 있어 그 해결 과정도 복잡하다. 후반부에서는 이런 사태의 추이에 따라 사람들의 심리가 어떻게 변해가는지를 섬세하게 묘사한 필치가 돋

186) <북정일기>, 위의 책, 28쪽.
187) <북정일기>, 위의 책, 19쪽.

보인다.

고향이 이 지역인 청 원수는 전투가 끝난 후에도 계속 남아서 적의 잔당이 재차 공격해올 것에 대비하라고 조선군에게 명령한다. 신유가 그 불가함을 역설하지만, 청 원수는 요지부동이어서 두 사람은 한 달여 동안 철군 문제를 놓고 첨예하게 대립한다. 신유에게는 청 원수의 고집을 꺾을 만한 힘이 없다. 그는 청 원수가 신임하는 애사마(艾士痲)의 마음을 사로잡아 문제를 해결하려 한다.

> "다 털어놓고 말하겠소만, 이제 죽을 날이 멀지 않은 사람이 귀인과 함께 근심을 달래고 답답한 마음을 펼 수 있어 다행일 뿐, 이것 말고 또 뭘 바라겠소?" 애사마가 크게 놀라 말했다. "말씀 가운데 오래지 않아 돌아가신다는 건 무슨 뜻입니까?" 내가 머물러 기다리라는 명령과 군량에 관한 일을 하나하나 전하고 말했다. "원수께서 끝내 이와 같이 하신다면 내게는 죽음이 있을 뿐이지, 어쩌겠소?" …(중략)… "그래도 길이 하나 있습니다. 부원수는 정대하고 강직한 분으로, 천자께서 아끼시니 원수도 두려워하십니다. 만약 부원수가 힘을 쓰게 하신다면 반드시 고집을 꺾을 길이 있을 것입니다."[188)]

신유의 말은 굳은 의지의 표현[189)]으로도 읽을 수 있지만, 이 장면에서는 애사마의 도움을 끌어내려고 해보는 '죽는 소리'로 보는 게 좋다. 여기에 애사마는 부원수를 움직이면 문제를 해결할 수 있을 거라는 언질을

188) 謹悉, 而第此死期不遠者, 得與貴人, 穩暢愁鬱, 幸矣. 更何有望於此外乎?" 士痲大驚曰: "所教死期不遠者, 何謂也?" 我乃以留待與軍粮事, 一一言之曰: "元帥若終始如此, 則我將有死而已, 奈何?" …(중략)… "而第有一條路, 副帥正大剛直之人, 天子之所愛, 元帥之所畏, 若使副帥宣力, 則必有回惑之道." <북정일기>, 위의 책, 30쪽.

189) 여러 장수들과 군병들이 남아서 기다리라고 한다는 얘기를 듣고 모두들 걱정되고 분하여 죽을 지경이었다. 내가 말했다. "너희들은 너무 걱정하지 말거라. 내가 마땅히 죽음을 무릅쓰고 다툴 테니, 돌아가게 될 것이니라." 諸將與軍兵, 聞其留待之說, 擧皆愁憤欲死, 我乃謂之曰: "汝等, 勿爲深慮. 我當以死爭之, 庶得趂歸矣." <북정일기>, 위의 책, 29쪽.

주고, 자신도 적극 협력하겠다고 나선다. 부원수는 황후의 사촌동생으로, 작품에서 청 원수를 굴복시킬 수 있는 유일한 인물이다. 신유는 부원수의 도움을 얻기 위해 애사마와 부원수의 장서관(掌書官) 김한을가(金翰乙哥)를 끌어들이는 한편, 청 원수와 부원수의 불편한 관계를 십분 이용한다.

> [1] "제가 또 말씀드리기를, '부원수는 황실의 인척이고 천하에 명망이 있으니, 이제 혹시라도 천자께 아뢰어 시비를 다툰다면, 대인에게 이롭지 않을까 걱정입니다.' 하니, 원수께서는 똑바로 쳐다볼 뿐 말이 없으셨습니다." 하였다.[190)]
>
> [2] 부원수가 매번 말하기를 적선이 도망간 것은 모두 원수의 재물을 탐내는 마음 때문이라고 하니, 원수도 스스로 불안하여 적선에서 얻은 물건을 모두 적어 아뢰었다고 한다.[191)]
>
> [3] 원수가 부원수에게 말하기를, '전일에 다퉜던 것은 모두 국사 때문이었으니 너무 개의할 것 없소. 다만 나와 장군은 돌아가고, 조선 영장은 잠시 여기에 머물게 합시다.' 하니, 부원수는, …(중략)… '조선인은 더더욱 홀로 머물게 할 수 없으니, 모름지기 다시 생각하시어 그들도 진퇴를 함께 하게 하십시오.'라고 말했다고 한다.[192)]
>
> [4] 원수가 말했다. "내 생각은 참으로 후환을 예방하려는 뜻에서 나온 것이오. 장군이 이와 같이 말씀하시니 감히 따르지 않겠소?"[193)]

---

190) "俺且告之曰, '副帥國之貴戚, 又有天下之望, 今或奏聞爭辨, 則恐不爲大人之利矣.' 元帥瞪視不答"云. , <북정일기>, 위의 책, 32쪽.

191) 副帥每言, 賊船逃躱, 全出於元帥貪財之心云故, 元帥亦自不安, 賊船中所得物件, 都錄奏聞云. <북정일기>, 위의 책, 32쪽.

192) 元帥送言于副帥曰, '前日所爭俱是國事, 固不足深介, 而第我與將軍, 則可還, 至於朝鮮領將, 姑使留此'云, 副帥曰, …(중략)… '朝鮮之人, 尤不可獨留, 幸須更思, 使之一切進退'云云. <북정일기>, 위의 책, 33쪽.

193) 元帥曰: "我之所見, 固出於防後之慮也, 將軍之言如是, 敢不唯命?" <북정일기>, 위의 책, 33쪽.

인용문은 청 원수의 심리 변화를 잘 보여준다. [1]에서 부원수가 조선군의 주둔에 반대하는 상황을 가볍게 볼 수 없다는 애사마의 말을 듣자, 청 원수는 내심 걱정하면서도 묵묵부답으로 불편한 심기를 드러내지만, [2]에서는 계속되는 비난에 불안해져서 자신의 약점을 감추려고 슬그머니 물러서고, [3]에서는 타협안을 제시한다. 부원수가 여전히 완강하게 반대하자 결국 [4]에서 자신의 주장을 굽히고 조선군의 철군을 허락하기에 이른다. 신륵은 애사마와 김한을가의 전언 형식으로 청 원수의 심리 변화를 그림으로써 심리묘사에서 큰 성과를 보였다. 더불어 부원수를 조선에 우호적이면서 합리적인 사고를 갖춘 인물로 구체화하여 청 원수와 갈등 관계에 놓일 수밖에 없게 했다. 그 결과 부원수의 영향력을 이용해 철군을 성사시키는 상황이 매우 개연성 있게 전개될 수 있었다.

철군 문제를 둘러싼 갈등을 다룬 두 번째 사건은 작품 전체 분량의 약 40%에 달한다. 청나라와 이해관계가 정면으로 충돌했던 이 사건이 조선군의 조기 철군으로 결말난 것은 큰 의미를 지닌다. 인명 피해를 미연에 방지하고 군량 조달 경비를 절감했다는 현실적인 측면도 그렇지만, 청나라의 강압에 굴하지 않고 끝내 그들의 요구를 꺾었다는 데 더 큰 의미가 있다. 계속 주둔하라는 억지 주장을 철회시킨 건 그들의 무리한 요구를 더 이상 수용할 수 없다는 신유의 결연한 의지가 관철된 것이기 때문이다. 신유는 <북정록>에서 철군 문제와 군량 문제라는 구체적인 사안을 통해 반청의식을 표출했는데, 신륵의 문제의식도 이를 이어받은 측면이 강하다. 그러나 다른 이본에서 소홀히 넘겼던 이 문제에 주목하고, 그것을 갈등 관계를 통해 구체화했다는 점에서 뚜렷한 작가의식을 보여준다.

(3) 관념적 세계인식과 현실의 비애

17세기 중반 이래 18세기 후반까지 호란(胡亂) 관련 인물전이 다수 창작됐다.[194] 또한 명·청과 얽힌 역사적 사건을 다룬 소설[195]도 계속해서 나왔다. 이런 현상에는 숭명반청의식과 그 이념적 토대인 존주론이 팽배했던 사회 분위기가 큰 영향을 끼쳤다. <배시황전>을 짓고 읽은 것도 마찬가지였다.

<북정록>이 소설화하고 계속해서 수용·변이됐던 원인은 대략 다음 두 가지로 요약할 수 있다. 첫째는 사건 자체에 대한 관심이다. 출병해서 전투를 마치고 귀환할 때까지 일어난 일과 이국적 풍물 등 미지의 세계에 대한 호기심을 충족시키려 한 것이다. 둘째는 당대의 보편적 가치체계와 배치되는 출병으로 인해 촉발된 이념의 문제다. 북벌론의 기치를 높이 들었으면서도 청나라의 용병으로 참전하게 된 상황이 숭명배청(崇明排淸)의 문제를 다시 떠올리게 했기 때문이다. <북정록>이 소설화한 과정을 살펴보면, 두 번째 요인이 더 큰 비중을 차지했다는 것을 알 수 있다. 따라서 이 작품의 성취도는 작가의식과 연결되는 역사의식을 따로 떼어 말할 수 없다.

신륵은 철군 문제를 둘러싼 신유와 청 원수와의 갈등 관계를 통해 강한 반청의식을 드러냈다. 전반의 사건이나 인물의 발화를 통해 반청의식을 표출하는 데는 한계가 있었으므로 이를 부각하고 강화하는 과정이 꼭 필요했기 때문이다. <북정일기>는 선조의 사적을 선양하겠다는 목적에서 출발했지만, 당대인들이 부심했던 문제에 대한 작가의 시각을 뚜렷하게 보여준다. 더불어 세간의 관심을 모았던 역사적 사건에서 소재를 취하

194) 삼학사(三學士), 임경업·이사룡·김응하 등의 전이 특히 많이 지어졌다. 김정녀, 「17세기 임경업을 보는 두 시각과 그 의미」, 『어문논집』 40, 안암어문학회, 1999, 62쪽.
195) <임경업전>·<강로전>·<박씨전> 등이 대표적인 작품이다.

되, 투철한 작가의식을 갖고, 탄탄한 구성과 섬세한 필치를 통해 소설적으로 형상화하는 데 큰 성과를 거두었다.

신륵은 개인적 활약상을 그리는 것보다는, 역사의 무게를 온전히 지고 있는, 집단의 이념을 대표하는 인물로서 신유를 형상화하는 데 중점을 두었다. 신유가 심하전투에 출전했던 김응하(金應河)를 떠올리는 대목은 당대인들에게 남은 정신적 상처의 깊이를 보여준다. 이는 명・청과의 관계 때문에 갈등할 수밖에 없었던 상황을 반영한 것이다. 출병의 당위성에 대한 회의는 곧 깊이 뿌리내린 반청의식을 뜻한다. <강로전>도 역시 심하전투를 다뤘는데, 청나라에 굴복하고 만 17세기 조선인들의 현실에 대한 고뇌를 보여주었다. <북정일기>는 이런 내적 갈등이 지속됐던 사정을 말해준다.

> 이때 임금은 좌불안석하고 사직은 위태로웠는데 공이 능히 몸을 떨쳐 적의 창끝을 막아냈다. 강역 바깥에서 군주의 명을 드높였고 이역에서 나라의 위엄을 드러냈으니, 가히 충(忠)이라 하지 않으랴! 사지에 들어갔으되 전군이 무사히 돌아오게 했으니 인(仁)이라 하지 않겠는가! 공이 심하전투에 명을 받지 못하게 한 것은 때가 그래서였을 뿐이니, 그 충과 인은 변함이 없다. 깊은 책략과 묘한 운용으로, 한 화살로 더러운 무리를 불살랐고, 고심하며 목숨 걸고 다투어 몇 달 만에 군막을 떠나왔으니, 동국이 안전한 게 누구의 힘이던가! 이로써 말한다면 <u>김공은 절의(節義)를 세우고 죽었고 공(公)은 공(功)을 세우고 살았으며, 김공은 명나라를 위했고 공은 우리나라를 위했으니, 상국을 위하고 임금을 위함에 그 마음이 어찌 다름이 있었겠는가</u>![196]

196) 于斯時也, 君父側席, 社稷岌業, 而公能奮身折衝. 尊主命於出疆, 彰國威於殊土, 可不謂忠乎! 入必死之地, 而全師以返, 可不謂仁乎! 使公不受命於深河之役者時也, 其忠與仁, 顧自如也. 沈謀玅運, 一箭而燒醜類, 苦心血爭, 數月而離氈幕, 東國之底安, 伊誰之力也? 以是言之, <u>金公立節而死, 公樹功而生, 金公爲大明, 公爲本朝, 爲上爲君, 其心豈有異哉</u>! 이종기, 「봉하재기(鳳下齋記)」, 『만구집(晩求集)』 권9(『한국문집총간』 331, 민족문화추진회, 2004, 224쪽).

신유의 6대손인 신호응(申顥應)이 『통상신공실기(統相申公實記)』를 간행하고, 경상도 약목현(若木縣), 현재의 경북 칠곡군에 신유를 추념하기 위한 재실(齋室)을 마련했을 때 이종기(李種杞, 1837~1902)가 써준 기문의 일부다. 여기서도 신유와 김응하를 견주면서 그들의 행적에 담긴 의미를 되새겼다. 이종기가 이 글을 쓴 건 1869년 즈음인데, 신유가 고뇌하고 갈등하던 상황이 이때까지도 여전했음을 보여준다.

성해응은 <신유 · 경하창>에서 나선정벌에 관한 사실을 짧게 요약하고, 청나라에 저항하다가 장도(獐島)에서 체포된 경하창(慶河昌)을 함께 언급했다. 그러면서도 신유와 나선정벌의 실상에 대해선 별 관심을 두지 않은 채, 러시아와 경하창을 높이 평가해야 한다고 했다.[197] 청나라에 대항한 세력이라는 점에서 그들은 같은 입장이었다는 것이다. 하지만 경하창은 그렇다 치더라도 러시아를 청나라에 대한 대항세력으로 인식했다는 건 엉뚱하고, 당찮은 생각이었다. 이는 청나라를 돕기 위해 출병한 사실을 매우 부정적으로 생각한 사대부들의 역사인식의 일단을 보여준다.

> 이 날에 신공이 통음대취ᄒᆞ여 곡일장(哭一場) 쇼일쟝(笑一場) 무일쟝(舞一場)ᄒᆞ더니 시황더러 일너 가로ᄃᆡ 하날이 엇지ᄒᆞ여 동토 사람으로 ᄒᆞ여곰 경셩ᄋᆡᄃᆡ(精誠愛戴)ᄒᆞ는 데ᄂᆞᆫ 효틍 못ᄒᆞ고 핍박구ᄎᆡᆨ(逼迫驅策)ᄒᆞ는 데ᄂᆞᆫ 틍올 이러틋 편벽되뇨 돌녀 ᄉᆡᆼ각ᄒᆞ니 ᄌᆡᆨ텬ᄒᆞ신 고황뎨게셔 져 사사 업ᄂᆞᆫ 하날과 가트셧스니 ᄉᆡᆼ녕권고(生靈眷顧)ᄒᆞ시ᄂᆞᆫ 마음이 나라 기실 쎄ᄂᆞᆫ 다름 업스시리라 …(중략)… 나션을 이번에 멸치 못ᄒᆞ드면 청나라의 징병을 쏘 당ᄒᆞ리니 아국은 무슨 운슈며 듕원 유려(遺黎)의 ᄋᆡᆨ회ᄂᆞᆫ 엇쩌ᄒᆞ갯너노 …(중략)… 일노 말흘진댄 우리 일을 비록 일으되 대명 조종(祖宗)에 보답(報答)이라 ᄒᆞ야도 가ᄒᆞ니라 …(중

197) 만주는 동쪽 오랑캐 중 미천한 놈들이다. …(중략)… 다만 나선과 경하창이 만주의 신하가 되기를 허락하지 않아, 해상에서 굴하지 않았으니, 비록 공을 이루지는 못했지만, 그 뜻은 또한 기특하다. 滿州乃東胡之微者,…(중략)…獨羅禪及慶河昌, 不肯爲滿州臣, 倔强海上, 功雖不終, 其志諒亦奇矣. 성해응, <신유 · 경하창>, 앞의 책, 376쪽.

략)… 년젼 강진(康津) 갓슬 ᄯᅢ에 표풍ᄒᆞ엿든 사람의게 들으니 즉금 명 텬자게셔 영녁(永曆) 황뎨시라 ᄒᆞ는데 튱신 렬사 구름쳐럼 못취여셔 구혈통곡(嘔血痛哭)ᄒᆞ야 못ᄂᆡ 일 경영이 업스ᄆᆡ 심지어(甚至於) 작쳑ᄒᆞᆫ 일본국에 원병(援兵) 쳥ᄒᆞᆯ 의논이 잇다 ᄒᆞ니 <u>슈은망극ᄒᆞᆫ 우리 죠션이 쳥나라 징병 되여 조대슈(祖大壽) 진을 함몰ᄒᆞᆷ으로 징병 싱의 업스신가 즉금에도 셩쥬 포수 니사룡(李士龍) 한둘ᄲᅮᆫ 아니언마는 만일 남듕(南中)이 쥬사(舟師)를 불으시면 죠정이 필연코 우리 보ᄂᆡᆯ 다름이니 그 일 더욱 셜ᄯᅩ다 어ᄂᆡ 날에 연경 환도(還都)되실ᄭᅩ</u>[198]

<비시황젼>의 결말 부분이다. 사지를 벗어나 귀국을 눈앞에 둔 순간에도 작중인물들은 안도감에만 젖을 수가 없다. 죽은 이들을 생각하며 곡을 하고, 청나라의 요구를 꺾었다는 만족감에 웃어도 보고, 살아 돌아간다는 기쁨에 춤도 춘다. 그러나 곧 이런 상황에 내몰린 신세를 한탄하는 한편, 명나라의 유민(遺民)들과 황제를 떠올린다. 명나라와의 의리는 못 지키면서 청나라를 위해 먼 이역까지 와서 대신 전투를 치렀다는 자괴감이 밀려든다. 나선을 물리쳤기 때문에 명나라 유민들도 안심하게 됐고, 그렇기에 이번 출병은 명나라에 보답한 것도 된다고 자위해 보기도 한다. 그래도 명나라가 아닌 청나라의 용병이 된 신세란 게 못내 꺼림칙한 건 어쩔 수 없다. 해묵은 조대수(祖大壽) 이야기를 끄집어내는 것도, 이사룡처럼 명나라를 위해 목숨을 버릴 각오가 돼 있다고 말하는 것도 이 때문이다.

다른 나라를 위해 대신 싸운다는 건 어차피 마찬가지인데, 명나라를 위해 피를 흘리는 건 충분히 감수할 수 있고, 또 그랬으면 좋겠다는 건 사실 어처구니없는 생각이다. 심하전투에서 대의라는 이름 아래 조선의 숱한 백성들이 희생됐다는 건 분명한 사실이다. 어떻게 봐도 좋기만 한 기억일 수는 없다. 그런데 그마저도 아름다운 시절로 기억하는 것은 현실

198) <비시황젼>, 국립중앙도서관본, 35~38면.

의 결핍과 불안한 미래, 전망의 부재가 과거를 아름답게 회상하도록 굴절시켰기 때문이다. 청나라의 압제 하에 놓인 현실은 인정하지 않을 수 없었고, 명나라를 중심으로 한 국제질서를 회복할 수 있을 거라는 기대는 사라져 버렸으며, 청나라에 복수하고 치욕을 씻을 길은 요원해졌다. 김응하가 전사했던 심하전투를 되새기며, 명나라와 힘을 모아 후금에 맞섰던 그 때가 오히려 좋았다고 생각하는 것도 그래서다.

이 작품에서 반청의식은 명나라와의 의리를 되새기는 것으로 전이된다. 이런 양상은 존주대의의 이념이 일반에게 널리 확산됐음을 확인시켜준다. 반청의식이 일관되게 구현되지 않는 한글본 <비시황전>에서도 작품 끝 부분에 다시 존주대의의 이념이 떠오르는 것은 지배담론이 민중에게까지 내면화됐음을 보여주는 징표다. 그러나 명나라에 의리를 지키는 것은 현실적으로 불가능했고, 이미 아스라이 잊혀져가던 상황이었다는 점에서 현실에 대한 비애가 깊이 자리하고 있다.

3. 당쟁의 격화와 그 소설적 반영

여기서 검토할 <윤지경전>과 <박태보전>은 당쟁을 소재로 한 작품이다. 17세기 후반에서 18세기 전반까지는 대외적으로는 재편된 국제질서가 자리를 잡아간 가운데, 국내적으로는 당쟁이 그 어느 때보다 격화된 시기였다. 두 작품의 독해에는 섬세한 접근이 필요한데, 작가의 역사의식과 독자들의 이해 방식이 꼭 일치하는 게 아니었기 때문이다.

<윤지경전>은 그 성격에 대해 논란이 있다. 애정소설로 보는 경우와 역사소설로 파악하는 경우가 그것이다.[199] 이 중 역사소설로 보는 경우에는 대개 사림의 입장에서 중종대 훈구와 사림의 대결과정을 그린 것으로

파악해 왔다. 그러나 이 작품은 17세기 후반에서 18세기에 이르는 당쟁을 우의(寓意)한 작품으로 이해해야 마땅하다. 한편 <박태보전>은 인현왕후의 폐출과 복위를 소재로 한 작품이다. 임금에게 직간(直諫)하다가 희생된 박태보의 행적을 중심으로 그렸는데, 실기류와 소설본 사이에는 상당한 차이가 있다. 여기서는 소설본을 중심으로 당쟁에 대한 민중의 역사의식을 살펴보기로 한다.

1) 충역(忠逆)의 엇갈린 평가와 당론(黨論)의 우의(寓意): 〈윤지경전〉

<윤지경전>의 이본은 지금까지 4종이 소개됐는데,[200] 이 밖에도 최소 6종 이상이 더 전하고 있다.[201] 이로 보면 지금까지 알려진 것보다 이

---

199) <윤지경전>은 애정소설적인 면과 역사소설적인 측면을 함께 가지고 있기 때문에 기존 논의에서도 그 성격을 두고 논란이 계속되어 왔다. '애정'에 주목한 논의는 다음과 같다. 권일태, 「고전소설 <尹知敬傳> 考究」, 석사학위논문, 동국대 대학원, 1983; 이혜화, 「윤인경전 연구」, 『월산 임동권박사 송수기념논문집』, 집문당, 1986; 이돈주, 「尹知敬傳 硏究: 特히 '애정문제'를 중심으로」, 석사학위논문, 공주사대 교육대학원, 1988; 이명근, 「尹知敬傳 연구」, 석사학위논문, 한남대 대학원, 1993; 최정순, 「윤지경전 연구」, 석사학위논문, 부산대 교육대학원, 1996; 이방주, 「윤지경전 연구」, 석사학위논문, 한국교원대 대학원, 1996. '역사적'인 면에 주목한 논의는 김동렬, 「고전작가의 역사의식」, 『교육논총』 1, 동국대 교육대학원, 1981; 여세주, 「윤지경전의 작품양상과 문제의식」, 『영남어문학』 12, 영남어문학회, 1985; 이상하, 「윤지경전 연구: 작품 내 갈등의 양상과 의미」, 석사학위논문, 경남대 교육대학원, 1995 참조.

200) 동국대도서관에 소장된 한문본 <윤인경전(尹仁慶傳)>과 김동욱 소장 <거평위 뉸지경젼 단>(『나손본 필사본 고소설자료총서』 48, 보경문화사, 1991), 서울대도서관 소장 <윤디경젼>(김기동 편, 『필사본 고전소설전집』 6, 아세아문화사, 1980), 하버드대도서관 소장 <윤지경젼>(이상택 편, 『해외수일본 한국고소설총서』 8, 태학사, 1998)이다. 이들 이본에 대해서는 권혁래, 「<윤지경전>의 이본연구: 하바드대 소장 <윤지경젼>을 중심으로」, 『고소설연구』 8, 한국고소설학회, 1999 참조.

201) 필자가 새로 확인한 이본은 다음 6종이며, 모두 한글 필사본이다. ① <거평위일기(巨平尉日記)>(국회도서관 소상본), ② <뉸지경긔평위일기>(연세대도서관 소장본), ③ <윤디경젼>(아단문고 소장본), ④ <윤지경젼>(김광순 소장본: 김광순 편, 『한국고소설전집』 60, 박이정, 2002), ⑤ <윤쵀재합녹 全>(한국학중앙연구원 소장본), ⑥ <윤쵀재합녹>(경북대도서관 소장본).

작품이 훨씬 폭넓게 읽힌 게 분명하다. 현재 확인된 이본 중에서 1종만 한문본이고 나머지는 한글본이다. 일반적으로 한문본인 <윤인경전>이 먼저 형성됐고, 한글본은 이를 번역한 것으로 봐 왔다.

그런데 현전 한문본은 원작이거나 그에 가까운 이본으로 보기 어렵다. 그 이유는 다음과 같다. 첫째, 인물설정과 사건 전개상 매우 주요한 전거(典據) 중 하나인 중국소설 <교홍기(嬌紅記)>의 남주인공 신순(申純)을 언급하면서 엉뚱하게 표기했다는 점이다. <윤인경전>에는 '신후경(辛後景)'으로 표기했지만, 신순의 자(字)는 '후경(厚卿)'이므로 세 글자 중에서 단 한 글자도 맞지 않는다. 한문 원작이거나, 그와 가까운 이본이라면 결코 틀릴 수 없는 부분이다. 둘째, "지금 조정을 보면 서시를 추하다 하고 옥비를 욕되다 하니, 발 담그기가 매우 두렵다[觀今朝廷, 西施爲醜, 玉妃爲辱, 投迹甚可懼也]"라는 구절은 한글본의 "쉬셔시 용빅비ᄒᆞᄂᆞᆫ 됴뎡의 드러가기 무싀〻〻ᄒᆞ더니"에 대응되는데, 한글본을 한문으로 번역하면서 생긴 오류다. "서시를 취하고 백비를 등용하는[取西施, 用伯嚭]" 조정이 무시무시했다는 윤지경의 말은 간신들이 득세한 조정에 대한 그의 비판적 인식을 드러낸다. 이 구절은 모든 한글본에 공통적으로 들어 있는데, 한글 이본이 다들 같은 모본에서 파생된 것이 아닌 한, 원작에 있던 구절이라고 봐야 맞다.[202] 그렇다면 한문본 <윤인경전>은 전승과정 중 어느 단계에선가 잘못된 한문본 저본을 그대로 따랐거나, 한글본을 한문으로 번역하면서 오류가 생겼다는 얘기다. 따라서 현행 한문본은 원작이거나 원작에 가까운 이본이 될 수 없다.

이 작품의 창작 상한선을 1673년으로 보기도 하지만,[203] 그건 상한선일

202) 한글본 사이에는 한중연본과 경북대본, 하버드대본과 김광순본 등에서 관련성이 뚜렷하다. 그러나 전체적으로 보면, 이본마다 조금씩 다른 면이 있기 때문에 하나의 모본에서 파생되지 않은 건 분명하다.

203) 이혜화, 앞의 논문, 71쪽.

뿐이다. 실제로는 이보다 훨씬 늦은 영조대의 작품으로 보이는데, 노론 사대신(老論四大臣)[204]이 신원되고 관작이 회복된 1727년(영조 5) 이후로 추정한다.[205] 이제까지 연구자들이 주된 텍스트로 활용해 온 서울대본은 올려 잡아 봐도 1789년 이후에 필사한 것이다.

(1) 〈윤지경전〉의 이중적 독법과 역사소설적 성격

<윤지경전>은 애정소설로 이해할 수도 있고, 정치적인 문제의식을 드러낸 작품으로 읽을 수도 있는, 두 요소가 혼재된 작품이다. 일단은 이 작품을 애정소설로 향유했을 가능성이 높아 보인다. '윤최재합록(尹崔再合錄)', '윤최지회록'이라는 독특한 표제를 단 이본이 발견되는 것도 이런 맥락으로 보면 된다. 제목에 윤지경이라는 남성 인물만 내세우지 않았는데, 흔히 남녀간의 결연이 문제되는 작품에서 봐온 표제 방식이다. 이 사본을 필사한 사람은 <윤지경전>을 애정소설로 이해하고 즐겼다는 뜻이다.

<윤지경전>의 내용을 간략히 정리해 보면 이렇다. 주인공인 윤지경은 최소저의 미모를 보고 한눈에 반한다. 그런데 육촌남매 사이라는 점이 두 사람의 만남에 걸림돌이 된다. 당시의 도덕적 잣대로 보면 두 사람이 부부가 된다는 건 적잖은 논란거리가 될 일이지만,[206] 예상 외로 쉽게

---

204) 김창집(金昌集)·이건명(李建命)·이이명(李頤命)·조태채(趙泰采)를 아울러 가리키는 말이다.

205) 노론의 승리를 공식화한 『대훈(大訓)』이 반포(1741년, 영조 17)되고, 그것을 명시한 『천의소감(闡義昭鑑)』이 편찬(1775년, 영조 31)된 때로도 볼 수 있는데, 그렇다면 그 시기를 좀 더 내려잡아야 한다. 하지만 굳이 우의(寓意)를 택했다는 건 노론이 확고한 우위를 점하기 전에 지은 작품이라는 뜻이기 때문에 이렇게 보는 게 온당하다.

206) 우리나라는 異姓 친척 사이에 4대를 지나기 전에는 서로 혼인하기를 부끄럽게 여기니, 이는 아름다운 풍속이다. 우리나라가 箕子가 끼친 교화를 숭상하고 따른 것을 여러 가지로 증거할 수 있으니, 이는 역시 殷나라 제도가 전해 와서 지금까지 없어지지 않은 것인 듯하다. 중간에 와서 王氏가 난잡하게 한 짓은 新羅 박·석·김 시대의 풍속을 인습한 데에 불과했고, …(중략)… 고려가 망하고 법은 바뀌어졌으나 오직

양가 부모의 허락을 받는다. 윤지경이 상사병에 걸려 사경을 헤매고, 최소저 또한 반드시 그에게 시집가겠다고 결심했기 때문이다.

호사다마라고, 장원급제한 윤지경을 탐낸 종실 회안군이 중간에 끼어든다. 회안군은 윤지경을 사위 삼으려다 거절당하자, 못 먹는 감 찔러나 본다는 식으로, 부마로 삼으라고 왕에게 천거한다. 이에 왕은 옹주와 결혼하라는 명을 내리고, 이때부터 두 사람의 시련이 본격적으로 시작된다. 이미 전안례(奠雁禮)까지 치른 마당에 최씨와 파혼하고 부마가 되라는 왕명을 받은 윤지경은 입궐해서 부당함을 아뢰지만, 왕은 이를 받아들이지 않는다. 왕가의 예법은 사가의 그것과 다르다는 것이다. 임금은 당사자인 윤지경과 혼주(婚主)인 신랑의 아비를 하옥하고 혼인을 강요한다. 윤지경은 할 수 없이 옹주와 결혼하지만, 신부를 거들떠보지도 않은 채 최소저와 몰래 정을 나눈다. 누가 뭐래도 윤지경에겐 최소저가 조강지처이기 때문이다.

그런데 옹주의 생모인 귀인은 친아들인 복성군을 세자로 만들려고 간신 남곤·심정 등과 결탁해 음모를 꾸민다. 이런 사실을 눈치 챈 윤지경이 옹주를 더 박대하자, 옹주와 귀인은 제 편이 될 것 같지 않은 윤지경을 벌하라고 왕에게 하소연하기에 이른다. 왕은 여러 차례 그를 타이르고 경계하지만, 그 때마다 윤지경은 왕이 후궁과 간신들에게 휘둘리는 거라고 직언한다. 이런 일이 반복된 후, 윤지경은 옹주를 박대한 죄로 유배가게 되고, 최씨는 옹주의 남편을 가로챘다는 죄목으로 귀양살이를 하게 된다. 그러나 귀인과 복성군 일파가 세자를 저주한 죄상이 발각돼 처형되면서 윤지경과 최씨는 풀려나고, 나중에는 의지가지없는 신세가 된 옹주와도 화목하게 잘 살다가 천수를 누린 후 세상을 떠난다.

外姓 사이에 혼인하는 것만은 아직까지 한결같으니, 이는 기자가 끼친 교화라고 해도 지나친 말이 아닐 것이다. 이익, 「중표혼(中表婚)」, 『국역 성호사설』 Ⅳ, 인사문(人事門), 민족문화추진회, 137쪽.

이렇게 줄거리를 요약해 놓고 보면 <윤지경전>은 애정소설로 이해하는 게 맞을 것 같다. 그러나 윤지경과 최씨, 두 남녀의 사랑 이야기라고만 치부하기 어려운 면도 적지 않다. 지극히 사적인 영역에 속했던 두 사람의 만남은 왕이 억지로 밀어붙인 사혼(賜婚)에 맞닥뜨리면서 급속히 사회적 의미로 전환되기 때문이다. 또한 윤지경이 임금과 사위-장인의 관계가 되면서 자신의 정치적 경륜과 식견을 왕 앞에서 자연스럽게 펼쳐 보이고, 주장을 관철시킬 수 있는 발판을 마련했다는 점도 간과해선 안 된다. 조광조의 신원을 강력히 주장하는 등 윤지경이 정치적 발언을 쏟아내는 장면이 네 곳인데, 작품의 약 35%를 차지한다는 점도 중요하게 고려해야 할 부분이다.[207] 이는 <윤지경전>과 작품 구조가 같은 <서해무릉기>에 정치적 발언이 전혀 나타나지 않는 것과 완전히 상반되는 면이다.

<서해무릉기>는 유연과 최씨의 애정담인데, <윤지경전>과 마찬가지로 원나라 때 사람 송원(宋遠)이 지은 <교홍기(嬌紅記)>의 영향 아래 형성된 작품이다.[208] 유연과 아내인 최씨가 육촌남매간임에도 별 어려움 없이 결혼한다는 설정이 <윤지경전>과 같고, 신혼 초야에 군도(群盜)에게 신부가 납치된 뒤에 갖은 고초를 겪고서야 다시 만나 행복하게 살았다는 구조도 동일하다. 여성 주인공의 수난을 강조한 것이나 거짓 죽음과 재생의 이미지를 활용한 에피소드도 유사하다. <서해무릉기>에서는 혼사에 장애를 초래한 사람이 권력자가 아닌 도둑의 우두머리라는 점, 남주인공이 훨씬 유약한 인물로 묘사된다는 점 정도가 다를 뿐이다.

구조적으로 동일하며, 그 외에도 유사한 면이 많은 두 작품에서 특정한 면, 곧 정치적 현실을 언급한 부분의 비중이 이렇게 현격한 차이를 보인다

---

207) 김동욱 소장 <거평위 눈지경전 단>을 기준으로, 부분적인 언급은 제외하고 계산한 분량이다. 주 텍스트로 삼은 국회도서관본 <거평위일기>는 떨어져나간 부분이 있어, 정확한 분량을 산출하기 어렵다.

208) 두 작품과 <교홍기>의 관계에 대해서는 다른 글에서 다루겠다.

는 건 두 작품의 지향이 전혀 다르다는 뜻이다. <윤지경전>은 겉보기엔 남녀간의 애정담이 주가 되는 듯하지만, 그건 독자의 관심을 끌기 위한 방편일 뿐이다. 작품의 창작과 수용에서 관습은 작자와 독자 모두에게 어느 정도 필요하다. 대중성 획득을 목표로 한다면, 이미 검증된 방식과 독자들이 선호하는 패턴을 따르려는 건 당연한 일이기도 하다. 따라서 이 작품을 제대로 이해하기 위해서는 애정소설 같은 외피가 윤지경의 발언으로 대신한 작가의 정치적 견해를 표명하기 위한 안전장치라는 점에 주목해야 한다. 이 작품을 역사소설로 접근하는 것이 바람직하다는 말이다.

(2) 충신과 간신의 갈등구도와 충역론(忠逆論)

윤지경은 왕의 권위에 도전할 생각으로 옹주를 박대하고 복성군과 귀인을 비난하는 게 아니다. 옹주와 그 배후에 있는 세력이 역심을 품은 무리라고 판단해서 그들을 배척하고 거리를 두려는 것일 뿐이다. 옹주의 생모인 귀인과 오라비인 복성군은 남곤·심정 등 간신배들과 결탁해서 역모를 꾀하는데, 그들과 함께 했다가는 멸문지화를 면치 못할 것이기 때문이다. 따라서 겉으로는 왕과 윤지경 사이에서 갈등이 빚어지지만, 실상은 충심으로 직간하는 윤지경과 역심을 품은 귀인 일파와의 대결로 압축된다.

선행연구에서는 이 작품을 부당한 왕권 행사에 문제를 제기한 걸로 이해해 왔다.[209] 이런 작품 이해는 중종이 윤지경과 적극적으로 대결하려는 의지를 보이지 않는다는 점을 간과한 독해다. 윤지경의 직언을 대하는 왕의 태도는 매우 너그럽고 포용적이다. 그런 왕에게 윤지경도 자신의 생각을 숨김없이 얘기한다. 왕은 당당하게 자기주장을 펼치는 윤지경의

---

209) 권혁래, 『조선후기 역사소설의 성격』, 박이정, 2000, 167~171쪽.

식견과 경륜을 높이 평가한다.[210] 작품 후반에서 윤지경과 견주는 사람들의 면면을 보면 이를 알 수 있다.[211] 법과 원칙에 따라 소신을 굽히지 않았던 전한(前漢) 사람 장석지(張釋之), 환관들의 횡포를 척결하려다가 '당고(黨錮)의 화(禍)'를 입었던 후한(後漢) 사람 이응(李膺)・두무(竇武)・두밀(杜密), 한고조를 도와 제업(帝業)을 이룬 후 속세를 떠났던 장량(張良), 벼슬을 그만두고 고향에 은거한 진(晉)나라 사람 장한(張翰)에 비견될 만하다고 했으니, 그의 언행과 처신을 그야말로 극찬한 셈이다. 윤지경의 말을 귀담아 듣고 귀인과 복성군 등에게, 경거망동하지 말라고, 여러 차례 질책하는 것도 그래서다.

목휘ᄅᆞᆯ ᄡᅳ으고 나오다가 겻ᄂᆞᆫ 명지 ᄭᅮ리ᄅᆞᆯ ᄉᆞ매에 녀코 잡혀 드러가니 상이 녀셩 즐왈 님군을 즐욕ᄒᆞ고 왕모ᄅᆞᆯ 능모ᄒᆞ미 태심ᄒᆞ고 군부ᄅᆞᆯ 속여 도망ᄒᆞᆫ 놈을 사라두어 ᄡᅳᆯ ᄃᆡ 업ᄉᆞ니 ᄡᅥ어ᄂᆞ리와 죽이라 지경이 오술 버ᄉᆞ며 ᄉᆞ매로셔 명지 ᄭᅮ리 겻던 거술 내여 〔대〕젼별감을 주어 왈 집의 이신 제 안해 ᄭᅮ리 결어 주더니 ᄉᆞ매예 드러시니 네 가졋다 집의 뎐ᄒᆞ여라 상이 거동을 보시고 즘간 우으시고 세ᄌᆞᄂᆞᆫ 대쇼ᄒᆞ시더라 ㉠ 날을 슈욕ᄒᆞ더라 ᄒᆞ니 긔 어인 일고 ᄇᆞ로 고ᄒᆞ라 지경이 궤고 〔왈〕 실노 고ᄒᆞ리니 슈욕은 아녀 ᄇᆞ른말 ᄒᆞ엿ᄂᆞ이다 ㉡ 튱냥은 살해ᄒᆞ고 쇼인을 분간치 못ᄒᆞᆫ다 ᄒᆞ더라 ᄒᆞ니 누구ᄂᆞᆫ 튱냥이오 누구ᄂᆞᆫ 쇼인고 ㉢ 요쳡의게 혹ᄒᆞ엿다 ᄒᆞ니 그ᄂᆞᆫ 어인 말고 ㉣ ᄯᆞᆯ을 못 나핫다 ᄒᆞ니 누구ᄂᆞᆫ 잘 나코 누구ᄂᆞᆫ 못 나핫단 말고 지경 왈 져년 ᄉᆞ화의 죽은 됴광

---

210) 샹이 탄왈 네 나히 비록 젹으나 쇼견이 ᄌᆞ러틋 놉하 급암의 직간을 가졋도다 <거평위일기>, 국회도서관본, 19면. 주 텍스트는 국회도서관본이다. 다른 이본을 참고할 때는 서지를 밝히기로 하고, 다음부터 국회본을 인용할 때는 끝에 면수만 적겠다.

211) 이본에 따라 조금씩 다르고 오자도 섞여 있다.
윤디경은 져문 아희나 긔특ᄒᆞ미 쟝셕지의 법ᄌᆞ음과 니응 두무의 위풍과 당탁의 몸 보젼ᄒᆞᆯ 도리ᄅᆞᆯ 가졋다 ᄒᆞ시고(34면); 뉸디경이 소연 아ᄒᆡ로ᄃᆡ 쟝셩ᄉᆞ의 법 잡음과 니웅두의 위풍과 당한의 몸 보젼ᄒᆞᄂᆞᆫ 지혜ᄅᆞᆯ 두엇다 ᄒᆞ시고(연세대본 100면); 上歎曰: "尹仁鏡以年少之人, 知識邁倫, 有李膺杜蜜之風, 持法如張釋之, 明哲如張子房."(동국대본).

조 등은 튱냥이니이다 됴광조 등은 역적ᄒᆞ다가 죽엇거ᄂᆞᆯ 네 엇디 호역ᄒᆞᄂᆞᆫ다 지경이 ᄃᆡ왈 역적ᄒᆞᄂᆞᆫ 양을 친히 보시니잇가 타일 뉘우치실 거시니 그 ᄯᅢ 신의 명찰ᄒᆞ온 줄 아ᄅᆞ시리이다 반측ᄌᆞᄅᆞᆯ 평안케 ᄒᆞᄆᆞᆫ 한광무의 너비 치국ᄒᆞ신 배니이다 ㉤ 샹왈 심뎡 남곤 등이 어이 쇼인고 ᄃᆡ왈 권을 ᄃᆞ토고 ᄌᆡ조ᄅᆞᆯ ᄡᅥ려 군ᄌᆞᄅᆞᆯ 잡아 ᄉᆞ화ᄅᆞᆯ 짓고 뎐해 ᄀᆞᆺᄐᆞ여 글을 잘 못ᄒᆞ시거ᄂᆞᆯ 심뎡이 문법 샹소ᄅᆞᆯ 지어 뎐하 덕을 기리니 아당ᄒᆞᄂᆞᆫ 계규니 엇지 쇼인이 아니리오 …(중략)… 좀〃ᄒᆞ여 계시더니 ㉥ ᄯᅩ ᄀᆞᆯ오샤ᄃᆡ 나ᄂᆞᆫ 엇디ᄒᆞ여 혼군이라 ᄒᆞᄂᆞᆫ다 ᄃᆡ왈 쇼인과 군ᄌᆞᄅᆞᆯ 분간치 못ᄒᆞ시니 ᄇᆞᆰ으시다 ᄒᆞ리잇가 ㉦ ᄯᅩ ᄀᆞᆯ오샤ᄃᆡ 요쳡의게 혹ᄒᆞ엿다 말은 엇딘 일고 ᄃᆡ왈 송귀인이 네 후궁 듕 뎐춍ᄒᆞ믈 미더 동녈을 ᄉᆡ긔ᄒᆞ여 ᄎᆞᆷ범ᄒᆞ고 교만ᄒᆞᆫ 아ᄃᆞᆯ을 ᄀᆞᄅᆞ쳐 의〔외〕죠 대신을 쳐결ᄒᆞ여 궁듕 일을 능통ᄒᆞ고 됴뎡〃ᄉᆞᄅᆞᆯ 간예ᄒᆞ여 ᄉᆞ화ᄅᆞᆯ 참예ᄒᆞ니 이 요쳡이 아니리잇가 ㉧ 샹왈 뉘 니ᄅᆞ거든 이리 아ᄂᆞᆫ다 ᄃᆡ왈 신이 뎐하 ᄌᆞ식 항녈의 이시니 궐ᄂᆡ 츌입이 ᄌᆞ자 일힝 동디ᄅᆞᆯ 어이 모ᄅᆞ리잇가 샹이 무언ᄒᆞ시더라 우문왈 ㉨ ᄯᆞᆯ을 엇더 니ᄂᆞᆫ 잘 나코 엇더 니ᄂᆞᆫ 못 나핫ᄂᆞ뇨 지경이 쇼이ᄃᆡ왈 공쥬와 여ᄂᆞ 옹쥬ᄂᆞᆫ 엇더ᄒᆞ신디 모ᄅᆞᄋᆞᆸ거니와 신의게 하가ᄒᆞ신 옹쥬ᄂᆞᆫ 신이 ᄉᆞ 년을 두고 보오니 뎐하 셩은을 닙ᄉᆞ와 의식이 쥬죡ᄒᆞᄋᆞᆸ거ᄂᆞᆯ 연고 업시 셩내여 브리ᄂᆞᆫ 죵을 ᄆᆡ딜ᄒᆞ여 셩힝이 사오납고 어린 녀ᄌᆡ 싀집의 오매 보ᄂᆞ 니 다 싀스러워 ᄒᆞ올 거시어ᄂᆞᆯ 신을 만난 디 구월의 못ᄒᆞ여셔 박ᄃᆡᄒᆞᆫ다 ᄒᆞ고 날마다 ᄲᅡ호쟈 ᄒᆞ니 념치 도상ᄒᆞ미오 얼굴이 곱디 아니〃 긔 더 뮙ᄉᆞᆸ더이다 신의 조강지쳐 최시ᄂᆞᆫ 온화 인ᄌᆞᄒᆞ믈 신이 아ᄅᆞᆸᄂᆞᆫ 배라 …(중략)… 일노ᄡᅧ 탁냥ᄒᆞᆯ진ᄃᆡ 뎐하ᄂᆞᆫ 최홍일만치 ᄯᆞᆯ을 못 나하ᄂᆞ이다 신이 이ᄌᆡ ᄒᆞᆯ 말을 다 ᄒᆞ여시니 죽이쇼셔 …(중략)… 샹왈 이리 뮈온 놈을 죽이디 못ᄒᆞ니 ᄯᆞᆯ 나흔 죄로다 …(중략)… 내 너ᄅᆞᆯ 죽일 거시로되 옹쥬ᄅᆞᆯ 보아 샤ᄒᆞᄂᆞ니 너ᄂᆞᆫ 튱쳥도 대흥 졍비ᄒᆞ고 최녀ᄂᆞᆫ 광망ᄒᆞᆫ 지아비ᄅᆞᆯ 미혹ᄒᆞ게 ᄒᆞᆫ 죄로 함흥 졍〔정비〕ᄀᆞᄂᆞ니 알나 ᄒᆞ시니 25~29면.

윤지경이 어전에 불려가는 상황이나, 그의 발언 내용과 수위를 보면 금방이라도 무슨 사달이 날 것 같다. 윤지경이 어전에 끌려온 건, 옹주를 대놓고 박대한 걸로도 모자라, 보름 동안이나 조회에도 참석하지 않은 채 온다간다 말도 없이 잠적해서는, 장모인 귀인의 생일잔치에도 가지 않고 최씨의 처소에 틀어박혀 있다가 들통 났기 때문이다. 그런 데도 윤지경은 입궐하라는 왕명을 전한 내관을 그냥 돌려보냈다. 당장 대령하라는 엄명을 받고 달려온 대전별감에게 붙잡혀 와 놓고도 윤지경은 왕의 하문에 또박또박 말대답하며 임금의 처사를 조목조목 비판한다.

윤지경의 행동에는 당황한 기색이 전혀 없다. 어찌 보면 임금과 맞설 기회를 엿보느라 일부러 만든 상황처럼 보이기도 한다. 왕의 진노를 사서 끌려가는 주제에, 윤지경은 느릿느릿 목화(木靴)를 신고, 최씨의 반짇고리에서 실타래를 꺼내 소매에 넣고 입궐한다. 다른 부분에서도 그렇지만,[212] 이런 작은 소품 하나가 긴장이 극도로 고조되는 걸 막아준다. 노기등등해서 당장 끌어내 죽이라는 왕 앞에 툭 떨어지는 실타래, 어처구니없어 웃고 마는 임금, 터져 나오는 웃음을 주체 못하는 세자, 주위에 둘러선 신하들의 황당해 하는 표정을 떠올려 보면, 슬랩스틱 코미디의 한 장면 같다. 살벌했던 분위기는 금세 사라진다. 그럼으로써 윤지경은 자신과 왕 사이에 진지한 대화가 충분히 오갈 수 있게 했다. 윤지경은 군부 앞이라고 주눅 들지도 않고, 하고 싶은 말을 속에 담아두지도 않는다. 질책에도 아랑곳하지 않고, 자신이 바른말을 한 거라고, 오히려 왕의 말을 막지르고 나온다.

하지만 왕은 대개 조용히 경청하는데, 자신을 "혼군(昏君)"이라고 대놓고 공박해도 "무언"으로 윤지경의 말에 일리가 있음을 인정해준다. 처음에는 왕도 흥분이 채 가시지 않았는지(㉠), 한꺼번에 질문을 퍼붓는다(㉡, ㉢, ㉣). 윤지경이 이에 막힘없이 대답하자 왕의 태도는 점차 누그러진다. 그건 윤지경의 말 중간중간에, 추임새를 넣듯, 그의 생각을 물어봐 주는 데서 드러난다(㉤, ㉥, ㉦, ㉧, ㉨). 윤지경이 정치적 발언을 쏟아낼 수

212) 뒤에는 함흥으로 귀양 간 최씨의 서답을 누벼서 보내는 걸 일부러 보여준다.

있도록 멍석을 깔아주는 셈이다. 그러면 윤지경은 망설이지 않고 질문에 답하면서, 마치 준비했던 것처럼, 국정의 난맥상에 대한 자신의 생각을 펼쳐 보인다.

비판의 요는 남곤·심정 등과 결탁한 요첩의 말에 넘어가서 충신 조광조를 죽였으니, 왕은 충신과 간신도 구별하지 못하는 혼군이라는 것이다. 그리고 한 가지 더, 옹주는 최씨보다 훨씬 못 미치는 사람이라고 타박한다. 그런 딸을 자기에게 억지로 떠넘긴 왕의 처사가 잘못 됐다는 말이다. 공사처결도 제대로 못하고, 사사로운 정에 이끌려 애먼 자신과 최씨를 갈라놓았다고, 왕을 비판하고 궁지로 몰아넣는 셈이다.

그래도 왕은 '딸 가진 죄인'인지라 그를 죽이지 못한다고 탄식하면서 윤지경과 최씨를 유배 보내는 걸로 처분하고 말 심산이다. 그런 마당에 윤지경은 고분고분 사죄하기는커녕, 발칙하게도, 한 마디 더 내뱉는다. 딸 둔 임금이라 저는 못 죽인다면서 전에는 왜 신하들을 그렇게 많이 죽였느냐고.[213] 왕이 어이없어 하는 것도 무리는 아니다.

윤지경이 임금에게 무람하게 굴며 정면으로 대드는 모양새지만, 왕은 윤지경을 "능욕군부ᄒᆞᆫ 죄"로 다스리지 않는다. 이렇듯 군신간의 대결이 극한 상황까지 치닫지 않는 것은 윤지경의 직언에 왕이 열린 자세를 취하기 때문이다. 물론 앞서 웃음을 터뜨리면서 잠시 흥분을 가라앉힌 것도 한 몫 단단히 했다.

이 작품에서는 간신들이 득세하는 상황을 막지 못한 임금을 매우 날카롭게, 또 집요하게 비판하지만, 그렇다고 왕의 권위를 전면으로 부정하는 건 아니다. 윤지경의 주장은 이미 내린 처분과 평가를 바꾸자는 말이므로 왕으로선 쉽게 받아들일 수 없다. 그럴수록 윤지경은 끈질기게 물고 늘어

---

213) 샹이 여셩 왈 ᄂᆡ 저리 믜운 놈을 죽이지 못ᄒᆞ니 ᄯᆞᆯ 나흔 죄로다 ᄒᆞ시니 싱왈 ᄯᆞᆯ 나흔 님군은 신ᄒᆞ을 아니 죽이면 젼의ᄂᆞᆫ 엇지 그리 만니 죽엿ᄂᆞᆫ잇고 샹이 어히 업셔 묵〻ᄒᆞ시니 <뉸지경긔평위일긔>, 연세대본, 80~81면.

지고, 왕은 수세에 몰릴 수밖에 없다. 뚜렷한 물증이 있거나 기존의 평가를 뒤집을 새로운 논리가 뒷받침돼야 하기 때문이다. 한편 윤지경은 귀인에게는 정면으로 맞설 태세인데, 왕에 대한 태도나 발언과는 사뭇 다르다. 임금이 성총(聖聰)을 되찾기만 하면, 그래서 충신과 간신을 구별하게만 된다면, 금방 "일월 ᄀᆞᆺᄐᆞ신 셩덕이 산곡궁곡의 밋"치게 할 밝은 정사를 펴리라는 믿음을 깔고 있기 때문이다. 왕에게 공적인 영역과 사적인 영역이 따로 있을 순 없지만, 이 작품에선 '잠시' 사정(私情)에 이끌린 탓으로 볼 뿐이다. 윤지경이나 그 주변 인물들은 여러 차례에 걸쳐 "샹은 인군(仁君)"이라거나 "듀샹이 현명"하다고, 임금에 대한 신뢰를 표한다.[214]

송환 왈 ᄌᆞ계 비록 젹소의 계시나 경샹 ᄌᆞ뎨로 부마위 존듕커ᄂᆞᆯ 엇디 쳔노경박ᄒᆞ게 가디시ᄂᆞ니잇가 부매 답왈 ㉠ <u>ᄂᆡ 아비 영쳔 션ᄇᆡ오 ᄂᆡ 나라 죄인이라 부마 존듕이 어이 々시리오 쇠쌀 관ᄌᆞ 븟친 스물 응괴 무ᄉᆞᆷ 어룬인 쳬ᄒᆞ리오 이거시 ᄂᆡ 분이라</u> 여옹은 ᄂᆡ 말을 ᄀᆞᆺ쵸 고ᄒᆞ라 송환이 부마의 동디ᄅᆞᆯ ᄉᆞᆯ피랴 삼ᄉᆞ 일 묵으니 튱쳥도ᄉᆞ와 홍쥐목시와 보믈 청ᄒᆞ니 니딜이 듕ᄒᆞ여 누은 ᄌᆞ리ᄅᆞᆯ 써나지 못ᄒᆞ노라 ᄒᆞ고 아니 보니 가져왓던 냥〔냥식〕을 드리고 가니라 송환을 ᄃᆞ리고 쟝긔 두며 닐오ᄃᆡ ᄂᆡ 싱계 엇더ᄒᆞ여 뵈ᄂᆞ뇨 답왈 음식이 사오나와 ᄀᆞ장 어려워 뵈ᄂᆞ이다 부매 웃고 뒤딤지고 훗거러 ᄃᆞᆫ니며 녀옹ᄃᆡᆨ ㉡ <u>취셔시 용ᄇᆡᆨ비ᄒᆞᄂᆞᆫ 됴뎡의 드러 무ᄉᆡᆨ々 ᄒᆞ더니 이ᄌᆡ야 편ᄒᆞ네 송환 왈 누구ᄂᆞᆫ 셔시오 누구ᄂᆞᆫ ᄇᆡᆨ비라 ᄒᆞ시ᄂᆞ니잇가</u> 부매 웃고 답디 아니코 ᄯᅩ 닐오되 니조판셔 홍문졔혹 니조좌랑 다 아라볼네 송환 왈 엇더타 니ᄅᆞ시ᄂᆞ니잇고 부매 우어 왈 졔혹이라〔란〕 거ᄉᆞᆫ 글 쓰쟌 졔혹인ᄃᆡ 뉴월 념젼〔쳔〕의 개가족으로 견좀 ᄎᆞ고 횡치 모리ᄒᆞᄂᆞᆫ 졔학이 어ᄃᆡ 이실고 이리셔 듯쟈 ᄒᆞ니 ㉢ <u>니조판셔ᄂᆞᆫ 복션군이 되엿다 ᄒᆞ더고</u> …(중략)… 니조판셔ᄂᆞᆫ 뉘 아니 ᄲᆞᆯ 밧고 벼술 ᄒᆞ엿다 아니ᄒᆞᆯ고 홍문 셰인 남곤이 님딜노 병드러

---

214) 옹쥬ᄅᆞᆯ 듕ᄃᆡᄒᆞ여 ᄌᆞ식 두어히나 나코 옹쥬ᄅᆞᆯ ᄀᆡ유ᄒᆞ면 네 부친과 ᄂᆡ 이리 졀박ᄒᆞᆫ ᄉᆞ연을 쥬샹긔 고ᄒᆞ면 <u>샹은 인군이라 쾌히 허ᄒᆞ실 거시니</u>(15면); <u>듀샹이 현명ᄒᆞ시니 ᄒᆞᆫ갓 쇼싱만 그ᄅᆞ다 아니시리다</u>(17면).

굴은이 두 사ᄅᆞᆷ은 쳥누환재라 ᄯᅩ 우어 왈 ㉣ 뎡광필 니언젹 됴광조ᄀᆞᆺᄐᆞᆫ 대현의 사ᄅᆞᆷ드리 당치 못ᄒᆞ엿거든 쇼년 날ᄀᆞᆺᄐᆞᆫ 무리 져문 아희 엇지 보젼홀고 이곳이 ᄀᆞ장 편ᄒᆞ니 녀옹은 주샹긔 술와 ᄎᆞᆽ지 아니시게 ᄒᆞ라 이곳의 안자 나모닙희 ᄊᆞᆯ노 글 ᄡᅧ 두니 버러지 삭여 먹으니 글ᄌᆡ 되더ᄅᆞ 31~33면.

㉠에서 윤지경은 자기가 비록 부마이긴 하지만 청렴함이 몸에 배어 거친 음식도 마다하지 않는다며, 죄를 입은 처지에 관원들의 접대를 당연한 듯 받아들이지 않겠다고 한다. 윤지경의 검소한 옷차림을 기특하게 여겼던 임금에게 지난날의 기억을 다시 떠올리게 하는 말이다.[215] 그런 언행이 내관인 김송환을 통해 왕에게 고스란히 전달되기에 그의 말에 더 힘이 실린다. 높은 지위를 이용해 사사로이 잇속만 챙기면서 후궁과 결탁해 어진 신하를 해친 간신배들의 호화롭고 방탕한 생활과 확연히 구별되기 때문이다.

㉡부터 열거한 간신들의 죄상은 그들의 음모에 희생된 조광조·정광필·이언적 등 충신들의 억울한 죽음을 다시 한 번 환기한다. 그런 '대현(大賢)'들마저 당해낼 수 없는 조정이 윤지경에게는 '서시(西施)를 취하고 백비(伯嚭)를 등용한', 그래서 간신들의 권모술수가 판치는 '무시무시'한 곳일 뿐이다. 이 말은, 월나라에서 미인계로 보낸 서시에게 홀딱 빠져 나라 기우는 것도 몰랐던 오왕(吳王) 부차(夫差)처럼, 임금이 요첩인 귀인에게 홀렸다는 뜻이며, 월나라에서 뇌물을 받아먹고 충신 오자서(伍子胥)를 죽음으로 내몬 오나라 태재 백비 같은 간신들에게 임금이 속고 있다는 뜻이다. 결국 이렇게 가다가는 나라를 망하게 한 부차 꼴이 될지도 모른다

215) 날마다 궐듕 츌입의 무명 관ᄃᆡ의 마쟝으로 ᄃᆞᆫ니〻 샹왈 비단 단녕이 올커ᄂᆞᆯ 무명 관복의 옥쎈다 ᄃᆡ왈 신이 비록 인ᄉᆡ 미거ᄒᆞ오나 부형의 검소키ᄅᆞᆯ 바다 ᄎᆞᆷ의 샤치ᄅᆞᆯ 아니ᄒᆞᄋᆞᆸᄂᆞᆫ 고로 무명오ᄉᆡ 셔씌기[가] 집신의 구화등 ᄀᆞᆺᄌᆞ와 씌지 아니ᄒᆞᄂᆞ이다 샹이 어지리 넉이오셔 주시ᄂᆞᆫ 거시 무수ᄒᆞ되 고집히 ᄉᆞ양ᄒᆞ니 샹이 그 쳥념ᄒᆞ믈 아ᄅᆞ시고 더욱 ᄉᆞ랑ᄒᆞ시더라 11~12면.

는 말이다. 왕에게 '혼군(昏君)'에다 '나라 망해먹을 임금[亡國之主]'이란 극언을 서슴지 않은 것이다.

윤지경은 외척이 아닌 선비로 자처한다. 물론 강직한 신하들과 자신이 한뜻이라고 생각한다. 충심으로 직간하고 성심으로 보필하는 신하라고 자임한다. 그렇기에 간신 모리배들과는 섞일 생각이 없다. 간신들이 득세한 조정에서는 충신이 도리어 역모로 몰려 화를 당하고 말기 때문이다. 조정사를 비판해서 임금의 심기를 건드리고, 그래서 잠시 귀양 간 것을 작품에선 멸문지화를 피하려 한 '보신지책(保身之策)'이라고 말한다. 군주가 충신과 역신을 제대로 구별하지 못하는 상황에서는 그게 차선책이라는 얘기다.

'충신(忠臣)', 또는 '역신(逆臣)'이라는 평가는 정치적 상황이나 관점에 따라 얼마든지 달라질 수 있다. 다들 자신은 충신이라 자부하고, 반대파는 역적이라고 매도하곤 했던 것도 그래서다. 이 문제는 쉽게 판정할 수 없는 일이었고, 그렇기에 아전인수식의 주관적 해석이 개입할 소지가 많았다. 그러나 어느 한 쪽도 물러설 수 없는, 개인과 그가 속한 집단의 사활이 걸린 문제였다. 조선후기, 특히 당쟁이 극심하게 전개됐던 17세기 중반 이후의 충역론(忠逆論), 곧 누가 충신이고 누가 역적인지를 확실히 가리자는 주장에는 숨겨진 정치적 함의가 있었다. 또한 군왕과 신하 사이의 의리(義理)를 어떻게 이해하고 설정하느냐도 매우 중요한 문제였다. 환국(換局)이 거듭되고, 그에 따라 처분이 번복되기 일쑤였던 것도 이 때문이었다. 이런 정치 과정은 당시 사람들을 곤혹스럽게 만들었을 뿐만 아니라 후대인들에게도 적잖은 문제의식을 갖게 했다.

다만, 제아무리 충신이라 자처하고, 대의와 명분을 지킨다고 자부해도, 정국이 언제 뒤집힐지 모르는 상황에서 자신들의 입장을 직접적으로 표명한다는 것은 위험천만한 일이었다. 그렇기 때문에 <윤지경전>에서 보는 방식, 다시 말해 애정담에 자신들의 정치적 견해를 깃들여 은연중에 드러내는 방식을 더 효과적이라고 생각했음직하다.

(3) 충(忠)과 역(逆), 그 미묘함과 우의(寓意)의 미학

이 작품에 등장하는 인물, 특히 주인공 윤지경의 모델이 누구인지 확인하려고 여러 논자들이 많은 노력을 기울였지만 온전히 부합하는 인물을 찾을 수 없었다. '윤지경(尹知敬)', 또는 '윤인경(尹仁慶)'은 실존인물의 성격과 행적을 그대로 가져온 게 아니기에 그럴 수밖에 없었다. 작중 윤지경의 형상은 중종의 부마였던 김인경(金仁鏡, 1514~1583), 경원대군(慶原大君, 훗날 명종)에게 전위하라는 인종의 고명(顧命)을 받았던 윤인경(尹仁鏡, 1476~1548), 인조반정과 정묘호란 때 기개를 떨친 윤지경(尹知敬, 1584~1634) 등 여러 인물의 행적과 성격을 조합한 것이다.

인물이 그런 만큼 사건도 조합됐다는 사실 또한 어렵지 않게 알 수 있다. 이 작품에선 중종 때 일어난 사건을 중심에 배치했지만, 인종·명종·선조의 즉위와 임진왜란, 인조반정을 다뤘고, 1646년에 간행된 김육(金堉, 1580~1658)의 『유원총보(類苑叢寶)』를 언급했으며, 1673년에 맹만택(孟萬澤, 1660~1710)의 부마 위호(尉號)를 거둔 일[216]을 암시하는 등 훨씬 후대의 일을 곳곳에 섞어 놓았다.

작가는 이런 점을 알 만한 사람이면 다 알 수 있게 처리하여 독자들에게 이 이야기가 허구이며, 뭔가 다른 의미를 담았다는 걸 암시했다. 다시 말해 독특한 인물 설정과 사건 구성은 우의(寓意) 속에 전달하려는 속뜻이 따로 있음을 독자에게 알린 표지라는 애기다. 따라서 표지를 따라가며 그 의미를 밝히는 게 작품 이해의 관건이다.

서울대본 <윤디경젼> 끝에는 「됴춤판이 효순현비긔 드린 계훈」을 첨기(添記)해 놓았다.[217] 여기서 '효순현비'는 효장세자빈(孝章世子嬪) 조씨

216) 『현종개수실록』 14년(1673) 11월 2일(정묘).

(趙氏, 1715~1751)를 가리킨다. 영조의 장남이었던 효장세자(孝章世子, 1719~1728)는 정빈 이씨(靖嬪李氏) 소생으로, 10세에 요서(夭逝)했는데, 후에 정조가 입승(入承)하여 진종(眞宗)으로 추존(追尊)됐다. 효장세자빈은 조문명(趙文命, 1680~1732)의 딸로, 1727년에 세자빈에 간택됐는데, 이듬해에 세자가 요서한 후, 1751년에 세상을 떠났다. 그녀는 1735년에 현빈(賢嬪)에 책봉됐고,[218] 1752년에 '효순(孝純)'이란 시호를 받았으며,[219] 1776년에 정조가 즉위하면서 효순왕후(孝純王后)로 추숭(追崇)됐다.[220]

조문명이 『계훈』을 지은 시기는 가례를 올린 1727년 9월 전후로 보인다.[221] 서울대본은 이런 사정을 익히 알 만한 사람이 '긔유'년에 필사했으며, 그 시기는 일러도 1789년을 넘지 않는다. '효순현비'라고 했으므로 왕후로 추숭된 1776년 이후 필사한 것이어야 하는데, 그에 해당하는 첫 번째 기유년은 1789년(정조 13)이기 때문이다.[222]

서울대본의 필사자가 <윤디경젼>의 끝에 『계훈』을 함께 옮겨 적은 것은 이 작품의 내용을 정치적 우의로 받아들였다는 증거다. 『계훈』은

---

217) 「됴촘판이 효슌현비긔 드린 계훈」(김기동 편, 『필사본 고전소설전집』 6, 아세아문화사, 1980, 381~387쪽). 앞으로 『계훈』이라 약칭하겠다.

218) 『영조실록』, 11년(1735) 3월 16일(병술).

219) 『영조실록』, 28년(1752) 1월 11일(계유).

220) 『정조실록』, 즉위년(1776) 3월 19일(경인); 조선왕조사편찬위원회 편, 『선원보감(璿源寶鑑)』 제3권, 후비 어제편(后妃·御製篇), 「효순소황후 영릉지(孝純昭皇后·永陵誌)」, 계명사, 1992, 94쪽.

221) 조문명은 1727년 9월부터 1728년 4월까지 호조·이조·병조참판 등을 지냈고, 1728년 4월부터는 병조판서·대제학·이조판서·훈련대장·판의금부사 등을 역임했다. 『영조실록』, 3년(1727) 9월 9일(임술); 3년(1727) 11월 11일(계해); 4년(1728) 2월 18일(기해); 4년(1728) 4월 6일(병술); 5년 6월 1일(갑술); 5년 6월 6일(기묘); 5년 6월 7일(경진).

222) 이 첨기(添記)된 내용만으로 조문명의 집안에서 <윤지경전>을 필사해 읽었다는 결 확증할 수는 없다. 그러나 조문명이 소설 내지 그와 유사한 장르를 향유했을 가능성은 『각가잡기(各家雜記)』의 서문을 쓴 데서 확인할 수 있다. 이 책에는 <최척전(崔陟傳)>의 축약본이 수록돼 있다. 『각가잡기(各家雜記)』, 한국학중앙연구원 소장본.

궁중 여인으로서 삼가야 할 일을 경계하고, 신중한 처신을 당부하는 내용이다. 언어와 용모를 단정히 하고, 효도와 공경을 극진히 해야 한다는 당부와 함께, 감정을 절제하여 임금의 노여움을 사지 않도록 조심하라는 걸 특별히 강조했다.[223] 필사자는 이 작품에서 궁중 여성들의 성행(性行)이 얼마나 중요한지를 문제 삼았다고 봤기 때문에 「계훈」을 함께 필사한 것이다.

여기에는 정치적으로 미묘한 처지였던 효순현비에 대한 이해가 깔려 있었다고 봐야 한다. 효순현비는 세자빈으로 간택됐으나 곧 효장세자와 사별했고, 그 이복동생인 사도세자가 동궁의 자리를 물려받았다. 영조가 현비를 끔찍이 아꼈다 해도 그녀의 입지는 불안할 수밖에 없었다. 현비의 아버지인 조문명은 경종 때 왕세제(王世弟)였던 연잉군(延礽君, 훗날의 영조)을 보호하는 데 앞장 서 영조 때 좌의정에까지 올랐고, 숙부인 조현명(趙顯命, 1690~1752)도 역시 탕평정국의 핵심 인물이었지만, 모두 소론에 속했다. 훗날 현비의 오빠인 조재호(趙載浩, 1702~1762)가 사도세자의 죽음과 관련해 화를 입었던 것도 이 작품을 이해하는 데 참고할 만하다.

숙종 이후 경종·영조·정조에 이르기까지 군왕들은 '군신분의(君臣分義)'를 확립함으로써 왕권을 강화하려 했다.[224] 다시 말해 왕에게 충성하

---

223) 셩을 ᄎᆞᆷᄊᆞ오소셔 …(중략)… 님군이 ᄒᆞ시ᄂᆞᆫ 홰 어ᄂᆡ 지경의 일을 쥴을 알니잇가 셩 ᄎᆞᆷ기ᄂᆞᆫ ᄒᆞᆫ ᄯᅢ 일이오 셩 ᄎᆞᆷ지 못ᄒᆞ여 나죵의 멸족ᄒᆞᄂᆞᆫ 화를 맛ᄉᆞ오면 엇더ᄒᆞ올가 시부오니잇가 비록 노ᄒᆞ와도 ᄆᆞ옴을 널니 ᄒᆞ오시고 긔운을 온화이 가지오셔 입을 잠으다시 ᄒᆞ오시고 져[전]혀 ᄎᆞᆷ기를 공부ᄒᆞ오셔 ᄒᆞᆫ 번 ᄎᆞᆷ고 두 번 ᄎᆞᆷ으면 익ᄉᆞ와 사ᄅᆞᆷ이 마죠 셔 욕을 ᄒᆞ여도 노ᄒᆞᆫ ᄆᆞ옴이 업ᄉᆞᆸᄂᆞ니 ᄎᆞᆷ난 공뷔 셩 ᄎᆞᆷ기ᄲᅮᆫ 아니라 ᄇᆡᆨ 가지 ᄒᆡᆼ실이 다 좃ᄉᆞ오니 ᄎᆞᆷ을 인ᄶᆞ란 말이 션비 ᄒᆡᆼ쟝의 잇ᄉᆞ오니 안좀 안좀과 거름거리를 가부야이 마르시고 사ᄅᆞᆷ이 쳔이 넉이게 마오셔 각별 조심ᄒᆞ오셔 <윤디경젼>, 서울대도서관 소장본(김기동 편, 앞의 책, 383~385쪽).

224) 윤정, 「숙종대 단종 추복의 정치사적 의미」, 『한국사상사학』 22, 한국사상사학회, 2004; 윤정, 「재위 전반기(1725~1746) 英祖의 군신관계 이해: '君臣分義論'의 적용과 지향을 중심으로」, 『한국사학보』 29, 고려사학회, 2007; 유미림, 「조선후기 왕권에 대한 연구(2): 정조 연간의 의리논쟁을 중심으로」, 『동양정치사상사』 1권1호, 한국동양정치사상사학회, 2009; 이근호, 「영조대 중반 御製訓書의 간행 양상과 의의: 『御製

는 것이 신하의 직분이며 의리라는 것이다. 이에 비해 왕은 신하들의 언로를 막아서는 안 되며, 공론(公論)에 따라야 한다는 것이 주자학적 의리론에 입각한 신하들의 주장이었다. 이런 상이한 입장이 충돌할 때 임금은 환국(換局)이라는 강경책을 쓰곤 했다. 그러나 그런 식으로 국면을 전환하는 게 거듭되면서 앞선 처분을 뒤집는 일이 되풀이됐고, 그 때마다 충신과 역신이 뒤바뀌는 상황이 빚어졌다. 이런 정치적 혼란 속에서 왕권과 신권의 관계를 재정립하는 게 중요한 현안이 되었고, 이런 문제를 담은 소설이 등장하게 된 것이다.

<윤지경전>에서 후일담 형태로 제시된 선조 즉위 후의 일들을 논외로 하면, 주된 사건은 대개 중종 때 일어났고, 그 후속 조치가 일단락된 건 조광조 등이 신원된 인종·명종 때였다. 이 작품이 18세기에 와서 창작된 것은 일종의 유비(類比)에 의해서다. 그것이 가능했던 건 '중종-인종-명종'으로 전위(傳位)된 과정과 '숙종-경종-영조'로 왕통이 승계된 과정이 '부왕-형-동생'의 순서로 이루어졌다는 공통점이 있어서다. 또한 두 시기에 정치적 파란이 끊임없이 일었다는 사실도 적잖은 유사성을 띠고 있었다.

이 작품에 우의된 뜻을 이해하려면 작품 속의 세자와 동일시되는 인물이 누구인가, 그리고 조광조 등으로 표상된 충신이 누군가를 밝혀야 한다. 먼저 세자가 누구인가부터 살펴본다. 작품이 창작된 18세기 상황과 관련해서 보면 결국 경종인가, 영조인가로 압축되는데, 영조임에 분명하다. 물론 숙종 때의 세자는 훗날의 경종임에 틀림없지만, 노론의 입장에서 볼 때 장희빈 소생인 세자는 정통성이 없었다. 보위에 오른 지 1년밖에 안 된 임금에게 왕세제(王世弟)를 책봉하라고 주청하고, 곧장 세제의 대리청정을 허락하라고 권했던 것도 그 때문이다. 그렇지 않다면, 아직 젊은 군주에게 후사를 볼 가망이 없으니 아우를 세제로 책봉하라고 강권하면

大訓』과 『御製訾訓』을 중심으로」, 『규장각』 26, 서울대 규장각, 2011 참조.

서 하룻밤 새에 재가하도록 요구한다거나, 책봉된 지 한 달밖에 안 된 왕세제가 대리청정하는 게 좋겠다고 진언하는 건 신하된 도리로 감히 할 수 없는 망발이었고, 역모로 몰려도 할 말이 없는 행동이었다.

실제로 노론 사대신이 사사(賜死)된 것도 이런 일이 빌미가 되었다. 중간에 그들을 신원하고 사충서원(四忠書院)을 세워 기리기도 했지만, 정미환국(丁未換局, 1727), 기유처분(己酉處分, 1729), 경신처분(庚申處分, 1740)에 이르기까지, 그들에겐 때에 따라 '충신'에서 '역신'으로, '역신'에서 다시 '충신'으로 뒤바뀐 평가가 내려지곤 했다. 그들이 경종에게 역심을 품었다는 혐의를 아주 벗은 건 노론의 명분상 우위를 확인해준 대훈(大訓) 반포(1741)에 이르러서였다.

경종비가 승하하자,[225] 삼종(三宗), 즉 효종・현종・숙종의 혈손은 영조가 유일하므로 왕위 계승에 전혀 문제가 없었다는 논리를 내세워 영조 중심으로 충역과 의리를 전면 재규정했다.[226] 그 결과 왕세제 책봉을 주장하고 그를 보호하려 한 노론 사대신은 신하로서의 의리를 지킨 충신으로 공식 인정받게 되었다. 이런 논리는, 영조에 대한 신하들의 분의(分義)를 경종에 대한 의리와 분리함으로써, 노론 사대신이 두 임금 모두에게 충성한 걸로 재평가한 데서 마련됐다.

이렇게 혼란스런 상황이 초래된 것은 근본적으로 노・소론이 지지하고 옹립하려던 임금이 달랐기 때문이다. 왕세제 책봉을 서두를 필요가 없다고 반대한 건 경종에 대한 충성의 표현이지만, 훗날 임금이 된 연잉군에게는 불충으로 보일 법한 일이었다. 왕세제 책봉을 밀어붙인 것은 영조에 대한 충심의 발로였겠지만, 현왕(現王)이던 경종에게는 두 마음을 품은 일, 곧 '역적(逆賊)'이 되는 상황이었다. 그러나 그런 평가도 머잖아 영조가

225) 『영조실록』 6년(1730) 6월 29일(병인).
226) 『영조실록』 17년(1741) 9월 23일(을유); 9월 24일(병술).

보위에 오르자, 신왕(新王)과의 의리를 앞세워 왕세제 시절까지 소급적용했다. 임금과 세제(世弟) 중 누구와의 의리를 우선시했느냐에 따라, 또한 정국의 변화에 따라 '충신'과 '역적'이라는 평가가 극단적으로 엇갈렸던 것이다. 그러니 충역(忠逆)을 판단한다는 건 간단한 문제가 아니었다.

권력의 정점으로, 생사여탈권을 쥐고 있는 건 현재의 왕이지만, 장차 임금이 될 세자는 미래권력으로서 무시할 수 없는 영향력을 행사했다. 세자를 중심으로 다음 시기 국정을 이끌 인사들이 결집하는 게 장기적으로는 바람직한 일일 수 있지만, 현왕으로서는 썩 유쾌한 일이 아니었다. 따라서 둘 사이가 원만하지 않을 때 어느 한쪽, 특히 세자 쪽으로 입장을 정리하는 건 위험부담이 적잖은 일이었다. 세자 편에 선다는 건 현재권력보다는 미래권력에 충성한다는 의미가 강하기 때문이다.

이 작품에서 윤지경은 중종-인종-명종, 세 왕의 관계를 매개하는데, 특히 인종과 명종이 왕위를 승계하는 과정에서 그의 역할이 매우 큰 걸로 묘사된다. <윤지경전>에서 세자를 대하는 윤지경의 태도는 왕을 대할 때와 사뭇 다르다. 작중 두 사람은 사적으로 처남 매부 사이기도 하지만, 윤지경이 세자에게 글을 가르쳤다는 인연이 있고, 신하로서 세자의 총지(聰智)와 덕성(德性)을 믿기 때문에 자신의 가족을 돌봐달라고 부탁하기도 한다. 그런 관계이기 때문에 후일 윤지경은 지성으로 세자를 섬기고, 조광조를 비롯해 화를 입은 사람들을 신원·복관해야 한다는 자신의 주장을 관철시킬 수 있었다.

윤지경은 조광조와 기묘사화(己卯士禍, 1519)의 피해자들을 신원해야 한다고 거듭해서 주장한다. 그들이 상징하는 인물이 누구냐는 이 작품에 담긴 의미를 밝히는 데 핵심적인 부분이다. 이 작품에서는 현종·숙종대의 일련의 사건과 경종대의 신임환국(辛壬換局: 1721~1722), 영조의 즉위, 소론에 대한 노론의 승리를 중종~인조대의 인물과 사건을 엮어 그렸다. 작가는 신임환국(辛壬換局)을 사림이 화를 입었던 기묘사화와 같은 성격으로 규정하고, '노론 사대신(老論四大臣)'을 조광조를 비롯한 피화인(被禍人)에 빗댔다. 작중의 사림파는 노론을, 훈구파는 남인과 소론을, 경빈 박씨는 희빈 장씨를 뜻하며, 이들의 갈등과 대립을 그리면서 충역(忠逆)과 의리(義理)의 문제를 제기했다. 이 작품에 노론의 정치적 입장을 우의했다는 뜻이다.[227]

<윤지경전>은 신임환국 때 사사(賜死)된 사람들을 두고 영조 중반 이후까지 지속됐던 충역시비(忠逆是非)의 전개과정을 담았다. 자기 당파는 '충신'으로 떠받들고, 반대 입장은 '역적'이라고 몰아붙여 명분상의 우위를 점하고, 자기 당파의 결속을 다지려 했던 현실 정치와 이 작품이 깊이 관련됐다는 말이다. 그건 곧 다른 정치세력과 차별화하면서 자신들의 정당성을 입증하고, 자신들의 긍정적 정체성을 유지하려는 시도였다.

이들은 부당하게 고난을 겪는 수난자, 또는 억울하게 당한 희생자로 자처했다. 그렇게 된 건 다 소인배들의 음해와 음모 때문이라는 것이다. 그러므로 일시적으로 곤경에 처한다 해도, 정도를 굳게 지킨 자신들의 정당성이 언젠가는 입증될 거라고 믿었다. 악인들의 죄상이 드러나고, 임금이 성심을 회복하자 충심을 인정받은 윤지경처럼 말이다. 아울러 고통의 세월을 감내하고, 잘못을 뉘우친 옹주를 포용하는 최씨를 긍정함으로써, 감계(鑑戒)의 효과를 거두리라 생각했고, 사회통합의 주체로 자임했다.

이 작품은 노소간의 당쟁이 극심하게 전개되던 18세기 전반에 창작된 것으로 추정한다. 등장인물을 형상화하면서 실명인사를 끌어들이긴 했지

227) 이 작품에서 흥미로운 점은 윤임을 긍정적으로 그렸다는 것인데, 그는 사림파와 직접적 관련성이 없는 인물이다. 그런 의미에서 작중 윤지경을 윤임을 대신한 인물로 보고, 그를 통해 신진 사대부의 삶의 지혜를 제시했다고 보는 건(여세주, 앞의 논문, 114~125쪽) 온당치 않다. 이 작품에서 윤임을 긍정하는 건 그가 소윤(小尹)에 비해서 사림과 원만한 관계를 유지했다는 점과 당시 세자였던 인종을 보호하려 애썼다는 점 때문일 것이다. 권상하, 「황강문답」(『한수재집』 V, 민족문화추진회, 1990, 251~252쪽) 참조.

만, 실존했던 여러 인물의 성격을 조금씩 가져다 조합했다는 점에서 알 수 있듯이, 그건 우의를 위한 포석이었다. 당시 정국은 한치 앞을 내다볼 수 없을 만큼 상황이 급변하곤 했으므로 자신들의 당파적 입장을 직설적으로 표출하는 건 위험천만한 일이었다. 그런 제약 요인을 감안하면, 애정소설 속에 자신들의 정치적 입장을 깃들이는 수법을 취한 것은 현실적 상황을 고려한 선택이었다.[228]

<윤지경전>은 우의의 미학을 추구한 작품이다. 이 작품에서 통속적 요소, 다시 말해 애정담은 당의정(唐衣錠)의 외피 같은 것이었다. 그런 점에서 단순하고 분명한 대립구도, 동일한 메시지의 반복적 제시를 통해 명백함의 미학을 추구한[229] <임경업전>류와는 구별된다. <임경업전>이 통속적 영웅소설의 요소가 다분하면서도 역사적 인물을 어떻게 평가하고 인식하는지 직접적으로 드러냈다면, <윤지경전>은 애정소설의 통속적 측면을 수용해서 당론을 우의했다. 하지만 독자들에게 친숙한 소설적 관습을 따르면서 그 속에 작가의 현실인식과 역사의식을 담았다는 점에서는 두 작품에 공통점이 있다.

당시 소설이 정치적으로 매우 민감한 사안을 다루는 데 효과적인 수단이었고, 대중적 파급력이 컸다는 건 <윤지경전>이 우의적 수법을 썼다는 점, <사씨남정기>를 숙종의 잘못을 깨닫게 하려고 지은 작품으로 봤다는 점에서 여실히 확인된다. <사씨남정기>를 목적소설이라고 봐야 할지 논란이 되기도 했지만, 소설 한 편이 정국의 향배를 좌우했다고 생각했을 만큼 그 영향력을 인정받았던 건 틀림없다. 소설이 그만큼 당대 사회 현실과 밀착되어 창작·향유됐다는 말이다.

228) 작가가 의도적으로 전략적 모호성을 택했다고 할 수도 있다. 입장을 드러내지 않음으로써 더 많은 독자가 자신들의 이야기로 받아들일 가능성을 열어놓았다고 볼 수도 있다는 말이다.

229) 박성봉, 『대중예술의 미학』, 동연, 1995, 247쪽.

2) 당쟁에 대한 민중의 비판의식: 〈박태보전〉

(1) 〈박태보전〉의 형성시기

<박태보전>은 실기문학에 속하는 이본들과 소설화한 이본이 모두 전하고 있다. 실기문학에 속하는 이본은 박태보의 폐비 반대 상소, 친국장(親鞫場)에서의 모진 고문과 이에 굴하지 않는 박태보의 직간(直諫), 박태보와 가족의 이별, 박태보의 죽음과 장례를 시간 순서에 따라 사실적으로 그리면서 그의 절의와 충심을 강렬하게 부각했다. 소설 이본은 '<박틔보젼> 계열'과 '<박할님젼> 계열'이 큰 차이를 보인다.[230] '<박할님젼> 계열'에는 부분적으로 <사씨남정기>의 영향이 나타나기도 하는데,[231] 전반적으로 '<박틔보젼> 계열'보다 허구화가 더 진행된 양상이다. '<박틔보젼> 계열'에 국문(鞫問) 과정이 보다 자세하고,[232] 치상(治喪) 등 뒷이야기를 서술한 부분도 실기에 훨씬 가깝다.

<박태보전>은 한문 필사본인 <박학사태보전(朴學士泰輔傳)>과 그 국역본인 <박학ᄉᆞ사졀녹>이 숙종대에 완성되어, 영조대에는 <박틔보젼>·<박할님젼>·<박태부전(朴泰傅傳)> 같은 소설본들이 활발하게 향유됐고, 이어서 지나치게 허구화된 부분을 사실적으로 개작한 <문녈공긔ᄉᆞ>·<박틔보실긔>가 형성된 것으로 추정하고 있다.[233] 그런데 이 작품의 형성시기를 언급할 때 흔히 인용해 온 아래 기록은 당시에 소설본이 널리 퍼져 있었다는 사실을 알려주는 게 아니다.

---

230) 본고에서 텍스트로 삼은 박순호 소장 <박씨츙효록이라>(월촌문헌연구소 편, 『한글필사본고소설자료총서』 64, 오성사, 1986)는 '<박틔보젼> 계열'이고, <박틔부젼이라>(월촌문헌연구소 편, 『한글필사본고소설자료총서』 17, 오성사, 1986)는 '<박할님젼> 계열'에 속한다.

231) 장희빈이 아들을 죽인 후 이를 인현왕후에게 덮어씌우는 것으로 설정돼 있다. <박틔부젼이라>(월촌문헌연구소 편, 앞의 책, 193~194쪽).

232) 국문 장면까지의 분량이 <박씨츙효록이라>는 전체의 60%, <박틔부젼이라>는 45%이다.

233) 민영대, 『박태보전연구』, 한남대 출판부, 1997, 57쪽.

> '박정재전(朴定齋傳)'은 어떤 자가 언문으로 베껴서 항간에 전파해 근거 없는 말을 날조했다. 혹 속으로 그렇지 않은 줄 아는 사람도 역시 따라서 이치에 가깝지 않은 말을 하니 너무도 심하다.[234]

누군가 한글로 된 '박태보전'을 지었는데, 그 내용이 전혀 사실무근인데도 모두들 그걸 믿는 게 답답하다는 말이다. '근거 없는 말을 날조했다[捏造無根]'라고 했으니 이때 소설본이 유포됐다는 말로 볼 수도 있다. 그래서 '날조'되었다는, 다시 말해 소설에서 허구화한 예로 다음과 같은 몇 장면을 들기도 한다. 인현황후가 폐출된 건 장씨 소생을 죽였다는 누명을 썼기 때문이라고 설명한 부분, 박태보의 부인 이씨가 집에 돌아와서 꿈에 남편과 얘기를 나누는 장면, 인현왕후가 복위되면서 남인(南人) 신료들을 처치하게 하는 대목 등이 그것이다.[235]

그런데 이긍익(李肯翊)은 이 기사 끝에 '목씨가승(睦氏家乘)'을 참고했다고 밝혔다. '목씨가승'이 구체적으로 어떤 내용인지는 현재 확인할 수 없지만, 박태보의 죽음에 목래선(睦來善)이 관련됐을 거라는 세간의 의혹에 대해 해명하는 글이 들어 있었던 것 같다. 『연려실기술』에 인용된 바에 따르면, '목씨가승'에서는 다음과 같은 이유를 들어 목래선을 변호했다. 첫째, 목래선이 당시 죄를 입은 사람들을 보호하려고 애썼는데, 박태보만 살리려 하지 않았을 리 없다. 둘째, 형벌을 감독하는 것은 하급관료인 낭료(郎僚)가 할 일이므로 대신(大臣)인 그가 간여할 일이 아니었다. 셋째, 전날 혹형을 가하고선 뒷날 그걸 말리지 못한 자신의 허물을 말했을 리가 없다.[236] 이로 보아 '목씨가승'은 박태보를 죽음으로 몰고 간 인물로 목래

234) 朴定齋傳, 自有作者, 飜謄諺書, 傳播閭巷, 捏造無根, 或內知其不然者, 亦從以爲不近人情之論, 何其甚也. 이긍익, 『원자정호(元子定號)』, 『국역 연려실기술』, 민족문화추진회, 1967, 226쪽.

235) 민영대, 앞의 책, 56쪽.

236) 이긍익, 앞의 책, 226쪽.

선을 지목한 어떤 글을 조목조목 반박하려는 의도가 깔려 있었음을 알 수 있다.

박태보가 친국장(親鞫場)에서 이미 모진 고문을 받았는데, 내병조(內兵曹)에 가서 목래선에게 또다시 매질을 당했다는 삽화를 수용한 <박태보전> 이본도 있다.[237] 박태보를 죽인 원흉으로 지목했을 만큼 목래선을 부정적으로 인식한 것인데, 실록 사관의 평가도 비슷했다.[238]

그런데 여기서 놓치지 말아야 할 것은 실기문학에 속하는 이본에만 이런 내용이 들어 있다는 점이다. 현재 전하는 <박틱보젼>·<박할님젼> 등 소설 이본에는 목래선의 이름이 전혀 나오지 않는다. 따라서 『연려실기술』에서 인용한 '목씨가승'은 실기문학에서 목래선을 부정적으로 그린 것에 대해 해명하는 글이었을 뿐이다. 소설을 염두에 두고 한 말은 아니라는 뜻이다. 따라서 앞의 인용문을 근거로 해서 '소설' <박태보전>의 형성

---

237) 상이 친국하며 형을 시행함에 참혹한 데다 오래 걸리자 또한 불예(不豫)한 기색이 있었다. 전각 안으로 들어가면서 내병조에 보내 곤장을 치게 했다. …(중략)… 중사가 내병조로 데려 가서 형문 1차를 더했다. 목래선이 소리 지르며 크게 말했다. "이 죄인은 허술하게 다스릴 수 없다. 매우 쳐라. 매우 쳐!" 박태보가 큰 소리로 말했다. "주상의 노기가 진동하셨으니 어전에서 엄히 국문하는 것은 참으로 마땅하오. 그러나 내게 무슨 죄가 있다고 혹형 뒤에 또 엄히 국문하는 것이오?" 그러고는 나장에게 말했다. "매우 쳐라. 저 사람이 자세히 살피는데, 네 어찌 허투루 치느냐?" 목래선이 발끈하여 위세 부리기를 마지않으니 형의 참혹함은 어전에서 맞던 것보다 덜하지 않았다. 上親鞫施刑, 慘且久矣, 亦有不豫色, 還入殿內, 而令下內兵曹命杖之. …(중략)… 中使領下內兵曹, 加刑一次. 睦來善疾聲大言曰: "此罪人不可歇治. 猛杖之. 猛杖之!" 應敎高聲曰: "天怒震動, 御前嚴鞫, 固所當然. 而吾有何罪可以酷刑而又從而嚴鞫, 何也?" 因謂羅將曰: "猛杖之. 彼旣考察, 汝何歇杖乎!" 來善作氣施威, 猶未已也. 刑之慘酷, 小不下於御杖矣. 『기사록 우일본별단(己巳錄 又一本別單)』, 『정재후집(定齋後集)』 권5(『한국문집총간』 168, 민족문화추진회, 1996, 382쪽). 한편 <박학사태보전(朴學士泰輔傳)>에도 이 내용이 간략하게 들어 있다. <박학사태보전(朴學士泰輔傳)>, 김영한 소장본(『향토문화』 4, 충남향토연구회, 1988, 49쪽).

238) 사신(使臣)은 논한다. 박태보가 낙형(烙刑)을 받은 끝에 또 중형(重刑)을 받아 그 참혹함이 말할 수 없는 정도여서 목숨이 끊길 지경이 되었다. …(중략)… 또 말하기를, '내가 정국(庭鞫)에서 더욱 혹독함을 당한 데는 목상[睦相, 목래선-필자]과 심랑[沈郎: 심벌(沈橃)-원주]의 작용이 컸다.'라고 하였다. 『숙종실록』 15년(1689) 4월 26일(임진).

시기를 추정할 수는 없으며, 이 문제는 다른 측면에서 접근해야 한다.

> 슬프다 공의 졸(卒)ᄒᆞ신 후에 뎐(傳)이 잇건마ᄂᆞᆫ 어ᄂᆞ ᄉᆞ람의 손의 난 줄 모르고 일국(一國)의 편만(遍滿)ᄒᆞ여 거의 근 ᄇᆡᆨ 년이 되나 집々이셔 닑어 ᄉᆞ태우(士大夫)브터 우동마졸(牛童馬卒)의 이르러 공의 셩명(姓名) 외오기ᄅᆞᆯ ᄉᆞ마군실과 ᄀᆞᆺ고 공의 일의 죵시(終始)ᄅᆞᆯ 말ᄒᆞ미 녁々ᄒᆞ여 어제날 ᄀᆞᆺ하여 뉴쳬오열(流涕嗚咽)ᄒᆞ야 친쳑(親戚)ᄀᆞᆺ치 슬허ᄒᆞ나 그러ᄒᆞ되 여러 번 진서(眞書) 언문(諺文)의 밧고이여 거즛말도 섯기고 그릇ᄒᆞ며 초략(抄略)ᄒᆞ미 이실가 두려워 더옥 오라면 실상(實狀)을 일흘가 저허 나라 일긔(日記)도 보고 신필(宸筆)도 보아 번거로온 것 덜치고 간냑(簡略)히 ᄒᆞ야 실(實)말만 ᄒᆞ야 ᄌᆞ셔ᄒᆞ며 간냑ᄒᆞ미 잇고 본말(本末)을 다 ᄒᆞᆫ 후야 글이 되니 거의 공의 님죵(臨終)시 말ᄉᆞᆷ ᄒᆞ신 쓰졸 더ᄇᆞ리지 아닌가 ᄒᆞ노라[239]

<문녈공긔ᄉᆞ>의 끝에 서술된 내용은 소설본이 18세기 중반 이전에 이미 성립됐음을 알려준다. <문녈공긔ᄉᆞ>는 실기문학에 속하는 이본으로, 연활자본 <박틔보실긔>의 모본인데, 1756년에 박상로(朴相老, 1732~?)가 쓴 것이다.[240] 여기서 말한 앞선 이본이 어떤 것인지는 알 수 없지만, <박학사태보전(朴學士泰輔傳)>이나 이를 번역한 <박학ᄉᆞ사졀녹> 같은 실기문학 계열에 속하는 작품은 아닐 것으로 보인다.[241] 밑줄 친 곳에서 "거즛말도 섯기"었다고 한 말은 앞서 『연려실기술』에서 "날조"했다고 한 말과 같은 뜻으로 쓴 게 아니다. 박상로는 박태보의 방손(傍孫)이므로,

---

239) <문녈공긔ᄉᆞ>(서신혜 옮김, 『박태보전』, 문학동네, 2012, 274쪽). 원문은 순한글이며, 인용문에 병기된 한자는 역주자가 넣은 걸 따랐다. 밑줄은 필자가 더했다. 뒤에서도 이와 같다.

240) 서신혜, 「<박태보전>의 이본 <문녈공긔ᄉᆞ>의 작가와 저작 원리」, 『동아시아문화연구』 52, 한양대 동아시아문화연구소, 2012, 24~32쪽.

241) <박태보전>의 실기문학 계열 이본에 대해서는 염동락, 「박태보전 연구: 실기문학 계열 <박학ᄉᆞ사졀녹>을 중심으로」, 석사학위논문, 동국대 교육대학원, 2000 참조.

목래선 집안에서 불쾌하게 생각했던 실기문학 계열이 아닌 다른 이본을 염두에 둔 표현이라고 봐야 하기 때문이다. 따라서 <문녈공긔ᄉᆞ> 이전, 즉 18세기 중반에는 허구화된 이본이 다수 존재했고,[242] '소설' <박태보전>이 이미 폭넓게 수용됐음을 알 수 있다.

(2) 사육신의 재평가와 박태보의 형상화

1689년 4월 25일, 박태보는 인현왕후를 폐출하라는 숙종의 처분에 반대하는 상소를 올렸다. 팔십여 명이 연명으로 올린 상소를 읽은 숙종은 격노하여 한밤중에 친국을 명했다. 왕명이 부당하다고 조목조목 따진 상소의 내용도 못마땅했지만, 왕을 능멸하는 걸로 느꼈을 만큼 거친 언사가 심기를 건드렸기 때문이다. 이때 상소문을 짓고 썼던 박태보는 소두(疏頭)였던 오두인(吳斗寅)·이세화(李世華) 등과 함께 친국장에 끌려가 모진 고문을 당한다.

> ᄐᆡ보가 안식을 불변ᄒᆞ고 다시 간왈 초야의 우ᄆᆡᄒᆞᆫ ᄇᆡᆨ셩도 본쳐을 박ᄃᆡᄒᆞ고 소쳡을 사랑ᄒᆞ야 허물을 아지 못ᄒᆞ면 필경의 ᄑᆡ가망신ᄒᆞ난지 잇삽것던 허물며 젼ᄒᆞ난 엇지 막즁ᄒᆞᆫ 왕비을 ᄂᆡ치려 ᄒᆞ옵시니 엇지 일국의 부모 되야 무슴 면목으로 신민을 경계ᄒᆞ오잇가 복원 젼ᄒᆞ난 집피 ᄉᆡᆼ각ᄒᆞ옵소셔 죠강지쳐난 불ᄒᆞ당이온니 국모을 엇지 임으로 ᄂᆡ치시려 ᄒᆞ시나잇가 …(중략)… 잇ᄯᆡ ᄐᆡ보 왈 쇼신달려 간신이라 ᄒᆞ옵시니 군의신츙 씰ᄯᆡ업고 부ᄌᆞ〻회 씰ᄯᆡ읍난니라 국졍니 요란ᄒᆞ옵긔로 갈츙ᄒᆞ와 상소ᄒᆞ엿쌉더니 간신니라 ᄒᆞ옵시니 국모을 페ᄒᆞ게로 ᄒᆞ오면 츙신이 되올잇가 …(중략)… 소신이 이졔 쥭기난 원통치 안컨이와 사ᄇᆡᆨ연 사즉이 만분 위ᄐᆡᄒᆞ기로 통곡ᄒᆞ난이다 상이 무슴 고집인지 즁씨의 지촉만 듯고 긔여니 쥭긔올 마음만 두시니 ᄋᆡᄆᆡᄒᆞᆫ 민즁젼을 뉘라셔 발명ᄒᆞ여니리요 …(중략)… 고집 만ᄒᆞᆫ 왕상은 용상을 치며 가ᄅᆞᄉᆞᄃᆡ

242) 민영대, 앞의 책, 68쪽.

> 네 아모리 ᄒᆞ여도 과인의 임의 정ᄒᆞ여ᄉᆞᆫ니 ᄒᆞᆫ 번 증ᄒᆞᆫ ᄯᅳᆺ슬 파ᄒᆞ리요 ᄯᅩᆼ시 듯지 안이ᄒᆞ거날 ᄐᆡ보 다시 간왈 명치ᄒᆞ신 젼ᄒᆞ난 간신과 불칙ᄒᆞᆫ 후궁 흉계을 듯고 불의지ᄉᆞ을 ᄒᆡᆼᄒᆞ시고 신의 말을 간교ᄒᆞᆫ 간신이라 ᄒᆞ옵손니 이은 걸쥬의 포악으로 용방 비간의 츙졀을 구피고져 ᄒᆞ시미로다 상이 더옥 ᄃᆡ로 왈 네 ᄯᅩᆼ시 과인을 비방ᄒᆞ고 국가을 소란케 ᄒᆞ니 엇지 분치 안니ᄒᆞ리요 ᄒᆞ시고 나졸을 명ᄒᆞ야 삼모장으로 ᄆᆡᆼ장ᄒᆞ라 ᄒᆞ신니[243]

왕은 박태보에게 자백을 강요하지만, 박태보는 자신이 짓지 않은 죄를 강압에 못 이겨 인정한다면 오히려 왕의 성덕에 누가 될 거라며 고개를 젓는다. 이 대목에서 왕과 박태보가 말하는 신하의 도리, 충신과 간신의 함의는 전혀 다르다. 임금은 왕명에 따르는 게 신자의 도리라고 생각한다. 왕비를 내치면 안 된다며 임금의 처분에 반대하는 건 왕권에 대한 도전이요 반역이라고 말한다. 신하라면 임금에게 충성을 다해야 마땅한데, 왕비에게 절의를 세우느라 군부를 배척하는 거라고, 그래서 공연히 조정을 소란하게 만드는 거라고 힐난한다. 임금에게 박태보는 직언하는 신하가 아닌 흉역(凶逆)일 뿐이다.

하지만 박태보로서는 임금이 잘못된 일을 하는 데도 바른말을 하지 않는 건 신하의 직분을 망각한 처신이다. 더구나 초야의 백성들도 종묘사직을 위태롭게 하는 왕의 결정을 수긍하지 못하는 마당에 가만있을 순 없다. 임금의 진노를 사더라도 잘못을 바로잡아야 한다고 믿는다. 자신이 직간(直諫)하는 것은 편당(偏黨)하는 게 아니라 나라와 임금을 위한 충심에서 우러나온 행위이기 때문에 목숨을 버려도 아깝지 않다고 생각한다.

그러니 두 사람은 정면으로 맞설 수밖에 없다. 특히 임금의 입장에서는 어물쩍 물러섰다간 체모를 크게 손상하는 일이 될 테니 더욱 그만둘 수

---

243) <박틱부젼이라>, 월촌문헌연구소 편, 앞의 책, 197~201쪽. 주 텍스트는 박순호본 <박틱부젼이라>이며, 다음부터는 쪽수만 밝히겠다.

없다. 어떻게든 박태보의 자백[遲晩]을 받아낼 요량이다.[244] 직언을 가납(嘉納)하지 않고 오히려 자신을 간신으로 매도하며 고문하는 임금은 박태보에겐 걸왕(桀王)·주왕(紂王) 같은 폭군일 뿐이다. 박태보는 그런 폭군에게 죽음을 무릅쓰고 바른말했던 관용방(關龍逄)·비간(比干) 같은 충신으로 자처한다.

왕은 기필코 박태보의 자백을 받아낼 태세다. 온몸을 매질하고, 압슬(壓膝)하는 걸로도 모자라 단근질[烙刑]까지, 혹형(酷刑)을 멈추지 않는다. 그러나 박태보는 모진 고문에도 굴하지 않는다. 조강지처를 버리면 안 된다는, 누구나 다 아는 말을 해도 도통 듣지 않는 임금의 아집과 불통이 답답할 뿐이다.

> 胸中에 불이 나니 五臟이 다 트 간다
> 神農氏 쑴에 보와 불 끌 藥 무러 보니
> 忠節과 慷慨로 난 불이니 끌 약 업다 ᄒᆞᄃᆞ라[245]

이 시조는 박태보가 지은 걸로 『청구영언』에 소개돼 있는데, 결코 사그라지지 않는 불처럼, 꺾이지 않는 그의 충절과 기개, 울분을 잘 드러냈다. 한편 '매우 뜨겁다'는 뜻의 "뜨겁기는 박태보가 살았을라고."[246]라는 속담이 있을 정도로, 그의 충절을 '불'로 이미지화하는 게 일반화됐던 듯한데, 소설에서도 마찬가지다.

> 각셜 잇ᄣᅢ 틱보 언ᄉᆞ〔연〕부동ᄒᆞ고 언어가 ᄌᆞ야〔약〕ᄒᆞ며 젼후 무사

---

244) 이 대목을 <박씨충효록>에서는 '자백해 달라'고, 왕이 매달리는 형국으로 묘사했다. <박씨충효록이라>, 박순호 소장본(앞의 책, 317~336쪽).

245) 정주동·유창균 교주, 『珍本 靑丘永言』, 대성, 1977, 317쪽; 박을수 편저, 『한국시조대사전』 하, 1299쪽.

246) 이기문 편, 『개정판 속담사전』(개정 중판), 일조각, 1995, 183쪽.

을 ᄉᆞ지져 왈 화쳘이 ᄂᆡᆼᄒᆞ니 불을 더 다리여 지〻라 ᄒᆞ며 츄호도 요동치 아니ᄒᆞ거날 ᄉᆞᆼ이 보시고 긔가 막키여 말ᄉᆞᆷ을 못ᄒᆞᄃᆞ가 졔신을 도라보와 왈 경등도 져 놈의 말을 드러 보라 져러타시 독한 놈이 어ᄃᆡ 잇시리요 젼일 알셩시에 져 놈으로 봉노관을 증ᄒᆞ여더니 다른 신ᄒᆞ난 슈건으로 물을 뭇쳐 거힝ᄒᆞ되 져 놈은 힝노도 쇠요 불도 빅탄니라 슈건 곳 안니면 봉노을 못ᄒᆞᆫ〔ᄒᆞ〕난ᄃᆡ 져 놈은 슈건도 안니 갓고 ᄆᆡᆫ손으로 힝노을 밧들ᄆᆡ 화긔가 치열ᄒᆞ야 두 손이 다 타셔 지름니 흘너도 동시 놋치 아니ᄒᆞ고 비례ᄒᆞᆫ 후의 셔〻이 노흐니 그 ᄯᅢ예 져 놈의 독한 쥴을 아러스리요 경덜도 고셔을 만니 보와스나 져갓치 모지고 독ᄒᆞᆫ 놈이 어ᄃᆡ 잇스리요 ᄒᆞ시거날 203쪽.

박태보가 모진 고문을 당하면서도 끝내 뜻을 굽히지 않는 장면이다. <박씨충효록이라> 등 다른 계열에는 보이지 않는데, 『우일본별단(又一本別單)』에는 다른 이본에 들어 있어 세간에 널리 알려진 삽화라고 했다.[247] 이로 보아 소설 두 계열이 이때는 이미 형성돼 폭넓게 향유됐음을 알 수 있다. 이 기사 뒤에는 박태보가 봉로관(奉爐官)으로 차임됐을 때의 일화를 아울러 소개했는데,[248] 인용문처럼 '<박할님젼> 계열'에는 이를 장면화해 놓은 것이다. 이 장면이 다시 <한양오백년가(漢陽五百年歌)>에 수용된 걸 보면, 두고두고 큰 반향을 불러일으킨 삽화였던 모양이다.

---

247) 낙형을 할 때 공이 나졸들을 돌아보며 말했다. "이 쇠가 식었으니 다시 달궈 오너라." 이 말은 다른 본에 나오는데, 지금까지 인구에 회자되고 있으므로 기록해 둔다. 烙刑時, 公顧羅將曰: "此鐵冷, 更灸來." 此說出於他本, 迄于今膾炙人口, 故記而存之. 『기사록 우일본별단』(앞의 책, 385쪽).

248) 공이 일찍이 대제 대축에 차원(差員)되어 향로를 봉진했다. 수복(守僕)이 으레 수건에 물을 적시고 싸서 올렸지만, 공은 지극히 공경해야 하는데 어찌 수건을 쓰겠느냐며 맨손으로 향로를 올렸다. 화로의 열기에 손이 문드러져도 안색을 변치 않았다. 이날 왕이 '내가 대제에 화로를 진봉할 때 이미 그 독함을 알았노라.'라고 말씀하셨다 한다. 公嘗差大祭大祝, 奉進香爐, 守僕例以手巾濡水褁進, 公以爲至敬之地, 安用手巾, 赤手進爐, 爐熱手爛而神色自如, 是日, 上曰'予於大祭奉爐時, 已悉其毒'云. 『기사록 우일본별단』(앞의 책, 385쪽).

朴泰輔는 殿庭에서 三日을 다틀 적에
火刑으로 다스릴 때, 至誠으로 하는 말이,
…(중략)…
廢妃를 마옵시고, 復位를 하옵소서.
肅宗大王 擧動 보소. 더욱더욱 大怒하여
쇠를 달궈 들지지니, 朴泰輔 擧動 보소.
朴彭年을 단근할 제, 이 쇠가 차다더니
朴泰輔의 하는 말이, 朴彭年과 같이 하니,
朴氏들은 어찌 하여, 뜨거운 걸 차다 하고,
忠節이 壯하온들, 五臟이 다 탔으니
忠臣은 안 죽을까.[249]

친국, 그 중에서도 낙형을 당하는 대목은 박태보 하면 으레 떠올리던 인상 깊은 장면이었던 듯한데, 이런 강렬한 이미지는 그를 사육신과 연결 짓는 가운데 형성됐다. 단근질을 당하면서도 '화철이 식었으니 쇠를 더 달궈서 지지라'는 말을 해서 주위를 놀라게 했다는 이야기는 <육신전(六臣傳)>에 유응부(兪應孚)의 일화로 나온다.[250] 이 이야기가 언제부턴가 박팽년(朴彭年)의 일로 바뀌어서 전승되다가 다시 박태보에게 부회(附會)된 것 같다. 박팽년과 박태보는 같은 박씨지만, 본관이 달라 사실상 관계가 없다. 그런 데도 억지로 두 사람을 연결 지으려 한 것은 박태보를 사육신과 비견할 충신으로 형상화하려는 욕구에서 비롯됐다. '<박할님젼> 계열'보다 '<박틱보젼> 계열'에서 박태보의 형상에 사육신의 모습을 오버랩하려는 의도가 보다 노골적으로 드러나는데,[251] 사육신의 절의와 충성에

249) <한양오백년가>(박성의 교주, 『농가월령가 · 한양가』, 교문사, 1984, 463~467쪽).
250) 임금이 더욱 진노하여 달군 쇠로 배 밑을 지지라고 명했다. 기름과 불이 지글거렸으나 안색을 변치 않고 서서히 쇠가 식기를 기다렸다가 쇠를 땅에 던지며 말했다. "이 쇠가 식었으니 다시 달궈 오너라." 끝내 자복하지 않고 죽었다. 上愈怒, 命取灼鐵置腹下, 油火竝煎, 而顔色不變, 徐待鐵冷, 取鐵投地曰: "此鐵冷, 更灼來." 終不服而死. 남효온, <육신전>, 『추강집(秋江集)』 권8(『한국문집총간』 16, 민족문화추진회, 1988, 147쪽).

대한 기억을 되살리며, 박태보를 그들과 같은 반열에 올려놓으려 한 것이다.

박태보와 사육신을 관련지었던 데는 몇 가지 근거가 있다. 박태보가 1686년에 「육신사당기(六臣祠堂記)」를 쓰면서 육신의 신원을 주장했고,[252] 박태보의 졸기에 그가 노량진의 육신사(六臣祠) 옆에서 숨을 거뒀다고 했으며,[253] 실기 계열에서 박태보를 사육신에 빗대려는 뜻을 비쳤고,[254] 사육신을 모신 민절서원(愍節書院)과 박태보를 기린 노강서원(鷺江書院)이 모두 옛 과천현(果川縣) 가차산리(加次山里), 현재의 노량진에 있었다는 점[255] 등이 그것이다. 여기에 숙종 때 사육신이 복권됐던[256] 것도 적잖은 영향을 준 듯하다. 사육신의 행적을 재평가하고 그들의 충절을 기림으로써 신하들의 충성을 요구하고, 임금에 대한 신하의 의리를 강조하던 시대적 흐름과도 관련됐다는 말이다.[257] 그러나 다른 무엇보다 큰 부분을 차지했던 건 박태보가 보인 충절과 기개, 대의를 위한 희생이, 당대에는 난신(亂臣)으로 처벌받았지만 후세에는 충신(忠臣)으로 기림을 받았던, 사육신을 떠올리게 하기에 충분했다는 점이었다.

박태보 하면 거침없이 쏟아내는 직간과 꺾이지 않는 기개, 매운 지조를 떠올리게 된다. 그런 점에서, 혹형에도 굴하지 않았던 박태보의 굳은 절개를 회유와 강압에도 변치 않았던 사육신의 충절과 나란히 놓음으로써, 그를 당대 최고의 충신으로 떠받들려 한 것이다. 독자는 그의 충심과 지조

251) <박씨충효록이라>, 박순호 소장본(앞의 책, 353~362쪽).
252) 박태보, 「육신사당기」, 『정재집(定齋集)』 권4(『한국문집총간』 168, 민족문화추진회, 1996, 88~90쪽).
253) 『숙종실록보궐정오』 15년(1689) 5월 4일(기해).
254) <박학사태보전>, 김영한 소장본(앞의 책, 51쪽).
255) 국사편찬위원회 편, 『여지도서(輿地圖書)』 상, 「과천(果川)」, 규장문화사, 1973, 66쪽.
256) 『숙종실록』 17년(1791) 12월 6일(병술).
257) 윤정, 「숙종대 단종 추복의 정치사적 의미」, 『한국사상사학』 22, 한국사상사학회, 2004, 227~233쪽.

에 감탄하고, 한편으로는 그의 헌신과 희생에 감동하게 된다. <한양오백년가>, 속담, 시조에서 거듭 그의 절의를 칭송했던 것처럼, 박태보는 조선 후기의 대표적인 충신으로 자리매김하게 되었다.

(3) 역사적 사실의 통속적 변용과 민중의 비판적 인식

박태보는 직간하는 신하의 표상이었다. 그는 임금이 밝은 성총을 회복하기만을 바랐기에 모진 고문에도 굴하지 않았다. 이 작품에서 사육신에 버금가는 충신으로 추앙받아 마땅하다고 한 것도 그래서다.

> 諫死亨 朴坡州ㅣ야 주그라 셜워 마라
> 三百年 綱常을 네 혼자 븟들거다
> 우리의 聖君 不遠復이 네 죽긴가 ᄒᆞ노라[258]

『해동가요(海東歌謠)』에 신정하(申靖夏, 1680~1715)의 작품이라고 소개된 시조다. 숙종이 '오래잖아' 성덕을 회복한 건 모두 박태보의 희생 덕분이라고 했다. 온몸 바쳐 무너지는 윤리 도덕을 떠받들었다는 걸 세상이 다 알고 있으니, 죽었다고 서러워할 게 아니라고도 했다. 성심을 회복하기까지 5년이란 긴 시간이 걸렸고, 그동안 많은 희생이 뒤따랐던 건 말하지 않았다. 그는 박태보를 세속적 이해나 사사로운 정에 흔들리지 않은 충직한 신하의 모습으로 기억하며, 대의를 위해 목숨을 바친 숭고한 희생자로 평가했다.

하지만 <박태보전>의 작가와 독자들은 사대부들의 이런 인식에 만족하지 않았다. 이 작품에서 박태보가 국문을 당하는 장면은, 이본에 따라 다르지만, 적게는 40%에서 많게는 약 60% 정도 분량을 차지한다. 그

258) 박을수 편저, 『한국시조대사전』 상, 36쪽.

나머지는 박태보가 죽음에 이르기까지의 과정을 자세히 묘사했다. 임금과 정면으로 맞서는 대목과 뒷부분의 분량이 얼추 비슷하거나 오히려 뒷얘기에 무게가 실렸다는 뜻이다.

> 응교가 말했다. "내가 죽은 후에 어머니께서 믿을 사람은 오직 부인뿐이오. 게다가 내 뒷일도 부인에게 달렸소이다. 부인이 만약 나를 따라 죽는다면, 차마 말로 할 수 없는 일이 많을 것이오. 모름지기 너무 슬퍼 말고 스스로 보중하여, 어머니 모시기를 내가 살았을 때처럼 해주시오. 이제 나는 죽으려나 보오. 여기는 여인네가 있을 곳이 아니니 얼른 어머니를 모시고 들어가시오." 부인이 울면서 가지 못하자 고개를 들어 나무랐다. "남자는 여자 손에서 죽지 않는 법이니, 여기 있지 말고 어서 들어가시오." 그리고는 조카에게 부축해서 들어가게 했다. …(중략)… 부친이 말했다. "내 어찌 네가 살 거라고 생각했겠느냐만, 지금까지 죽지 않았기에 혹 살까 싶었는데, 이제는 네가 죽게 생겼으니, 어쩌겠느냐! 그저 조용히 가려무나." 응교가 대답했다. "삼가 가르침대로 하겠나이다." 부친이 차마 보지 못하고 나와 통곡했다.[259]

실기 계열에서 박태보가 가족과 이별하는 장면은 대동소이하다.[260] 박

---

259) 應教曰: "吾死之後則母氏之所恃者, 惟我夫人. 況我後事, 亦有夫人在. 夫人若從我而死, 則事多有不忍言者矣. 須勿過哀而自保, 事我母氏, 如我在世之日也. 今吾將死矣. 此非婦人所在之處, 須速侍母氏入." 夫人泣而不能去, 乃擧頭而責曰: "男子不死於女子手, 速入無在此." 因令從姪扶而去之. …(중략)… 大人曰: "吾豈以汝謂其生也, 而猶且至今不死, 故意其或生矣. 今則汝其必死矣! 謂之奈何! 其惟就死之從容乎!" 對曰: "謹當如教矣." 大人不忍目覩, 出而痛哭. 『기사록 우일본별단』(앞의 책, 384쪽).

260) 부인을 청ᄒᆞ야 영결 왈 ᄂᆡ 죽은 후는 모친이 의지ᄒᆞ오실 ᄯᅢ 업셔 그ᄃᆡ쑨이니 극진이 봉양(奉養)ᄒᆞ고 과도(過度)히 셜워 말고 모친긔 근심을 ᄭᅵ치옵디 마옵소 이ᄯᅢ 윤부인이 우르시고 드러가시고 부인은 우르고 머뭇겨 아니 가시니 공이 뎡식(正色) 왈 사나희 부인의 손 죽지 아니미 녜(禮)라 ᄒᆞ시고 사ᄅᆞᆷ으로 ᄒᆞ여곰 붓들여 드려 보ᄂᆡ시니 부인이 통곡ᄒᆞ고 드러가시더라 …(중략)… 셔계공이 왈 ᄂᆡ 엇디 너ᄅᆞᆯ 사리ᄅᆞᆯ ᄇᆞ라리오마는 오직 일단 뎡신(精神)이 감(減)치 아니니 혹 만일 사라날가 ᄒᆞ더니 즉금은 ᄒᆞᆯ 일이 업다 죠용이 도라가라 ᄃᆡ왈 죵용이 도라가리이다 셔계공이 문 닷고 나오셔々 브르시며 우르신ᄃᆡ <문녈공긔ᄉᆞ>(서신혜 옮김, 앞의 책, 251~253쪽).

태보는 물론이고 그의 가족들도 애써 슬픔을 억누르며 의연한 모습을 보인다. 박태보는 모친께 하직하고 아내와 마지막 인사를 나눈다. 그리고는 '사내는 아녀자의 품에서 죽지 않는다'며, 차마 발이 떨어지지 않는 부인을 억지로 떠밀어 들여보낸다.

이어지는 부친과의 영결은 묵직한 울림을 준다. 박태보의 가빠오는 숨소리에 마지막 순간이 다가온 걸 직감한 부친은 아들에게 '조용히 가라'고 당부하고 자리를 피한다. '말씀대로 하겠노라'고 아뢴 박태보는 곧 숨을 거두고, 부친은 문 밖에 나서자마자 통곡하며 무너져 내린다. 젊은 자식을 앞세워야 하는 아비와 연로한 부모보다 먼저 떠나는 아들의 참담한 심정을 몇 마디 말로 다할 수는 없다. 눈빛으로 서로의 마음을 전할 뿐이다. 쏟아지려는 울음과 북받치는 설움을 꾹꾹 눌러 담는다. 그렇게 애써 감정을 절제한다.

소설 계열, 특히 '<박할님젼> 계열'에서는 만신창이가 된 박태보가 유배지로 떠나면서 가족들과 이별하는 장면의 비중이 매우 크다. 숙종과 박태보가 정면 대결하는 국문 장면보다는 역사적 사건의 현장에서 벗어난 뒷이야기에 오히려 관심을 기울인 탓이다. 박태보와 가족 간의 이별 장면에 관심과 상상력이 특별히 집중됐는데, 작가는 이 부분에서 다른 작품에서 익히 보았음직한 삽화들을 끌어와 비극적 정조를 강화했다.

> 할임젼의 복지ᄒᆞ야 통곡 왈 우리 이팔의 만ᄂᆞ ᄇᆡᆨ연고낙을 ᄒᆞᆫ가지 ᄒᆞ자 ᄒᆞ옵던니 할임의 츙졀니 너머 과도ᄒᆞ와 ᄇᆡᆨ옥갓튼 몸니 독ᄒᆞᆫ 형벌을 당ᄒᆞ시고 피ᄎᆞ 남북의 난우온니 당ᄒᆞᆫ의 절문 몸이 뉘을 의탁ᄒᆞ며 왕비난 뉘라 구ᄒᆞ오리잇가 ᄃᆡ져 쳡도 젹소로 가다가 할임니 불ᄒᆡᆼᄒᆞ오면 그 뒤을 뜻고 시푸나 당상학발 양친의 말연 신셰을 ᄉᆡᆼ각ᄒᆞ와 못 가건니와 부모 만셰 후의 이 몸이 죽어 구쳔의 도라가옵거던 부ᄃᆡ 진졍을 잇지 마읍소셔 ᄒᆞ며 셤々옥슈로 할임의 나삼을 부여잡고 쎄만 나믄 몸을 두로 만치며 눈물리 홍상을 젹신니 그 거동은 ᄒᆡ당화 아참 이실을

> 머금은 듯 모쳔의 안ᄀᆡ 셕게 오난 비가 엇지 이부인의 눈물 갓틀소야 그 눈물 바더ᄂᆡ여 ᄇᆡᆨ을 타고 진도로 가련만은 회자 회부라 그 몸의 졍ᄉᆡᆼ을 ᄉᆡᆼ각ᄒᆞ야 가든 못ᄒᆞ고 가난 할임을 부여잡고 무슈이 ᄋᆡ통ᄒᆞ니 …(중략)… 실하의 일졈 혈륙이 업써씨니 가련ᄒᆞᆫ 그ᄃᆡ 신셰 ᄇᆡᆨ 가지로 ᄉᆡᆼ각ᄒᆞ니 쳔지가 아득ᄒᆞ고 일ᄉᆡᆼ이 고단ᄒᆞ오니 츈삼월 장々월의 바람 불고 ᄭᅩᆺ 질 졔 두견조로 벗실 삼고 츄우〔야〕오동 세우쇼々ᄒᆞᆫᄃᆡ 실푼 ᄒᆞᆫ심 겻잡지 못ᄒᆞ야 ᄒᆞᆫ심 쉬고 도라들 졔 우〔유〕명은 비록 달너싯나 혼ᄇᆡᆨ인덜 엇지 일시나 닛시리오 당상 노친 불힝ᄒᆞ시은〔믄〕 그ᄃᆡ만 밋사오니 일후의 황쳔의 도라가 상봉ᄒᆞᆫ난 날의 부인 은혜을 만분지일라도 갑사오리ᄃᆞ 부인은 만세무량ᄒᆞ옵소셔 금일의 이별이 영이별인가 ᄒᆞ나니다 ᄒᆞ며 비회을 금치 못ᄒᆞ거날 212~214쪽.

<박ᄐᆡ부젼이라>에는 박태보와 부모가 영결하는 장면에 이어 부인에게 뒷일을 당부하는 모습이 길게 이어진다. 두 사람은 서로를 위로하고 다독이지만, 속에서는 구곡간장이 녹아내린다. 애써 마음을 추스르려 해도, 첫마디부터 한탄조가 되고 만다. 고락을 함께 하자고 약속했던, 이젠 지키지 못하게 된 헛된 다짐이 떠오르기 때문이다. 이렇게 된 건 지아비의 충절이 너무 지나쳐서다. 마른하늘에 날벼락을 맞게 된 것도 그래서다. 왕비를 구하는 거야 애초 아녀자가 관여할 바 아닌 데다, 이 지경에 이르면 더 부질없는 일이다. 부인의 머릿속엔 지아비를 따라가고픈 생각뿐이다. 그러나 효자인 남편이 죽어도 편히 눈을 감지 못할 줄 알기에, 부인 이씨는 이러지도 저러지도 못한다. 생각 같아선 당장에라도 옷깃을 부여잡고 따르고 싶지만, 그럴 수가 없다. 의지할 데 없는 시부모를 봉양해야 하기 때문이다.

박태보와 이씨는 서로를 위로하며 차마 이별을 고하지 못한다. 부인의 마음이야 이루 말할 수 없지만, 박태보의 심정도 못지않다. 일점혈육도 남기지 못한 채 젊은 아내를 홀로 남겨두고 떠나야 하니 오죽할까. 청상(靑孀)이 되어 긴긴 세월을 시름 속에 살아갈 걸 생각하면 넋이 돼도 잊지

못할 것 같다. 이승에서는 이게 마지막이라고 생각하니 억장이 무너진다. 슬픔을 가눌 길 없지만, 그저 사후 기약이나 할 밖에 다른 도리가 없다.

부인은 남편과 영결하고 돌아서면서 애써 마음을 다잡는다. 죽어가는 남편을 홀로 두고 떠나야 하고, 그런 아들을 두고 발길을 돌려야 하는 시부모를 모시고 가야 하기 때문이다. 서로를 의지하며 가까스로 집에 돌아온 박태보의 부모와 부인은 혼절하고 만다. 서로의 아픈 마음을 잘 알기에, 상심을 더하지 않으려 마음을 다잡아 봐도 충격을 더 이상 감당할 수 없었던 것이다.

> 비몽간의 할임니 와셔 부인의 손을 ᄌᆞᆸ고 왈 부인은 무신 ᄌᆞᆷ을 이ᄃᆡ지 〻피 드러 계신잇가 이려나소셔 ᄒᆞ며 ᄃᆡ강 할 말ᄉᆞᆷ이 잇ᄉᆞᆸ긔로 잠간 단여가기로 왓나이다 ᄒᆞ시거날 부인이 놀ᄂᆡ여 니러나 할임의 손을 마조ᄌᆞᆸ고 반계 문왈 이졔 만나시니 ᄉᆞ싱을 ᄒᆞᆫ가지로 ᄒᆞ사이다 ᄒᆞ며 어ᄃᆡ을 혼ᄌᆞ 가시려 ᄒᆞ시난잇가 ᄒᆞᆫᄃᆡ 할임이 낙누ᄒᆞ시며 ᄂᆡ의 무죄ᄒᆞ물 상쳔이 ᄒᆞ감ᄒᆞ사 셰상 풍진을 바리고 젼죠 츙신을 ᄯᆞ러 쳔승과 ᄉᆞ방으로 귀경ᄒᆞ려 가난이다 실푸다 부인은 마음을 상ᄒᆞ시지 말고 만셰무향ᄒᆞ옵소셔 ᄒᆞᆫᄃᆡ 부인니 ᄃᆡ경 왈 어ᄃᆡ을 가시관ᄃᆡ 이ᄃᆡ지 살난케 ᄒᆞ시잇가 할임은 이ᄃᆡ지 절박ᄒᆞ시난잇가 쳡도 ᄒᆞᆫ가지로 가ᄉᆞ이다 ᄒᆞ며 할님의 쇼ᄆᆡ을 금쳐ᄌᆞᆸ고 못 가난이다 〻〻〻〻〻 날 바리고 못 가나니다 예필종부라 ᄒᆞ엿시니 날과 ᄒᆞᆫ 양 가사니다 할임니 왈 부인 〻〻 여보 부인 부ᄃᆡ 〻〻 안심ᄒᆞ여 부모을 지셩으로 봉양ᄒᆞ면 그 은혜 ᄇᆡᆨ골난망이라 일후의 상봉ᄒᆞ난 날의 피ᄎᆞ ᄀᆡ루던 졍호을 풀러 보사니다 ᄒᆞ시며 나가거날 부인니 할임의 뒤을 ᄯᅦ[ᄯᆞ]러가다가 ᄒᆞᆫ 곳의 다〻르니 엇더ᄒᆞᆫ[ᄒᆞ]신 남ᄌᆞ 십여 인니 의관을 졍졔ᄒᆞ고 즁노의 셧거날 부인니 무례ᄒᆞ여 도로 도라셔 오며 바라보니 장ᄌᆞ 오륙 인니 갈건야복으로 구절쥭장을 집고 할임을 호위ᄒᆞ여 가난지라 부인니 놀ᄂᆡ여 문득 ᄭᆡ다[달]으니 남가일몽이라 217~218쪽.

깜빡 잠이 든 부인의 꿈에 박태보가 나타난다. 황천에서나 다시 만나자고 이별을 고했지만, 차마 그냥 떠날 수 없어 마지막 인사를 나누려고 박태보의 넋이 찾아온 것이다. 박태보의 혼백은 갈건야복에 죽장을 짚은 '육신(六臣)'과 함께 떠난다. 그렇게 자신이 '충신'으로 인정받았다는 걸 알리지만, 부인은 그런 데는 관심도 없다.

앞 장면에서 이씨는 뒷일일랑 걱정 말라고 했지만, 그건 박태보를 위로하려고 건넨 말이었을 뿐이다. "이제 만나시니 ᄉᆞ싱을 ᄒᆞᆫ가지로 ᄒᆞ사이다"라는 말에 이씨의 절박한 심사가 고스란히 드러난다. 홀로 남는 걸 도저히 견딜 수 없을 것 같고, 그래서 절대 떨어지고 싶지 않았던 게 이씨의 속내였다. 어떻게든 남편을 붙들고 싶었고, 지아비가 눈을 감으면 바로 뒤를 따르고 싶었다. 다만 주위의 시선과 해야만 할 일들 때문에 내색할 수 없었을 뿐이다. 꿈은, 그런 부인의 딱한 처지를 드러내고, 부질없는 짓이지만, 매달려보게라도 하려는 장치다.[261]

이씨의 애처로운 모습에 독자들은 한없는 연민의 정을 느끼게 된다. 박태보가 죽은 줄 아직 모르는 아내는 어떻게든 남편이 떠나지 못하게 붙잡으려 한다. 그러나 염치불고하고 따라나섰다가도 이내 돌아설 수밖에 없다. 혹시나 하는 실낱같은 희망을 붙들고 남편의 생환을 기원하던 부인의 간절한 바람은 물거품이 되고, 슬픔은 절정에 다다른다. 진작부터 박태보가 죽었다는 사실을 알고 있던 독자는 이 장면에서 더욱 애잔한 마음을 갖게 된다.

후반부는 이렇게 꿈을 통해 앞으로 일어날 사건을 암시하거나, 서리서리 쌓인 정회를 구구절절이 풀어내게 해서 독자의 눈물샘을 자극하는 식으로 확대됐다. 하지만, 박태보의 억울한 죽음과 남은 가족들의 슬픔에

261) <박씨츙효록이라>에서는 부인의 꿈에 이어 박태보가 부모와 부인에게 남긴 편지 내용이 나온다. 꿈은 박태보의 죽음을 암시하는 간단한 내용인데, 편지에는 부모와 부인을 두고 떠나는 죄스러운 마음과 안타까운 심정을 담았다. <박씨츙효록이라>, 박순호 소장본(앞의 책, 357~361쪽).

공감과 연민을 표한 거라곤 해도, 너무 감상적 정조로 흘러 버렸다. 그건 박태보와 그 가족들의 응어리진 한을 풀어주려는 생각, 즉 해원(解冤)해 주겠다는 의도가 강했던 데다, 민중들이 느낀 안타까움과 절망, 분노가 더해졌기 때문이다.[262)]

이 작품의 앞부분이 국가적 대의를 위해 희생하는 공인으로서의 박태보를 그렸다면, 후반부는 개인으로서의 박태보에 주목했다. 후반으로 들어서는 부모와의 이별 장면부터 서사 전개 속도가 갑자기 느려지고, 비감을 자극하는 감상적인 어구의 사용 빈도가 급격히 높아진다. 부인과 대화를 나누는 장면이나 꿈 이야기에는 가족에 대한 박태보의 애절한 마음이 묻어난다. 박태보가 모진 고문에도 굴하지 않고 절의를 지키는 모습을 볼 때 느꼈던 안타까움이나 비장미와는 전혀 다른 정서적 반응을 일으키는 이유다.

박태보가 임금의 부당한 처분에 목숨을 걸고 직간한 건 예견된 일이었다. 그는 어려서부터 『소학(小學)』을 익히면서 옛사람의 "회힝과 츙심"을 가슴에 새겼다. 그의 성정이 "넘어 강직"한 걸 부모가 걱정할 정도였다. 박태보는 대의를 위해서라면 모진 고문도 견딜 수 있었고, 한 목숨 바치는 것도 감수할 수 있었다. 그는 신하의 본분을 다하기 위해 기꺼이 죽음을 택했지만, 남은 가족에게는 더할 수 없는 슬픔을 안기고 말았다. 박태보는 충성스런 신하이기 전에 연로한 부모의 외아들이었고, 아직 자식도 없는

262) 박태보의 삶은 충심어린 직간과 억울한 죽음으로 기억된다. 그의 30여 년 생애 중 단 며칠에만 서사가 집중됐는데, 가장 강렬한 순간이었기 때문이기도 하지만, 그 밖에는 관심을 끈 장면이 적었다는 뜻이다. 박태보에 관한 일화가 다양하게 형성되지 않은 것도 이 때문이다. 그만큼 스토리와 이미지의 확장성이 부족했다는 말이다. 역사적 사건, 또는 인물은 다면적 가치를 가질수록, 다시 말해 다양한 해석 가능성을 가질수록 대중의 기억에 오래 남게 된다. 이에 대해서는 린 스필만, 「언제 집단기억이 지속되는가: 미국과 호주의 건국 순간들」, J. K. 올릭 편, 최호근 · 민유기 · 윤영휘 역, 『국가와 기억: 국민국가적 관점에서 본 집단기억의 연속 · 갈등 · 변화』, 민주화운동기념사업회, 2006 참조.

젊은 아내의 지아비였다. 그가 제아무리 굳센 사내였다 해도, 공적 대의(大義)와 사적 정리(情理) 사이에서 고뇌할 수밖에 없었을 것이다. 작가는 그런 박태보의 처지에 주목했다.

박태보는 사경을 헤매면서도 남겨질 가족 걱정을 떨치지 못한다. 영원한 이별을 앞두고 초연할 수 없는 한 인간의 아픔이 짙게 배어나는 대목이다. 그렇다고 해서 그가 나약해 보이는 건 결코 아니다. 외려 그런 고통을 감내하면서까지 무너지는 대의를 붙들려 했던 그의 희생이 더욱 값져 보이게 한다. 박태보의 충절은 누구라도 인정할 만했으므로 인간적인 면모를 더해 완벽한 인물로 만든 것이다. 그리하여 박태보는 충신이라는 이미지를 굳혔고, 이상적인 인물로 기억되게 했다. 그럴수록 후반부의 삽화들이 점점 확대돼갔다.

작가와 독자는 박태보의 죽음과 가족들의 애절한 사연에 더 관심을 쏟았다. 망설임이나 두려움 없이 대의만 좇는 사람에게선 인간미를 발견하기 어렵다. 독자들은 개인적 고뇌와 아픔을 이겨낸 사람의 눈물겨운 사연에 더 감동하기 마련이다. 역사적 사실보다 그 이면에 가려진 개인의 고뇌와 아픔, 가족들의 비애와 절규에 독자들이 더 깊이 공감했던 것도 그래서다.

박태보가 소설의 주인공으로 선택된 건 당대인들이 중요하게 여긴 가치를 온몸으로 보여주었다는 점 때문이다. 당시는 언제라도 국면이 뒤바뀔 수 있는 혼돈의 시기였다. 죽음을 무릅쓰고 직간한 충신(忠臣)이 될 수도 있고, 군부를 욕보인 역신(逆臣)으로 남을 수도 있는, 한 치 앞도 내다볼 수 없는 상황이었다. 이런 때일수록 사람들은 변함없는 가치에 주목하기 마련이다.

박태보를 형상화하면서 충신의 아이콘인 사육신의 이미지에 기댄 건, 절대권력에 굴하지 않은 그의 올곧음을 강조하고, 임금이 내린 처분의 부당성을 드러내기 위해서였다. 게다가 박태보는 극진한 효자에다 자상한 남편으로 그려진다. 더없는 충신지사(忠臣志士)에다, 인간미까지 물씬 풍긴다면, 독자들이 그에게 깊이 공감할 건 자명하다.

<박태보전>은 특정 당파의 역사인식과 관련된 작품이 아니다. 남인에게 분노를 쏟아낸 장면이 있다고 해서 서인의 관점이 반영됐다고 말할 수는 없다. 사실 인현왕후가 남인들을 도끼로 찍어 죽이게 한다는 발상은 도저히 사대부들의 생각이라고 할 수 없으며, 민간적 사고의 표현이라고 이해하는 게 오히려 자연스럽다. 이중환(李重煥, 1690~1752)의 증언처럼,[263] 조선후기 사람이라면 누구도 당쟁에서 자유롭지 못했다. 절대권력을 휘둘렀던 왕까지도 당쟁에서 자유로울 수 없었다면,[264] 일반 백성들은 더 말할 나위도 없다.

하지만 이 작품에선 당쟁이 어떻게 전개됐는지는 애초부터 관심 밖이었다. 박태보와 임금이 그토록 격하게 대립한 까닭이 무엇인지도 깊이 따지지 않았다. 숙종이 훗날 경종이 된 장씨 소생의 왕자를 서둘러 원자(元子)로 삼으려 한 까닭이나, 인현왕후의 배후세력으로 지목했던 서인(西人)을 제압하려 한 데서 폐비사건이 일어났다는 사실은 전혀 고려하지 않았다. 올바른 정치를 하려면 언로(言路)를 열어주고 쓴 소리에 귀를

263) 신축·임인년 이래로 조정에는 노론·소론·남인, 세 색목(色目)끼리 원한이 나날이 깊어져서 서로 역적이라는 죄목을 덮어씌우며, 그 영향이 아래로 시골에까지 미쳐서 하나의 전장으로 되었다. 그저 혼인만 통하지 않는 게 아니라, 서로 용납하지 않는 지경에 이르렀다. 다른 색목과 친하게 지내면 절조가 없다 하고, 또 투항했다 하여 서로 배척한다. 심지어 일 없이 노는 작자와 천한 종들도 한 번 누구네 집 사람이라 불리면, 비록 다른 씨족을 바꿔서 섬기려고 해도 또한 용납되지 않는다. 自辛壬以來, 朝廷之上, 老少南三色, 仇怨日深, 互以逆名加之, 以風聲所及, 下至鄕曲, 作一戰場. 不但婚娶不通, 以至勢不相容異色. 與他色親, 則謂之失節, 亦謂之投降, 互相排擯. 以至遊士賤隷, 一名某家之臣, 則雖欲更事他族, 亦不見納. 이중환, 이익성 역, 『택리지(擇里志)』, 「인심(人心)」, 을유문화사, 1971, 194쪽.

264) 이 시기에 환국(換局)이 잦았던 건 임금마저도 당파간의 반목과 대립에서 자유로울 수 없었기 때문이다. 홍순민, 「숙종초기의 정치구조와 환국」, 『한국사론』 12, 서울대 국사학과, 1986; 정경희, 「숙종대 탕평론과 '탕평'의 시도」, 『한국사론』 30, 서울대 국사학과, 1993 참조.

기울여야 한다는, 동양의 전통적 정치사상을 확인하려 한 것도 아니었다. 그저, 지나치게 성품이 강직한 박태보가 임금에게 직간하다가 희생됐고, 그런 상황이 빚어진 게 안타깝다는 정도였다. 전형적인 충신의 이미지에 인간미까지 더한 이상적인 인물로 그를 형상화해서 독자들의 감성을 자극하고 공감을 불러일으키는 게 중요했을 뿐이다.

<박태보전>은 정치현실을 묘사했지만, 정치의식을 강조했다기보다는 다분히 감성적으로 접근한 작품이다. 이런 접근법은 소설의 대중화·통속화 경향과 맞물려 점점 강화됐다. '<박ᄐᆡ보젼> 계열'보다 후대에 형성된 걸로 보이는 '<박할님젼> 계열'이 기존 소설의 관습에 보다 충실하고, 감상적 정조를 강화했다는 데서 이를 확인할 수 있다.

숙종이 왕비를 폐위한 것은 사회 규범에 비해 과도한 조치였을 뿐만 아니라 보편적 정서와도 거리가 먼 행위였다. '임금은 아버지, 왕비는 어머니, 신하는 자식'이라는 당시의 관념에서 보면, 박태보는 충성스런 신하이면서 백성들 자신이 되기도 한다. 이렇게 되면, 박태보는 이상과 거리가 먼 현실을 말 없이 살아가야 했던, 민중을 표상하게 된다. 작중의 백성들, 나아가 독자들이 박태보에게 감정을 이입하며 늘 그의 편에 선 것도 그래서다. 어버이가 잘못을 범하면 자식은 울면서 고할 수밖에 없다. 그래도 부모가 듣지 않으면, 자식으로선 마음을 고치실 때까지 기다리는 수밖에 다른 도리가 없다. 작품에 삽입된 노래에서 백성들이 '성군이 나타날 때까지 기다리자'[265]고 말하는 이유다. 그건 현실에 순응하겠다는 뜻이기보다는, 바람직하지 못한 일 천지인 현실을 부정한 거라고 봐야 옳다. <박태보전>은 이렇게, 나라 꼴을 우습게 만든 임금부터 정신을 차려야 한다며 먼저 모범을 보이라고 요구하던 백성들의 거센 목소리를 실었고, 다툼만

265) 당ᄉᆞᆼ 부모 모셔쎠라 심ᄉᆞᆫ궁곡 드려가셔 우록으로 버실 삼고 ᄉᆞᆫ슈로 낙을 붓쳐짜가 셩군을 지달리자 220쪽.

일삼는 위정자들에게 따가운 시선을 보내던 민중의 비판적 시각을 드러냈다.

4. 18세기 역사소설의 특성

18세기 역사소설은 전란을 다룬 작품과 당쟁을 중심으로 구성한 작품으로 대별된다. 전란을 소재로 한 작품은 다시 지배층의 이데올로기를 구현한 경우와 피지배층의 역사인식을 담은 경우로 나뉜다. 당쟁을 다룬 작품도 지배층의 입장에서 접근한 경우와 민중의 목소리를 드러낸 경우로 구분된다. 전란 소재 작품에는 <임경업전>·<박씨전>·<배시황전>·<임진록>이, 당쟁을 다룬 작품에는 <윤지경전>·<박태보전>이 속한다.

이 가운데 <임경업전>은 지배층의 이데올로기가 깊이 침투해 있는 작품이며, <박씨전>과 <배시황전>은 지배담론을 여성과 민중이 내면화하게 하려고 지은 작품이다. <임경업전>의 형성과정에는 당시 지배층이 깊숙이 관여했는데, 작품에 투사된 지배이념은 독자들의 광범위한 지지를 얻어냄으로써 국민정서의 차원으로까지 확산됐다. 이런 현상은 민중의 마음속에 잠재된 위기의식과 복수심을 자극함으로써 피지배층에게도 지배층의 논리가 쉽게 수용될 수 있었기에 가능했다.

<임진록>은 이런 지배적 역사담론에 대항해서 등장한 작품이다. 작가는 기록된 역사에 의지하지 않는 대신 설화를 적극적으로 수용해, 공식적인 역사를 거부하는 민중의 역사의식을 보여주었다. 민중적 성격을 지닌 인물들을 전면에 내세운 것부터 <임진록>은 다른 작품과 확연히 달랐다. 이 작품은 민중을 역사 발전의 원동력으로 자리매김하려 했다는 점에서

지배이념과는 거리가 한참 멀었다.

당쟁과 관련해서 형성된 작품 중 <윤지경전>은 자신이 속한 당파의 입장을 우의(寓意)한 경우라는 게 독특한 점이다. 외견상 애정소설의 형태를 띠고 있는 건, 정국이 급변하고 충역(忠逆)이 숱하게 뒤바뀌는 상황에서, 자기 당파의 입장을 직설적으로 표명할 수 없었기 때문이다. <박태보전>에서는 박태보를 임금의 불의에 맞선 충절의 상징으로 표상했다. 이 작품은 민중이 당쟁을 극히 부정적으로 인식했다는 걸 말해준다. 그들은 극심한 당쟁과 거듭되는 환국(換局)에 피로감과 거부감을 느끼면서 왕실과 사대부들의 역할과 정체성이 무엇인지 심각하게 회의했다.

18세기 역사소설의 특징을 꼽아보면 다음과 같다.

첫째, 17세기에 형성된 <최척전>·<김영철전>처럼 기층민의 현실을 다룬 작품이 새로 나오지 않았다. 18세기 소설의 주된 독자는 하루하루의 삶에 허덕이던 사람들이었다. 그들에겐 위안거리가 필요했다. 고통스런 현실을 떠올리게 하는 작품은 거기에 맞지 않았다.

둘째, 당쟁을 제재로 한 작품이 등장했다. 당쟁의 여파가 사회 전반에 미쳤고, 그런 현실에 문제의식을 갖게 됐다는 뜻이다. 그러나 당쟁을 바라보는 입장은 계층별로 달랐고, 그 차이가 다른 형상화 방식으로 드러났다.

셋째, 작가가 창조한, 온전히 허구적인 인물이 주인공으로 등장했다. 역사적 인물을 중심으로 구성해온 역사소설에서 가공인물을 주인공으로 내세웠다는 건 각별한 의미가 있다. 작가는 실존인물의 성격과 행적을 변개하는 정도로는 만족할 수 없었다. 자신의 역사의식을 대변하고 독자에게 이를 효과적으로 전할 인물을 직접 만들어낸 이유다.

넷째, 이전 시기 작품에 비해 인물이 표상하는 범위가 대폭 확대됐다. 다양한 계층이 창작과 향유에 참여하게 되자, 주체가 더 이상 개인이나 가족 정도에 머물지 않고 특정한 집단과 계층을 표상하게 됐고, 경우에 따라서는 민족적 차원으로까지 확장됐다. 임경업이 민족적 영웅으로 떠오른 것이나, 김덕령이 민중적 영웅으로 부각된 것 같은 경우다.

다섯째, 이렇게 주체가 확대되면서 인물을 이상화하거나 이념화하는 양상이 아울러 진행됐다. 여기에는 당시의 지배담론이었던 존주론의 영향이 강하게 작용했다. 하지만 모든 걸 존주론의 영향으로만 설명할 수는 없다. 이런 현상을 이해하자면 다음 두 가지 요인을 아울러 고려해야 한다.

먼저, 역사적 사건을 이해하는 방식이 달라졌다는 점이다. 시간이 흐를수록 가치론적 역사인식이 강화됐다. 17세기 사대부들은 옛 질서를 회복할 수 있을 거란 기대를 쉽사리 접지 못했다. 18세기에는 그럴 수 없었다. 그런 바람이 실현될 가망이 없다는 게 분명해졌기 때문이다. 이런 현실인식은 불투명한 미래 전망과 맞물려 역사적 사건의 의미를 되새기고, 이념적 틀 안에서 다시 설명해야 할 필요성을 높였다. 이럴 때 역사의 실상이 어땠느냐는 문제는 뒷전으로 밀리고, 작가를 포함한 지배담론의 주체들이 믿는 역사와 보여주고 싶은 인물상이 전면에 부각된다. 다음으로는, 인물 형상화 방식이 변했다는 사실이다. 대중에게 친숙하게 다가갈 수 있는 인물을 만들어내야 했고, 이때 다른 소설 유형에서 이미 검증된 요소나 기법을 받아들인 건 자연스런 과정이었다. 물론 소설의 통속화 경향과도 맞물려 있는 현상이다.

18세기 역사소설은 '이념적'이다. 작중인물에게, 또한 그걸 읽는 독자에게 대의를 위한 헌신과 희생을 요구하지만, 그게 옳은지 그른지 따진다거나 반박할 여지를 주지 않는다. 그저 자명한 가치로 인정하고 실천할 것을 요구할 뿐이다. 그 길에 앞장서면 선한 가치의 담지자로 긍정되지만, 그 반대면 부정과 비난의 대상이 된다. 작품을 어떻게 읽어야 할지 일종의 지침을 제시해 미리 방향을 제한하는 셈이다. 부정적인 존재가 되지 않으려면 작품에 내재한 특정한 관념을 받아들여야 한다.

소설은 문화상품인 만큼, 이런 지배이념을 독자 개개인에게 강제할 순 없다. 작품을 읽을지 말지는 전적으로 독자의 선택에 달렸고, 비판적으로 읽을 수도 있다. 한데 고소설은 여럿이 모여 함께 읽거나 듣는 게 일반적인 향유방식이었다. 그런 상황에서는 주위의 반응을 서로 의식하게 됐고, 그게 상승작용을 일으켜 반응도 더 강렬해졌으며, 자리를 함께 한 사람들 사이에 공감대가 형성됐다. 이런 정서적 체험이 일상생활에서 반복적·지속적으로 이루어졌기에 강제 이상의 효과를 거둘 수 있었다.

그런데 18세기 역사소설, 그 중에서도 <임경업전>·<박씨전>·<배시황전>은 공통적으로 음울한 분위기로 마무리된다. 상상의 세계에서마저 복수를 실현하지 못한다. 한 마디로 속 시원한 마무리가 되지 않는다. 그건 역사적 사실을 부정할 수 없어서기도 하지만, 꼭 그런 이유 때문만은 아니다. 그렇듯 강렬하게 선과 악을 대비해 놓고도 선의 승리로 확실히 결말짓지 못했다는 건 그 만큼 현실인식이 어둡고 미래 전망이 불투명했다는 뜻이다.

Ⅴ. 19세기 역사소설의 양상

조선후기 역사소설로 검토할 마지막 작품은 1887년에 이정균(李鼎均, 1852~1899)이 지은 <흥무왕연의(興武王演義)>다. 이 작품은 외세가 침략할지도 모른다는 위기감이 고조되던 19세기 후반의 현실에 대한 인식을 바탕으로 변화된 환경에 맞는 새로운 정체성을 모색하는 과정에서 창작됐다.[1)]

이정균은 철종·고종 연간에 산 사람이다. 이때 조선은 안팎으로 위기를 맞았다. 안으로는 세도정치의 폐해가 극에 달했고, 그런 현실에 변화를 요구한 민중의 움직임은 번번이 벽에 부딪혔으며, 밖으로는 제국주의 외세가 그 마각을 드러내기 시작했지만, 이에 대처할 준비가 돼있지 않았다. 이정균은 이러한 민족적 위기를 타개하기 위해 필요한 게 무엇인지 고심하면서 <흥무왕연의>를 지었다.

1) 이 작품에 대한 대표적인 연구 성과는 다음과 같다. 박두포, 「角干實記攷」, 『동양문화』 12, 영남대 동양문화연구소, 1971; 김진영, 「김유신전」, 김진세 편, 『한국고전소설작품론』, 집문당, 1990; 김동협, 「<흥무왕연의>에 대하여」, 『국어교육연구』 25, 경북대 국어교육연구회, 1993; 안영훈, 「<김유신전>계 소설의 이본과 계통: 문헌검토를 중심으로」, 『고황논집』 15, 경희대 대학원, 1994; 박홍수, 「<흥무왕연의> 연구」, 박사학위논문, 경성대 대학원, 1997; 안영훈, 『김유신전 연구』, 민속원, 2004.

1. 외세 침략의 위기의식과 영웅대망론: <흥무왕연의>

<흥무왕연의>는 『삼국사기』 열전 「김유신」을 기본 골격으로 해서 창작한 작품이다. 작가인 이정규은 역사적 사실에 바탕을 두면서도 각종 문헌과 구비전승을 참고해 수식·부연하고, 과장과 허구를 섞어 이 작품을 지었다. 작가는 『삼국사기』·『삼국유사』·『수이전』·『동국통감』·『동국여지승람』·『동경잡기』 등에 실린 김유신 관련 기록을 참조했다. 또한 <작원(鵲院)>·<천관녀 이야기>·<조룡대 전설> 같은 설화를 수용했고, 이밖에 도술설화나 불교설화 등을 통해 김유신의 영웅성을 돋보이게 하는 한편, 인간적인 모습도 부각했다.

1887년작인 <흥무왕연의>의 이본은 20세기 초에 집중적으로 형성됐다. 이 작품은 한문본인 <흥무왕연의(興武王演義)>·<흥무왕실기(興武王實記)>·<각간선생실기(角干先生實記)>, 현토본인 <흥무왕삼한전(興武王三韓傳)>, 국한문 혼용본인 <흥무왕전(興武王傳)>, 한글본인 <김유신실긔> 등 이본의 표기형태가 다양하다. 이본이 이렇게 다양하게 분화된 건 역사에 큰 족적을 남긴 인물을 주인공으로 삼았다는 데 원인이 있다. 실존인물인 김유신의 영웅적 활약상을 중심으로 소설화했기에 사실 지향과 허구 지향이 공존했는데, 그 중 어떤 면을 강화하느냐에 따라 서로 다른 양상을 띠었기 때문이다.[2)]

---

2) 국립중앙도서관 소장 <흥무왕실기>는 1923년에 장수군(長水郡)에서 간행된 3권 3책본이다. 국도본에 실린 이정규의 서(序)는 경희대본과 대동소이하면서도 끝 부분이 의미상 상당히 다르다. 경희대본에 있는 '허구와 과장을 섞어 창작했다'는 말은 국도본에 없고, 대신 간행 과정을 간단히 언급했다. 이 작품의 허구적 측면에 대한 입장이 사뭇 다른 것도 그 연장선상에 있는데, 경희대본은 신중한 입장인데 비해 국도본은 '볼 만할 것'이라고 자신감을 표했다. 이는 국도본에서 허구가 섞였다는 언급을 아예 하지 않았기 때문일 것이나. 작품 제목이 '흥무왕연의'와 '흥무왕실기'로 다른 것은 단순히 이본 명칭상의 차이라기보다는 작품 내용을 허구화의 산물로 보느냐, 사실의 기록으로 생각하느냐가 다른 데서 비롯된 거라고 봐야 한다.
다만 가전은 폭넓지 못한 게 아쉬워서 마침내 여러 사서를 참고하고 제설을 모아

이 작품은 19세기 말에 창작되어 20세기 중엽까지도 이본이 계속 나왔다. 그럼에도 불구하고 크게 주목받지 못한 건 다음 두 가지 요인에서 비롯됐다. 우선 들 수 있는 건, 고소설의 체제와 내용, 유통 방식을 따르면서도 신소설·현대소설이 창작되던 시기에 간행됐기 때문에 고전문학과 현대문학에서 모두 소외되고 말았다는 점이다. 또한 한글본 외에는 모두 김해김씨 종중에서 숭조현창(崇祖顯彰)을 목적으로 간행했기 때문에 대중에게 널리 알려지지 않았던 것도 그 원인이었다.

여기서는 먼저 <홍무왕연의>의 창작배경을 살피고, 이어 중국·일본에 대한 분노를 표출하는 걸로 구체화된 반외세 지향이 민족적 정향과 관련되는 양상을 고찰한 후, 이 작품과 20세기 초에 창작된 작품들과의 관련 양상을 알아보겠다.[3)]

1) 숭조정신(崇祖精神)과 영웅대망론(英雄待望論)

<홍무왕연의>에는 작자 이정규(李鼎均)의 서(序)와 김유신의 후손인 김용순(金容淳)의 발(跋)이 실려 있어 창작 배경과 출간 경위를 알 수 있다. 이정규은 이 작품을 지은 까닭을 다음과 같이 밝혔다.

> 내가 일찍부터 문헌에 약술된 홍무왕의 사적을 보고 우러러 사모하는 마음을 가진 지 오래 됐다. 다행히 지난해〔1886년-필자〕 겨울에

'홍무왕실기' 3편을 지었다. 무릇 삼국의 충신·열사와 산천·성읍을 갖추어 적지 않음이 없으니, 뜻 있는 선비가 또한 볼 만할 것이다. 顧其家傳, 猶恨不博, 遂乃叅考諸史, 搜輯衆說, 著爲興武王實記三編. 凡三國之忠臣烈士, 山川城邑, 靡不備述, 有志之士, 亦足可觀. <홍무왕실기(興武王實記)> 천(天), 국립중앙도서관 소장본, 5면.

3) 고려대본 <홍무왕실기>를 포함해 대부분의 이본은 20세기 초에 간행된 것들로, 조선 후기로 대상 시기를 제한한 이 책에서 다루기에 합당치 않다. 그렇지만 <홍무왕연의>가 변모한 양상을 살피는 자료로서의 가치는 충분하다. 여기서는 <홍무왕연의>를 중심으로 검토하고, 다른 이본은 필요에 따라 언급하기로 한다.

왕의 먼 후손가에서 본전(本傳)을 얻어 보았더니, 평생의 위대한 자취가 자세히 실려 있어서 빠진 게 없었다. 두 번 세 번 읽고 무릎을 치면서 칭상했고, 또 탄식했다. '옛날 구양자는 왕언장의 가전을 얻어 보고 화상기를 써서 오대(五代)의 역사에 밝혀 일컬어지게 했다. 지금 흥무왕의 정충대업은 삼국시대 여러 인물 중에 뛰어난 데도 고려 때 김부식의 『삼국사기』에서는 그 선미(善美)함을 다 드러내지 못했다. 다만 그 집안에 내려오는 전(傳)이 이처럼 찬연하여, 천 년 뒤에 지사의 마음을 흥기시키기에 족하다. 아! 아름답고 장하도다!' …(중략)… 나는 공에 대해 더욱 느끼는 바가 있다. 공은 사비성 싸움에서 내 중랑(中郎) 선조와 함께 백제를 멸망시켰고, 또 같은 조정의 신하가 됐다. 지금으로부터 비록 연대는 멀지만, 만약 공융(孔融)에게 논하게 한다면, 어찌 통가(通家)의 의(誼)가 없다 하겠는가! 마침내 여러 사서를 참고하고 제설을 모아 '흥무왕연의' 3편을 지었다. 무릇 삼국의 충신·열사와 산천·성읍을 갖추어 적지 않은 게 없으니, 뜻 있는 선비가 또한 볼 만할 것이다. 이 책이 부허과장(浮虛誇張)하여 대략 가전과 동국 사서의 본지를 벗어났기에 단인 정사더러 읽으라고 하면 경박하다는 말을 면치 못할 듯하지만, 다만 절절이 흠앙하는 건 일컬을 바가 있을 것이다. 숭정 기원 후 다섯 번째 정해년〔1887〕 2월 기묘일에 연안 후인 이정균은 삼가 서(序)하노라.[4)]

4) 余自早歲, 得見興武王史略於文獻錄中, 以寓景仰之慕者, 有年矣. 幸去年冬, 偶得本傳於公遠裔之家, 而平生偉蹟, 載在其書. 披讀再三, 擊節稱賞, 旣而復嘆曰: 昔歐陽子得王彦章家傳, 以記畵像, 使五代之史, 炳然有稱. 今興武王之貞忠大業, 優爲三國上人物, 前朝時, 金開府三國之史, 未盡善矣. 獨其家遺傳燦然, 以此, 千載之下, 足以興起乎智士之心. 猗歟壯哉! …(중략)… 余於公尤有憾焉. 其在泗沘之役, 與我中郎先祖, 同滅百濟, 又策名同朝. 距今, 雖年代侵遠, 使如孔北海論之, 則詎無通家之誼乎! 遂乃叅考諸史, 褒輯群說, 著爲興武王演義三編. 凡三國之忠臣烈士, 山川城邑, 靡不備述. 是書也, 雖若浮虛誇張, 大略其越乎家傳及東史之本旨也, 使端人正士讀之, 則似不免於輕薄之辭, 然特以欽仰之切, 有所稱之耳. 崇禎紀元后五周丁亥二月己卯, 延安后人李鼎均謹序. 이정균, 「흥무왕연의·서(興武王演義 序)」, <흥무왕연의(興武王演義)>, 경희대 소장본(김진영·안영훈 역주, 『김유신전』, 고려대 민족문화연구소, 1996, 21~22쪽). 이하 인용은 역주본에 실린 원문에 따르고, 번역은 역주본을 참고하여 일부 수정하여 제시하며, 끝에 해당 원문의 쪽수만 밝히겠다. 밑줄은 필자가 넣었고, 이하 같다.

이정균은 중국 역사는 잘 알면서도 정작 자국 역사에는 무관심한 세태를 개탄했다.[5] 중국 고금의 인물은 훤히 꿰면서도 우리나라에는 뛰어난 인물이 없다고 치부한다는 것이다. 이정균은 우리 역사에도 위인들이 적잖다고 생각했고, 그 중에서도 김유신을 높이 평가했는데, 다만 사서의 기록이 소략한 게 아쉬웠다고 했다. 그러다가 1886년 겨울에 김유신의 후손가에서 가전(家傳)을 발견한 후 여러 문헌을 더 참조하고, 허구와 과장을 섞어 <흥무왕연의>를 지었으며, 후손 집안에서 이를 간행하려 하자 1887년 2월에 그 서문을 써서 원고를 전한다고 적었다.[6] 그는 '가전'을 발견한 게 이 작품을 창작한 직접적인 계기라고 밝혔다.[7] 또한 작가의 선조인 중랑장 이무(李茂)를 기리는 마음[崇祖精神], 그리고 김해김씨와

---

5) 지금 사람 중에서 서사(書史)를 널리 섭렵해 인물의 뛰어남과 훌륭함을 논하는 자들은 반드시 중국을 일컫는다. 중국의 위로는 삼대・한・당으로부터 아래로는 송・명에 이르기까지 손바닥을 마주치는 것처럼 환하다. 그러나 우리나라에 대해선 강론한 게 드물고 소략함이 매우 심하다. 아! 우리나라가 비록 작다고는 해도 천고에 구한다면 어찌 사람이 없겠는가. 今人之博獵書史, 論人物之奇偉者, 必稱中國, 中國上自三代, 下及漢唐有宋, 瞭然若抵掌. 而至於東國, 則罕有講論, 疏略特甚, 嗚呼! 東國雖少, 求之千古, 豈無其人哉! 이정균, 『흥무왕연의・서(興武王演義 序)』(위의 책, 20쪽).

6) <흥무왕연의>를 간행한 건 이정균이 창작한 지 12년이 지난 뒤였다. 김용순이 쓴 발문에 따르면, 김유신의 후손인 김용욱(金容旭)과 김종락(金鍾樂)이 1898년 겨울부터 간행에 착수해서 1899년 1월 하순에 결실을 보게 됐다고 한다. 다만 김용순의 발문에는 이정균이 창작한 때를 1897년으로 밝혀 앞서 인용한 이정균의 서문 내용과 다르다.
<u>병신년 가을에 구성(龜城)의 이정균씨가 중랑장 이무(李茂)의 후손으로서 통가의 의로 사설(史說)을 찾아 모아서 3편의 책을 엮고 '흥무왕연의'라 했다</u>. 바로잡고 통합한 큰 공적이 책을 펼치면 분명하니, 이에 문헌의 부족은 옛말이요, 연평의 검이 다시 합쳐짐은 오늘을 이름이다. 아! 잊지 못함이 과연 이에 이르렀도다! 무술년 겨울을 지나 종제 용욱과 족인 종락이 간행・배포하기를 함께 도모하여 서로 정성을 다했는데, 해를 넘겨서야 공을 이루게 됐다. …(중략)… 숭정 기원 후 다섯 번째 기해년 1월 하순에 후손 용순은 삼가 쓰다. <u>故丙戌秋, 龜城李鼎均氏, 以中郎諱茂之後孫, 爲有通家之誼, 搜采史說, 輯成文卷三篇, 名曰興武王演義</u>, 匡合偉蹟, 開卷瞭然, 此乃文獻之不足, 在昔之謂也, 延平之再合, 爲今之稱也, 於戱! 不忘果在玆乎! 越若戊戌冬, 從弟容旭, 與族人鍾樂甫, 合謀刊布, 相奔盡誠, 踰年而僝功. …(중략)… 崇禎紀元後五周己亥正月下澣, 後孫容淳謹識. 김용순(金容淳), 『흥무왕연의발(興武王演義跋)』(위의 책, 336~337쪽).

7) 후손가에 전해 내려왔다는 가전(家傳)을 지금은 확인할 수 없다.

의 친밀한 정분[通家之誼]도 중요한 동기가 됐다고 했다.

어떤 가문에 대한 사회적 평가는 그 집안에서 충신·효자·열녀 등을 얼마나 많이 배출했는가와 밀접한 관련이 있었다. 가문마다 이런 인물이 많이 배출되길 바라고, 그들을 기리며 후손으로서 긍지를 느꼈던 것도 이 때문이다. 숭조정신(崇祖精神)이란 이렇게 조상을 추모하고 공경하는 마음인데, 가문의식과 밀접한 관련이 있다.[8] 전통사회에서는 불천위(不遷位)를 중심으로 가문의 결속을 다졌고, 대개 고조(高祖)가 같은 후손들끼리 동성촌을 이루면서 깊은 혈연적 유대감을 가졌다. 또한 선조의 문집을 간행함으로써 가풍을 유지하고 구성원의 소속감을 공고히 하면서 문벌을 자랑하기도 했다.

조상을 받드는 마음과 가문을 현창(顯彰)하려는 욕구는 조선후기에 인물전(人物傳)이 활발하게 창작된 배경 가운데 하나였다. 각 가문마다 내적으로 구성원을 묶어줄 구심점이 있어야 했고, 외적으로 가문을 자랑할 수 있는 뭔가가 필요했다. 그게 바로 훌륭한 선조였고, 그들을 드러내기에 좋은 방법 중 하나가 전을 짓는 것이었다. 조상의 행적을 담은 전은 쓰임새가 다양했다. 안으로 후손간의 혈연적 연대의식을 강화하는 바탕으로 삼았으며, 밖으로는 가문의 위세를 과시하는 수단으로 활용했고, 해당 인물을 공신이나 충신, 효자로 공식 인정받는 근거로 쓰기도 했다.

그런데 <흥무왕연의>는 선조를 현창하는 방법으로 소설을 택했다는 점에서 다른 인물전과 구별된다. 사실 이 시기에는 소설에 대한 부정적 인식이 이미 상당 부분 바뀌어 있었다.[9] 김유신의 빛나는 행적을 소설로 형상화해서 가문을 현창하려 한 것도 이런 변화된 흐름에 따른 것이다. 이 작품에서 김유신이라는 현조(顯祖)의 후광에 기대 가문 내적 결속을

8) 송철호, 『임병양란 인물전 연구』, 석사학위논문, 부산대 대학원, 1995, 23~24쪽.
9) 김경미, 『조선후기 소설론 연구』, 박사학위논문, 이화여대 대학원, 1994 참조.

다지려 한 것은 한 가문에 국한된 협애한 관점이라고 평가할 수도 있다. 그러나 위기를 헤쳐 나갈 영웅의 출현을 고대하던 민족의 현실과 결합되면서 가문 단위를 벗어나 사회적으로 의미가 확산될 수 있었다.

<홍무왕연의>가 나온 때는 서구 열강의 제국주의가 마각을 드러낸 시기였다. 그러나 조선 사회는 이에 대처할 준비가 돼 있지 않았다. 이정균은 이러한 위기 상황을 타개할 방안을 모색하는 과정에서 <홍무왕연의>를 지었다. 한국사에 대한 그의 관심은 단순한 호고(好古) 취향이 아니라 중국사에 비추어 우리 역사의 독자성과 가치를 인식한 데서 출발했다. 그는 민족사에 대한 관심을 제고하고 주체성을 확립할 필요를 느꼈다. 또한 이 땅에 위기가 닥치면 위대한 인물들이 등장해 겨레를 구해냈던 것처럼, 당면한 현실에도 새로운 영웅이 나타나기를 간절히 소망했다.

태평성대에는 영웅이 필요 없다. 영웅은 난세에 등장해서 자신의 능력으로 흐트러진 질서를 바로잡는다. 작가는 1,200년이나 거슬러 올라가 만난 김유신에게서 거기에 부합하는 모델을 찾아냈다. 먼 과거의 영웅 김유신을 통해 비로소 희망을 발견했다는 건 그만큼 현실의 위기가 심각하다고 생각했다는 말이다. 가까운 과거에서는 당면한 난제를 시원하게 풀어줄 것 같은 인물을 발견할 수 없었다는 뜻이기 때문이다.

이 작품에서 김유신은 지모와 용력을 모두 갖춘 인물로 그려진다. 주로 제갈량(諸葛亮)이나 장량(張良) 같은 '책사(策士)'로 묘사되지만, 경우에 따라 염파(廉頗)·이목(李牧)과 같은 '용장(勇將)'에 비견되거나, 강태공·이윤(伊尹)·관중(管仲)·소하(蕭何) 같은 '현상(賢相)'으로 그려지기도 한다. 이들은 모두 난세에 이름을 떨친 사람들이었는데, 그 모든 미덕을 한 몸에 갖추었다는 식이다.

이렇게 김유신을 그린 이유는 다음과 같다. 첫째, 김유신이 활동했던 시기의 특수성이다. 그가 활약한 삼국시대 말부터 통일신라 초까지는 역사상 가장 큰 격랑이 일었던 시기 중 하나였다. 둘째, 작가가 당면한 사회를 그런 혼돈과 위기의 시대로 판단했기 때문이다. 위기가 심각할수록 그걸 극복해줄 영웅이 등장하기를 바라는 마음 또한 커진다. 그 영웅은 막중한 사명을 띤 만큼 위기를 타개할 수 있는 힘을 보여 주어야 한다. 그렇기에 역사상 걸출한 인물들이 보인 능력을 한 몸에 가져야만 하는 것이다.

사실 <홍무왕연의>의 인물 형상화는 매우 상투적이며,[10] 기존 소설의 관습을 충실히 따른다. 아래 인용문에서 드러나는 것처럼 <삼국지연의>의 영향이 특히 강하다.

> 유신은 재주와 지략이 뛰어나고 충렬이 빛나며 자신의 몸을 아끼지 않고 힘써 죽을 때까지 그만두지 않으니 나의 제갈공명이다. 문영의 지모가 뛰어남은 나의 방통이고, 죽지의 용맹함은 나의 관우며, 일원의 효용(驍勇)은 나의 장비요, 경개의 맹건(猛健)은 나의 마량이며, 심나의 담략은 나의 조자룡이다.[11]

김유신을 '해동의 공명'이라고 칭했고, 주요 등장인물도 역시 <삼국지연의>의 인물에 빗댔다. 또한 일부 삽화에는 <삼국지연의>의 영향이 직접적으로 드러나는데, 이를 테면 공명이 강유(姜維)를 얻는 과정과 매우 흡사하게 그린 이정복(李正福)을 귀순시키는 대목 같은 것이다. 이 외에도 세부적인 표현까지 따져 보면 작품 곳곳에 <삼국지연의>의 냄새가 짙게 배어 있음을 알 수 있다. 이렇게 <삼국지연의>의 영향이 강한 것은 작품에 흥미소로 삽입해서인데, 너무 익숙해서 소설적 완성도나 긴장감을 외

10) 예를 들면 이런 식이다. "공이 태어나니 등에 북두칠성 무늬가 있고, 용의 눈썹과 범의 이마에, 눈은 샛별 같고 목소리는 큰 종소리 같았다[公生, 背有七星文, 龍眉虎額, 目如曉星, 聲若洪鍾]." 25～26쪽.

11) 夫庾信之才略英特, 忠烈炳赫, 鞠躬盡瘁, 死而後已, 我之諸葛孔明也. 文穎之智謀過人, 我之龐士元也, 竹旨之雄猛, 我之關雲長也, 日原之驍勇, 我之張翼德也, 鏡慨之健猛, 我之馬孟起也, 沈那之膽略, 我之趙子龍也. 214쪽.

려 떨어뜨리기도 한다.

두 작품의 영향관계를 살피면서 무엇보다 주목해야 할 건 <삼국지연의>가 창작, 수용된 맥락과 <홍무왕연의>의 그것이 일맥상통한다는 점이다. 두 작품은 모두 민족의 굴욕적인 현실을 목도하고 그에 대응해서 나왔다는 점에서 공통적이다. 그리하여 이민족의 압제와 위협에 시달리는 현실을 그대로 인정하지 않겠다는 다짐과 극복의지를 담은 것도 같다.

이정균이 우리 역사상 수많은 인물 중에서 김유신을 택한 건 일차적으로 숭조정신에서 비롯됐다. 그러나 작가가 이 작품을 창작하던 당시의 현실에 비추어 보면, 민족을 위기에서 건져줄 영웅이 출현하기를 갈망하던 당대인들에게 희망의 메시지를 전하는 것도 못지않게 중요한 부분이었음을 알 수 있다. 작가는 김유신이라는 탁월한 인물을 그려, 영웅이 출현해서 현실의 모든 난관을 일거에 제거해 주기를 바라는 간절한 마음을 담았다.

2) 외세 침략의 위기감과 극복 의지

작가인 이정균은 소설 창작을 통해 민족의 위기를 극복하기 위한 방안을 모색했다. 민족적 난제를 풀어갔던 과거 역사를 더듬으며 그 속에서 답을 찾으려는 생각에서였다. 그 결과 민족의 자주성을 되찾는 게 핵심과제로 떠올랐고, 그러자면 외세의 간섭과 지배를 물리쳐야 한다는 결론에 도달했다.

> 소정방이 마음속으로 생각했다. '이번 동정(東征)에 내가 먼저 백제를 멸하고 다음에 신라를 쳐서 삼한을 우리나라의 성읍으로 만들려고 했는데, 이제 신라 사람의 지모가 비상함을 보니 이 사람들을 두고는 일이 제대로 되지 않겠구나. 내 마땅히 군율로 먼저 문영과 유신을

> 목 베리라.' 조금 뒤 원수가 황산에서 군사를 거느리고 당나라 진영에 이르러 정방을 만나려고 하니 정방이 약속에 늦었다는 이유로 신라 독관(督官) 김문영을 목 베라고 명령했다. 원수가 크게 화가 나서 말했다. "대장군이 황산의 싸움을 보지 못하고 약속에 늦은 걸로 죄를 삼는데, 내가 지금 죄 없이 욕을 당할 수 없으니 마땅히 당나라 군사와 결전한 후에 백제를 치리라." 그러자 우장 동보량이 귓속말로 정방에게 말했다. "제가 신라 장졸의 기세를 보니 반드시 다른 변이 있을 듯합니다. 원컨대 장군은 명령을 거두소서." 정방이 듣지 않고 큰 소리로 베라고 명령했다. 원수가 이에 도끼를 들고 군문으로 들어가니 성난 머리칼이 선 듯하고, 허리에 찬 보검이 절로 뛰어 칼집에서 나왔다. 곰이 울부짖는 소리를 내며 달려가 정방의 앞에 있던 옥 탁자를 쪼개자 그 소리가 진중에 진동했다.[12]

소정방의 부당한 처분에 결연히 맞서는 김유신의 기개를 묘사한 대목이다. 김유신이 강하게 반발하는 건 소정방으로 대표되는 당나라, 나아가 이 땅을 노리는 외세의 위협에 맞서 싸우겠다는 의지의 표현이다. 김유신이 결기를 보이자 기세에 눌린 소정방은 어물쩍 물러선다. 그러나 소정방이 신라까지 병탄하겠다는 야욕을 아주 버린 것은 아니었다.

> 백제를 평정하고 나자 정방에게 신라를 취하려는 뜻이 있었지만, 유신과 문영 등을 꺼려 가만히 장수들과 의논했다. …(중략)… 중랑장 이무가 나아가 말했다. "지금 황제께서 살리기를 좋아하고 죽이기를 싫어하시니, 어찌 신라 백성으로 하여금 화를 만나게 하시겠습니까.

---

12) 定方心思曰, '今東征之役, 吾欲先滅百濟, 次及新羅, 使三韓之地, 爲國家城邑矣. 今見新羅之智慮, 逈出尋常, 若存此人, 事不諧矣. 當以軍律, 先斬文穎及庾信.' 少頃, 元帥自黃山, 領兵至唐營, 欲謁見定方, 定方以後期, 命斬新羅督官金文穎. 元帥大怒曰: "大將軍不見黃山之役, 以後期爲罪, 吾不能無罪而受辱, 必與唐兵決戰, 然後破百濟也." 定方右將董寶亮躡足曰: "吾見新羅將士之氣, 必有他變, 願將軍撤令." 定方猶不聽, 喝令斬之. 元帥乃杖鉞, 入軍門, 怒髮如植, 腰間寶劍, 自躍出鞱, 熊吼之聲, 走斫定方座前玉几, 響動牙門. 177~178쪽.

또한 신라 장상이 이와 같으니 헛되이 황제의 군사를 욕되게 할까 걱정입니다. 바라옵건대 먼저 신라 사람의 재주를 시험한 후에 행하소서." 정방이 옳게 여겼다.[13]

원수가 소정방이 재주를 시험하려는 뜻이 있음을 알고 곧 청기 아래로 가서 모든 장수에게 말했다. "오늘의 일은 국가의 안위가 달렸으니 마땅히 각각 재주를 다하라."[14]

이무(李茂)의 말에서 드러나듯이, 그들도 동맹을 파기하고 신라를 친다는 게 부당하다는 걸 잘 알고 있다. 하지만 소정방은 흑심을 감춘 채 신라 제장과 당나라 장수들의 무예 대결을 제안한다. 말로는 전승 축하연의 흥을 돋우려는 거라지만, 실은 신라군의 기를 꺾으려는 계략이다. 이를 눈치 챈 김유신은 당군에게 본때를 보여주라고 휘하 제장에게 당부한다. 이어 망해루에서 펼쳐진 양국 장수들 사이의 활쏘기 대결이 길게 이어진다. 신라 장수들은 이 대결을 국가의 안위가 걸린 중대사라 생각하고, 한마음으로 똘똘 뭉쳐 결국 승리한다.

싸움의 승부는 다소에 있지 않고 민심에 있을 뿐입니다. 주(紂)는 억조 신민이 있었으나 마음이 제각각이어서 주나라 열 신하의 한마음만 같지 못했습니다. 이제 우리 군사가 한마음으로 힘을 합해 생사를 함께할 만하니 백제는 두려워할 필요가 없습니다.[15]

13) 百濟旣平, 定方因欲襲取新羅, 而憚庾信文穎等, 乃密謀於諸將. …(중략)… 中郎將李茂進曰: "今皇帝好生惡死, 豈欲東民之荐遭凶禍耶? 且新羅將相如此, 恐虛辱王師, 願先試羅人之才藝, 而后可行也." 定方然之. 187쪽.

14) 元帥知其試才, 乃詣靑旗下, 謂諸將曰: "今日之事, 國之安危係焉, 宜各勉勵." 188쪽.

15) 兵之勝負, 不在大小, 顧人心何如耳. 紂有億兆, 離心離德, 不如周家十亂, 同心同德, 今吾兵一心並力, 可與同死生, 濟不足畏也. 109쪽.

백제에 뺏긴 대량성(大梁城)을 탈환하려고 나선 김유신이 개전(開戰)을 주저하는 임금을 설득하는 말이다. 김유신은 전쟁의 승패는 군사의 수에 달린 게 아니라 일치단결하느냐 그렇지 않으냐에 따라 판가름 나는 거라고 한다. 그것은 곧 민족의 역량을 한 데 모아야만 지금의 위기를 극복할 수 있다는 말이나 다름없다.

<흥무왕연의>에서는 신라를 침략하려는 외세로 당나라와 왜국을 그렸다. 19세기 후반에 조선이 극복해야 할 대상은 청나라에서 일본으로 그 중심이 빠르게 이동하고 있었다. 특히 이 작품이 창작된 1880년대에 이르면, 일본은 가장 큰 위협세력이었다.

우리 역사상 대일감정이 좋았던 적이 있었을까 싶긴 하지만, 임진왜란을 겪은 뒤에 그들에 대한 적개심이 한층 강해졌을 건 틀림없다. 오랜 세월을 거치면서 굳어진 이런 감정은 깊이 가라앉아 있다가도 특정한 계기를 만나면 다시 표면으로 떠오르곤 한다. 조선을 위협하는 세력으로 일본이 다시 등장하자 그들에게 복수하고픈 욕망이 분출되기 시작한 것도 마찬가지 현상이었다.[16)]

<흥무왕연의> 제29회 '김원수가 두지성을 치다[金元帥克豆知城]'는 김유신이 왜 태자의 출병 계획을 알고 먼저 대마도 두지성(豆知城)을 정벌했다는 내용이며, 제30회 '왜국의 군신이 대마도를 바치다[倭國君臣割獻對馬島]'는 신라군이 대마도를 정벌하여 왜 태자를 사로잡자 왜국에서 섬을 바쳤다는 이야기다. 작가는 일본의 위협에 절대 물러설 수 없다는 결연한 의지를 대마도 정벌담을 통해 표출했다.

---

16) 서유영(徐有英, 1801~1874)이 1863년에 지은 <육미당기(六美堂記)>에 <흥무왕연의>처럼 일본 정벌담이 포함된 것도 이런 현상의 문학적 반영이다. 장효현, 『서유영 문학의 연구』, 아세아문화사, 1988, 251쪽.

마침내 사신을 보내 왜주에게 고했다. "대왕이 오로지 바다 한쪽에 웅거하여 망령되이 스스로를 높이고 중국의 정삭(正朔)을 받들지 않으며, 또 우리 변경을 침범하여 매년 군사를 보냈소. 내가 성상의 위령(威令)을 받들어 죄를 묻는 날에 먼저 대마도를 평정했소이다. 또 귀국 태자의 목숨이 우리 손에 달렸으니, 왕은 속히 항복하시오. 그렇지 않으면 우리가 야마도를 모두 도륙할 것이오." 왜주가 크게 두려워하여 여러 신하에게 물으니, 좌대부 즉사발이 아뢰었다. "신이 들으니, 신라 장수 유신은 천하의 기재(奇才)로 그 기세를 대적하기 어렵다고 하옵니다. 바라옵건대 폐하께서 존호를 깎으시고, 당나라의 정삭을 받들고, 대마도를 떼 내어 신라에 속하도록 허락하소서. 그러면 신라병이 물러가고 태자가 돌아올 수 있을 것입니다." 왜주가 옳게 여겨 곧 즉사발로 화친사를 삼아 말을 낮추어 하고 폐물을 후하게 하여 대마도로 와서 원수를 만나 대마도와 방물을 바치게 했다.[17]

백제와 일본이 정치적・문화적으로 긴밀한 관계였다는 건 다들 아는 사실이다. 이 작품에서도 왜국은 늘 백제 편에 서는데, 김유신의 입장에서 그들은 백제와 한통속일 뿐이다. 왜국은 백제 태자 풍(豊)을 돕고, 가야 지역을 침략하는 등 배후에서 준동한다. 김유신은 이런 불안 요소를 제거하기 위해 대마도 정벌을 감행한다. 신라군은 왜군의 근거지를 일거에 쓸어버리고, 왜 태자를 생포하여 그들을 무릎 꿇린다.[18]

이렇듯 <홍무왕연의>에서 적잖은 분량을 할애하여 일본과의 대결을

17) 遂發使告倭主曰: "大王專據海隅, 妄自尊大, 不奉中朝正朔, 又侵我邊境, 連年出師. 故吾奉聖上之威令, 討罪之日, 先定馬島, 而貴國太子之命, 縣於吾手, 王其斯速來降. 不然, 我盡屠邪馬島." 倭主大恐, 問於群下, 左大夫則斯拔奏曰: "臣聞羅將庾信天下奇才, 其勢難敵. 願陛下削去尊號, 奉唐朝正朔, 割去馬島, 許屬新羅, 則羅兵可退, 太子可還也." 倭主然之, 乃以則斯拔爲和使, 卑辭厚幣, 來抵馬島, 見元帥, 以獻馬島及方物. 258~259쪽.

18) 그 뒤에도 왜국과의 긴장관계는 계속된다. 왜국은 재침할 기회를 엿보면서 정탐꾼으로 승려 현효(玄曉)를 보낸다. 이를 미리 안 김유신은 그를 붙잡아 이미 방어태세가 완비됐음을 과시하고, 힐책한 후 돌려보낸다. 이에 왜왕은 준비했던 군사 5만을 해산시킨다.

다룬 데는 특별한 의미가 담겨 있다. 김유신이 삼국통일에 기여한 모습을 그리면서 반외세 투쟁까지도 적절히 담았기 때문이다. 대마도 정벌은 역사적 사실과 무관한 허구적 설정이라는 점에서 실제 있었던 대당항쟁을 그린 부분과 다르다. 이는 일본을 제압하고 싶었던 당대인들의 소망을 반영한 것이다.

이 작품에는 요동치는 국제정세를 마주한 당대인들의 상황인식이 드러나 있다. 19세기 후반 들어 서구 열강의 위협이 점차 거세지고, 일본의 침략 야욕이 점점 노골화되면서 위기감이 고조됐다. 이에 따라 외세의 도전에 맞서 국권을 수호하고 독립을 유지하는 것이 급선무로 대두됐다. 당시 조선의 대외적 위기는 한·중·일 세 나라만의 문제가 아니었다. 그런 데도 작가의 현실인식은 여전히 동북아시아라는 좁은 시야에서 벗어나지 못했으니 작가의 역량이 부족했다고도 할 수 있다. 하지만 당시에는 거의 모두가 그런 변화를 읽어낼 능력이 없었다는 점을 감안하면 개인적인 문제였다기보다는 시대적 한계였다고 보는 게 옳다.

<홍무왕연의>에서의 국제관계 이해는 전통적인 화이론적(華夷論的) 세계관에 기초해 있다. 조선은 다른 '이적(夷狄)'들과 다르다고 자부하면서 '소중화(小中華)'로 자처했다. 이런 관념은 조선시대 전 시기에 걸쳐 크게 변하지 않았고, 18세기 이래로는 이를 더욱 강화해 '조선이 곧 중화'라고 주장하기도 했다. 중국의 제도와 문물을 받아들여 예의를 중시하고 의리를 지키는 문화를 꽃피웠으니 다른 이민족보다 월등히 낫다는 자신감의 표현이었다. 반면 중화문명의 세례를 받지 못한 '서양 오랑캐'는 금수만도 못하다고 생각했고, 일본도 그들과 마찬가지라고 여겼다. 게다가 병인양요·신미양요를 겪으며 '양이(洋夷)'의 호전성과 침략 야욕을 확인했고, '왜적'의 야만성과 폭력성은 쓰라린 과거사를 통해 이미 뼈저리게 경험한 바였다. 그들은 결코 교화되지 않을 족속들이었다.

이렇게 우리가 옳다는 믿음이 아픈 경험에서 온 피해의식과 결합하면

상대를 응징하고 되갚아주고야 말겠다는 다짐을 하게 되고,[19] 이를 표출하고 실천에 옮기려는 욕구가 강해진다. 당연히 그들과 맞서 싸워야 했고, 반드시 이겨야만 했다. 또한 그렇게 되는 게 마땅한 이치라고 믿었다. 그런데 직접 맞닥뜨린 게 오래 되지 않아 실체를 정확히 판단하지 못했던 '양이'에게 화살을 돌린다는 건 마땅치 않았다. 더욱이 복수를 실행에 옮기기엔 너무 멀리 있었다. 적개심과 복수심을 분출하는 출구가 일본이었던 이유다.

작가는 이 땅을 노리는 외세에 대한 경각심을 불러일으키려 했고 그들을 물리쳐 승리하기를 갈망했다. 신라군이 대마도를 정벌하는 내용을 그린 것은 그 단적인 표현이었다. 거기에는 외세의 침략 위협에 위기의식을 느끼면서도, 다른 한편으로는 우리 민족이 그들보다 우월하기에 결국 이겨낼 거라는 믿음이 자리하고 있었다. 그러나 일제강점기에 나온 이본에서는 대마도 정벌담을 탐라국을 정벌하는 이야기로 변개하거나, 아예 삭제하기도 했다.[20] 소설 속 설정마저 자기검열에서 자유로울 수 없었던, 굴절된 근현대사가 반영된 결과다. 이런 사실을 뒤집어보면, <홍무왕연의>가 자주의식을 고취하고, 외세의 위협에 적극적으로 맞서겠다는 의지를 담은 작품으로 읽혔다는 걸 알 수 있다.

3) 19세기 소설 및 후대 소설과의 관련 양상

<홍무왕연의>는 19세기 사대부 창작 장편소설과 작가의 사회적 위치나 표현 언어, 기법 등 여러 면에서 공통점이 있다. 특히 한미한 사대부가

---

19) 데이비드 패트릭 호튼, 김경미 역, 『정치심리학』, 사람의무늬, 2013, 261쪽.

20) <육미당기>에서도 마찬가지다. 원래는 주인공인 신라 태자 김소선(金簫仙)이 왜국을 정벌하는 내용이 들어 있었는데, 연활자본으로 간행된 <김태자전(金太子傳)>에는 왜왕의 항복을 받는 부분이 삭제됐다. 장효현, 앞의 책, 237쪽.

창작했다는 점, 한문 장편소설의 형식을 취했다는 점이 그렇다. 19세기 전반에 사대부들이 지은 한문장편소설은 기본적으로 영웅소설의 구조를 차용했으면서도 큰 변화를 보였다. <옥수기> · <옥루몽>과 같은 작품이 그런 예다.[21] 이런 작품에도 영웅적인 주인공이 등장하긴 하지만, '문화적 영웅'의 모습이 강화됐고, 군담의 성격이나 작품의 지향이 전대 영웅소설과 변별되는 면이 많아졌다. 특히 작가의 문제의식을 의론체로 장황하게 제시하고 흥미 위주의 유흥적 삽화를 많이 첨입했다는 점에서 영웅소설의 사건 중심 구성과는 달랐다. 이런 작품은 파행적인 정치 상황에 문제를 제기했으면서도, 외세의 침략 가능성이 점점 높아지는 데서 온 위기감을 표출하는 것과는 거리가 멀었다. 작가가 처한 상황이 19세기 후반과는 달랐기 때문이다.

한편 19세기 들어 폭넓게 향유됐던 판소리계 소설이나 우화소설은 급속한 변동 과정에서 일어난 사회적 갈등과 다툼을 반영하는 한편, 근대지향적인 문제의식을 드러냈다.[22] 하지만 이런 유형에 속하는 작품은 민족적 차원에서 현실을 인식하고 그 대응방안을 모색했다거나 정체성을 재정립하기 위한 시도였다고 보기는 어렵다. 반면 <홍무왕연의>는 19세기 후반에 우리 민족이 놓인 상황을 돌아보고 미래 전망을 찾으려고 고심한 자취를 엿볼 수 있는 작품이다.

<홍무왕연의>는 1887년에 창작됐는데, 1899년에야 처음으로 간행됐다. 작품을 지을 때만 해도 일본의 침략 위협은 가능성 차원이었지만, 간행된 시점에는 점점 현실이 돼가는 단계였다. 이 작품이 창작 · 유통될 때의 상황은 20세기 초 역사 · 전기물이 창작되던 때와 비슷했다.

21) 이병직, 「19세기 한문장편소설 연구」, 박사학위논문, 부산대 대학원, 2001; 이기대, 「19세기 한문장편소설 연구: 창작기반과 작가의식을 중심으로」, 박사학위논문, 고려대 대학원, 2003 참조.

22) 정출헌, 『조선후기 우화소설 연구』, 고려대 민족문화연구원, 1999, 47~217쪽.

1900년대 초에 신채호와 박은식은 선조들의 경험과 지혜를 빌리기 위해 우리 역사 연구에 몰두했다. 위기 극복의 염원과 영광 재현에 대한 열망은 고구려 중심의 고대사 이해로 귀결됐다. 그것은 국권 수호라는 절박한 시대적 요구에 부응하기 위한 노력이었고, 민족이 마주한 도전을 물리치겠다는 의지의 표현이었으며, 암담한 현실에 대한 보상 욕구의 발로였다. 그들의 관심은 주로 동아시아를 호령했던 고구려의 영광스런 과거와 국난 극복에 앞장섰던 을지문덕·연개소문 같은 영웅적 인물에게 돌아갔다. 이런 이유로 20세기 초 역사·전기물은 주로 고구려의 인물에 주목했는데, 신라사람 김유신을 중심에 놓은 <흥무왕연의>와 달랐다.

이런 차이에도 불구하고 <흥무왕연의>의 창작이나 역사·전기물의 성행은 모두 소용돌이치는 현실을 일깨우고 위기의 타개책을 모색했다는 점에서 동질적이다. 민족의 활로를 개척해 줄 영웅이 출현하기를 갈망하는 태도 또한 같았다. 이 점에서 <흥무왕연의>는 바로 다음 시기 작품의 선구적 역할을 했고, 조선후기 역사소설과 20세기 초에 나온 역사문학을 연결해준 작품이라고 평가할 수 있다.

2. 19세기 역사소설의 특성

19세기에는 가문소설과 한문 장편소설, 판소리계소설이 소설사의 주된 흐름을 형성했고, 역사소설의 창작은 매우 한산했다. 그러나 19세기 후반 들어 서구 열강과 일본 제국주의의 침략 위협이 거세진 상황과 맞물려 역사소설의 창작도 새로운 전기를 맞았다. 이전까지 주로 임진왜란과 병자호란 때 입은 상처를 치유하고, 무너진 신념체계를 복구하며, 새로운 정체성을 구성하려는 차원에서 이루어졌던 역사소설의 형성과 향유에도 변화가 불가피하게 된 것이다. 이런 현실에 대응하는 과정에서 나온 작품이 <흥무왕연의>다.

<흥무왕연의>에서 김유신을 주인공으로 설정한 건 이제까지의 역사소설이 당대인, 또는 작품이 형성된 시기에서 그리 멀지 않은 과거의 인물을 택했던 것에 비추어보면 매우 이례적인 경우에 속한다. 작가가 김유신에게 주목한 까닭은 일차적으로 자기 집안의 시조인 이무(李茂)가 김유신과 남다른 관계였기 때문인데, 이런 이유에서 숭조정신(崇祖精神)을 이 작품의 주된 창작 요인으로 꼽곤 한다. 이렇게 소설을 통해 조상을 기린다는 생각은 이전까지는 쉽게 발견할 수 없는 면이었다. 그러나 이 작품의 창작 동기는, 위대한 영웅의 후예라는 자부심을 표현하려 한, 후손의 개인적 욕구라는 차원을 넘어선다. 작가는 민족의 상처받은 자존심을 회복하고 난관을 뚫고나갈 길을 모색하면서 쇠락해가는 조선 왕조의 재흥(再興)에 대한 기대와 위기 극복의 염원을 담으려 했다. 그는 삼국통일기의 역사적 경험에서 해답을 구했고, 그 중심인물 중 하나였던 김유신의 반외세 투쟁 과정을 통해 이를 구체화해 제시했다.

19세기 역사소설은 주인공을 영웅적 · 이상적 인물로 형상화했다는 점에서는 18세기 작품과 같았다. 그러나 인물 선택이나 작품 형식에서는 변화가 뚜렷했는데, 고대 인물을 주인공으로 내세우고 장회체를 도입한 건 여타 조선후기 역사소설과 확연히 다른 점이었다. 이 시기에는 임병양란을 소재로 한 작품이 새로 나올 여건이 못 됐다. 이전까지와는 전혀 다른 새로운 도전에 직면했고, 이런 상황에서 벗어날 길을 알려줄 사례를 가까운 과거에서 찾을 수 없었기 때문이다.

<흥무왕연의>에서는 외세의 침략 가능성이 높아지는 데서 느낀 위기감을 반영하여 김유신 같은 영웅이 나타나 이런 상황을 헤쳐나가 주기를 염원했다. 바로 뒷시기인 20세기 초에도 영웅대망론(英雄待望論)을 펼친 작품이 많이 나왔다. 그런 작품은 대개 을지문덕 같은 먼 과거의 인물을

영웅적으로 형상화했고, 우리 민족이 마주한 난관을 극복할 수 있다는 희망을 독자들에게 심어주려 했다는 점에서 <홍무왕연의>와 동궤에 놓인다. 작가인 이정균의 문제의식은 이렇게 뒷사람들과 다르지 않았는데, 민족적 자긍심을 고취하고, 민족사적 시련을 이겨내고야 말겠다는 의지를 다지게 하려는 것이었다. 19세기 역사소설은 이렇게 문제의식과 지향면에서 20세기 초 역사문학과의 친연성이 높았고, 조선후기 역사소설과 20세기 초의 역사·전기물을 연결하는 가교 역할을 했다.

Ⅵ. 조선후기 역사소설의 변모 양상과 그 원인

역사소설은 혼돈의 시기에 흔들리는 가치관을 재정립하고 바람직한 정체성을 유지하려 한 그 시대 사람들의 고투의 산물이다. 현재의 상황을 이해하기 위해 과거를 되돌아보고, 이를 통해 미래의 전망을 찾으려는 과정에서 역사담론이 형성되고 교환됐다. 역사소설은 그런 성찰과 모색의 결과였다.

조선후기 역사소설은 17세기부터 18세기까지 집중적으로 형성됐으며, 드물긴 해도 19세기에도 작품이 창작됐다. 이런 현상은 16세기 말부터 18세기에 이르는 기간 동안에 일어난 일들이 우리 민족의 삶과 의식에 큰 충격을 주고 변화를 일으킨 계기로 인식됐다는 걸 말해준다. 현실을 반성적으로 인식하면서 민족사에 관심을 기울였고, 그런 바탕 위에서 17~18세기에 역사소설이 집중적으로 형성된 것이다. 한편 19세기 후반에는 외세의 침략 가능성이 높아지면서 위기감이 고조됐고, 앞 시대와 다른 현실인식이 생겼다.

조선후기 역사소설은 당대인들의 현실인식과 역사의식을 반영했다. 그 주된 경향은 이민족의 침략을 겪은 아픈 역사를 되돌아보면서 무너진 질서를 다시 세우고 위기를 극복하려는 민족의 의지와 소망을 담아내는 것이었다. 여기에 유래 없이 격화된 당쟁 속에서 부침한 인물을 재평가하고, 혼란스런 상황을 마주한 정치세력의 당파적 이해와 민중의 비판적 현실인식을 투영한 작품이 더해졌다. 이런 큰 흐름 속에서도 각각의 작품에 드러난 역사의식은 시기별로 달랐다.

1. 조선후기 역사소설의 변모 양상

1) 17~19세기 역사소설의 양상

(1) 전란이 남긴 상처와 사회 재건의 의지: 17세기 역사소설

16세기 말부터 17세기 중반까지는 기존의 동아시아 국제질서가 무너지고 새롭게 재편된 시기였다. 조선은 이런 흐름을 예측하지도 못했고 피할 수도 없었다. 한순간 역사의 격랑에 휩쓸려 그 참화 속을 온몸으로 헤쳐나가야 했던 당대인들이 겪은 고초는 이루 말할 수 없을 정도였다. 그 혼돈의 시기에 그들이 체험한 일들을 소설화한 게 17세기 역사소설이다. 이 시기 작품은 크게 두 부류로 나뉜다.

첫 번째는 가족의 해체와 재결합 문제를 다룬 작품이다. <최척전>·<김영철전>이 여기에 해당하는데, 전란으로 인해 삶의 터전을 빼앗기고 포로 신세로 전락했던 사람들의 체험을 소설화하면서 고통 받는 민중의 삶을 돌아보고 가족의 소중함을 강조했다. 두 작품은 모두 가족 이산의 문제를 다뤘으면서도 서로 다른 결말을 보여주었다는 점에서 대비된다. <최척전>에서는 사회가 재건되기를 바라는 간절한 소망을 담았다. 반면 <김영철전>은 당대 기층민들의 신산(辛酸)한 삶과 부조리한 현실을 적나라하게 묘사하여 백성들을 고통의 나락으로 떨어뜨린 사회와 지배층을 통렬히 비판했다.

두 번째는 전쟁을 패전으로 몰고 간 인물의 책임을 추궁한 작품이다. <강로전>에서 강홍립을 극단적이다 싶을 만큼 부정적으로 형상화한 요인은 다음 두 가지로 요약된다. 일차적으로는 강홍립에 대한 작가 권칙의 개인적 반감이 작용했고, 여기에 인조조의 집권세력이 광해군대에 정국을 주도한 사람들에게 내린 역사적 단죄라는 의미가 더해진 것이다. 작가는 강홍립을 대의를 저버리고 조국을 배신한 민족의 반역자로 낙인찍고, 작품 초반부터 끝까지 부정적 이미지를 심어주는 삽화를 중첩해서 제시해, 이런 인식이 독자의 뇌리에 깊이 박히게 했다.

17세기 역사소설에는 작가가 동시대인으로서 함께 호흡하면서 느낀 문제의식이 잘 드러나 있다. 역사소설의 서두를 장식한 작품은 가족의 문제에 관심을 집중했는데, 이 점은 다음 시기의 역사소설에선 발견할 수 없는 면이다. 또한 가족 구성원들이 마주친 역사의 현장과 그들이 역경에 맞서는 과정을 사실적으로 묘사했다는 점도 특징적이다.

17세기 작가들이 현실을 바라보는 시선은 매우 어두웠다. 그도 그럴 것이 그들은 역사의 격랑 한 가운데 표류하고 있었다. 그러니 현실을 객관화해 인식할 만한 심적인 여유가 없었던 건 당연했고, 미래 전망을 발견하는 건 더 어려웠다. 다만 힘겨운 현실을 뚫고나갈 희망의 빛을 찾으려 몸부림쳤고, 부정적 인물과 거리를 두면서 긍정적 정체성을 유지하려고 안간힘을 다했을 따름이다.

(2) 문화민족의 자긍심과 그 대중적 확산: 18세기 역사소설

17세기 후반부터 이어진 당파간의 정치적 대립은 18세기 중반까지 끊이지 않았다. 그런 가운데 계속해서 기근이 발생했고, 연이어 전염병도 창궐하여 민생은 말 그대로 피폐한 지경이었다. 정치・사회적으로 매우 불안정한 시기였다는 뜻이다. 이런 국면을 돌파하려면 사회를 통합할 수 있는 논리를 마련해야 했고, 이를 대중적으로 확산시킬 방도를 찾아야 했다.

이 시기 역사소설은 전란 체험을 다룬 작품과 당쟁을 제재로 한 작품으로 대별된다. 전란을 소재로 한 작품에는 <임경업전>·<박씨전>·<배시황전>·<임진록>이 속하는데, 지배층의 이념을 구현한 작품과 피지배층의 현실인식을 담은 작품으로 다시 나뉜다. 이 중에서 <임경업전>은 지배층의 역사의식이 깊이 침투해 있는 작품이며, <박씨전>과 <배시황전>은 상층 사대부들의 이데올로기를 여성과 민중이 내면화하는 과정에서 형성된 작품이다. 그러나 이들 작품의 형성 단계에 깊이 관여한 지배층의 역사담론은 독자들의 광범위한 지지를 얻어냄으로써 국민정서의 차원으로까지 확대될 수 있었다. 이런 현상은 민중에게 잠재된 위기의식과 복수심을 자극하고 강화함으로써 피지배층에까지 지배층의 이데올로기가 확산됐기 때문에 가능했다. <임진록>은 이러한 지배층의 역사담론에 대한 반작용으로 형성됐다. 이 작품은 지배적인 담론을 거부하고 자신들을 역사 발전의 원동력으로 인식한 민중의 역사의식을 보여준다는 점에서 지배층의 이념을 구현한 작품과 뚜렷하게 대비된다.

당쟁을 다룬 작품 중에서 <윤지경전>은 자신이 속한 당파의 입장을 우의(寓意)한 경우라는 게 매우 독특한 점이다. 작가가 애정소설의 형태를 취한 것은 충역(忠逆)이 숱하게 뒤바뀌는 혼란스런 정국에 자기 당파의 입장을 직설적으로 표명할 수 없었기 때문이다. <박태보전>에서는 임금의 불의한 행위에 맞서는 충절의 상징으로 박태보를 그렸다. 여기에는 당쟁의 여파가 전 사회를 뒤덮고 있던 당시 상황에 염증을 느낀 민중의 비판적 시각이 드러나 있다. 극심한 당쟁과 거듭되는 환국(換局)을 지켜보면서 왕실과 사대부들의 역할과 정체성에 대해 심각하게 회의하고 있었다는 뜻이다.

18세기 역사소설의 특징을 간추리면 다음과 같다. 첫째, <김영철전>처럼 민생 문제를 직접 다룬 작품이 보이지 않는다. 둘째, 당쟁을 제재로 한 작품이 등장했다. 셋째, 주체가 더 이상 개인이나 가족 정도에 머물지 않고, 특정한 집단과 계층을 표상하고, 더 나아가 민족적 차원으로까지 확장됐다. 넷째, 작가가 창조한, 온전히 허구적인 주인공이 등장했다.

18세기 역사소설은 다분히 이념적이다. 작가는 역사의 실상을 충실히 재현하는 데 별 관심이 없다. 담론을 주도하는 사람들이 보여주고 싶은 역사상을 전면에 부각할 뿐이다. 작중인물에게, 또한 그걸 읽는 독자에게 대의를 위한 헌신과 희생을 요구하지만, 그게 옳은지 그른지 따진다거나 반박할 여지를 주지 않는다. 자명한 가치로 인정하고 실천할 것을 요구할 뿐이다. 그 길에 앞장서면 선한 가치의 담지자로 긍정되지만, 그 반대면 부정과 비난의 대상이 된다. 그래서 독자들로 하여금 작품에 내재된 이데올로기를 내면화하도록 만드는 것이다.

그런데 18세기 역사소설, 그 중에서도 <임경업전>·<박씨전>·<배시황전>은 공통적으로 음울한 분위기로 마무리된다. 그건 현실적 맥락에서 자유로울 수 없어서기도 하지만, 역사적 사실을 과장, 또는 왜곡하거나 허구적 삽화를 설정한 대목이 곳곳에 있는 걸 보면 꼭 그 때문만은 아니라고 해야 옳다. 그렇듯 강렬하게 선과 악을 대비해놓고도 선의 승리로 확실히 결말짓지 못했다는 건 현실인식이 어둡고 미래 전망이 불투명했다는 뜻이기 때문이다.

(3) 외세 침략의 위기감과 국난 극복의 의지: 19세기 역사소설

19세기에는 가문소설과 한문 장편소설, 그리고 판소리계소설이 소설사의 주된 흐름을 이뤘고, 역사소설의 창작은 한산했다. 그러나 19세기 후반 들어 서구 열강과 일본 제국주의의 침략 위협이 거세진 상황과 맞물려 역사소설의 창작도 새로운 전기를 맞았다. 이전까지 주로 임진왜란과 병자호란 때 입은 상처를 치유하고, 무너진 사회체제를 재정비하며, 새로운 정체성을 구성하려는 차원에서 이루어졌던 역사소설의 창작과 향유에도 변화가 불가피하게 됐기 때문이다. 이런 현실인식에서 나온 작품이 <홍무왕연의>다. 이 작품에서는 김유신 같은 영웅이 등장해 위기에 빠진 민족을 이끌어주기를 간절히 염원하는 한편, 외세의 침탈에 당당히 맞서겠다는 의지를 다졌다.

<홍무왕연의>는 1887년에 창작됐는데, 형식이나 주제의식 면에서 바로 다음 시기에 나온 역사·전기물과 유사한 점이 많았다. 이 작품은 주인공을 영웅적이고 이상적인 인물로 그렸다는 점에서는 18세기 작품의 형상화 방식과 같았다. 그러나 고대 영웅인 김유신을 주인공으로 내세운 인물 선택 방식이나 장회체를 도입한 작품 형식은 여타 조선후기 역사소설과 확연히 달랐다. 이전까지와는 전혀 다른 새로운 도전에 직면했고, 이런 상황에서 벗어날 길을 알려줄 사례를 가까운 과거에서는 찾을 수 없을 만큼 심각한 국면이란 걸 알았기 때문이다. 영웅대망론(英雄待望論)을 펼친 작품이 20세기 초에 여러 편 등장했는데, <홍무왕연의>는 이런 작품과 밀접한 관계에 놓여 있었다. 19세기 역사소설은 시대 상황의 특수성에 기인하여, 문제의식과 지향 면에서 20세기 초에 나온 역사·전기물과 친연성이 높았다는 얘기다. 그런 점에서 19세기 역사소설은 조선후기 역사소설과 20세기 초의 역사문학을 연결하는 다리 역할을 했다고 말할 수 있다.

2) 인물 형상화 방식과 서사전략의 변화

17세기 역사소설에서는 주동인물과 반동인물 사이의 대결이 첨예하게 전개되지 않는다. 주인공들은 알 수 없는 어떤 힘에 휩쓸려 고통을 받으면서 심한 내적 갈등을 겪는다. 조선후기 역사소설의 인물 형상은 전기소설(傳奇小說)의 주인공들처럼 고독한 개인[1]의 성격을 여전히 가지고 있는 인물에서 점차 자아와 세계의 관계를 고민하고 각성해가는 개인으로 변해갔고, 다시 집단이 추구하는 이념적 가치를 담지한 존재로 바뀌어갔다. 고통스런 삶을 강요받는 우리는 누구인가, 개인이 아무리 노력해도 피할 수 없는 현실은 어디에서 기인하며, 그런 상황을 어떻게 이겨낼 수 있을까 하는 물음에 답해야 했기 때문이다.

<최척전>·<김영철전>은 전쟁과 포로생활이라는 특이체험을 다뤘다. 전쟁은 힘없는 주인공들의 삶을 송두리째 흔들어 놓는다. 그들은 어찌할 바를 모른 채 휘둘릴 수밖에 없다. 주인공들에게는 상황을 이끌어갈 힘도 없고, 피해갈 재간도 없다. 그들은 포로생활을 견뎌야 하고, 타국을 떠도는 이방인의 설움도 감내하지 않으면 안 된다. 누가 자신을 도와줄지 해칠지 도무지 알 수 없는 혼란스런 상황에 놓인다. 신분을 감추거나 속내를 드러내지 않는 것도 이 때문이다. 그들은 자신들을 그렇게 내몬 게 무엇인지, 자신을 괴롭히는 게 누구인지도 알 수 없다. 그러니 두 작품에서 뚜렷한 선악의 대결 구도 같은 건 애초 가능하지도 않았다.

그들은 한 치 앞도 보이지 않는 안개 속 같은 혼란의 틈바구니를 지나고 있었다. 그렇다고 안개가 걷힐 때까지 멈춰서 있을 수도 없었다. 일단 가야만 했다. 언제 어디서 위험이 닥칠지 몰랐기 때문이다. 가다가 더 큰 위험에 노출될지 몰라도, 쉬지 않고 움직여야 했다. 어디에도 그들의 앞길을 인도하는 빛은 없었다. 본능적으로 따뜻한 곳을 향해 나아갈 뿐이었다. 그렇게 정처 없이 떠돌면서 찾아 헤맨 곳이 바로 가족의 품이었다.

그들은 논리적으로 따지고 이성적으로 판단할 여유가 없었다. 내 편인지 적인지를 몸으로 느끼고 즉각 반응해야 했기 때문이다. 그들은 한시도 경계심을 늦추지 못한다. 김영철은 주장(主將)이 조선인이라고 해서 전적으로 믿지도 않았고, 청주(淸主)·아라나(阿羅那)가 오랑캐라고 해서 덮

1) 박희병, 「전기적 인간의 미적 특질」, 『한국전기소설의 미학』, 돌베개, 1997, 36~41쪽.

어놓고 경원시하지도 않았다. 자신에게 어떤 태도를 보일지, 혹시 해코지라도 하지 않을지, 그렇다면 어떻게 제 몸을 지킬 수 있을지 걱정했을 뿐이다. 등주에서 만난 조선 사신이 귀국할 마음이 있느냐며, 그럴 뜻이 있으면 도와주겠노라고 말하자, 김영철이 처자식 생각은 까맣게 잊은 채 늘 소원하던 바였다고 제꺽 약속하는 것도, 고향에 돌아가겠다는 일념으로 사행선에 숨어들어 몰래 돌아온 것도 다 그래서다. 또한 최척이 명나라 장수 여유문을 따라 중국으로 향할 때나, 옥영이 귀국하기로 결심하고 준비를 서둘 때도 뒷감당을 어떻게 할지 생각하고 움직인 건 아니다. 길게 생각할 틈도 없이 바로바로 움직여야 했을 만큼 그들은 절박했고, 심적으로 쫓겼다.

최척과 옥영은 모험을 감행한 결과가 좋았기 때문에 그들의 선택을 후회하지 않는다. 그들은 재회의 기쁨을 만끽하고 한 자리에 모인 가족들 앞에 펼쳐질 희망찬 미래를 꿈꿀 수 있었다. 사람들의 정성에 하늘이 감동한 결과라고 하지만, 냉정하게 말하자면, 그건 운이 좋아서였을 뿐이다.

반면 김영철은 회한의 나날을 보내는데, 천신만고 끝에 고향에 돌아온 후 마주한 현실이 너무도 팍팍했기 때문이었다. 그래도 그런 현실을 받아들여야 했다. 고향에서 새로 이룬 가정만큼은 어떤 희생을 치르더라도 지켜야 했기 때문이다. 다 늙어서 척박한 자모산성 성지기를 자원한 것도 자식들에게만은 자신이 겪은 고통을 대물림해선 안 된다는 생각에서였다.

그의 기대는 늘 무참하게 꺾였다. 전공을 세운만큼 보상이 따를 거라는 생각은 빚 독촉에 시달리는 순간 헛된 바람이었음이 드러났고, 말년에 평안감사에게 억울함을 하소연하며 굽어살펴 주십사 해봐도 고작 술 한 잔, 쌀 몇 됫박으로 입막음하는 게 다였다. 살날도 얼마 남지 않았는데 굳이 정문(呈文)했던 건 저 살자고 한 일이라기보다는 자식들 앞날을 생각해서 마지막으로 한 번 더 몸부림쳐 본 것일 뿐이다. 번번이 기대를 저버리는 처사에 그는 낙담했고, 그럴수록 원망만 쌓였으며, 자신의 선택이 그릇됐다는 회한에서 벗어날 길이 없었다. 모진 목숨을 이어가야 하는 절망적 현실에 한숨만 깊어졌다. <최척전>은 모든 가족이 재회하는 대목에서 매듭지었기 때문에 희망 섞인 기대를 걸 수 있었지만, 이산(離散)이 심화・확대되고 고착・영구화된 <김영철전>은 그럴 수 없었다. 두 작품의 현실인식은 그렇게 달랐다.

<강로전>에도 17세기에 창작된 다른 작품들과 마찬가지로 뚜렷한 적대자가 등장하지 않는다. 주인공 강홍립은 혼란스런 현실과 마주해서 좌충우돌한다. 그러나 심적인 갈등을 겪을 뿐, 그와 맞서는 상대가 딱히 없다. 김응하(金應河)와 대비한 건 강홍립의 기회주의적인 모습을 부각해서 그의 부정적인 면모를 더 강조하기 위해서였을 뿐이다. 두 사람 사이에는 인물의 성격이나 입장의 차이에서 오는 대립은 있을지언정 본격적인 의미에서의 대결은 펼쳐지지 않으며, 종국까지 이어지지도 않는다.

결국 강홍립이 갈등하고 싸우는 대상은 다른 누가 아닌 그 자신이다. 온 나라가 그에게 건 기대와 그걸 감당하지 못하는 현실 사이의 괴리 때문에 갈등하며, 자신의 마음속에 자리한 분노, 헛된 욕심과 싸우는 것이다. 제 뜻대로 되지 않는 세상을 향해, 허공에 애먼 삿대질을 해대는 꼴이다. 그것도 간인(奸人) 한윤(韓潤)의 충동질에 넘어가서 사리 분간을 못하고 한 짓이다. 그는 현실에 발목 잡히고, 분노와 사욕에 눈이 멀어 번번이 그릇된 길로 나아갔기 때문에 비난과 조소를 받아 마땅한 존재가 되고 만다.

<강로전>은 기본적으로 전(傳)의 형식을 따랐지만, 시를 여러 편 삽입해서 그것으로 등장인물의 심경을 토로하게 했고, 세간의 냉정한 평가를 반영했으며, 작가의 싸늘한 시선을 드러냈다. 이런 면에서 이전 시기 전기소설(傳奇小說)의 영향이 다분하다. 하지만 <강로전>에서 더 주목할 점은 17세기 작품이면서도 18세기 역사소설의 특징을 미리 보여주었다는 사실이다. <임경업전> 등 18세기 작품처럼 인물에 특정한 가치와 이념을

투사해 형상화하는 방식을 취했다는 점에서 그렇다. 그게 긍정적이든 부정적이든, 특정한 이미지를 끊임없이 반복해서 제시하여 독자에게 각인시키는 게 18세기 소설의 특징인데, <강로전>은 이런 인물 형상화 방식과 서사전략을 앞서 보여주었다.

17세기 작품처럼 방대한 스케일의 시공을 넘나들며 전개되는 스펙터클한 서사세계를 구현하자면 고정된 이미지를 재생산하는 게 바람직하지 않았고, 그럴 여유도 없었다. 주인공 앞에는 이동 경로에 따라 계속해서 새로운 환경이 펼쳐지고, 그때마다 새롭고 다양한 인간관계가 형성되며, 그것이 또 다른 사건을 일으킨다. 이럴 때 제한된 이미지를 반복하면 서사의 흐름을 방해할 뿐이다. 김영철에게 건주·등주·영유, 세 곳의 아내는 전혀 다른 환경에서 만난, 서로 다른 성격과 의미를 갖는 사람들이다. 그저 어딘가에서 만나 인연을 맺고 자녀를 낳은, 별로 다를 바 없는 여인들이 결코 아니다. 그렇게 서로 다른 인생행로 속에서 각자 나름의 삶의 무게를 지고 살아가는 인간 군상을 통해 당대 동아시아 삼국 백성들의 모습을 사실적으로 묘사해낸 것이다.

18세기 작품에서의 대결 구도는 명확하다. 주인공과 사사건건 충돌하는 분명한 적이 등장한다. 17세기 작품처럼 실체가 모호한 상대나 알 수 없는 세계를 대상으로 끝 모를 힘겨운 싸움을 벌이는 게 아니다. 주동인물과 반동인물은 서로 상대방의 존재를 분명하게 의식하고, 자기 위치를 고수한다. 이에 따라 그들이 취할 행동도 이미 방향이 정해진 거나 다름없다. 주인공과 적대자는 각각 선과 악의 편에 서서 극한 대결을 벌이는데, 그들이 지향하는 가치 역시 대립적인 쌍을 이룬다. 이를 테면 '충심(忠心) 대 역심(逆心)', '직간(直諫) 대 아첨(阿諂)', '저항(抵抗) 대 굴종(屈從)' 같은 것이다. 그런데 두 사람의 입장이 왜 그렇게 갈렸는지, 그 이유는 중요하게 다뤄지지 않는다. 사실 언급조차 없다. 태생적으로 그럴 운명이었을 뿐이다. 맹목적이지만, 분명하다.

18세기 역사소설은 인물을 특정한 의미로 단순화하고 단정 지어 전제한 후, 그와 관련된 이미지를 반복적으로 노출하는 전략을 택한다. 작중 상황에 따라 강조점이 조금씩 달라지긴 하지만, 메시지의 내용에는 변함이 없고, 처음부터 끝까지 일관되게 그걸 되풀이한다. 이를 테면 '누구는 충신이고, 누구는 역적이다, 악인이 하는 모든 행동에는 뭔가 꿍꿍이가 있는데 그건 사욕(私慾)에서 비롯된 것이다, 그러니 그런 악인을 믿을 수 없고, 그런 자에게 동조하는 건 더더욱 안 된다'는 식이다. 독자들은 처음에는 그렇게 단정하는 게 옳은지 의아해할 수도 있지만, 계속해서 그런 이미지를 접하다 보면 은연중에 사실로 받아들이게 된다.

등장인물을 이렇게 선과 악으로 가르는 건 메시지를 확실히 전달하기에 매우 효과적인 방식이다. 독자의 선택 가능성을 제한하여 작가가 원하는 반응을 이끌어낼 수 있기 때문이다. 더욱이 <임경업전>에서처럼 시종일관 줄기차게 반복한다면 더욱 그렇다. 정말 예외적인 경우가 아니라면, 독자는 긍정적인 역할을 도맡는 주인공에게 감정을 이입하기 마련이고, 이런 동일시를 통해 주인공의 행위에 동조하게 된다. 이런 과정이 지속적으로 반복되기에 독자는 작품에 내재한 관념을 무의식적으로 수용하게 된다.

독자는 작가가 제시한 서사세계를 통해 역사적 사건과 인물을 만난다. 작중 현실은 사실을 있는 그대로 재현한 게 아니라 작가가 보여주고 싶은 것으로만 재구성한 과거의 모습이다. 거기에는 작가가 생각하는 특정한 가치가 들어있기 마련인데, 독자는 이에 지속적으로 노출되면서 무의식중에 내면화하게 되는 것이다. 특히 지식수준이 높지 않은 독자들에게 이런 전략은 충분히 먹혀들 만한, 성공 가능성이 높은 서사전략이다.

이렇게 단순화하여 특정한 이미지를 반복해서 제시하는 게 18세기 역사소설의 특징이며, 작가의 역사의식을 표출하고, 독자들이 이를 내면화하게 하는 방식이었다. 17세기 작품 중에서는 <강로전>에서 이런 면을 볼 수 있고, <임경업전> · <박씨전> 등 18세기 작품에서는 이를 보다 분명하게 확인할 수 있다.

2. 조선후기 역사소설의 변모 원인

역사소설이 시기별로 달라지게 된 원인은 크게 두 가지 측면에서 설명할 수 있다. 첫째, 시대 환경의 변화, 둘째, 소설적 환경의 변화가 그것이다. 두 요인은 서로 맞물려 있지만, 편의상 항목을 나누어 서술하겠다.

1) 시대 환경의 변화

과거는 기억하는 주체의 현재 상황과 필요에 따라 수정된 채 재구성된다. 새로이 등장한 지배세력이 앞 시기의 역사를 정리하고, 앞서 기록된 역사를 고쳐 쓰는 것도 이런 이유에서다. 그런 의미에서 "과거는 현재와 미래에 의해 만들어지고 씌어"[2]지며, "기억된 내용이 말해주는 것은 과거와 관련된 어떤 것이 아니라 기억하는 주체의 현재적 상황"[3]이라고 할 수 있다. 따라서 누가, 언제, 어떤 계기로 과거를 돌아보는가, 그리고 그들이 지향하는 가치가 어떤 것인지를 살피는 게 매우 중요하다.

사건을 직접 체험한 사람이든 그 이야기를 듣고 전하는 사람이든 간에 그 일을 다시 떠올릴 때는 당시에는 없던 감정이 생긴다. 처음에는 감당하

2) 김현진, 「기억의 허구성과 서사적 진실」, 최문규 외, 『기억과 망각』, 책세상, 2003, 219쪽.

3) 김현진, 위의 논문, 227쪽.

기 어려웠던 두려움이나 열패감이 나중에는 모멸감이나 복수심 등 전혀 다른 형태로 표출되기도 한다.[4] 한편 시간이 흘러 당시에는 알 수 없던 정보나 관련된 자료를 추가로 얻을 수도 있으므로 인식이 더 구체화되거나 풍부해질 가능성도 있고, 체험 당사자의 좁은 시야에서 벗어나 거시적이고 총체적인 이해에 도달할 수도 있다. 또한 당시에는 놓쳤거나 모호했던 인식에서 벗어나 보다 깊고 본질적인 의미를 깨닫게 될 수도 있다. 반대로 체험 당사자나 증인이 줄어들면서 정보가 소멸되기도 하므로 더 단순화되거나 정형화되어 구체성이 결여될 수도 있다. 또 전언(傳言)에 전문(傳聞)을 거듭하며 잘못된 정보를 종합하는 과정에서 오도된 인식으로 흐를 수도 있다. 시간이 흐르면서 객관적인 시각을 얻을 수도 있지만, 다른 한편으로는 주관적으로 왜곡할 가능성도 다분해지는 것이다. 변형이나 왜곡 없이 과거를 기억한다는 건 불가능하다는 말이다.

임진왜란과 병자호란을 직접 겪은 17세기인들 앞에 놓인 가장 큰 과제는 살아남는 것이었다. 생존마저 위협받는 상황 속에서 기존의 도덕과 가치는 의미를 잃었다. 오직 자신의 생존과 내가 확대된 가족의 안위만이 관심의 대상이 될 뿐이었다. 전쟁이 남긴 상처는 너무도 컸다. 백성들은 전후 복구 작업을 떠맡아야 했고, 청나라의 요구에 따르느라 부과한 각종 공물 진상의 부담을 모두 떠안아야 했다. 가혹한 수탈과 거듭되는 부역은 백성들의 삶을 더욱 궁핍하고 힘겹게 만들었다. 게다가 17세기 후반부터는 자연재해가 거듭 발생했고, 전염병도 연이어 창궐했다. 그야말로 엎친 데 덮친 격이었다.

흩어진 혈육을 다시 만나 온전한 가족 관계를 회복하는 일은, 17세기에 개인과 사회가 당면한, 무엇보다 시급하고 중요한 문제였다. 이런 시대적

4) 주체가 자신에 대해 갖고 있는 생각과 현실이 어긋날 경우, 둘 중 어느 하나를 변형하거나 새로운 내용을 추가해 스스로를 정당화하기 때문이다. 엘리어트 애런슨, 구자숙 외 역, 『사회심리학: 사회적 동물』(개정 8판), 탐구당, 2002, 185~256쪽 참조.

요구를 반영한 작품이 <최척전> 같은 작품이다. 요동치는 현실 속에서 마땅히 안주할 곳을 찾지 못한 당대인들의 불안감은 <김영철전>에서 꺾이지 않는 귀향의지와 가족 관계 회복을 위한 처절한 몸부림으로 그려지기도 했다.

두 작품에서 보여준 사실적인 묘사와 다양한 사건 구성은 전문(傳聞)이나 기록만이 아니라, 실제 체험을 바탕으로 했기에 가능했다. 전쟁이라는 엄청난 일을 함께 겪은 작가가 당대에 소설화한 것이기 때문에 문제의식의 깊이가 남달랐음은 물론이고, 그 결과 도달한 현실인식도 한두 세기 전에 일어난 사건을 소재로 후대인이 지은 작품과는 다를 수밖에 없었다. 두 작품에 강인한 생존의지와 함께 불안과 공포, 좌절과 분노가 드러난 것은 절박한 현실의 문제를 체험에 기반하여 접근한 결과였다.[5)]

하지만 직접적 체험에서 우러나는 감동과 호소력은 후대로 갈수록 독자들의 관심에서 멀어져갔다. 그래서인지 후대에 이 두 작품을 접한 사대부들의 기록에서 등장인물의 삶에 공감하고 이해하려는 태도는 찾기 어려워졌다.

> 안모는 말한다. 인륜이 바로 서면 치세라 하고, 인륜이 어지러워지면 난세라 한다. 아! 김영철은 하찮은 사람이요, 그 일 또한 작지만, 나라는 군신의 의리를 잃었고, 그 자신은 부자와 부부가 서로 보전하지 못하게 됐으니, 난세의 일을 슬퍼하지 않으랴! 그러나 <u>영철이 한마음으로 고국을 생각하고 갖은 계책으로 기필코 돌아오려 했더라면, 그가 갔던 두 나라에서 결혼해 자식을 낳지 않았을 테고 인륜을 해쳤다는 한도 없었을 것이다</u>.[6)]

5) 이와 관련해서 <최척전>에 조위한의 불행한 개인사가 녹아들어 있다는 지적도 귀기울일 필요가 있다. 민영대, 『조위한과 최척전』, 아세아문화사, 1993; 양승민, 「<최척전>의 창작동인과 소통과정」, 『고소설연구』 9, 한국고소설학회, 2000 참조.

6) 安○○曰: 人倫治曰治世, 人倫亂曰亂世, 嗚呼! 金英哲者, 人微事小, 然國失君臣之義, 而其身父子夫婦不相保, 嗚呼! 亂世之事, 可不哀耶! <u>然使英哲誠一心舊邦, 百計必還, 則</u>

18세기 사람인 안석경(安錫儆, 1718~1774)은 김영철의 정신적인 방황이나 인간적인 고뇌, 고통스런 삶에 별 관심을 두지 않았다. 그도 또한 김영철의 이야기가 난세에 벌어진 안타까운 일이라고 말하기는 했다. 그러나 '사족(蛇足)'처럼 붙은 마지막 말은 안 하느니만 못한 소리다. 사족이란 게 으레 그렇듯이 필요하다고 생각했으니 이 말을 덧붙였을 게 분명한데, 그의 속내가 드러난다. 안석경은 김영철이 살아 돌아온 것만도 다행이라고 하면서, 그가 두 나라에 두고온 처자식 때문에 괴로워한 걸 영 못마땅해 했다. 김영철의 딱한 처지에 공감한다거나 연민의 정을 표하는 대신 잘잘못을 따지는 듯한 태도다. 작중 상황을 제대로 이해하지 못한 건 물론이고, 현실적 맥락을 도외시한 관념적·계급적 인식에 머물렀음을 스스로 고백한 셈이다.

이런 점에서 후대인들이 <김영철전>을 보고 가진 생각은 동시대 작가가 포착한 문제의식과는 전혀 다른 것이었다고 할 수 있다. 앞 시대 사람들이 겪은 참담한 일을 그런 상황에서는 흔히 있을 수 있는 일 정도로 치부하고 말았을 만큼 피해자들의 고통에 둔감해져 있었다는 얘기다. 작품이 형성된 시기와 독자가 살았던 시대 사이의 시간적 거리가 역사와 현실을 인식하는 데 차이를 가져왔고, 작품을 이해하는 데도 영향을 미친 것이다.

17세기 이후 사대부들은 기존의 도덕과 가치를 회복하고, 체제질서를 유지하는 데 골몰했다. 그들은 행위의 당위성을 강조하면서 규범에서 벗어나는 걸 용납하지 않았다. 그러면서도 부조리한 현실을 정면으로 문제 삼으며 지배층의 관념적 허위를 비판하는 발언은 애써 외면했다. 한편 피지배층은 눈앞의 현실에 급급했던 만큼 위안이 되지 않는 과거에 관심

<u>所之兩邦, 不取妻生子, 庶無傷倫之恨矣</u>! 안석경, <후김영철(後金英哲傳)>, 동양문고본(이우성 편, 『삽교집(霅橋集)』 상, 아세아문화사, 1986, 237쪽).

을 기울일 여유가 없었다. 전쟁 체험을 다루면서 민중의 고통스런 삶을 묘사한 작품이 18세기에는 더 이상 나오지 않게 된 까닭이다.

17세기 후반까지만 해도 사대부들은 명나라를 중심으로 한 국제질서를 회복할 수 있을 거라는 기대를 조금이나마 갖고 있었다. 그러나 '삼번(三藩)의 난(亂)'이 진압되면서 이런 희망 섞인 기대마저 실현될 가망이 없다는 상황인식에 도달했고,[7] 18세기에는 사대부들 사이에도 그런 생각이 널리 자리 잡게 됐다. 이로 인해 존주론(尊周論)에도 변화가 생겼는데, 특정한 날에 명나라와의 의리를 되새기는 의례를 행하고, 대보단(大報壇)이나 만동묘(萬東廟) 같은 상징공간을 만들어 그런 관념을 지속시키려고 노력했다. 청나라에 '복수해서 치욕을 씻겠다[復讐雪恥]'는 의지는 갈수록 약해졌고, 따로 기념문화가 필요할 정도로 대의(大義)에 대한 믿음도 사라져 가고 있었기 때문이다.

이렇게 시의성을 잃었음에도 불구하고 이런 일을 벌인 건 사회 통합의 논리와 상징이 필요해서였다. 그런데 이마저도 비판에서 자유로울 수 없었다. 지배층 내부에서조차 이런 움직임을 정권을 잡고 유지하려는 정치적 술수라고 비난했던 것이다. 정치적 헤게모니를 장악하기 위한 명분으로 그 의미가 퇴색했고, 사회적 공감대를 형성하지 못한 관념적 구호에 그쳤다는 말이다.

하지만 18세기 조선 사회 지배층 사이에선 힘으로는 청나라에 굴복했을지라도 문화적으로는 그들보다 우월하다는 생각이 여전히 지배적이었다. 이런 관념은 전통적인 화이론(華夷論)에 입각한 것이었는데, 이미 망해버린 명나라와의 의리를 되뇌었던 것도 같은 이유에서였다. 존주론(尊周論)은 이 시기 조선 사회를 통어(通御)하는 지배이념으로 자리 잡았고,

7) 홍종필, 「三藩亂을 전후한 현종 숙종년간의 북벌론: 특히 유림과 윤휴를 중심으로」, 『사학연구』 27, 한국사학회, 1977 참조.

일반 대중에게까지 확산됐다.

<비시황전>에서 '고황제(高皇帝)' 운운하는 관념은 존주론의 상징적 의례 공간인 대보단을 증수한 때(1749)를 기점으로 해서 형성됐다. 병자호란을 배경으로 한 <임경업전>·<박씨전>의 창작도, 선후의 차이는 있을지라도, 같은 맥락에서 이루어졌다. 민족적 영웅, 특히 존주대의를 지키는 길에 앞장선 상징적 존재가 필요했고, 규방 여성들도 그 가치를 인식하게 해줄 모델이 필요했기 때문이다. 임경업을 재평가해서 영웅적으로 형상화하고, 박씨 같은 온전히 허구적인 인물을 창조한 이유다. 시대적 요구에 따라 인물 선택과 형상화 방식이 변한 것이다.

18세기에 나온 <윤지경전>과 <박태보전>은 당쟁이 사회에 미치는 파장이 이전 시기에 비해 훨씬 커졌다는 사실을 말해준다. 두 작품은 위정자란 어떤 존재고 어떻게 행동해야 하는지 고심하며 바람직한 군주상과 신하상을 모색한 결과였다. <윤지경전>에서 당론을 우의한 건 <사씨남정기>를 통해 정치적 목적을 달성하려 했던 것과 같은 맥락에서 이해할 수 있다. 18세기의 역사소설은 현실정치의 이해관계를 반영하고 정치적 의사 표현의 수단으로도 이용됐을 만큼 대중적 파급력을 인정받았다는 얘기다.

한편 19세기 후반 들어 서구 열강과 일제의 침략 위협이 거세진 상황과 맞물려 역사소설의 창작도 새로운 전기를 맞게 됐다. 이전까지 주로 임병양란 때 입은 상처를 치유하고, 정체성을 새로이 구성하는 과정에서 창작·향유됐던 역사소설도 변화할 수밖에 없게 된 것이다. 이 시기에는 임병양란을 소재로 한 작품이 새로 나오지 않았다. 이전과는 전혀 다른 새로운 도전에 직면했고, 목전의 상황이 너무나 엄중해서 다른 데로 눈을 돌릴 여유가 없었기 때문이다. 가까운 과거에서는 현실의 위기를 뚫고나갈 길을 알려줄 만한 사례를 발견하기도 어려웠다. 이런 현실인식에서 나온 작품이 <홍무왕연의>다. 19세기 역사소설은 위기감이 깊어진 만큼 강렬해진 욕구, 다시 말해 그런 상황을 일거에 해소해줄 영웅의 출현을 갈망하는 심리를 반영했다. 이렇게 고대 영웅을 주인공으로 내세워 국난 극복의 의지와 영광 재현의 소망을 담은 것은 여타 조선후기 역사소설과 확연히 달라진 모습이었다.

2) 소설적 환경의 변화

17세기 중반 이후 도시 임노동자가 급속하게 증가했는데,[8] 이들에게도 큰 비용 부담 없이 즐길 수 있는 오락거리가 필요했다. 이들이 소설 독자로 편입되면서 한글본 공급이 점차 확대되고, 나아가 방각본 소설이 나온 건 자연스런 흐름이었다. 한글본이 널리 퍼지면서 한글을 아는 독자들은 작품을 직접 읽을 수 있었고, 글을 모르는 사람들도 누군가가 읽어주는 걸 들으면서 소설의 재미에 빠져들 수 있게 됐다. 대중이 소설을 접할 기회가 그만큼 많아진 것이다.

현재 남아 있는 이본으로 볼 때, 17세기 작품을 한문본 중심으로 창작·향유했다면, 18세기 역사소설은 대부분 한글본 위주로 짓고 읽었다. 17세기 작품은 모두 작가가 밝혀져 있는데, 18세기 이후 작품 중에는 한문 원작인 <홍무왕연의>만 작가가 알려져 있다. 이 또한 18세기 이후에 한글본 위주로 작품을 향유했던 상황과 맞물려 있는 현상이다. 그렇다고 해서 17세기 작품이 한문본만 있었다는 뜻은 아니다. <최척전>·<김영철전>·<강로전>은 모두 한글본이 있었다. 앞의 두 작품은 한글본이 전하며, <강로전> 역시 한글본으로도 읽혔다.[9] 17세기에는 작품이 나오

---

8) 고동환, 『조선후기서울상업발달사연구』, 지식산업사, 1998, 27~95쪽; 고동환, 『조선시대 서울도시사』, 태학사, 2007, 107~126쪽.

9) 이건(李健, 1614~1662)이 <강로전> 한글본을 저본으로 해서 한역했다고 밝힌 데서 이를 알 수 있다. 이건, <강로전>, 『규창유고(葵窓遺稿)』 권12(『한국문집총간』 122,

면 머잖은 시기에 한글로 번역돼 읽히는 게 기본 양상이었고, 18세기 이후에는 한글로 창작돼 널리 읽히는 가운데 한문본이 형성되는 게 일반적이었던 셈이다.

조선후기 역사소설은 이렇게 대중적 확산을 꾀함으로써 작가와 독자, 두 측면에서 모두 저변을 넓혀갔다. 17세기에 역사소설이 형성되었고 18세기에 집중적으로 창작됐다는 사실, 그리고 모든 작품이 한글본으로 전승됐다는 건 시사하는 바가 크다. 독자의 요구를 수렴한 작품이 나와 역사소설의 주된 흐름을 이뤘다는 뜻이고, 그건 곧 거기에 담긴 역사의식이 대중의 공감을 얻고 더 넓게 확산될 조건을 갖췄다는 의미기 때문이다.

담당층의 신분 구성이 다양해지면서 지배층의 의식에 가까운 작품이라 할지라도 피지배층을 포섭할 방법을 다각도로 모색해야 했다. <박씨전>처럼 사대부 집안 여성들을 겨냥하고 나온 경우에도 곧 하층 남성을 대상으로 한 이본을 내놓은 것이나, <박태보전>이 후대로 갈수록 더 허구화하면서 민중적 정서를 강화해간 것처럼 역사소설은 대중의 요구에 발맞춰 나갔다. 또한 <임경업전>·<박씨전>에서 확인할 수 있듯이, 역사소설은 인물 형상화 방식이나 서사전략도 바꿔갔다. 임경업은 영웅적 행동으로 민족이 지향하는 가치를 실현하려는 인물이고, 박씨는 여성 독자들이 작품에 녹아 있는 지배이념을 거부감 없이 받아들이게 하려고 만들어 낸 캐릭터다. 두 작품에서는 이민족인 청나라에 대한 적개심을 표출하는 한편 간신 김자점을 향해 분노를 폭발시켰다. 외적(外敵)의 위협에 대한 위기의식과 내적(內賊)의 분열 책동에 대한 공분(公憤)을 자극해 공동체를 결속시키려 했던, 지배세력의 이데올로기를 독자가 내면화하게 할 의도로 지은 작품이었기 때문이다.

이와 반대로 민중의 역사의식을 드러낸 작품이 일반 대중과 식자층의

민족문화추진회, 1994, 199쪽).

공감을 얻기도 했다. <임진록>은 왜적을 향해 복수심을 불태우는 한편, 민중의 입장에서 지배층의 무능을 신랄하게 비판하면서 자신들의 역량을 일깨운 작품이다. 이 작품이 나온 것은 <임경업전> 같은 작품의 현실인식에 동의할 수 없었던 민중이 자신들의 역사의식을 드러낼 필요성을 절감했기 때문이다. 공식 기록에 의지하지 않음으로써 공적 담론을 거부하는 그들의 입장을 분명히 한 것도 그래서다. <임진록> 중 민중의식이 가장 잘 드러난 걸로 평가받는 '관운장 계열' 이본 중에도 한역된 게 있는데,[10] 이는 식자층이 이본 생산에 동참했을 만큼 민중의 역사의식에 공감하는 독자가 늘었다는 뜻이다.

이렇게 피지배층의 인식을 드러내는 과정에서 외적 차별성과 내적 동질성을 강조하는 민족주의의 배타적 속성이 약화되는 면을 보이기도 했다. 그건 민족 내부에 산적한 문제의 심각성을 환기하려다 보니 나타난 현상이었다. 백성들의 불만을 잠재우고 관심을 밖으로 돌리기 위해 외적의 위협을 과장하면서 그들과의 대결의식을 부추기는 지배층의 행태에 반발한 것이다. 이때 이민족은 맞서고 극복해야 할 상대가 아니라 내부의 문제를 되돌아보게 하는 비교 대상으로서의 의미가 강했다. 민족의 현실을 비판적인 시각으로 바라보다 보니 부정 일변도로만 인식했던 이민족에게서도 긍정적인 부분을 발견하게 된 셈이다.

이본 형성과정에서 이런 면이 확대되기도 했다. <김영철전> 한글본에서는 김영철이 이역에 남겨두고 온 가족들의 사연에도 관심을 기울였다. 독자의 감상적(感傷的) 취향에 발맞추려다가 그렇게 된 면도 없지 않지만, 여진족 처자식의 처지에도 연민을 표했으며, 민족감정을 앞세우지 않았다는 게 눈여겨볼 부분이다. 이는 백성들을 돌보지 않는 위정자들의 행태를 비판하고, 그러다 보니 청 황제를 상대적으로 긍정했던 원작의 관점을

10) 임철호, 『임진록 이본연구』 II, 전주대 출판부, 1996, 409~448쪽.

이어받은 면으로, 이본 변이과정에서 더 강화됐다. 다만 이런 점을 국가와 민족의 경계를 넘어선 계급적 연대의식의 표현이라고까지 말한다면 과도한 해석이 될 것이다.

조선후기 역사소설은 다양한 인접 예술과 경쟁관계에 놓여 있었다. 따라서 독자의 선택을 받기 위해서는 대중의 요구에 화답해야 했다. 역사소설이 인접 장르에서 이미 검증된 요소를 복합적으로 수용해서 소재의 폭을 넓히고, 작품 구조화 방식과 인물 형상화 방식을 다변화하면서 다양한 기법을 선보인 것도 그 때문이다. 역사소설이 형성되던 시기에는 전기소설(傳奇小說)·전·실기문학의 영향이 컸지만, 뒤로 갈수록 영웅소설·애정소설·연의류 등의 영향이 상대적으로 커졌다. 그런 점에서 조선후기 역사소설이 어떤 단일한 작품이나 특정한 유형의 영향을 압도적으로 받았다고 말할 수는 없다.

소설을 향유하던 방식도 짚어볼 대목이다. <임경업전>은 전기수(傳奇叟)들이 취급한 책의 목록에서 빠지지 않았다. 행인들로 북적대는 열린 공간에서, 전기수가 들려주는 이야기로 역사소설을 접한 사람들이 적잖았던 것이다. 또한 사랑방이나 안방에서 누군가가 읽어주는 걸 들으며 즐긴 부류도 많았다. 이렇게 여럿이 모여 입담 좋은 사람이 구연하거나 낭독하는 걸 함께 듣다 보면 혼자서 조용히 읽는 경우에 비해 몰입도가 더 커지고, 반응도 훨씬 강렬해진다.[11] 이런 경험이 쌓이면서 자리를 같이 한 사람들 사이에 공감대가 형성됐고, 작품에 담긴 역사의식을 나누어 가지게 됐다.

이런 향유방식은 작품의 내용과 기법에도 영향을 주었다. 소설은 대중

11) 자리를 같이 한 사람들이 서로에게 주의를 기울이면서 공동의 정서적 체험을 더욱 강화하기 때문이다. 랜달 콜린스, 「테러리스트 공격 발발시의 연대의례와 보안의례」, 최종렬 편역, 박건 외 공역, 『뒤르케임주의 문화사회학: 이론과 방법론』, 이학사, 2007, 361~379쪽.

이 쉽게 접할 수 있는 소소한 오락거리였다. 그렇지 않아도 사는 게 팍팍한 대중에게는 흥미와 위안을 줄 게 필요했다. 그러자면 잠시라도 현실을 잊고 빠져들 만큼 재미가 있어야 했고, 더불어 그들 자신을 긍정적으로 인식하게 하는 내용이어야 했다. 18세기 이후 역사소설이 대개 행복한 결말구조를 갖추고, 부정적 존재나 범속(凡俗)한 인간이 아닌 영웅적 인물을 주인공으로 내세운 것도 그래서다. 독자들은 긍정적 가치를 보여준 주인공에게 감정을 이입하면서 그들의 승리와 좌절에 함께 웃고 울었으며, 외적의 만행과 간신의 농간에 공분을 느꼈다. 그러면서 자신들도 보편적 가치를 추구하는 길에 동참하는 존재라고 생각할 수 있었다.

이렇게 독자들의 호응과 동일시를 이끌어내려면 누구나 이해할 수 있을 만큼 대립구도가 선명해야 했으며, 찬찬히 음미하며 읽지 않아도, 경우에 따라서는 듣기만 해도, 작품에 담긴 뜻을 알 수 있을 만큼 의미가 확실히 드러나야 했다. 선악의 이분법적 대결 구도를 분명히 하고 특정한 메시지를 반복해서 전달한 것도, 그 결과 18세기 역사소설이 대부분 명백함의 미학을 추구하게 된 것도 이런 이유에서였다.

조선후기 역사소설은 작품마다 읽고 듣는 재미를 느끼게 해줄 요소를 다양하게 마련했다. 예를 들자면 <박씨전>에서 부인네들의 꽃놀이 장면에 화전가류를 삽입한 것이나 <박태보전>에서 꿈 모티프를 통해 감상성을 극대화한 장면, <김영철전> 한글본에서 편지글을 삽입해서 여성적 정감을 강화한 대목, <윤지경전>에서 긴장감을 이완하는 장치로 속담이나 어희(語戱)를 활용한 부분 같은 것이다. 이런 요소는 서사 전개에는 별 영향을 주지 않는데, 작품을 낭독하거나 구연할 때 읽는 맛과 듣는 재미를 준 요소였다.

소설적 환경의 변화와 관련해서 또 주목해야 할 일은 18세기 후반에 방각본 소설이 등장했다는 사실이다. 소설이 상품으로 유통되면서 독자의 흥미를 끌 통속적인 요소를 강화하는 현상이 뒤따른 건 필연적이었다.

조선후기 역사소설 중 <임경업전>과 <임진록> 정도만 방각본이 나왔으므로[12] 제한적인 의미만 갖는다고 할 수도 있지만, 역사소설은 방각본으로 출판된 인기 있는 작품들을 의식하지 않을 수 없었다. 18세기 이후의 역사소설에서 주인공이 비극적인 최후를 맞더라도 사후에 신원되거나 영광을 누리게 하는 등 형식적으로나마 행복한 결말로 매듭지으려 한 것도, 허구적 군담을 설정하거나 꿈이나 환상적 요소를 동원해 가면서까지 복수를 실현하고 승리의 쾌감을 맛보게 한 것도 그 때문이다. 그게 18세기 이후 역사소설이 독자들에게 흥미와 감동을 주면서 역사의식을 담는 방식이었다. 이런 면은 17세기 역사소설이 체험의 구체성도 살아있고 문제의식의 깊이도 충분했지만, 독자들에게 정신적 위안을 주는 기능은 미미했던 것과 대비되는 점이었다. 방각본 소설의 출판은 이렇게 역사소설의 형상화에 적잖은 영향을 끼친 요인이었다.

정리하자면 이렇다. 시대 환경이 변하면서 현실과 더 밀접한 관련이 있고 중요하다고 판단한 사건과 인물로 초점이 이동됐다. 또한 역사소설의 담당층이 확대되고 새로운 소설적 환경이 조성되면서 작가의 역사의식, 이를 작품에 담는 서사전략과 형상화 방식, 문체가 달라지게 됐다. 시대적 흐름을 읽고, 독자들의 취향과 요구, 소비 행태에 맞춰 역사소설도 모습을 바꾸어간 것이다.

12) 이창헌, 『경판방각본소설 판본 연구』, 태학사, 2000, 228~265쪽.

Ⅶ. 조선후기 역사소설의 특성과 의의

1. 조선후기 역사소설의 특성

1) 계층별 역사인식과 그에 부합하는 인물상의 창조

개인이 자신의 과거와 현재를 성찰하고, 장래 모습을 그려보면서 자아 정체성을 형성하듯이 사회도 현재를 진단하며 과거를 돌아보고 미래 전망을 아우르면서 집단의 정체성을 구성한다. 물론 시기에 따라 처한 상황이 다르고, 현실인식이 상이하기 때문에 정체성을 구성하는 요소와 그 관계도 늘 바뀐다. 여기서 중요한 몫을 차지하는 것이 과거에 대한 개인의 기억이며, 집단 구성원들이 공통으로 체험한 일에 관한 기억, 즉 집단기억이다.

그런데 누가, 어느 시점에서, 왜 떠올리느냐에 따라서 기억의 내용과 형식, 의미는 전혀 달라진다. 회상하는 주체가 지배층인가 피지배층인가, 직접 경험했는가 간접적으로 알게 됐는가, 사건이 발생한 직후에 생각하는가 한참 뒤에 돌아보는가, 어떤 의도를 가지고 접근하는가에 따라 기억의 내용이 달라지며, 그걸 표현하는 방식은 물론이고 거기서 추출해내는 의미도 달라지기 때문이다.

조선후기 역사소설은 작품 형성에 주도적으로 참여한 계층에 따라 다른 양상을 보였다. 지배층이 깊숙이 관여한 작품은 그들의 가치관과 역사의식을 담았으므로 피지배층의 세계관을 반영한 경우와 다를 수밖에 없었다. <임경업전>에 이런 면이 두드러진다. 임경업을 민족적 영웅으로 형상화한 데는 집권층의 관심과 참여, 묵시적 방조가 큰 몫을 했다. 사후 50년이 되도록 긍정적으로 인식되지 않았던 임경업(林慶業)의 행적을 재평가해 역사적 의미를 새롭게 부여한 것은 사회 통합의 논리와 상징이 필요해서였다. 노론(老論)은 임경업을 민족적 영웅으로 만들어냄으로써 존주대의를 지키는 게 사회 전 구성원에게 주어진 사명이며 시대적 과업이라는 점을 강조했다.

그들은 새로운 판단 기준을 적용하여 기존의 평가를 뒤집었고, 그게 올바른 역사인식이라고 주장하면서 가치를 선점했다. 이렇게 역사담론을 주도함으로써 다른 인식을 주변화하고, 역사 해석의 권위를 차지했다. 또한 자신들의 주장에 회의를 품거나 부정하는 건 분열을 조장하는 행위로 지목하여 반드시 척결해야 할 대상이라고 공격했다. 그런 재평가 작업을 지배층만의 인식이 아닌 보편적 가치를 확인하는 일이라고 강조하면서 피지배층에까지 지배이념을 확산시키려 했고, 반대세력에 대해 자신들의 정치적 정당성을 주장했던 것이다.

지배층의 역사의식을 담은 작품은 모범이 될 만한 인물을 모델로 제시하여 동일시를 유도하고, 부정적 인물과는 거리를 두게 해서 작품에서 제시한 행위 규범을 독자가 따르게 하는 게 목표였다. 그들은 역사적 사건을 재해석하고 관련 인물을 재평가하면서 일의 성패보다는 행위의 당위성과 도덕적 가치를 중시했으며, 이렇게 해서 추출해낸 의미를 확대재생산해 사회 전반으로 확산시키는 데 중점을 두었다. 이런 작품은 구체적인 체험에 의지하기보다는 대개 기록에 근거해서 창작되었다. 물론 서사의 일관성을 해치는 내용은 제외했고, 부족한 부분은 상상력을 발휘해서 채워 넣었다. 주인공을 특정 이미지에 부합하는 인물로 형상화하자면 허구적 삽화를 설정하는 것도 마다할 이유가 없었다. 그 결과 주인공은 독자들이 따라야 할 모범으로서의 전형성이 점점 강화되는 한편, 형상의 구체성은 차츰 떨어지게 됐다.[1]

민중의 시각을 드러낸 작품이라고 해서 외적(外敵)에 대한 분노와 극복 의지가 담겨 있지 않은 건 아니다. 그러나 민중의 역사의식을 반영한 만큼 현실을 바라보고 역사를 이해하는 관점은 지배층과 확연히 달랐다. 그들은, 계층별로 역할이 달랐던 만큼, 역사와 현실 앞에 져야할 책임 또한 달라야 한다고 믿었다. 지배층의 의식과 지향이 사회 전 계층의 공통된 생각인 양 전제하고 강요하는데, 그렇다면 더더욱 지위에 맞는 역할을 해야 하며, 책임을 회피하는 건 온당치 않다고 생각했다. 그러니 내부의 문제는 잠시 덮고 넘어가자며 위정자들의 무책임한 처사를 눈감아준 작품과는 다를 수밖에 없었다. 지배층의 무능과 무책임을 신랄하게 비판한 것도, 저평가됐던 민중적 영웅들의 활약상을 강조했던 것도 이런 자신들의 인식을 드러내기 위해서였다.

피지배층은 지배층과 다른 층위에서 정보를 얻고 전수했던 만큼 그런 기억을 되살리고 재해석할 때도 주목하는 인물이나 표현하는 방식이 달랐다. 그들은 문헌을 접하기가 쉽지 않았기 때문에 직접적 체험, 또는 전문(傳聞)이나 전설(傳說) 등 구비전승에 의지해서 역사적 사건과 인물을 기억했다. <임진록>에서 김덕령을 민중적 영웅으로 묘사한 것은 민중의 역사의식이 투영된 구비설화의 문제의식을 이어받았기 때문이다. <박씨전>·<배시황전>은 언뜻 보면 당대 사회에서 소외된 여성과 하층인을 주인공으로 삼은 것 같지만, 박씨와 배시황은 사대부들의 가치관과 지배 이념을 대변한 존재에 불과하다. 두 작품에서 여성과 하층인은 통치와

1) 물론 긍정적인 면도 있었다. 상징적 인물을 제시해 그런 사람의 후예라는 자부심과 긍지를 갖게 함으로써 구성원 간에 일체감을 조성하고 긍정적 정체성을 유지할 수 있었기 때문이다.

교화의 대상이었을 뿐, 역사의 주체로 인식되지 않았다.

한편 지배층과 피지배층 모두에게 추앙받은 인물도 있는데, 박태보가 그런 예에 속한다. 박태보는 사대부들 사이에서 사육신에 버금가는 충절로 인정받았고, 일반 백성들에게는 충신의 이미지에 더해 효심과 따뜻한 마음 등 인간이 지녀야 할 덕성을 두루 갖춘 이상적인 인물로 기억됐다. 지배층의 시각과 민중의 관점이 한 데 어우러지면서, 박태보를 누구나 지켜야 할 덕목을 실천한 사람으로 긍정한 것이다.

이렇게 계층별로 주목한 인물이 달랐던 건 역사를 이해하는 관점이 달랐기 때문이다. 역사의 주체를 지배 엘리트로 보느냐 민중으로 보느냐에 따라 접근하는 태도 또한 달라졌다는 말이다. 지배층 인물, 또는 지배층의 이념을 체현한 주인공을 내세운 작품과 평범한 백성들의 수난사를 다루거나 민중적 영웅의 활약상을 그린 작품의 차이도 여기에서 기인한다. 수없이 많은 위기를 겪었으면서도 민족사가 단절되지 않은 것은 이름없는 백성들의 희생과 헌신에 힘입은 거라고 일깨운 건, 민중의 역량이 곧 역사 발전의 원동력이라고 주장한 셈인데, 민중의 각성과 인식의 전환을 보여준다.

2) 정서적 접근법과 선악의 대결 구도

개인의 삶을 지탱하고 집단을 유지하기 위해서는 변화하는 상황에 맞추어 그때그때 정체성을 재구성해야 한다. 개인이 난관에 부닥치거나 집단이 위기상황을 맞아 기존의 정체성이 흔들릴 때 이런 필요성은 더욱 커진다. 그 중에서도 신념체계가 위협받을 때, 다시 말해 이제까지 의미있다고 생각하고, 변함없으리라고 믿어온 가치가 도전받는 상황에 직면했을 때는 더욱 그렇다.[2)]

17세기에 역사소설이 형성됐다는 사실은, 뒤집어 보면, 이 시기에야 비로소 위기를 절감했다는 뜻이다. 조선전기에는 신념체계를 뒤흔들 만한 외부적 충격이 없었으며, 조선후기에 비해 상대적으로 안정을 누렸다. 외부 환경이 급격하게 변한 적이 없기 때문에 민족 정체성을 고민하고 다시 구성해야 할 필요성이 없었으며, 그런 점에서 역사소설이 형성될 조건도 갖추어지지 않았다고 할 수 있다.

조선시대 외교정책의 기조는 사대교린(事大交隣)이었다. 그건 자아와 타자를 구별하고, 중심과 주변을 나누고, 힘의 우열을 감안해서 택한 생존전략이었다. 그러나 한편으로는 화이론적(華夷論的) 세계관을 뼛속 깊이 받아들였던 사대부들의 인식을 가감 없이 드러낸 것이기도 했다. 고려 말에 원나라의 간섭을 받던 시기를 비롯해서 간헐적으로 민족의식이 도드라졌던 때가 있었지만, 상황이 변하면서, 다시 말해 중원의 주인이 원나라에서 명나라로 바뀌고 조선이 개국하면서 그런 의식적인 노력은 수면 아래로 가라앉았다.

이 땅을 침략한 당 태종이나 설인귀는 민족사적으로 긍정하기 어려운 사람들이었다. 그런 데도 이들을 높이 평가하면서 을지문덕이나 양만춘 등 민족적 영웅을 오히려 부정적으로 인식했던 것은[3] 사대부들의 민족의식이 확고하지 않았다는 걸 말해준다. 현대인의 상식으로는 납득하기 어렵지만, 명나라 중심의 국제질서를 건국의 기본 전제로 받아들인 마당에는 당연한 일이었다. 조선 개국의 주역들은 왕조 창업의 정당성을 입증하는 데 힘을 쏟았을 뿐,[4] 민족으로서의 정체성을 주장할 필요를 느끼지 않았던 것이다. 그들은 조선이 '소중화(小中華)'라고 자부했는데, '이적(夷

---

2) R. 코헨 · P. 케네디, 박지선 역, 『글로벌 사회학』, 인간사랑, 2012, 661~665쪽; 서보혁, 『북한 정체성의 두 얼굴』, 책세상, 2003, 30~31쪽 참조.

3) 조선 중기까지는 당 태종의 고구려 침공을 민족적 시각이 아닌 중국측 입장에서 이해했다. 고구려가 중화적 질서를 거부하며 당나라를 괴롭힌 행위로 본 것이다. 허태용, 『조선후기 중화론과 역사인식』, 아카넷, 2009, 41~47쪽.

4) 왕조 개창의 정당성을 주장하고 통치체제를 안정시키기 위해 악장을 제정하고 『경국대전』을 편찬하는 등 예악과 법제를 정비했다.

狄)'들과 다른 근거를 '중화문명'을 받아들여 꽃피웠다는 데서 찾았을 만큼 민족의식이 약했다.[5]

16세기 말부터 17세기 초·중반까지의 격동 속에서 이런 상황은 근본적으로 변했다. 미개하다고 깔봤던 왜적에게 국토를 유린당하고 오랑캐라고 업신여겼던 여진족에게 굴욕적인 패배를 당하면서 자존심을 짓밟힌 것이다. 청나라는 이후로도 수세기 동안 은근히, 때로는 노골적으로 위협을 가해왔다. 따라서 우리 민족은 그들의 존재를 염두에 두면서 독자적인 생존의 길을 모색해야 했다. 또한 기존의 질서가 붕괴된 충격에서 벗어날 수 있는 새로운 논리를 마련해야 했다. 현실을 반성적으로 인식하는 과정에서 이민족과 투쟁해온 민족의 역사와 그런 시련 속에서 일궈온 문화적 전통을 재조명하게 된 이유다. 단군을 기자에 앞선 정통의 위치에 올리려 했고, 민족 고유의 문화에 관심을 기울인 여러 저작이 나왔다는 사실은 이런 인식의 전환을 잘 보여준다. 이런 점에서 17세기는 민족의식이 구체적인 형태를 갖추어간 시기였다고 보아야 한다.

정체성을 구성하는 건 타자를 전제해야 하는 일이다. 나와 남, 우리 민족과 다른 민족, 우리나라와 다른 나라를 구별하지 않으면, 각각의 내적 동질성과 외적 차별성을 알 수 없고, 독자적인 존재 가치를 주장할 수도 없기 때문이다. 따라서 정체성을 구성할 때는 긍정적인 자아상(自我像)과 대비되는 부정적인 타자상(他者像)을 상정하기 마련이다.

복잡다단한 세상에서 선과 악을 분명히 가른다는 건 참으로 어려운 일이다. 더욱이 현재를 규정하며 미래를 전망케 하는 과거에서, 또 수많은 요소가 복잡하게 얽혀있는 역사적 사건에서 이를 판가름한다는 건 결코 간단치 않은 문제다. 모든 사실이 다 드러나 있지 않은 데다, 그걸 판단하는 주체의 능력에도 한계가 있고, 온전히 객관적일 수도 없어서다. 그렇다

5) 계승범, 『정지된 시간: 조선의 대보단과 근대의 문턱』, 서강대 출판부, 2011, 31~39쪽 참조.

고 중간적 입장을 취하는 게 바람직하지도 않고, 판단을 유보하며 시간을 끌 여유도 없다. 당면한 문제가 그만큼 심각하고, 시급하게 해결해야 할 일이기 때문이다.

이때 자연스럽게 대두되는 방식은 나와 적을 확실히 구별하는 것이다. 나와 같은 입장이면 정의롭고 선량하며, 그렇지 않으면 불의하고 사악하다고 판단한다. 중간은 없다. 이건 결코 합리적인 사고가 아니다. 게다가 그걸 논리적으로 전달한다는 건 더욱 쉽지 않은 일이고, 효과적인 방법도 아니다. 정서적으로 접근하는 게 더 직접적이고 강한 반응을 이끌어낼 수 있다는 말이다. 극단적인 선악의 이분법적 구도가 형성되는 이유다. 그리하여 긍정적 가치에 해당하는 미덕과 선행, 정도와 순리, 희생과 헌신 등은 주인공이 도맡고, 부정적 측면에 속하는 악덕과 악행, 권모와 술수, 탐욕과 배신 등을 적대자가 떠안게 됐다.

그러나 이렇게 모두 좋기만 하거나, 온통 나쁘기만 한 인간은 관념 속에나 있을 뿐이다. 현실에 발 딛고 사는 사람은 그럴 수 없다. 그래서 이념적인 성격이 짙어질수록 선인과 악인 모두 현실에서 벗어난 존재가 되어간다. 긍정적 가치의 담지자인 선인은 점점 이상화되고, 부정적 속성의 집합체인 악인은 극단으로 치닫는다. 특히 악인의 형상은 점점 지독해지기 마련이다. 눈을 씻고 봐도 좋은 면은 찾을 수 없다. 세상의 온갖 부조리와 악덕, 추악한 면을 한 데 뭉뚱그려 놓았으니 그럴 수밖에 없다. 그 결과 온전한 사람의 상식으로는 생각하기 어려운 인간이 등장하기도 한다. 이를 테면 <임경업전>·<박씨전>에 나오는 김자점 같은 인물이 그렇다. 통치 이데올로기를 정당화하고 내적 결속의 필요성을 입증하려고 제시한 악인의 전형이기 때문이다.

주인공과 적대자는 대립되는 가치를 대변하며, 선과 악으로 나뉘어 극한 대결을 벌인다. 이 대결은 피차간에 결코 물러설 수 없고, 애초 타협의 여지가 없는 싸움이기에 어느 한쪽이 완전히 몰락할 때까지 계속된다.

어느 쪽이 이기느냐는 작중 상황이나 현실적 조건에 따라 결정되는데, 이를 통해 작가의 현실인식을 엿볼 수 있다. 영웅이 패배하거나 상상적 복수에 그치고 마는 것은, 객관적 사실을 반영해서기도 하지만, 현실인식이 그만큼 어두웠다는 뜻이다.

3) 정체성의 재구성과 지배이념의 내면화

역사소설을 창작하는 목적은 여러 가지일 수 있다. 역사적 인물과 사건을 소설화함으로써 전승되는 이야기와 다른 차원의 흥미를 제공하는 것도 그 중 하나다. 독자들에게 역사의 실상이 어땠는지, 거기서 무엇을 배워, 앞으로 어떻게 해야 할지 방향을 제시하려는 것이야말로 역사소설을 짓는 이유 중에서 빼놓을 수 없는 부분이다. 이때 작가 앞에 놓인 과제는 독자들이 자신들과 함께 호흡한다고 느낄 만한 모델을 창조하는 일이다. 작품을 읽으면서 등장인물과 자신을 동일시하게 되면, 적극적인 행동으로 그의 삶과 일체화를 꾀하거나, 적어도 모델이 추구한 가치가 의미 있다고 생각하게 될 것이기 때문이다.

서사에서 주인공이 영웅적 인물일 경우에 작품 초반의 주된 기능은 대개 영웅성을 얻게 된 이유를 설명하고 그 과정을 제시하는 것이다. 혈통이 고귀하다거나 출생이 범상치 않다거나 성장 과정이 남달랐다거나 하는 식이다.[6] 그런데 역사소설에서는 주인공이 그 능력을 어떻게 얻었는가 하는 데는 크게 관심을 두지 않는다. 영웅적 자질보다 중요한 건 그가 체현하고 있는 도덕적 가치다. 주인공이 설사 좌절한다 해도 그가 온몸을 바쳐 지키려한 대의와 새로 새우려한 질서는 돋보이게 돼 있다. 작가는

6) 조동일, 「영웅의 일생, 그 문학사적 전개」, 『민중영웅이야기』, 문예출판사, 1992, 14~35쪽.

어떤 계기, 또는 일련의 사건을 통해 주인공의 행동에 필연성을 부여하고, 앞으로 해나갈 일의 의미와 정당성을 입증하는 데 중점을 둘 뿐이다. 이어 주인공의 행위를 통해 그가 표상하는 집단의 이념과 가치를 구체화해 제시함으로써 독자의 뇌리에 깊이 각인시키는 데 주력한다.

작가는 독자가 주인공에게 감정을 이입하고 동일시함으로써 무의식중에 그 가치를 수용하고 내면화하도록 만드는 방식을 주로 쓴다. 독자들은 주인공의 입장에서 판단하고 행동해야 옳다고 느끼게 된다. 작가가 선과 악으로 편을 갈라놓고 양자택일을 요구하기 때문에 독자들은 부정적 인물과 거리를 두기 마련이고, 이에 따라 적대자의 입장에 동조하지 않으며, 그의 처지에 연민을 느끼지도 않는다. 독자가 부정적 측면을 전적으로 떠안고 있는 반동인물에게 감정적 차원에서라도 이끌린다는 건 스스로가 부정적 인물과 같은 부류라고 인정하는 꼴이 되므로 그럴 가능성은 원천적으로 차단된다.

이런 동일시와 거리두기의 과정에서 독자들이 자신들을 억압하는 지배층의 이데올로기를 별 생각 없이 수용하게 될 가능성이 크다. 지배층과 피지배층이 각각 져야 할 책임과 주장할 수 있는 권리가 서로 다른 데도 불구하고, 공동체의 일원으로서 다 함께 집단이 추구하는 가치를 지켜야 한다는, '동원의 논리'[7]에 포섭되는 것이다. 그런 주장에 회의를 품거나 그에 반하는 행동을 하면 분열을 조장하고 사회 통합을 저해한다고 매도당하기 때문이다.

특히 역사적 사실에 대한 이해가 부족하고 현실에 대한 비판의식이 충분하지 않은 독자라면 그럴 가능성이 더 높아진다. 독자가 작가의 주장을 수동적으로 받아들이기만 하는 건 아니지만, 대중은 바람직한 상황과 긍정적인 인물에게 자발적으로 동일시하는 경향이 있기 때문이다.[8] 작중

7) 이지명, 『넘쳐나는 민족 사라지는 주체: 민족 담론의 공존을 위해』, 책세상, 2004, 57쪽.

인물이 처한 상황을 꼭 자기가 겪는 일처럼 느끼고, 주인공이 하려는 일을 마치 자신이 감당해야 할 임무같이 생각하게 된다는 말이다. 그러면서 독자들은 주인공의 현실인식을 자신들의 판단처럼 여기게 된다. 더욱이 소설을 즐기는 건 어쩌다 한 번씩 맛보는 일회적인 경험이 아니라 일상생활에서 자주 되풀이하는 행위이므로 그 과정에서 작가가 주인공에게 부여한 가치를 독자들이 내면화할 가능성이 훨씬 커진다. 특정 정보와 상황에 자주 노출되다 보면 동일시의 강도가 높아지는데, 내면화는 이렇게 일상적으로 반복되는 활동 속에서 무의식적으로 이루어지기 때문이다.[9] 이게 바로 역사소설을 창작하는 문학적 · 사회적 의미고, 그것이 민족 정체성을 재구성하는 데 기여했다고 말할 수 있는 이유다.

2. 조선후기 역사소설의 의의

1) 다양한 장르와의 교섭과 현실 반영의 확대

조선후기 역사소설은 다양한 유형의 작품과 교섭하며 자양분을 흡수해 그 모습을 새롭게 하고 외연을 확대했다. <최척전> · <강로전>에 전기소설의 인물 형상과 서사 전개 방식이 보이고, <임경업전> · <박씨전> · <배시황전>에 영웅소설이나 연의류에서 취한 군담이 삽입됐으며, <강로

8) 이지명, 위의 책, 100쪽.

9) 일상생활에 녹아든 양식이어야 정체성을 형성하거나 재구성하는 데 영향을 줄 수 있다. 간혹 한두 번 노출된다고 해서 가능한 게 아니며, 지속적 · 반복적으로 접하고 습관화돼야 하기 때문이다. 정체성 형성에 대중문화와 일상생활이 매우 중요한 역할을 한다는 건 팀 에덴서, 박성일 역, 『대중문화와 일상, 그리고 민족정체성』, 도서출판 이후, 2008; 전진성, 『역사가 기억을 말하다』, 휴머니스트, 2005; 홍태영, 『정체성의 정치학』, 서강대 출판부, 2011 참조.

전>·<임경업전>에 전(傳)의 양식적 전통이 남아 있고, <임진록>에 구비설화 특유의 민중적 세계관이 엿보이는 것도 그래서다.

<최척전>에서 최척과 옥영이 연분을 맺는 대목이나 안남에서 재회하는 장면에는 전기소설(傳奇小說)의 냄새가 짙게 배어 있다. 시로 마음을 전하는 옥영이나 연정 때문에 상사병이 드는 최척은 전기소설 속 청춘남녀와 같다. 그런데 전쟁 통에 가족들과 생이별한 뒤로 두 사람은 더 이상 사랑에 빠진 남녀가 아닌 한 가정의 남편과 아내로 그려진다. 그들이 보여주는 가족애는 전기소설의 주인공들에게서는 볼 수 없는 면이다. 자신들의 위치를 자각하면서 사회적 관계에 눈을 떴고, 엄혹한 상황에 놓이면서 우선하는 가치도 달라졌기 때문이다.

<임경업전>·<박씨전>·<배시황전>에는 모두 군담이 들어 있는데, 그 위치나 기능은 각각 다르다. <임경업전>에는 전반부에 군담이 등장한다. 작중 임경업은 원대한 뜻을 품은 민족적 영웅이지만, 간신 김자점의 마수에서 벗어나지 못한다. 임경업의 꿈이 좌절되는 대목에 이르면, 독자들은 앞서 제시된 군담에서의 영웅적 활약상을 떠올리며 더 안타까움을 느끼게 된다. 그러나 비극성을 강화하는 기능보다 더 중요한 건, 임경업이 존주대의를 수호하겠다고 자임하고 나선 이유를 설명하면서, 독자들이 그의 행위에 공감하게 만들어 대명의리(對明義理)를 자신들이 지켜야 할 가치로 받아들이도록 유도한다는 점이다. 이는 작품 후반부에 군담을 배치해서 주인공이 전쟁을 승리로 이끌고 모든 갈등을 한꺼번에 해결하게 한 영웅소설과 다른 면이다. 영웅소설에서의 군담은 개인의 입신양명을 보증하는 수단이고, 가문의 잃어버린 영광을 되찾는 통로 구실을 할 뿐, 공동체가 추구하는 가치를 실현하는 일과는 별 관계가 없다.

<박씨전>에서도 군담을 통해 문제를 근본적으로 해결하지 못하는 건 마찬가지다. 박씨의 영웅성을 드러내려는 설정이긴 하지만, 그런 인물이 있다 해도 상황을 바꿀 수 없는 현실의 한계를 일깨워 독자들이 오랑캐와

맞서겠다는 의지를 다지게 했다는 데 무게가 실린다. 한편 <배시황전>에는 <삼국지연의>를 연상케 하는 연환계(連環計)와 화공(火攻) 장면이 나온다. 독자의 흥미를 유발하기 위한 장치겠지만, 문제는 결코 '장쾌하다'고만 말할 수 없다는 데 있다. 사회 전반에 반청정서가 팽배함에도 불구하고 그들의 용병이 되어 출병했다는 사실에서 오는 자괴감을 덜어내고, 그런 굴레에서 벗어날 길이 없기에 느끼는 절망감을 털어버리기에는 역부족이다. 그렇기에 승리의 기쁨을 애써 강조해 봐도 뒤이어 밀려드는 현실의 비애를 어찌할 수 없다.

역사소설은 독자 대중의 다양한 요구에 부응해야 했다. 독자가 작품세계에 빠져들 수 있도록 서사 구성과 인물 형상화에 변화를 꾀하고, 다양한 표현기교를 동원한 것도 그래서다. <최척전>·<김영철전>은 당시 널리 회자됐던 포로체험담을 수용함으로써 경험의 폭이 확대된 만큼 넓어진 인식의 지평을 반영할 수 있었다. <윤지경전>에서 애정소설의 외양을 택한 것은 직접 언급하기 어려운 당대 현실을 묘사하고, 그런 정치적 상황을 마주한 당파의 입장을 표명할 수 있는 우회로였기 때문이다. <임진록>은 민중적 영웅들의 활약상을 그려 민중이 진실이라고 믿는 역사상을 제시하고, 그들의 현실 비판의식을 담았다. 역사소설은 이렇게 여러 인접 장르와 교섭하며 다양한 요소를 받아들여 사회적 문제를 다룸으로써 현실반영을 확대해 나갔다. 이를 통해 여러 계층의 현실인식을 드러내고, 독자들이 역사와 현실에 관심을 기울이게 할 수 있었다.

2) 반성적 현실인식과 민족 정체성의 재구성

임병양란의 충격적인 경험과 또다시 외세의 침략 위협에 직면한 답답한 현실은 민족이 처한 상황을 되돌아보게 했다. 지배층은 가치관의 혼란을 겪으며 동요하는 사회를 안정시킬 방도를 찾아야 했다. 피지배층은 자신들이 왜 이런 질곡에서 신음하는지, 나라는 무엇이며 지배층은 뭘 하는 사람들인지, 사회를 지탱하는 힘은 어디서 나오는지 되묻게 됐다.

지배층은 기존의 질서를 회복하는 데서 해결책을 찾으려 했다. 이전부터 소중화(小中華)로 자처해온 터에 이제 중화문화의 적자인 명나라가 사라졌으니 그 계승자는 조선밖에 없다고 생각했고, 나아가 조선이 곧 중화라고 주장했다. 도덕적 우위와 문화적 우월성을 내세워 참담한 현실을 정신적으로나마 극복하려 한 것이다.[10] 피지배층도 이런 민족적 긍지와 문화적 자부심을 공유했다. 그러면서도 난국을 초래한 지배층의 무능과 무책임을 폭로하고, 관념적 허위와 그릇된 현실인식을 비판하는 걸 잊지 않았다. 그들은 민족사적 시련을 극복하려면 뼈저린 반성과 근본적인 대책 마련이 필요하다고 촉구했다.

이렇게 해법으로 내놓은 건 서로 달랐지만, 상·하층 모두가 현실을 반성하고 바람직한 미래를 열어가기 위해 역사적 사건의 의미를 되새긴 건 같았다. 수난의 역사도, 영광의 역사도 모두 현재를 비춰보는 거울로 삼았다. 그들은 끊임없는 '투쟁의 서사'로 민족사를 설명했다. 수없이 많은 외침을 물리쳐온 만큼 앞으로도 외세의 도전에 맞서나갈 존재로 스스로를 규정했고, 언젠가는 지금의 패배를 만회할 수 있을 거라고 믿었다. 그리하여 두려움과 공포를 분노로 바꿨고, 굴욕과 상처를 극복의지로 승화시켰으며, 현실의 불안을 미래에 대한 희망으로 전환했다.

역사소설은 당대인들의 이런 현실인식과 미래 전망을 문학적으로 형상화했는데, 소재 차원에서 강한 군집성(群集性)을 보였다. 시대 상황이나 작품에 따라 새로운 문제를 다루기도 했지만, 특정한 사건에 관심을 집중

10) 위기의식을 느끼면 냉철하게 현실을 직시하기보다 상황을 자신에게 유리하게 해석하거나 믿고 싶은 요소로 대체하는 경우가 많은데, 이런 심리적 현상이 투사된 결과다.

했다는 말이다. 이렇게 여러 작품에서 같은 제재를 다루면서 자연스럽게 콘텍스트가 이루어졌다.[11]

<최척전>·<김영철전>·<강로전>·<임진록>에서는 모두 심하전투를 다뤘다. 최척의 참전이 결과적으로 그들 일가의 재회를 앞당기는 전환점이 됐던 것과 달리, 김영철의 종군은 기나긴 이산의 시작이었다는 점에서 차이가 있기는 하다. 그러나 두 작품에서 거대한 폭력에 희생된 개인의 고통스런 삶을 돌아본 건 같았다. 그런 점에서 이 사건의 정치적 의미에 주목한 <강로전>은 두 작품과 접근법이 사뭇 달랐다.

<강로전>에서 심하전투는 개인의 도덕성과 정권의 정통성, 민족의 정체성을 다시 생각하게 한 계기였다. 권칙은 강홍립의 그릇된 선택에서 모든 문제가 비롯됐다고 보았다. 작가는 일탈적 행위로 민족사에 오점을 남겼다고 강홍립을 비난하면서, 자신은 물론이고 온 나라 사람들을 그에게 당한 '선량한' 피해자로 규정했다. 그렇게 거리를 두어 예외적인 몇몇을 제외한 대다수 구성원의 긍정적 정체성을 유지하려 한 것이다.

그러나 작가의 처지나 이 사건의 파장, 강홍립의 정치적 상징성을 감안하더라도 모든 게 한 개인 때문에 일어난 일인 양 그린 건 문제였다. 심하전투에 출전했다가 투항한 전력이 꼬리표처럼 늘 따라붙었던 권칙으로서는 자신의 처신과 새로 집권한 서인정권의 대처가 불가피했다고 말하고 싶었겠지만, 온당치 않았다. 특히 상황논리를 들어 자신을 변호하고 사태의 원인을 누군가의 문제적 성격 탓으로 돌린 건 전형적인 자기정당화다.

<강로전>은 심하전투에 관한 후대의 전승에 큰 영향을 끼쳤다. 이렇게 어떤 상황을 이해하는 틀이 일단 세워지면 여간해선 그걸 바꾸기 어렵다.

---

11) 숙종~영조대의 정치상황을 그리면서 충역과 의리의 문제를 제기한 <윤지경전>과 거듭되는 당쟁에 피로감과 거부감을 느낀 민중의 현실인식을 드러낸 <박태보전>의 예에서 보듯이, 같은 사건을 다루면서도 역사의식의 차이 때문에 처리하는 방식은 각각 달랐다. 여기서는 심하전투를 다룬 작품만 언급하겠다.

이미 통념으로 굳어진 인식을 바꾸는 게 쉽지 않기 때문이다. 그런 점에서 <임진록>의 의미는 각별하다. <임진록>은 <임경업전> 같은 작품에 투영된 지배층의 역사의식에 반발해 민중의 현실인식을 적극적으로 드러냈다. 임진왜란의 기억을 환기하는 데 그치지 않고, 지리멸렬했던 위정자들을 강도 높게 비판한 것이다. 그런 만큼 심하전투와 관련된 각종 기록과 구비전승도 전혀 다른 맥락에서 활용했다. 강홍립·김응서의 정왜담으로 이를 변용하면서 기존의 해석과 거리를 두었는데, 관념적 허위에 안주하며 책임 회피에만 급급하던 창작 당시 지배층을 비판하기 위해서였다. <임진록>의 의미는 거의 공식화되다시피 한 서사를 해체하고, 지배담론에 대항하는 민중의 인식으로 대체했다는 데 있다.

역사소설은 이렇듯 앞서 제시된 관점을 받아들이기도 하고, 새로운 주장을 펼치기도 하면서 갈등하고 경쟁하는 다양한 시각을 제시해 역사의식을 교환하는 장을 마련했다. 기존의 서사를 다시 읽으며, 무엇을 기억하고 어떤 부분을 망각했는지, 그래서 무슨 메시지를 전달했는지 따졌다. 그런 뒤에 자신들이 옳다고 믿는 정보로 재구성한 새로운 이야기를 내놓았다. 작품에 따라 인물 형상화 방식이 다르고 사건 구성에 차이가 나는 것도 이런 콘텍스트의 결과였다.

임병양란을 겪은 뒤에 역사소설이 형성됐고, 서로 다른 역사의식을 담은 작품이 잇따라 등장했다는 사실은 흔들리는 민족 정체성을 재구성하기 위한 진지한 모색이 계속됐다는 걸 말해준다. 다양한 의견을 표명하는 건, 설사 그 주장이 관철되지 않는다 하더라도, 집단의 의사를 결정하고 진로를 선택하는 데 매우 중요하다. 지배적 인식과 다른 생각을 가진 사람들이 있다는 것만으로도 보다 신중한 판단을 내릴 가능성이 커지기 때문이다.[12] 그런 점에서 역사소설이 역사적 사건과 인물을 보는 다양한 시각

12) 제임스 서로위키, 홍대운·이창근 역, 『대중의 지혜』, 랜덤하우스코리아, 2005, 239~

을 제시하여 독자들의 역사 이해와 현실 인식에 깊이를 더했다는 건 큰 의미를 갖는다.

사회적 정체성은 내・외부적 환경과 사회적・문화적 요인에 따라 달리 구성된다. 단적으로 말하면, 집단 간의 권력관계가 정체성을 규정한다.[13] 사회는 다양한 계층과 이해집단으로 구성된다. 민족 공동체도 마찬가지다. 크게 보면 두 하위집단, 즉 정치권력과 사회적 지위, 경제적 자원을 독점한 지배층과 이 모든 것에서 소외된 피지배층으로 이루어진다.

사람들의 의식에 영향을 미치는 각종 제도와 매체를 장악한 지배계급은 자신들이 추구하는 가치를 중심으로 민족 정체성을 구성해야 한다고 주장하고, 모든 구성원들에게 이를 받아들이도록 요구한다. 그러나 이런 요구가 늘 관철되는 건 아니며, 때로는 강한 저항에 부딪히기도 한다. 여러 하위집단은 공동체가 무엇을 지향할지를 두고 다투기 때문이다. 하위집단이 자기규정을 새로 하면서 독자적인 정체성을 내세우는 경우가 바로 그런 예다.[14]

이때 지배층은 공동체의 정체성을 유지해야 한다고 목소리를 높인다. 그들은 법적 조치와 물리적 제재 등 가능한 모든 수단을 동원한다. 여기에는 피의 순수성이나 문화적 전통 등 자연발생적이고 선험적인 요소를 부각하고, 그 우월성을 강조하며 대중의 감정에 호소하는 것도 빠지지 않는다. 고난을 함께 한 사람들 사이에는 끈끈한 연대의식이 생긴다. 그렇기에 역사적 기억은 민족의 정체성을 구성하는 데 중요한 상징 자원이 된다. 민족사를 재조명하는 것도, 일체감을 강조함으로써 집단이 추구하는 가치를 개개인이 받아들이도록 종용하고, 민족을 위해 희생하고 헌신

240쪽 참조.

13) 김광억, 「총론: 종족(Ethnicity)의 현대적 발명과 실천」, 김광억 외, 『종족과 민족: 그 단일과 보편의 신화를 넘어서』, 아카넷, 2005, 38쪽.

14) 한건수, 「종족정체성과 역사적 상상: 요루바 종족성과 기억의 공동체」, 김광억 외, 위의 책, 148~154쪽.

하라고 요구할 수 있어서다.[15]

그러나 그 이면에서는 순응하지 않는 구성원을 배제하는 작업이 동시에 진행된다. 공동체의 정체성을 부정하는 사람은 함께 할 자격이 없다고 몰아세우는 것이다. 이렇게 편을 갈라 집단 내의 대결을 부추기는 건 의심받는 지도력을 다시 확인하고 체제에 도전하는 세력을 억누르려 할 때 지배층이 즐겨 쓰는 수법이다. 사회 통합을 저해하는 불온한 존재로 몰려 공격당하지 않으려면 이견이 있더라도 가만히 있을 수밖에 없다. 따라서 이런 식으로 단일한 정체성을 유지하는 건 갈등을 억압하거나 은폐하는 데 지나지 않는다.

한편 피지배계급은 계층구조에 스스로 편입되려 하고, 자발적으로 권위에 복종한다.[16] 그들은 지배계급의 가치를 기꺼이 받아들이거나 모방하며, 동화되려는 심리적 성향을 보인다.[17] 더욱이 '민족 대 반민족'이라는 대립구도를 설정하고, '문명 대 야만'이라는 다분히 감정적인 언어로 이민족과의 차별성을 강조하는 상황에서는 피지배층도 스스로를 민족 구성원으로 규정하지 않을 수 없다. 어떤 집단에 소속감을 느끼면 자신이 속한 집단을 무조건적으로 선호하고, 외부 집단을 부정적으로 생각하기 마련이다.[18] 그런 마당에 공동체에서 배제된다는 건 견딜 수 없는 노릇이다. 존재 가치를 인정받으려면, 역설적이게도, 그들이 속한 하위집단의 독자적인 자기규정을 포기하고, 더 큰 공동체의 일원이라는 정체성을 받아들일 수밖에 없다.[19]

---

15) 정체성을 형성한다는 건 이렇게 구성원을 불러내 스스로를 공동체의 일원으로 인식하게 만드는 과정을 말한다. 홍태영, 앞의 책, 7쪽.

16) 데이비드 패트릭 호튼, 김경미 역, 『정치심리학』, 사람의무늬, 2013, 265쪽.

17) 에리히 프롬, 원창화 역, 『자유로부터의 도피』(3판), 홍신문화사, 2008, 98쪽.

18) 앨리어트 애런슨, 윤진・최상진 역, 『사회심리학: 사회적 동물』(개정 5판), 탐구당, 1995, 150쪽.

19) 이런 걸 '보편성'을 얻기 위해 치르는 '정상성에의 복종이라는 대가'라고 말한다. 홍태영, 앞의 책, 22~23쪽.

민족 정체성을 어떤 요소로 재구성해야 할지, 서로의 입장이 달랐음에도 불구하고, 두 하위집단, 즉 지배층과 피지배층이 접점을 찾게 된 것은 위의 두 요인이 상호작용한 결과다. 자발적으로 동화되는 면과 배제될지도 모른다는 두려움 때문에 강제되는 측면이 함께 있었다는 말이다. 특히 더 큰 위협세력 앞에서, 다시 말해 이민족에게 핍박받는 상황에서, 이런 생각은 상・하층 모두가 공유한 보편적 관념이 되었다. 위기에 직면하면 주류담론의 호소력이 더 커지는데,[20] 분열보다는 내적 통합을 우선하는 분위기를 조성하고, 다른 길을 추구하기보다 공통분모를 찾으려 노력했기 때문이다. 거기에 역사소설의 역할도 적지 않았다.

논리적인 언어로 사람들을 설득하는 데는 한계가 있다. 지배층이 역사소설에 주목한 까닭도 그것이 다른 매체나 형식이 감당하기 어려운 부분을 수행할 수 있을 거라 기대했기 때문이다. 대중을 움직이려면 그들의 정서에 호소하는 게 효과적인 방법이다. 작가들이 주인공을 누구로 할지 고심하고, 전형을 창조하는 데 공을 들이는 것도 그래서다. 민족적 영웅이나 민중적 영웅의 형상에는, 작가가 생각하는, 공동체의 숭고한 이상과 구성원들이 마땅히 추구해야할 가치가 투사돼 있다. 그런 모습에 마음을 뺏긴 독자는 주인공에게 감정을 이입하고 기꺼이 그의 행위에 동조한다. 그래 놓고 나중에 입장을 바꾼다는 건 일종의 배신이요 자기부정이므로 어지간해선 이미 들여놓은 발을 뺄 수 없다. 더욱이 독서라는 일상적 활동이 거듭되면서 정서적 체험 또한 반복되고 고양되기 때문에 그럴 가능성은 더 적어지고, 주인공이 체현하고 있는 가치를 자신들의 것으로 받아들이게 된다.

역사소설은 대중의 기대에 부응해야 하는 통속소설이었다. 그런 만큼

20) 필립 스미스, 「코드와 갈등: 전쟁을 의례로 보는 이론을 향하여」, 최종렬 편역, 박건 외 공역, 『뒤르케임주의 문화사회학: 이론과 방법론』, 이학사, 2007, 93~104쪽; 같은 책, 120~121쪽 참조.

다른 대중문화와 마찬가지로 시대의 흐름을 읽어야 했고, 사회에서 통용되는 문화적 상징을 준용해야 했으며, 기존의 담론체계와 도덕적 규범에서 크게 벗어나지 않아야 했다. 그렇다고 파격적인 작품이 등장하지 못할 건 없지만, 너무 멀리 나가면 다수의 독자를 끌어안을 수 없기 때문이다. 특정한 정치적 입장이나 계급적 이해를 반영한 작품일지라도 이본 파생 과정에서 점점 보편적 가치를 표방하는 쪽으로 수렴되는 경향을 보인 이유다. 그런 작품들이 폭넓은 호응과 지지를 얻었고, 그 결과 독자들이 스스로를 공동체 구성원의 하나로 인식하고 민족 정체성을 자연스럽게 받아들이게 하는 데 일조할 수 있었다.

조선후기 역사소설은 각종 기록과 체험자들의 생생한 증언, 어렴풋해져가는 파편적 기억을 모아 쉽게 이해하고 공감할 수 있는 이야기로 만들었다. 그리하여 사람들의 의식 깊은 곳에 자리한 감정을 표면으로 끌어올렸고, 묻혀버리거나 기억의 저편으로 사라져버릴지도 모를 일들의 의미를 일깨워 독자들이 역사와 현실에 관심을 갖게 했다. 또한 정형화된 인물 형상화 기법과 사건 구조화 방식을 고집하기보다는 독자에게 다가가고 공감대를 확대하기 위해 다양한 문학적 관습을 원용하여 새로운 시도를 계속했다. 새로운 서사전략을 구사했고, 구비문학과 기록문학의 여러 장르에서 자양분을 흡수하고 변용하여 다양한 인물상을 만들어냈으며, 섬세한 심리묘사를 선보였다. 식자 중심의 좁은 독자층에 한정됐던 역사소설이 점점 대중적으로 확산된 것도 이런 노력을 게을리하지 않았기에 가능했다. <임경업전>·<임진록>·<박씨전>·<윤지경전>·<박태보전> 등 이본 수가 많은 작품이 여러 편이고, 그 중 <임경업전>·<임진록>이 방각본으로도 여러 차례 출판됐다는 사실에서 알 수 있듯이,[21] 역사소설은 오랜 기간 동안 많은 독자들에게 사랑을 받았다.

21) 이창헌, 『경판방각본소설 판본 연구』, 태학사, 2000, 228~257쪽; 같은 책, 546~547쪽.

조선후기 역사소설은 고소설로서 당대적인 가치를 갖는 한편, 20세기 들어 활기를 띤 역사문학 창작의 단초를 마련했다는 점에서도 의의가 크다. 특히 19세기 말 작품인 <홍무왕연의>는 조선후기 역사소설을 20세기 초의 역사·전기물과 이어주는 가교 역할을 했다. <임진록>이 장르의 경계를 넘어 <한양오백년가>·<임진년의 노래> 같은 시가(詩歌)에까지 수용된 데서 보듯이, 역사소설의 영향력은 알려진 것보다 컸다.

조선후기 역사소설에는 현실을 진단하고 바람직한 미래를 열어가려 한 그 시대 사람들의 치열한 노력이 담겨 있다. 역사와 현실을 보는 작가의 문제의식이 다른 어떤 소설 유형보다 강렬하게 표출된 것도 역사소설이 이런 고뇌와 성찰의 결과였기 때문이다. 조선후기 역사소설은 대다수의 고소설이 비록 현실을 반영했다 해도 간접적으로 당대 현실을 꼬집는 데 그쳤던 것과는 접근법부터 달랐다. 역사와 현실을 정면으로 마주하고 직접적으로 문제를 제기한 만큼 비판의 강도 또한 높았다. 이런 역할은 여타 소설이 감당하지 못한 것이었다.

조선후기 역사소설은 민족 구성원이 현실인식과 역사의식을 공유하게 하는 데 기여했다. 때로는 특정한 기억을 전면에 내세우고 다른 기억을 주변화해 지배적 담론을 재생산했는가 하면, 배제되거나 억압된 기억을 되살려내 지배적인 역사인식에 도전하기도 했다. 이렇게 사회적 지위와 입장이 다른 다양한 계층과 집단의 역사의식을 투영한 작품들이 등장해서 역사담론의 장을 마련했고, 이를 통해 그 시대 사람들의 현실인식과 미래 전망을 구체화함으로써 민족 정체성을 재구성하는 과정에 일조했다는 데 조선후기 역사소설의 의의가 있다.

Ⅷ. 결론

조선후기 역사소설은 임진왜란과 병자호란이라는 민족사적 시련을 겪은 뒤에, 17세기부터 18세기까지 집중적으로 형성됐고, 드물기는 하지만 19세기 말에 이르기까지 계속해서 작품이 창작됐다. 전란의 참혹한 기억과 민족의 현실에 대한 인식, 위기 극복의 염원을 담아내는 것이 이 시기 역사소설의 주된 관심사였다. 여기에 당쟁이 유래 없이 격화되면서 부침한 인물을 재평가하고, 혼란스런 정치상황을 마주한 지배층의 당파적 이해와 민중의 비판적 현실인식을 투영한 작품이 더해졌다.

이 책에서는 "위기의 현실을 맞아 흔들리는 정체성을 재구성하기 위해 우리 민족사에서 선택한 사건과 인물을 중심 제재로 삼아 역사의식을 바탕으로 형상화한 소설"로 조선후기 역사소설을 규정했다. 임진왜란 이후부터 대한제국이 성립된 1897년 이전까지 나온 소설 중에서 이런 요건을 충족시킨 작품은 <최척전>·<김영철전>·<강로전>·<임경업전>·<임진록>·<박씨전>·<배시황전>·<윤지경전>·<박태보전>·<홍무왕연의>였다. 이 책에서는 이상 열거한 10편을 통해 시대 환경과 독자들의 요구에 따라 변모해간 조선후기 역사소설을 살피고, 그것이 어떻게 민족 정체성을 재구성하는 데 기여했는지 검토했다. 논의한 내용을 간추려 제시하는 걸로 결론을 대신하겠다.

임병양란이 휩쓸고 간 조선 사회, 특히 지배층은 무너진 체제질서를 회복하고 사회를 재건하는 데 부심했다. 그들은 흐트러진 가치관을 재정립하기 위해 성리학적 명분론을 한층 강화하는 한편, 기존의 국제질서가 무너진 충격을 이겨내고 상처받은 민족적 자존심을 지키기 위해 '조선중화주의'를 내세웠다. 우리 민족이 외적(外敵)보다 도덕적으로 우위에 있고 문화적으로 우월하다고 주장하며, 언젠가는 현실의 패배를 만회할 수 있을 거라고 기대한 것이다. 이런 움직임은 부정적인 현실을 정신적으로나마 극복하려는 의지의 표현이었고, 긍정적 정체성을 유지하기 위한 몸부림이었다.

역사소설의 형성과 관련해서 특별히 주목해야 할 건 17세기 이후 사찬(私撰) 사서(史書) 편찬이 활발하게 이루어졌다는 점이다. 이때 나온 사서는 각각 다양한 집단의 정치적 이해관계를 반영했는데, 그러면서도 공통된 면을 보였다. 가장 두드러진 특징은 강목법(綱目法)과 정통론(正統論)에 바탕을 두고 명분론에 입각한 도덕주의적 역사 해석을 시도했다는 점이다.

정통론은 원래 한족(漢族) 중심의 중화적(中華的) 국제질서를 염두에 둔 것으로, 명·청과의 관계 설정에 기준이 되었을 뿐만 아니라 한국사 이해의 방향도 제시했다. 정통론은 일반적으로 왕가와 왕조의 정통성을 논하는 게 중심이지만, 사회적 지위의 정당성을 따진다는 점에서 정치적 문제로 비화될 소지가 많았다. 예나 지금이나 정통성 시비가 끊이지 않는 것은 대립하는 세력들이 저마다 자신들의 현실적 지위를 정당화하려 하기 때문이다. 이렇게 정통과 이단을 규정하려는 시도는 선인과 악인을 구분 지으려는 생각과 연결되고, 행위의 결과보다 목적을 중시하는 입장은 선한 패자를 동정하는 태도로 이어진다. 이런 생각과 태도는 역사적 사실을 평가하고 현실을 인식하는 기본 관점이 되었을 뿐만 아니라 소설에서 선악의 이분법, 또는 충신과 간신의 대결 구도가 일반화되는 데도 영향을 주었다. 이런 점에서 정통론이 확산됐다는 사실은 역사소설의 형성・전개와도 깊은 관련을 맺고 있었다.

16세기 말부터 18세기 초반까지 일어난 일련의 사건은 개인과 민족의 정체성이 무엇인지 다시 묻게 한 계기가 됐다. 급박하게 돌아간 국내외적 상황은 현실에 대한 문제의식을 촉발시켰고, 한국사를 재조명하는 작업으로 이어지게 했다. 그 결과 역사와 현실을 보는 다양한 관점이 제시됐고, 이렇게 구체화된 역사의식을 담아 대중적으로 확산시킬 매체로 역사소설이 주목받는 상황이 조성됐다. 이데올로기가 설득력을 얻으려면 그것을 정당화하는 서사로 구성돼야 했고, 그렇게 구성한 서사가 대중적 영향력을 발휘하게 하려면 이를 확산시킬 매체가 필요했는데, 이럴 때 역사소설이 제격이었기 때문이다.

두 차례의 국난을 치르면서 집중적으로 형성된 실기문학(實記文學)과 전(傳), 구비전승은 역사소설이 형성되는 데 밑거름이 됐다. 실기문학, 특히 포로체험의 기록인 포로실기류(捕虜實記類)는 새로운 소재를 제공하고, 서술구조와 표현방식에도 큰 영향을 주는 등 17세기 역사소설과 밀접한 관련이 있었다. 인물의 행적을 후세에 전하고 포폄(褒貶)하려는 목적으로 지었던 전(傳)은, 교훈성을 강화하고 독자에게 정서적 감화를 주기 위해, 부분적으로 허구화하는 걸 감수했다. 전의 이런 특성은 역사소설의 인물 형상화에 직・간접적으로 영향을 끼쳤다. 객관적 사실에 근거한다는 믿음을 독자에게 심어주고 작품에서 제시한 해석과 평가가 옳다는 걸 입증하려 들면서 역사소설이 다른 소설 유형에 비해 사실에 밀착돼 있는 까닭도, 그러면서도 허구적 요소가 적잖이 들어 있는 이유도 그것이다. 역사적 사실에 상상력을 가미해 흥미를 배가하고, 그 속에 역사의식을 담은 연의류(演義類)의 창작방식에서도 역사소설은 영향을 받았다. 또한 구비설화와 문헌설화, 야담과 야사를 통해 다양하게 전승된 인물담 등 여러 인접 장르가 조선후기 역사소설을 싹틔운 토양이었다.

17세기는 요동치는 국제관계 속에서 변화된 상황에 적응하고, 새로운 활로를 열어가야 했던 시기다. 그러나 기존의 질서가 급속히 붕괴됐던 데 비해 가치관을 재정립하고 정체성을 재구성하는 작업은 속도를 낼 수 없었다. 무너진 삶의 터전을 다시 일구고, 새로 세울 질서의 근간이 무엇이어야 할지 고민하며 진로를 모색해야 했지만, 이미 역사의 뒤안길로 사라진 옛 질서에 대한 미련과 향수, 회복에 대한 기대가 여전했기 때문이다. 이때는 한창 급변하는 도중이었기 때문에 당대인들로서는 상황을 객관적으로 인식하기 힘들었고, 효과적인 대응책을 마련하기도 어려웠다. 난관에 봉착한 원인을 차근차근 따져보고 위기를 극복할 해법을 강구할 여유도 많지 않았다. 다만 가정이 사회의 뿌리이며, 가족 관계를 회복하는 일이야말로 무너진 질서를 다시 세우는 출발점이 될 거라고 기대했을 뿐이다.

<최척전>·<김영철전>처럼 미담(美談), 또는 기담(奇談)으로 소개됨직한 사례에 사람들이 관심을 보인 것도 이런 예외적인 경우를 통해서나마 전후(戰後) 사회를 재건할 수 있다는 희망을 발견하고 싶었기 때문이다. 두 작품은 전란으로 인해 삶의 터전을 빼앗기고 포로 신세로 전락했던 민초들의 체험을 소설화하면서 가족의 소중함을 강조했다. 가족의 해체와 재결합 문제를 다뤘으면서도 서로 다른 결말을 보여주었다는 점에서 두 작품은 대비된다. <최척전>에서는 흩어졌던 가족들이 재회하는 희망찬 대단원에 사회가 재건되기를 바라는 간절한 소망을 담았다. 반면 <김영철전>은 당대 기층민들의 힘겨운 삶과 부조리한 현실을 적나라하게 묘사해 백성들을 고통의 나락으로 떨어뜨린 사회와 지배층을 비판하는 데 무게를 실었다.

한편 <강로전>에서는 강홍립이 보인 행태를 동시대인들의 보편적 정서와 동떨어진 예외적 개인의 일탈행위로 규정했다. 무너져가는 질서를 되돌리려고 몸을 바치기는커녕 시대정신에 반하여 대의를 짓밟았다고

생각했기 때문이다. 작가는 강홍립을 민족의 배신자로 낙인찍고, 극단적이다 싶을 만큼 부정적으로 형상화했다. 작중 강홍립은 광해군대에 정국을 주도했던 인사들을 대표하는, 정치적 상징성을 띤 인물이었다. 강홍립에게 도덕적 공격을 퍼부은 것은 독자들이 그와 거리를 두게 만들고, 그런 사람들의 가치인식도 설 자리가 없게 하기 위해서였다. 그들을 배제한 나머지 구성원간의 일체감을 조성하여 사회 통합을 도모하고, 부정적인 면을 소거해서 긍정적 정체성을 유지하려 한 것이다. 거기에는 심하전투 패배의 책임은 물론이고 정묘호란 때 굴욕적인 강화를 맺은 수모까지, 모든 과오를 전(前) 정권에 돌리면서 자신들에게 돌아올 비난의 화살을 피하려 했던 당시 집권세력의 의도가 숨어 있었다.

이렇듯 17세기 역사소설에는 작가가 동시대인으로서 함께 호흡하면서 느낀 문제의식이 잘 드러나 있다. 역사소설의 서두를 장식한 작품은 '가족'에 관심을 집중했는데, 이 점은 다음 시기의 작품에서는 발견할 수 없는 면이다. 또한 가족 구성원들이 마주친 역사의 현장과 그들이 역경에 맞서는 과정을 사실적으로 묘사했다는 점도 특징적이다. <강로전>은 18세기 역사소설의 형상화 방식을 예고한 작품이다. 작가는 역사적 사실을 의도적으로 부풀리거나 축소, 또는 변개했다. 그렇게 역사적 인물을 이념적 잣대로 평가해 영웅화하거나 폄훼함으로써 긍정적 인물에 대한 동일시와 부정적 인물에 대한 거리두기를 유도하여 독자들에게 특정한 이미지를 뚜렷이 각인시키는 효과를 거뒀다. 이념적 성격을 인물에 투사하는 이런 방식은 다음 시기 역사소설에서는 보편화되고 보다 강화된다.

18세기는 17세기 초·중반에 재편된 동아시아의 국제질서가 이미 안정기에 접어든 때였다. 청나라라는 적대세력의 위협이 상존함에도 불구하고 그들과 맞설 힘이 없다는 사실은 그런 상황이 언제까지나 지속될지도 모른다는 불안감을 증폭시켰다. 조선 사회, 특히 사대부들은 이런 현실에 맞는 새로운 정체성을 구성해야 할 필요성을 절감했다. 그러지 않고서는 지배층에 대한 백성들의 불만을 잠재울 수 없었고, 불신을 해소할 수도 없었다. 사회를 통합하고 체제질서를 확립하려면 이를 뒷받침할 새로운 논리가 필요했다. 존주대의의 기치를 내걸고 조선중화주의를 제창한 것도 그래서다.

그러나 현실은 바뀔 여지가 없어 보였고, 시간이 흐를수록 대결의지는 약해지고 있었다. 따라서 점점 이완돼가는 사회 분위기를 다잡아야 했고, 그러자면 그에 걸맞는 상징적 존재를 내세워 대의와 그걸 위한 헌신의 당위성을 역설해야 했다. 이에 따라 역사적 사건의 의미를 재해석하고, 관련 인물을 재평가하여 집단이 추구하는 가치를 실천한 모범 사례로 제시했다. 그런 인물이야말로 통치 이데올로기의 정당성을 과시하고, 정권의 정통성을 확인시켜줄 매력적인 소재였기 때문이다.

<임경업전>의 임경업은 위기의식을 환기하면서도 내적 결속의 필요성을 입증하는 존재였다. 그런 주장을 강화하기 위해 김자점 같은 간신도 등장시켰다. 그는 분열을 야기하는 내부의 적을 뜻했으며, 민족의 역량을 한 데 모으려면 반드시 척결해야 할 대상이었다. <박씨전>의 박씨와 <배시황전>의 주인공 배시황은 이런 지배이념을 여성과 대중들에게 확산시킬 의도로 창조한, 순전히 허구적인 인물이었다. 다른 한편에서는 <임진록>의 김덕령 같은 민중적 영웅이 떠올랐다. 이 또한 민중이 스스로의 역량을 확인하고 존재 가치를 주장하면서 자신들의 역사의식을 대변할 인물로 부각했기 때문이다. 주체가 더 이상 개인이나 가족 정도에 머물지 않고, 특정한 집단과 계층을 표상하고, 더 나아가 민족적 차원으로까지 확장됐다는 말이다. 이렇게 주체가 확대되면서 인물을 이상화하거나 이념화하는 양상이 아울러 진행됐다.

한편 당쟁이 유래 없이 격화되고 온 사회가 그 여파에 휩싸이면서 그런 현실에서 정말 소중한 가치와 필요한 덕목이 무엇인가를 되묻게 됐다. 충역론(忠逆論)과 의리론(義理論)이 당쟁의 논리적·이념적 근거가 되고,

충·효·열 등 전통적 가치를 확인시켜줄 만한 인물에 주목한 것도 이 때문이다. <윤지경전>과 <박태보전>은 이런 움직임의 문학적 반영이었다.

19세기 후반에는 이전 시기와는 전혀 다른 새로운 위기에 직면했다. 민족을 둘러싼 외부환경이 달라진 만큼 이제까지의 상황인식이나 접근법은 더 이상 유지될 수 없었다. 일본과 서구 열강은 청나라와는 다른 측면에서 위기감을 몰고 왔다. 조선 사회에서 청나라는 실체가 분명한 적이면서도, 한편으로는 체제를 수호하고 사회를 통합하기 위해 내세운, 관념상의 잠재적 위협 세력이라는 의미가 짙었다. 하지만 일본과 서구 열강의 침략 가능성은 매우 현실적인 위협 요인이었다. 19세기 말 상황에서 일본에 대한 적개심이나 서구 열강에 대한 경계심은 청나라를 향한 분노보다 훨씬 강했다. <흥무왕연의>에서 대마도 정벌담을 통해 왜적에 대한 복수심을 노골적으로 드러낸 것도 이런 이유에서였다. 이 작품에서 삼국시대의 인물인 김유신에 주목하고, 영웅대망론(英雄待望論)을 펼친 것은 위태로운 현실이 부정의 대상이 된 마당에 영광을 재현하고 싶은 욕망을 상상적으로나마 충족시키려면 먼 과거 외에는 기댈 곳이 없었기 때문이다.

19세기 소설인 <흥무왕연의>의 형상화 방식은 18세기 작품과 같았지만, 인물 선택이나 작품 형식은 앞 시기와 확연히 달랐다. 시대 상황의 특수성에 기인하여 문제의식과 지향 면에서 20세기 초 역사문학과의 친연성이 높았기 때문이다. 그런 점에서 19세기 역사소설은 조선후기 역사소설과 20세기 초의 역사·전기물을 잇는 가교 역할을 했다고 말할 수 있다.

17세기 역사소설에서는 주동인물과 반동인물 사이의 대결이 첨예하게 전개되지 않는다. 주인공들은 알 수 없는 어떤 힘에 휩쓸려 고통을 받으면서 심한 내적 갈등을 겪는다. 최척이나 김영철은 자신들을 그렇게 내몬 게 무엇인지, 자신들을 괴롭히는 게 누구인지도 분명히 알 수 없는 처지다.

그러니 선악의 이분법적 대결 구도 같은 건 애초 가능하지도 않았다. <강로전>에도 뚜렷한 적대자가 등장하지 않는다. 주인공 강홍립은 혼란스런 현실과 마주해서 좌충우돌한다. 그러나 심적인 갈등을 겪을 뿐, 그와 맞서는 상대가 딱히 없다. 강홍립이 갈등하고 싸우는 대상은 다른 누가 아닌 그 자신이다. 온 나라가 그에게 건 기대와 그걸 감당하지 못하는 현실 사이의 괴리 때문에 갈등하며, 자신의 마음속에 자리한 분노, 헛된 욕심과 싸우는 것이다.

18세기 작품에서의 대결 구도는 명확하다. 주인공과 사사건건 충돌하는 분명한 적이 등장한다. 17세기 작품처럼 실체가 모호한 상대나 알 수 없는 세계를 대상으로 끝 모를 힘겨운 싸움을 벌이는 게 아니다. 주인공과 적대자는 서로 상대방의 존재를 분명하게 의식하고, 자기 위치를 고수한다. 이에 따라 그들이 취할 행동도 이미 방향이 정해진 거나 다름없다. 주인공과 적대자는 각각 선과 악의 편에 서서 극한 대결을 벌이는데, 그들이 지향하는 가치 역시 '충심(忠心) 대 역심(逆心)', '직간(直諫) 대 아첨(阿諂)', '저항(抵抗) 대 굴종(屈從)' 같이 대립적인 쌍을 이룬다.

18세기 역사소설은 인물을 특정한 의미로 단순화하고 단정 지어 전제한 후, 그와 관련된 이미지를 반복적으로 노출하는 전략을 택했다. 작중 상황에 따라 강조점이 조금씩 달라지긴 하지만, 메시지의 내용에는 변함이 없고, 처음부터 끝까지 일관되게 그걸 되풀이한다. 등장인물을 이렇게 선과 악으로 가르는 건 메시지를 확실히 전달하기에 매우 효과적인 방식이다. 독자의 선택 가능성을 제한하여 작가가 원하는 반응을 이끌어낼 수 있기 때문이다. 정말 예외적인 경우가 아니라면, 독자는 긍정적인 역할을 도맡는 주인공에게 감정을 이입하기 마련이고, 이런 동일시를 통해 주인공의 행위에 동조하게 된다. 이 과정이 거듭되기에 독자는 저도 모르게 작품에 깔려있는 특정 관념에 젖어들게 된다.

그런 면에서 18세기 역사소설은 다분히 이념적이다. 작중인물에게, 또한 작품을 읽는 독자에게 대의를 위한 헌신과 희생을 요구하지만, 그게 옳은지 그른지 따진다거나 반박할 여지를 주지 않는다. 자명한 걸로 인정하고 실천할 것을 요구할 뿐이다. 그 길에 앞장서면 선한 가치의 담지자로 긍정되지만, 그 반대면 부정과 비난의 대상이 된다. 독자들이 작품에 내재된 이데올로기를 내면화하게 되는 이유다.

17세기 역사소설이 체험을 사실주의적인 수법으로 묘사하는 데 특장(特長)이 있었다면, 18세기 작품은 역사적 사건을 재해석하고 관련 인물을 재평가해 의미를 부여하고, 이러한 인식을 확대재생산하는 데 중점을 두었다. 주인공을 특정 이미지에 부합하는 인물로 형상화하기 위해서라면 허구적 삽화를 설정하는 것도 마다하지 않았다. 그 결과 주인공은 독자들이 따라야 할 모범으로서의 전형성이 점점 강화되는 한편, 형상의 구체성은 차츰 떨어지게 됐다.

역사소설이 이렇게 변모하게 된 원인은 첫째, 시대 환경의 변화, 둘째, 소설적 환경의 변화로 요약할 수 있다. 시대 환경이 변하면 그걸 반영한 작품도 달라진다. 현재의 상황을 이해하고 미래 전망을 찾는 데 더 도움이 된다고 믿는 사건과 인물을 선택해 새롭게 형상화하기 때문이다. 문제는 과거사를 어떻게 현실적 조건과 결부시켜 인식하느냐는 것이었는데, 때로는 불편한 진실을 애써 외면하기도 했고, 사실을 인정하되 고통스런 경험을 그런 상황에서는 흔히 일어날 수 있는 일로 치부하며 그 의미를 축소하기도 했다. 초점이 전환된 데다, 시간이 지날수록 당사자들의 고통에 둔감해졌기 때문이다. 17세기에는 백성들의 피폐한 삶을 묘사하며 사회의 부조리를 고발한 <김영철전> 같은 작품이 나온 반면, 18세기에는 그런 작품이 더 이상 나오지 않았고, 대신 당쟁이 격화된 사회상을 반영한 작품이 출현했으며, 19세기 말에 앞 시기와 전혀 다른 현실인식을 드러낸 <홍무왕연의>가 등장했던 것도 이런 시대 환경의 차이에서 비롯된 현상이었다.

사회집단 간의 역학관계가 달라진 것도 역사소설을 변화시킨 요인이었다. 조선후기 들어 급변한 환경 속에서 지배층은 내부 분화와 주도세력의 교체라는 극심한 진통을 겪었다. 이렇게 지배집단의 인적 구성이 달라지면서 그들이 내세운 핵심 가치도 달라졌고, 그 결과 담론에도 변화가 생겼다. 임경업이 새삼 재평가되고 민족적 영웅으로 부각된 것도 바뀐 현실의 반영이었다. 명나라와의 의리를 지키는 걸 민족의 자존심이 걸린 일로 생각한 사람들에게는 꼭 필요한 서사였기 때문이다. 한편 피지배층이 성장하면서 지배층의 위선과 허위를 폭로하고 비판하는 목소리도 커졌다. <임진록>은 그 대표적인 작품이다.

소설적 환경에 일어난 변화 중에 가장 눈에 띄는 건 독자가 크게 확대됐다는 점이다. 그런 현상은 17세기 중후반에 도시 임노동자가 급속도로 늘고, 그들이 소설 독자로 편입되면서 나타났다. 이에 따라 소설 수요가 증가했는데, 독자들의 요구에 화답해 한글본 보급이 늘었으며, 18세기 후반에는 방각본 소설이 출판되기에 이르렀다. 이와 함께 글을 모르는 사람들에게 책을 읽어주고 돈을 받는 전기수(傳奇叟)도 등장했다.

조선후기 역사소설은 모두 한글로 된 이본이 있었다. 한글본이 보급됨에 따라 역사소설의 파급력도 더 커졌다. 한문은 당연히 몰랐고 심지어 한글도 몰랐던 피지배층도 역사소설을 접할 수 있게 됐기 때문이다. 한글을 아는 사람은 작품을 직접 읽을 수 있게 됐고, 글을 모르는 사람도 누군가가 읽어주는 걸 들으며 즐길 수 있었다. 그건 곧 작품에 담긴 현실인식과 역사의식을 널리 공유하게 할 매체로서의 조건을 갖추게 됐다는 뜻이다. 한문본만 있어서는 기대할 수 없는 일이었다.

여럿이 한자리에 모여 입담 좋은 사람이 구연하거나 낭독하는 걸 같이 듣다 보면 혼자서 읽는 경우보다 몰입도가 더 커지고, 반응도 훨씬 강렬해졌다. 서로에게 주의를 기울이면서 공동의 정서적 체험을 더욱 강화하기 때문이다. 이런 경험이 쌓이면서 자리를 같이 한 사람들 사이에 공감대가 형성됐고, 작품에 담긴 현실인식과 역사의식을 나누어 가지게 됐다.

사는 게 팍팍한 대중에게는 흥미와 위안을 줄 요소가 필요했다. 그러자면 잠시라도 현실을 잊고 빠져들 만큼 재미가 있어야 했고, 더불어 그들 자신을 긍정적으로 인식하게 하는 내용이어야 했다. 18세기 이후 역사소설이 대개 행복한 결말구조를 갖추고, 부정적 존재나 범속(凡俗)한 인간이 아닌 영웅적 인물을 주인공으로 내세운 것도 그래서다. 독자들은 이상적 삶을 실천하는 주인공에게 감정을 이입하면서 그들의 승리와 좌절에 함께 웃고 울었으며, 외적의 만행과 간신의 농간에 공분을 느꼈다. 그러면서 자신들도 보편적 가치를 추구하는 길에 동참하는 존재라고 생각할 수 있었다.

이렇게 독자들의 호응과 동일시를 이끌어내려면 누구나 이해할 수 있을 만큼 대립구도가 선명해야 했으며, 작품에 담긴 뜻을 쉽게 알 수 있을 만큼 의미가 확실히 드러나야 했다. 선악의 대결 구도를 분명히 하고 특정한 메시지를 반복해서 전달한 것도, 그 결과 18세기 이후 역사소설이 대부분 명백함의 미학을 추구하게 된 것도 이런 이유에서였다.

조선후기 역사소설의 특성으로는 첫째, 계층별 역사인식과 그에 부합하는 인물상의 창조, 둘째, 정서적 접근법과 선악의 대결 구도, 셋째, 정체성의 재구성과 지배이념의 내면화를 들 수 있다. 역사소설의 창작과 향유에 참여한 계층이 확대되면서 서로 다른 역사인식을 구체화한 작품이 나와 경쟁했다. 역사소설에서는 주인공으로 선택한 인물이 갖는 상징성이 매우 중요하다. 누구를 주인공으로 내세우느냐는 역사를 어떻게 이해하는가에 따라 결정된다. 지배층 인물의 삶을 통해 전달할 수 있는 메시지와 피지배층 인물의 입으로 할 수 있는 이야기는 다를 수밖에 없다. 조선후기 역사소설 중에는 <임경업전>처럼 지배 이데올로기를 충실하게 구현한 작품이 있는가 하면, <임진록> 같이 민중의 현실인식을 적극적으로 드러낸 작품도 나왔다. 유의할 것은 통치 이데올로기에 충실한 작품도 피지배층을 포섭할 방법을 다각도로 모색하면서 거기에 담긴 생각이 국민정서 차원으로 확산됐다는 사실이다. 민중에게 잠재된 위기의식과 이민족을 향한 적개심을 자극하고 강화해, 피지배층도 그런 인식을 당연한 것으로 받아들이게 했기 때문이다. 반대로 민중의 역사의식을 담은 작품이 식자층의 지지를 얻어내기도 하는 등 폭넓은 공감대를 형성해 나가기도 했다.

정체성을 구성하는 건 타자를 전제해야 하는 일이다. 주체의 내적 동질성과 타자와의 외적 차별성을 알아야만 독자적인 존재 가치를 주장할 수 있기 때문이다. 그런데 흔들리는 정체성을 재구성하는 건 무엇보다 시급하고 중요한 일이므로 객관적인 판단에 이를 때까지 기다리면서 시간을 끌 여유가 없다.

이때 자연스럽게 대두되는 방식은 나와 적을 확실히 구별하는 것이다. 나와 같은 입장이면 정의롭고 선량하며, 그렇지 않으면 불의하고 사악하다고 판단한다. 이렇게 단순화하는 건 결코 합리적인 사고가 아니지만, 직접적이고 강한 정서적 반응을 이끌어내는 데는 매우 효과적이다. 그리하여 긍정적 가치에 해당하는 미덕과 선행, 정도와 순리, 희생과 헌신 등은 주인공이 도맡고, 부정적 측면에 속하는 악덕과 악행, 권모와 술수, 탐욕과 배신 등을 적대자가 떠안게 된다. 극단적인 선악의 이분법적 구도가 형성되고 강화되는 이유다.

독자들은 주인공의 입장에서 판단하고 행동해야 옳다고 느끼게 된다. 작가가 선과 악으로 편을 갈라놓고 양자택일을 요구하기 때문에 독자들은 부정적 인물과 거리를 두기 마련이다. 게다가 민족적 영웅이나 민중적 영웅의 형상에는 공동체의 숭고한 이상과 구성원들이 마땅히 추구해야할 가치가 투사돼 있다. 그런 모습에 마음을 뺏긴 독자는 주인공에게 감정을 이입하고 기꺼이 그의 행위에 동조한다. 그래 놓고 나중에 입장을 바꾼다는 건 일종의 배신이요 자기부정이므로 어지간해선 이미 들여놓은 발을 뺄 수 없다.

이런 동일시와 거리두기의 과정에서 독자들이 자신들을 억압하는 지배층의 이데올로기를 별 생각 없이 수용하게 될 가능성이 크다. 대중은 바람직한 상황과 긍정적인 인물에게 자발적으로 동일시하는 경향이 있기 때문이다. 독자들은 주인공의 현실인식을 자신들의 판단처럼 여기게 된다. 더욱이 소설을 즐기는 건 어쩌다 한 번씩 맛보는 일회적인 경험이 아니라 일상생활에서 자주 되풀이하는 행위다. 이런 일상적 활동이 거듭되면서 정서적 체험 또한 반복되고 고양되기 때문에 주인공이 체현하고 있는 가치를 자신들의 것으로 받아들여 내면화할 가능성이 훨씬 커진다. 특정 정보와 상황에 자주 노출되다 보면 동일시의 강도가 높아지는데, 내면화는 이렇게 일상적으로 반복되는 활동 속에서 무의식적으로 이루어진다. 이게 바로 역사소설을 창작한 문학적·사회적 의미고, 그것이 민족 정체성을 재구성하는 데 기여했다고 말할 수 있는 이유다.

조선후기 역사소설은 각종 기록과 체험자들의 생생한 증언, 어렴풋해져가는 파편적 기억을 모아 쉽게 이해하고 공감할 수 있는 이야기로 만들었다. 그리하여 사람들의 의식 깊은 곳에 자리한 감정을 표면으로 끌어올렸고, 묻혀버리거나 기억의 저편으로 사라져버릴지도 모를 일들의 의미를 일깨워 독자들이 역사와 현실에 관심을 갖게 했다. 또한 정형화된 인물 형상화 기법과 사건 구조화 방식을 고집하기보다는 독자에게 다가가고 공감대를 확대하기 위해 다양한 문학적 관습을 원용하여 새로운 시도를 계속했다. 새로운 서사전략을 구사했고, 구비문학과 기록문학의 여러 장르에서 자양분을 흡수하고 변용하여 다양한 인물상을 만들어냈으며, 현실 반영의 폭을 넓혀갔고, 섬세한 심리묘사를 선보였다. 식자 중심의 좁은 독자층에 한정됐던 역사소설이 점점 대중적으로 확산된 것도 이런 노력을 게을리하지 않았기에 가능했다.

조선후기 역사소설에는 현실을 진단하고 바람직한 미래를 열어가려

한 그 시대 사람들의 치열한 노력이 담겨 있다. 역사와 현실을 보는 작가의 문제의식이 다른 어떤 소설 유형보다 강렬하게 표출된 것도 역사소설이 이런 고뇌와 성찰의 결과였기 때문이다. 때로는 특정한 기억을 전면에 내세우고 다른 기억을 주변화해 지배적 담론을 재생산했는가 하면, 배제되거나 억압된 기억을 되살려내 지배적인 역사인식에 도전하기도 했다. 이렇게 사회적 지위와 입장이 다른 다양한 계층과 집단의 역사의식을 투영한 작품들이 등장해서 역사담론의 장을 마련했고, 이를 통해 그 시대 사람들의 현실인식과 미래 전망을 구체화함으로써 민족 정체성을 재구성하는 과정에 일조했다는 데 조선후기 역사소설의 의의가 있다.

참고문헌

1. 자료

<최척전(崔陟傳)>, 규장각 소장본, 천리대 소장본, 고려대 소장본.

<김영철전(金英哲傳)>, 조원경 소장본, 박재연 소장본.

<김영텰젼>, 서인석 소장본.

<김철전>, 단국대 소장본.

<강로전(姜虜傳)>, 국사편찬위원회 소장본, 『동사잡록(東史雜錄)』 수록본.

<님쟝군젼 권지단>(『영인 고소설판각본전집』 2, 연세대 인문과학연구소, 1973).

<임진록>, 국립중앙도서관 소장본(소재영・장경남 역주, 『임진록』, 고려대 민족문화연구소, 1993).

<박씨전 단권>, 박순호 소장본(월촌문헌연구소 편, 『한글필사본고소설자료총서』 61, 오성사, 1986).

<비시황전>, 국립중앙도서관 소장본.

<북정록(北征錄)>(고전연구실 편, 『국역 북정일기』, 한국정신문화연구원, 1980).

<윤인경전(尹仁鏡傳)>, 동국대 소장본.

<늄지경긔평위일긔>, 연세대 소장본.

<윤디경젼>, 서울대 소장본(김기동 편, 『필사본 고전소설전집』 6, 아세아문화사, 1980).

<거평위일기(巨平尉日記)>, 국회도서관 소장본.

<박씨츙효록이라>, 박순호 소장본(월촌문헌연구소 편, 『한글필사본고소설자료총서』 64, 오성사, 1986).

<박티부젼이라>, 박순호 소장본(월촌문헌연구소 편, 『한글필사본고소설자료총서』 17, 오성사, 1986).

<흥무왕연의>, 경희대 소장본(김진영・안영훈 역주, 『김유신전』, 고려대 민족문화연구소, 1996).

『교홍기(嬌紅記)』, 국립중앙도서관 소장본.

『각가잡기(各家雜記)』, 한국학중앙연구원 소장본.

『분충서난록(奮忠紓難錄)』, 국립중앙도서관 소장본.

『임충민공실기(林忠愍公實記)』(조선광문회, 1913).
김평묵, 『우암선생사실기(尤庵先生事實記)』, 국립중앙도서관 소장본.
남구만, 『약천집(藥泉集)』(『한국문집총간』 132, 민족문화추진회, 1994).
남효온, 『추강집(秋江集)』(『한국문집총간』 16, 민족문화추진회, 1988).
박태보, 『정재집(定齋集)』(『한국문집총간』 168, 민족문화추진회, 1996).
서형수, 『명고유집(明皐遺集)』(『한국문집총간』 261, 민족문화추진회, 2001).
성해응, 『연경재전집(研經齋全集)』(『한국문집총간』 274~279, 민족문화추진회, 2001).
안석경, 『삽교유집(霅橋遺集)』(『한국문집총간』 233, 민족문화추진회, 1999).
이규경, 『오주연문장전산고(五洲衍文長箋散稿)』(동국문화사, 1959).
이긍익, 『연려실기술(燃藜室記述)』(『국역 연려실기술』, 민족문화추진회, 1967).
이덕무, 『청장관전서(青莊館全書)(『국역 청장관전서』, 민족문화추진회, 1983).
이시발, 『벽오유고(碧梧遺稿)』(『한국문집총간』 74, 민족문화추진회, 1991).
이이명, 『소재집(疎齋集)』(『한국문집총간』 172, 민족문화추진회, 1996).
이　재, 『밀암집(密菴集)』(『한국문집총간』 173, 민족문화추진회, 1996).
이종기, 『만구집(晩求集)』(『한국문집총간』 331, 민족문화추진회, 2004).
이형상, 『병와집(瓶窩集)』(『한국문집총간』 164, 민족문화추진회, 1996).
최석정, 『명곡집(明谷集)』(『한국문집총간』 154, 민족문화추진회, 1995).
최창대, 『곤륜집(昆侖集)』(『한국문집총간』 183, 민족문화추진회, 1997).

간호윤, 『선현유음: 조선후기 필사본 한문소설』, 이회문화사, 2003.
무악고소설자료연구회 편, 『한국고소설관련자료집』 I, 태학사, 2001.
박희병 표점・교석, 『한국한문소설 교합구해』, 소명출판, 2005.
유탁일 편, 『한국고소설 비평자료집성』, 아세아문화사, 1994.
이상구 역주, 『17세기 애정전기소설』, 월인, 1999.
임철호, 『임진록 이본연구』 I ~ IV, 전주대 출판부, 1996.
정학성, 『역주 17세기 한문소설집』, 삼경문화사, 2000.
조희웅, 『고전소설이본목록』, 집문당, 1999.
최상수, 『한국민간설화집』(재판), 통문관, 1983.

2. 국내 저서

강영주, 『한국 역사소설의 재인식』, 창작과비평사, 1991.
계승범, 『조선시대 해외파병과 한중관계』, 푸른역사, 2009.
______, 『정지된 시간: 조선의 대보단과 근대의 문턱』, 서강대 출판부, 2011.

고동환, 『조선후기서울상업발달사연구』, 지식산업사, 1998.
______, 『조선시대 서울 도시사』, 태학사, 2007.
공임순, 『우리 역사소설은 이론과 논쟁이 필요하다』, 책세상, 2000.
권귀숙, 『기억의 정치: 대량학살의 사회적 기억과 역사적 진실』, 문학과지성사, 2006.
권명아, 『가족이야기는 어떻게 만들어지는가』, 책세상, 2000.
권보드래, 『한국 근대소설의 기원』, 소명출판, 2000.
권혁래, 『조선후기 역사소설의 성격』, 박이정, 2000.
______, 『조선후기 역사소설의 탐구』, 월인, 2001.
권혁범, 『국민으로부터의 탈퇴: 국민국가, 진보, 개인』, 삼인, 2004.
김경남, 『서사문학의 전쟁 소재와 그 의미』, 보고사, 2007.
김광억 외, 『종족과 민족: 그 단일과 보편의 신화를 넘어서』, 아카넷, 2005.
김기동, 『이조시대 소설론』, 정연사, 1959.
______, 『한국고전소설연구』, 교학사, 1981.
김문경, 『삼국지의 영광』, 사계절, 2002.
김영범, 『민중의 귀환, 기억의 호출』, 한국학술정보, 2010.
김용덕, 『한국전기문학론』, 민족문화사, 1987.
김정녀, 『조선후기 몽유록의 구도와 전개』, 보고사, 2005.
김찬기, 『한국 근대소설의 형성과 전』, 소명출판, 2004.
金泰俊, 『임진란과 조선문화의 동점』, 한국연구원, 1978.
金泰俊 외, 『임진왜란과 한국문학』, 민음사, 1992.
金台俊, 『조선소설사』, 학예사, 1939.
김현아, 『전쟁과 여성』, 여름언덕, 2004.
김혜련, 『아름다운 가짜, 대중문화와 센티멘털리즘』, 책세상, 2005.
대중서사학회 편, 『역사소설이란 무엇인가』, 예림기획, 2003.
민영대, 『조선조사실계소설연구』, 한남대 출판부, 1991.
______, 『조위한과 최척전』, 아세아문화사, 1993.
______, 『박태보전 연구』, 한남대 출판부, 1997.
______, 『조선시대 궁중소설 연구』, 역락, 2004.
박노준, 『조선후기 시가의 현실인식』, 고려대 민족문화연구원, 1998.
박성봉 편역, 『대중예술의 이론들』, 동연, 1994.
박성봉, 『대중예술의 미학』, 동연, 1995.
박용구, 『역사소설입문』, 을유문화사, 1969.
박일용, 『조선시대의 애정소설』, 집문당, 1993.
박희병, 『한국고전인물전 연구』, 한길사, 1992.
______, 『조선후기 전의 소설적 성향 연구』, 성균관대 대동문화연구원, 1993.
______, 『한국전기소설의 미학』, 돌베개, 1997.

변학수, 『문학적 기억의 탄생』, 열린책들, 2008.
서대석, 『군담소설의 구조와 배경』, 이화여대 출판부, 1985.
서보혁, 『북한 정체성의 두 얼굴』, 책세상, 2003.
소인호, 『한국전기문학연구』, 국학자료원, 1998.
소재영, 『임병양란과 문학의식』, 한국연구원, 1980.
손진태, 『한국민족설화의 연구』, 을유문화사, 1950.
송백헌, 『한국 근대역사소설 연구』, 삼지원, 1985.
신경숙, 『19세기 가집의 전개』, 계명문화사, 1994.
신재홍, 『한국몽유소설연구』, 계명문화사, 1994.
신해진, 『조선중기 몽유록의 연구』, 박이정, 1998.
______, 『권칙과 한문소설』, 보고사, 2008.
안영훈, 『김유신전 연구』, 민속원, 2004.
양승민, 『한문소설의 통속성』, 보고사, 2008.
오수창, 『조선시대 정치 틀과 사람들』, 한림대 출판부, 2010.
오항녕, 『조선의 힘: 조선, 500년 문명의 역동성을 찾다』, 역사비평사, 2010.
______, 『광해군: 그 위험한 거울』, 너머북스, 2012.
우쾌제 외, 『고소설연구사』, 월인, 2002.
유재엽, 『한국근대역사소설연구』, 국학자료원, 2002.
유탁일, 『완판 방각소설의 문헌학적 연구』, 학문사, 1981.
윤택림 편역, 『구술사, 기억으로 쓰는 역사』, 아르케, 2010.
이민희, 『16~19세기 서적중개상과 소설·서적 유통 관계 연구』, 역락, 2007.
이복규, 『임경업전 연구』, 집문당, 1993.
______, 『새로 발굴한 초기 국문·국문본 소설』, 박이정, 1998.
이성무·정만조 외, 『조선후기 당쟁의 종합적 검토』(재판), 한국정신문화연구원, 1994.
이윤석, 『임경업전 연구』, 정음사, 1985.
이윤석·大谷森繁·정명기 편저, 『세책 고소설 연구』, 혜안, 2003.
이장희, 『개정·증보 임진왜란사 연구』(개정1판), 아세아문화사, 2007.
이진경, 『대중과 흐름: 대중과 계급의 정치사회학』, 그린비, 2012.
이창헌, 『경판방각소설 판본 연구』, 태학사, 2000.
이채연, 『임진왜란 포로실기 연구』, 박이정, 1995.
이희환, 『조선후기 당쟁 연구』, 국학자료원, 1995.
임성래, 『조선후기 대중소설』, 태학사, 1995.
임철호, 『임진록 연구』, 정음사, 1986.
______, 『설화와 민중의 역사의식』, 집문당, 1989.
장효현, 『서유영 문학의 연구』, 아세아문화사, 1988.
______, 『한국고전소설사 연구』, 고려대 출판부, 2002.

전진성, 『역사가 기억을 말하다』, 휴머니스트, 2005.
정길수, 『한국 고전장편소설의 형성 과정』, 돌베개, 2005.
정　민, 『목릉문단과 석주 권필』, 태학사, 1999.
정석종, 『조선후기 사회변동연구』(증판), 일조각, 1997.
정옥자, 『조선후기 조선중화사상 연구』, 일지사, 1998.
정종대, 『염정소설 구조 연구』, 계명문화사, 1990.
정출헌, 『조선후기 우화소설 연구』, 고려대 민족문화연구원, 1999.
＿＿＿, 『고전소설사의 구도와 시각』, 소명출판, 1999.
조동일, 『신소설의 문학사적 성격』, 서울대 출판부, 1983.
＿＿＿, 『한국문학통사』(3판) 3, 지식산업사, 1993.
조상우, 『애국계몽기 한문산문의 연구』, 다운샘, 2002.
조성래・하우봉・손승철 편, 『강좌 한일관계사』, 현음사, 1994.
조현우, 『고전서사의 허구성과 유가적 사유』, 보고사, 2007.
차하순 외, 『역사와 문학』, 서강대 인문과학연구소, 1981.
차장섭, 『조선후기 벌열 연구』, 일조각, 1997.
탁석산, 『한국의 정체성』, 책세상, 2000.
하우봉, 『조선후기 실학자의 일본관 연구』, 일지사, 1989.
＿＿＿, 『조선시대 한국인의 일본인식』, 혜안, 2006.
한국문학연구회, 『다시 읽는 역사문학』, 평민사, 1995.
한명기, 『임진왜란과 한중관계』, 역사비평사, 1999.
한영우, 『조선후기 사학사 연구』, 일지사, 1989.
＿＿＿, 『역사학의 역사』, 지식산업사, 2002.
허태용, 『조선후기 중화론과 역사인식』, 아카넷, 2009.
홍태영, 『정체성의 정치학』, 서강대 출판부, 2011.
大谷森繁, 『조선후기 소설독자 연구』, 고대민족문화연구소 출판부, 1985.

3. 국내 논문

강상순, 「전기소설의 해체와 17세기 소설사적 전환의 성격」, 『어문논집』 36, 안암어문학회, 1997.
＿＿＿, 「고소설에서 환상성의 몇 유형과 환몽소설의 환상성」, 『고소설연구』 15, 한국고소설학회, 2003.
강윤정, 「<임진년노래>考: <한양오백년가>와의 관계를 중심으로」, 『개신어문연구』 14, 개신어문학회, 1997.

______, 「<임진록>과 <임진년노래>의 비교」, 『개신어문연구』 15, 개신어문학회, 1998.
강진옥, 「최척전에 나타난 고난과 구원의 문제」, 『이화어문논집』 8, 이화여대 한국어문학연구소, 1986.
강현모, 「김덕령 영웅성의 형성과 그 한계」, 『한남어문학』 17・18, 한남대 국어국문학회, 1992.
______, 「전기소설 <김덕령전>의 서사구조와 의미」, 『한남어문학』 19, 한남대 국어국문학회, 1993.
고영진, 「16세기말 四禮書의 성립과 예학의 발달」, 『한국문화』 12, 서울대 한국문화연구소, 1991.
공임순, 「한국 근대 역사소설의 장르론적 연구」, 박사학위논문, 서강대 대학원, 2001.
구덕회, 「선조대 후반 정치체제의 재편과 정국의 동향」, 『한국사론』 20, 서울대 국사학과, 1988.
권명아, 「여성・수난사 이야기의 역사적 층위」, 상허학회 편, 『한국근대문학 양식의 형성과 전개』, 깊은샘, 2003.
권순긍, 「역사적 영웅의 소설화와 역사의식의 문제: 1920년대 활자본 고소설을 중심으로」, 『성대문학』 26, 성균관대 국문과, 1988.
______, 「<삼국지연의>의 수용과 그 지향」, 『반교어문연구』 9, 반교어문학회, 1998.
권오헌, 「역사적 인물의 영웅화와 기념의 문화정치: 1960~1970년대를 중심으로」, 박사학위논문, 고려대 대학원, 2010.
권인숙, 「윤지경전의 역사적 성격 고찰」, 『한국고전연구』 창간호, 계명문화사, 1995.
권일태, 「고전소설 <尹知敬傳> 考究」, 석사학위논문, 동국대 대학원, 1983.
권혁래, 「임진록의 서술시각과 인물 형상」, 석사학위논문, 연세대 대학원, 1992.
______, 「배시황전 연구: 성립, 서사성, 역사의식을 중심으로」, 『고소설연구』 3, 한국고소설학회, 1997.
______, 「<윤지경전>의 이본연구: 하바드대 소장 <윤지경전>을 중심으로」, 『고소설연구』 8, 한국고소설학회, 1999.
______, 「나손본 <김철전>의 사실성과 여성적 시각의 면모」, 『고전문학연구』 15, 한국고전문학회, 1999.
______, 「최척전의 이본 연구: 국문본의 성격을 중심으로」, 『고전문학연구』 18, 한국고전문학회, 2000.
______, 「<김영철전>의 작가와 작가의식」, 『고소설연구』 22, 한국고소설학회, 2006.
______, 「<임경업전>의 주인공 형상과 이데올로기」, 『고소설연구』 35, 한국고소설학회, 2013.
김경미, 「조선후기 소설론 연구」, 박사학위논문, 이화여대 대학원, 1994.
______, 「수용미학과 고소설 독자 연구」, 한국고소설연구회 편, 『고소설의 저작과 전파』(재판), 아세아문화사, 1995.

______, 「19세기 한문소설의 새로운 모색과 그 의미」, 『한국문학연구』 창간호, 고려대 민족문화연구원 한국문학연구소, 2000.
______, 「19세기 한문 장편소설의 세계관」, 인권환 외, 『고전문학연구의 쟁점적 과제와 전망』 상, 월인, 2003.
김기동, 「배시황전에 대한 일고찰」, 『어문학』 8, 한국어문학회, 1962.
______, 「중종조의 대표적 고전-< 윤지경전> 발굴경위와 평가」, 『문학사상』 12, 문학사상사, 1973.9.
김 돈, 「중종조 기묘사화인의 소통문제와 정치세력의 대응」, 『국사관논총』 34, 국사편찬위원회, 1992.
김동렬, 「고전작가의 역사의식」, 『교육논총』 1, 동국대 교육대학원, 1981.
김동협, 「<홍무왕연의>에 대하여」, 『국어교육연구』 25, 경북대 국어교육연구회, 1993.
김문희, 「<최척전>의 가족지향성 연구」, 『한국고전연구』 6, 한국고전연구회, 2000.
김병익, 「역사와 민중적 상상력」, 『예술과 비평』 2, 서울신문사, 1984. 여름.
김성룡, 「고소설의 환상성」, 『고소설연구』 15, 한국고소설학회, 2003.
김성우, 「17세기의 위기와 숙종대 사회상」, 『역사와 현실』 25, 역사비평사, 1997.
______, 「임진왜란 이후 전후복구사업의 전개와 양반층의 동향」, 『한국사학보』 3·4호, 고려사학회, 1998.
______, 「임진왜란 시기 상인층의 동향과 사족층의 대응」, 『한국사학보』 8, 고려사학회, 2000.
김영진, 「효전 심노숭 문학 연구: 산문을 중심으로」, 석사학위논문, 고려대 대학원, 1996.
김용락, 「무대와 고전의 새 해석: <尹知敬傳>·<東里子傳>의 공연을 계기로 본 고전의 현대화 작업」, 『문학사상』 21, 문학사상사, 1974.
김우기, 「조선 중종후반기의 척신과 정국동향」, 『대구사학』 40, 대구사학회, 1990.
______, 「조선 명종대 척신세력의 성분」, 『한국사연구』 93, 한국사연구회, 1996.
______, 「조선 명종대 군신관계의 추이와 성격」, 『국사관논총』 80, 국사편찬위원회, 1998.
김윤식, 「역사문학의 방법론적 전개」, 『현대문학』 100, 현대문학사, 1963.4.
______, 「역사의 예술화」, 『현대문학』, 106, 현대문학사, 1963.10.
______, 「역사소설의 양식개념고」, 『한국현대문학사』, 일지사, 1976.
______, 「우리 역사소설의 4가지 유형」, 『소설문학』 43, 소설문학사, 1985.6.
김장동, 「조선조역사소설연구: 史實과 說話의 小說化過程을 중심으로」, 박사학위논문, 한양대 대학원, 1986.
김정녀, 「몽유록의 현실대응 양상과 그 의미」, 석사학위논문, 고려대 대학원, 1997.
______, 「17세기 임경업을 보는 두 시각과 그 의미」, 『어문논집』 40, 안암어문학회, 1999.
______, 「병자호란의 책임 논쟁과 기억의 서사」, 『한국학연구』 35, 고려대 한국학연구소, 2010.
김종수, 「역사소설의 발흥과 그 문법의 탄생: 1930년대 신문연재 역사소설을 중심으로」,

『한국어문학연구』 51, 한국어문학연구학회, 2008.
김지연, 「구활자본 역사영웅소설 연구」, 박사학위논문, 숙명여대 대학원, 2002.
김진규, 「임란 포로소설 연구-최척전을 중심으로」, 『동의어문논집』 11, 동의대 국어국문학회, 1998.
김진영, 「김유신전」, 김진세 편, 『한국고전소설작품론』, 집문당, 1990.
김치홍, 「한국 근대역사소설의 사적 연구」, 박사학위논문, 명지대 대학원, 1986.
김현룡, 「<최고운전>의 형성시기와 출생담 고」, 『고소설연구』 4, 한국고소설학회, 1998.
김 호, 「영조의 대보단 증수와 명 三皇의 享祀」, 『한국문화』 32, 서울대 한국문화연구소, 2003.
노대환, 「숙종·영조대 대명의리론의 정치·사회적 기능」, 『한국문화』 32, 서울대 한국문화연구소, 2003.
노성미, 「홍경래전승의 양상과 변이연구」, 박사학위논문, 경남대 대학원, 1994.
민영대, 「최척전에 나타난 작자의 애정관」, 『국어국문학』 98, 국어국문학회, 1987.
______, 「최척전의 소설사적 위치」, 『고소설사의 제문제』, 집문당, 1993.
______, 「박태보전 연구」, 『한남어문학』 20, 한남대 국어국문학회, 1994.
박경남, 「임경업 영웅상의 실체와 그 의미」, 『고전문학연구』 23, 한국고전문학회, 2003.
박두포, 「角干實記攷」, 『동양문화』 12, 영남대 동양문화연구소, 1971.
박성순, 「병자호란 관련 서사문학에 나타난 전쟁과 그 의미」, 석사학위논문, 동국대 대학원, 1996.
박영희, 「장편가문소설의 향유집단 연구」, 한국고전문학회 편, 『문학과 사회집단』, 집문당, 1995.
박일용, 「장르론적 관점에서 본 최척전의 특징과 소설사적 위상」, 『고전문학연구』 5, 고전문학연구회, 1990.
박종화, 「역사소설과 고증」, 『문장』, 제2권 8호, 문장사, 1940.10.
박희병, 「17세기 동아시아의 전란과 민중의 삶: 김영철전의 분석」, 『한국 근대문학사의 쟁점』, 창작과비평사, 1990.
______, 「최척전－16,7세기 동아시아의 전란과 가족이산」, 김진세 편, 『한국고전소설작품론』, 집문당, 1990.
______, 「17세기 숭명배호론과 부정적 소설주인공의 등장」, 『한국고전소설과 서사문학(상)』, 집문당, 1998.
박홍수, 「<홍무왕삼한전> 연구」, 『문화전통논집』, 경성대 향토문화연구소, 1996.
______, 「<홍무왕연의> 연구」, 박사학위논문, 경성대 대학원, 1997.
반성완, 「루카치의 역사소설이론과 우리의 역사소설」, 『외국문학』 3, 열음사, 1984. 겨울.
______, 「루카치와 바흐찐 소설이론의 공통점과 차이점」, 『외국문학』 22, 열음사, 1990. 봄.
방 실, 「고전소설 <윤지경전>과 희곡 <윤지경전> 비교 연구」, 석사학위논문, 성신여대 대학원, 2003.
백낙청, 「역사소설과 역사의식」, 『창작과 비평』 제2권 1호, 창작과비평사, 1967. 봄.
변병선, 「임 · 병 양란과 역사소설」, 석사학위논문, 고려대 대학원, 1983.
사재동, 「박씨전의 형성과정」, 『장암 지헌영선생 고희기념논총』, 동 간행위, 1980.
서대석, 「군담소설의 출현동인 반성」, 이상택 · 서대석 · 성현경 공편, 『한국고전소설』, 계명대 출판부, 1974.
_____, 「임경업전 연구」, 국어국문학회 편, 『고전소설연구』, 정음사, 1979.
서인석, 「국문본 <김영털뎐>의 이본적 위상과 특징」, 『국어국문학』 157, 국어국문학회, 2011.
서종문, 「한양오백년가와 임진록의 관계와 그 의미」, 『관악어문연구』 4, 서울대 국문과, 1979.
소인호, 「<강로전> 이본 연구」, 『우리어문연구』 24, 우리어문학회, 2005.
_____, 「17세기 고전소설의 저작 유통과 『화몽집』의 소설사적 위상」, 『고소설연구』 21, 한국고소설학회, 2006.
송성욱, 「혼사장애형 대하소설의 서사문법 연구」, 박사학위논문, 서울대 대학원, 1997.
_____, 「윤지경전」, 이상택 외, 『고전소설의 기초연구』, 태학사, 2001.
송은영, 「근대 소설의 역사성과 허구성: 역사와 문학의 동일성과 타자성」, 상허학회 편, 『한국근대문학 양식의 형성과 전개』, 깊은샘, 2003.
송철호, 「임병양란 인물전 연구」, 석사학위논문, 부산대 대학원, 1995.
송하준, 「<북정록>의 소설화 과정과 그 성취」, 『고소설연구』 12, 한국고소설학회, 2001.
_____, 「새로 발견된 한문필사본 <김영철전>의 자료적 가치」, 『고소설연구』 35, 한국고소설학회, 2013.
신선희, 「<박씨전>의 작중인물고」, 『이화어문논집』 9, 이화여대 한국어문학연구소, 1987.
_____, 「<박씨전> 연구사」, 우쾌제 외, 『고소설연구사』, 월인, 2002.
신승호, 「<강로전> 연구」, 석사학위논문, 고려대 대학원, 2005.
신태수, 「임진록 작품군의 등장인물 성격 연구」, 박사학위논문, 경북대 대학원, 1993.
신태수, 「최척전에 나타난 공간의 형상」, 『한민족어문학』 51, 한민족어문학회, 2007.
신해진, 「<홍도이야기>의 수용 부연양상과 그 의미」, 『한국고소설사의 시각』, 국학자료원, 1996.
_____, 「<최척전>에서의 '장육불'의 기능과 의미」, 『어문논집』 35, 안암어문학회, 1996.
심재숙, 「고전소설에 나타난 늑혼삽화의 양상과 그 의미」, 『한국가문소설연구논총』 III, 경인문화사, 1999.
_____, 「근대계몽기 신작 고소설의 현실대응양상 연구」, 박사학위논문, 고려대 대학원, 2000.
심치열, 「윤지경전에 나타난 폭력의 대응방식 연구」, 『한국언어문학』 50, 한국언어문학회, 2003.

안동준, 「군신갈등 소설의 출현의미: 박태보전을 중심으로」, 『정신문화연구원논문집』 5, 한국정신문화연구원, 1990.
안영훈, 「<김유신전>계 소설의 이본과 계통: 문헌검토를 중심으로」, 『고황논집』 15, 경희대 대학원, 1994.
양승민, 「<최척전>의 창작동인과 소통과정」, 『고소설연구』 9, 한국고소설학회, 2000.
______, 「<김영철전>의 형상화 방식과 작가의식」, 『국어국문학』 138, 국어국문학회, 2004.
양승민・박재연, 「원작계열 <김영철전>의 발견과 그 자료적 가치」, 『고소설연구』 18, 한국고소설학회, 2004.
여세주, 「윤지경전의 작품양상과 문제의식」, 『영남어문학』 12, 영남어문학회, 1985.
______, 「<박씨전>의 구조와 후반부의 연원 고찰」, 『영남어문학』 13, 영남어문학회, 1986.
염동락, 「박태보전 연구: 실기문학 계열 <박학ᄉ사졀녹>을 중심으로」, 석사학위논문, 동국대 교육대학원, 2000.
오수창, 「인조대 정치세력의 동향」, 『한국사론』 13, 서울대 국사학과, 1985.
우쾌제, 「활자본 고소설의 출판 및 연구현황 검토」, 한국고전문학연구회 편, 『고전소설 연구의 방향』, 새문사, 1985.
우한용, 「허구적 상상력으로 역사 읽기」, 『문학정신』 70, 열음사, 1992.9.
유미림, 「조선후기 왕권에 대한 연구(2): 정조 연간의 의리논쟁을 중심으로」, 『동양정치사상사』 1권1호, 한국동양정치사상사학회, 2009
윤영옥, 「임경업전 연구」, 『국어국문학연구』 15, 영남대 국어국문학회, 1973.
윤재근, 「조선시대 저항적 인물전승 연구」, 박사학위논문, 고려대 대학원, 1988.
윤재민, 「홍세태의 문학사상: 天機論을 중심으로」, 일정 송민호박사 고희기념논총 간행위원회 편, 『한국문학사상사』, 계명문화사, 1991.
______, 「조선후기 전기소설의 향방」, 『민족문학사연구』 15, 민족문학사연구소, 1999.
______, 「한국한문소설의 유형론」, 『민족문화연구』 35, 고려대 민족문화연구원, 2002.
윤 정, 「숙종대 단종 추복의 정치사적 의미」, 『한국사상사학』 22, 한국사상사학회, 2004.
______, 「재위 전반기(1725~1746) 英祖의 군신관계 이해: '君臣分義論'의 적용과 지향을 중심으로」, 『한국사학보』 29, 고려사학회, 2007.
이경선, 「배시황전 연구」, 『논문집』 1, 한양대, 1964.
______, 「관우신앙에 대한 고찰」, 『삼국지연의의 비교문학적 고찰』, 일지사, 1976.
이경찬, 「조선 효종조의 북벌운동」, 『청계사학』 5, 한국정신문화연구원, 1988.
이광수, 「여의 작가적 태도」, 『조광』, 조광사, 1931.
이근호, 「영조대 중반 御製訓書의 간행 양상과 의의: 『御製大訓』과 『御製嘗訓』을 중심으로」, 『규장각』 26, 서울대 규장각, 2011.
이기대, 「19세기 한문장편소설 연구: 창작기반과 작가의식을 중심으로」, 박사학위논문, 고려대 대학원, 2003.
이만열, 「17・8세기의 사서와 고대사인식」, 이우성・강만길 편, 『한국의 역사인식』 下,

창작과비평사, 1976.
이명근, 「윤지경전 연구」, 석사학위논문, 한남대 대학원, 1993.
이민희, 「한국고전문학에서의 주체와 타자」, 『국문학연구』 17, 국문학회, 2008.
이병직, 「19세기 한문장편소설 연구」, 박사학위논문, 부산대 대학원, 2001.
이성무, 「조선후기 黨爭史에 대한 諸說의 검토」, 『국사관논총』 81, 국사편찬위원회, 1998.
이승수, 「김영철전의 갈래와 독법: 홍세태의 작품을 중심으로」, 『정신문화연구』 통권 107, 한국학중앙연구원, 2007.
이원주, 「고전소설 독자의 성향: 경북 북부 지역을 중심으로」, 『한국학논집』 3, 계명대 한국학연구소, 1975.
이윤석, 「<박씨전> 考: <임경업전>과의 관계를 중심으로」, 『여성문제연구』 12, 효성여대 한국여성문제연구소, 1983.
이이화, 「조선조 당론의 전개과정과 그 계보」, 『한국사학』 8, 한국정신문화연구원, 1986.
이재선, 「역사전기소설의 저항의식」, 『한국현대소설사』, 홍성사, 1979.
______, 「역사적 경험의 미적형태: 역사에의 숙고와 역사소설」, 『현대한국소설사』, 민음사, 1991.
______, 「역사소설의 성취와 반성」, 『현대한국문학 100년』, 민음사, 1999.
이재희, 「조선 명종대 척신정치의 전개와 그 성격」, 『한국사론』 29, 서울대 국사학과, 1993.
이종필, 「조선중기 전란의 소설화 양상과 17세기 소설사」, 박사학위논문, 고려대 대학원, 2013.
______, 「김자점 담론의 추이와 소설적 악인 형상화의 정치적 역학」, 『고소설연구』 35, 한국고소설학회, 2013.
이주형, 「한국 역사소설의 성취와 한계」, 『현대한국문학 100년』, 민음사, 1999.
이지영, 「한국 결혼시련담 연구」, 석사학위논문, 서울대 대학원, 1987.
이지하, 「윤지경전의 갈등구조와 그 의미」, 양포 이상택교수 환력기념 논총간행위원회 편, 『한국고전소설과 서사문학』 상, 집문당, 1998.
이창헌, 「고전소설의 혼사장애구조와 유형에 관한 연구」, 석사학위논문, 서울대 대학원, 1987.
______, 「한남서림 간행 경판방각소설 연구」, 『한국문화』 21, 서울대 한국문화연구소, 1998.
______, 「방각소설 출판과 관련된 몇 가지 문제: 방각소설의 출판과 언어・문화의 표준화」, 『고전문학연구』 35, 한국고전문학회, 2009.
이채연, 「실기문학과 서사문학」, 사재동 편, 『한국서사문학사의 연구』 Ⅰ, 중앙문화사, 1995.
이태효, 「박태보전 연구: 사실성을 중심으로」, 석사학위논문, 한남대 대학원, 1991.
이혜령, 「1930년대 가족사연대기 소설의 형식과 이데올로기」, 상허학회 편, 『한국근대문학 양식의 형성과 전개』, 깊은샘, 2003.

이혜화, 「윤인경전 연구」, 『월산 임동권박사 송수기념논문집』, 집문당, 1986.
이훈상, 「어느 지방 이서의 임진왜란 증언과 전승: 경상도 인동의 향리 劉席珍과 그의 임진왜란 일기」, 『영남학』 21호, 경북대 영남문화연구원, 2012.
임철호, 「임진록군 연구」, 석사학위논문, 연세대 대학원, 1977.
_____, 「역사군담론」, 한국고전소설 편찬위원회 편, 『한국고전소설론』, 새문사, 1990.
_____, 「임진록의 민족의식과 민중의식」, 윤광봉 · 유영대 편, 『고전소설의 이해』, 문학과 비평사, 1991.
_____, 「<임진록>의 전승과 구비설화」, 『고소설연구』 5, 한국고소설학회, 1998.
_____, 「왜장퇴치 이야기의 전승과 변이: 문헌설화와 <임진록>의 관련성을 중심으로」, 『열상고전연구』 11, 열상고전연구회, 1998.
_____, 「임란설화와 민중의 대외의식」, 耳勤 최래옥박사 화갑기념논문집 간행위원회 편, 『설화와 역사』, 집문당, 2000.
_____, 「임진록 연구사」, 우쾌제 외, 『고소설연구사』, 월인, 2002.
임형택, 「18 · 9세기 이야기꾼과 소설의 발달」, 『한국학논집』 2, 계명대 한국학연구소, 1975.
_____, 「17세기 규방소설의 성립과 <창선감의록>」, 『동방학지』 57, 연세대 국학연구원, 1988.
_____, 「문학사적 현상으로 본 19세기」, 『한국문학사의 논리와 체계』, 창작과비평사, 2002.
임 화, 「역사 · 문화 · 문학: 或은時代性이란것에의一覺書」, 『문학의 논리』, 서암, 1989.
장경남, 「임진왜란 실기문학 연구」, 박사학위논문, 숭실대 대학원, 1997.
_____, 「임진왜란 실기의 소설적 수용양상 연구」, 『국어국문학』 131, 국어국문학회, 2002.
_____, 「임경업전」, 우쾌제 외, 『고소설연구사』, 월인, 2002.
_____, 「병자호란의 문학적 형상화 연구: 여성수난을 중심으로」, 『어문연구』 119, 한국어문교육연구회, 2003.
_____, 「임병양란과 17세기 소설사」, 『우리문학연구』 21, 우리문학회, 2007.
장동표, 「조선후기 밀양 表忠祠의 연혁과 祠宇 이건 분쟁」, 『역사와 현실』 35, 한국역사연구회, 2000.
장준기, 「유하 홍세태의 傳 문학 연구」, 석사학위논문, 부산대 대학원, 1996.
장효현, 「근대 전환기 고전소설 수용의 역사성: 활자본 고전소설 연구 서설」, 『근대전화기의 언어와 문학』, 고려대 민족문화연구소, 1991.
_____, 「박씨전의 제 특성과 형성배경」, 『한국고전소설사 연구』, 고려대 출판부, 2002.
정경희, 「숙종대 탕평론과 '탕평'의 시도」, 『한국사론』 30, 서울대 국사학과, 1993.
정만조, 「조선 현종조의 私義 · 公義 논쟁」, 『한국학논총』 14, 국민대 한국학연구소, 1991.
_____, 「17세기 중반 漢黨의 정치활동과 국정운영론」, 『한국문화』 23, 서울대 한국문화연구소, 1999.

정명기, 「최척전」, 화경고전문학연구회 편, 『고전소설연구』, 일지사, 1993.
정병호, 「홍세태의 전과 소설」, 『복현한문학』 9, 복현한문학회, 1993.
정석종, 「조선후기 사회세력의 동향과 정변: 숙종년간의 갑술환국과 중인·상인·무인의 정변참여를 중심으로」, 『한국사학』 5, 한국정신문화연구원, 1983.
정옥자, 「17세기 사상계의 재편과 예론」, 『한국문화』 10, 서울대 한국문화연구소, 1989.
______, 「정조대 대명의리론의 정리작업」, 『한국학보』 69, 일지사, 1992.
정은임, 「궁정실기문학연구」, 박사학위논문, 숙명여대 대학원, 1988.
______, 「조선조 궁중문학의 장르 재검토」, 『동양학』 32, 단국대 동양학연구소, 2002.
정홍준, 「임진왜란 직후 통치체제의 정비과정: 성리학적 질서의 강화를 중심으로」, 『규장각』 11, 서울대 도서관, 1988.
______, 「임진왜란 직후 정국의 추이와 북인정권의 성립」, 『사총』 34, 고대사학회, 1988.
______, 「16·17세기 권력구조의 개편과 大臣」, 『한국사연구』 84, 한국사연구회, 1994.
______, 「17세기 大臣과 儒賢의 역학관계」, 『국사관논총』 65, 국사편찬위원회, 1995.
정환국, 「17세기 초 소설에 미친 元明傳奇小說의 영향에 대하여: 주로 구조적인 측면을 중심으로」, 『한문학보』 1, 우리한문학회, 1999.
______, 「17세기 실기류와 소설의 거리: 전후 소설사의 흐름과 관련하여」, 『한문학보』 7, 우리한문학회, 2002.
조광국, 「역사영웅소설연구: 구활자본 고전소설을 중심으로」, 석사학위논문, 서울대 대학원, 1988.
조동일, 「임진록」, 김진세 편, 『한국고전소설작품론』, 집문당, 1990.
조수학, 「역사와 역사소설」, 『대동한문학』 10, 대동한문학회, 1998.
조태영, 「역사이야기 서술의 두 형식」, 『고전문학연구』 6, 한국고전문학회, 1991.
______, 「고려사 열전의 인물형상과 서술양상 연구」, 박사학위논문, 서울대 대학원, 1991.
조희웅, 「숙향전 형성연대 재고」, 『고전문학연구』 12, 한국고전문학회, 1997.
조현우, 「'초기소설사'에서의 역사와 허구의 관련 양상」, 『고소설연구』 24, 한국고소설학회, 2007.
_____, 「<강로전>에 나타난 전쟁의 기억과 욕망의 서사」, 『민족문학사연구』 46, 민족문학사학회·민족문학사연구소, 2011.
조혜란, 「여성, 전쟁, 기억 그리고 <박씨전>」, 『고전여성문학연구』 9, 한국고전여성문학연구회, 2004.
지연숙, 「<최척전> 이본의 두 계열과 善本」, 『고소설연구』 17, 한국고소설학회, 2004.
______, 「박씨전 주류 이본의 두 계열 연구」, 『어문논총』 51, 한국문학언어학회, 2009.
채 백, 「근대 민족주의의 형성과 개화기 출판」, 『한국언론정보학보』 41, 한국언론정보학회, 2008.
최완기, 「17세기의 위기론과 효종의 경제정책」, 『국사관논총』 86, 국사편찬위원회, 1999.
최일수, 「역사소설과 식민사관」, 『한국문학』 54, 한국문학사, 1978.

최자경, 「유만주의 소설관 연구」, 석사학위논문, 연세대 대학원, 2000.
한명기, 「광해군대 대북세력과 정국의 동향」, 『한국사론』 20, 서울대 국사학과, 1988.
_____, 「19세기 전반 반봉건 항쟁의 성격과 그 유형」, 한국사연구회, 『1894년 농민항쟁연구』 2, 역사비평사, 1992.
_____, 「명청교체기 동북아 질서와 조선 지배층의 대응」, 『역사와 현실』 37, 한국역사연구회, 2000.
_____, 「'再造之恩'과 조선후기 정치사: 임진왜란~정조대 시기를 중심으로」, 『대동문화연구』 59, 성균관대 대동문화연구원, 2007.
한정미, 「<김영철전>에 나타난 이방인 형상」, 『이화어문논집』 30, 이화여대 국문과, 2012.
허태용, 「17세기말~18세기 초 존주론의 강화와 <삼국지연의>의 유행」, 『한국사학보』 15, 고려사학회, 2003.
현진건, 「역사소설문제」, 『문장』, 1권 11호, 문장사, 1939.12.
현혜경, 「<최척전>·<옥낭자전>을 통해서 본 대조적인 여성이미지」, 『이화어문논집』 14, 이화어문학회, 1996.
홍성암, 「역사소설 연구방법론 서설」, 『한국학논집』 9, 한양대 한국학연구소, 1986.
_____, 「한국근대역사소설연구」, 박사학위논문, 한양대 대학원, 1988.
홍순민, 「숙종 초기의 정치구조와 환국」, 『한국사론』 12, 서울대 국사학과, 1986.
홍정운, 「한국 근대역사소설 연구」, 박사학위논문, 동국대 대학원, 1987.
홍종필, 「三藩亂을 전후한 현종 숙종년간의 북벌론: 특히 유림과 윤휴를 중심으로」, 『사학연구』 27, 한국사학회, 1977.
홍태영, 「세계화와 정체성의 정치」, 『국제관계연구』 14권1호, 고려대 일민국제관계연구회, 2009.
홍효민, 「역사소설의 사적 고찰」, 『현대문학』 2, 현대문학사, 1955.
_____, 「역사와 역사소설의 기본이념」, 『현대문학』 99, 현대문학사, 1963.3.
황은주, 「조선후기고소설의 연행과 <임경업전>」,『한국어문학연구』 53, 한국어문학연구학회, 2009.

4. 외국 논저

김진곤 편역, 『이야기 소설 Novel』, 예문서원, 2001.
루샤오펑, 조미원 외 역, 『역사에서 허구로』, 길, 2001.
方正耀, 홍상훈 역, 『중국소설비평사략』, 을유문화사, 1994.
陳平原, 이종민 역, 『中國小說敍事學』, 살림, 1994.

노라, P., 외, 김인중 · 유희수 외 역, 『기억의 장소』 1~5, 나남, 2010.
라더, O., 김희상 역, 『사자(死者)와 권력』, 작가정신, 2004.
루소, H., 이학수 역, 『비시신드롬』, 휴머니스트, 2006.
루카치, G., 이영욱 역, 『역사소설론』, 거름, 1987.
르낭, E., 신행선 역, 『민족이란 무엇인가』, 책세상, 2002.
맥루한, M., 임상원 역, 『구텐베르크 은하계』, 커뮤니케이션북스, 2008.
맥콜스, M., 정옥희 역, 『아젠타 세팅』, 엘도라도, 2012.
모스, G., 임지현 · 김지혜 역, 『대중의 국민화: 독일 대중은 어떻게 히틀러의 국민이 되었는가?』, 소나무, 2008.
서로위키, J., 홍대운 · 이창근 역, 『대중의 지혜』, 랜덤하우스코리아, 2005.
센, A., 이상환 · 김지현 역, 『정체성과 폭력: 운명이라는 환영』, 바이북스, 2009.
아스만, A., 변학수 · 채연숙 역, 『기억의 공간: 문화적 기억의 형식과 변천』(개정판), 그린비, 2011.
애런슨, E.,구자숙 외 역, 『사회심리학: 사회적 동물』(개정 8판), 탐구당, 2002.
앤더슨, B., 윤형숙 역, 『상상의 공동체: 민족주의의 기원과 전파에 대한 성찰』, 나남출판, 2002.
에덴서, T., 박성일 역, 『대중문화와 일상, 그리고 민족정체성』, 도서출판 이후, 2008.
올릭, J. K. 편, 최호근 · 민유기 · 윤영휘 역, 『국가와 기억: 국민국가적 관점에서 본 집단기억의 연속 · 갈등 · 변화』, 민주화운동기념사업회, 2006.
올릭, J. K., 강경이 역, 『기억의 지도』, 옥당, 2011.
옹, W. J., 이기우 · 임명진 역, 『구술문화와 문자문화』(2판), 문예출판사, 2009.
카, E. H., 황문수 역, 『역사란 무엇인가』(3판), 범우사, 1994.
코언, S., 조효제 역, 『잔인한 국가, 외면하는 대중: 왜 국가와 사회는 인권침해를 부인하는가』, 창비, 2009.
프롬, E., 원창화 역, 『자유로부터의 도피』(3판), 홍신문화사, 2008.
호튼, D. P., 김경미 역, 『정치심리학』, 사람의무늬, 2013.
홉스봄, E. 외, 박지향 · 장문석 역, 『만들어진 전통』, 휴머니스트, 2004.
화이트, H. O., 천형균 역, 『19세기 유럽의 역사적 상상력』, 문학과지성사, 1991.